Agile
바로잡기

바로잡기

SW 개발 프로젝트는 왜 아직도 실패하는가?

윤선웅 지음

좋은땅

머리말

■ Agile 방법론을 적용한 지 20년이 넘은 시점, SW 개발은 여전히 실패하고 있다

필자는 최근에 장기간에 걸친 SW 개발 프로젝트를 수행하고 롤오프[1] 하였다. 그 프로젝트는 여전히 진행 중이다. 국내 굴지의 그룹사에서 초대형 규모의 차세대급 '엔터프라이즈 애플리케이션'[2]을 개발하는 업무였다. 본 SW가 추구하는 가장 중요한 영역에 대한 지원을 위해 컨설턴트로서 프로젝트에 투입되었다. 본 SW의 핵심 selling-point로 생각되는 영역이었으나, 실체가 잘 보이지 않아 개발사 임원의 걱정이 많은 상황이었다. 따라서 비즈니스에 대한 정리와 함께 SW 구축 경험이 있는 컨설턴트가 필요하였다. 이렇다 보니 필자의 업무는 SW 개발, 즉 직접 코딩을 하는 업무는 아니었지만, SW 솔루션 벤더사의 개발자에서부터 관리자, SW 개발을 책임지는 SI(System Integration)사의 개발자와 관리자, 고객사의 실무 담당자와 사용자에 이르기까지 전체 프로젝트 인원들의 SW 개발 및 관련된 업무를 2년에 가까운 기간 동안 면밀히 살펴볼 기회가 있었다.

이 대형 SI 프로젝트는 Agile 방법론을 기반으로(적어도 겉으로 보았을 때는) SW 개발을 진행하였으므로, 사용자의 업무 시나리오를 기술한 '사

---

[1] 프로젝트 투입을 종료하는 것을 롤오프(roll-off)한다고 표현한다.
[2] '엔터프라이즈 애플리케이션(enterprise application)'은 정확히 규정된 바는 없으나, 조 단위의 매출이 발생하는 대기업에서, 전사 레벨(즉 특정 부서의 단위 업무가 아닌)에 영향을 미치는 업무 수행을 위한 IT 시스템을 의미한다.

용자 스토리(User Story)'를 기반으로 스프린트(Sprint) 단위로 구분하여 개발을 진행하였다. 국내 굴지의 SI 전문 대기업이 개발한 최신(20년이 넘은 방법론이므로 실제로는 최신은 아님)의 Agile 방법론을 기반으로 프로젝트를 진행하였으므로, 당연히 성공적인 결과를 낼 수 있을 것으로 믿었다. 물론 SW 개발 방법론은 프로젝트 성공을 위한 하나의 구성요소일 뿐이지만, 필자의 경험에 의하면 방법론은 그 회사의 경험과 노하우를 집적한 것으로서, 성공을 위해 가장 중요한 CSF(critical success factors) 중 하나이다. 그러다 보니, SW 구축 프로젝트의 제안 전략에는 항상 이 방법론이 중요한 부분을 차지하고 있다.

하지만 결과적으로 프로젝트는 실패하였다. 실패라고 단정적으로 얘기하려고 하니, 필자와 함께 프로젝트를 수행했던 동료들과 관련 이해관계자분들에게 미안한 마음이 든다. 하지만 결과를 냉정하게 얘기하자면 분명 실패였다. 고객사의 실무 담당자와 사용자는 SW 개발 결과물에 만족하지 못하였고, 프로젝트의 일정은 계속해서 지연되었다. 또한 프로젝트를 추진하고 관리하는 SI 업체는 이 책임을 개발 벤더사[3]에게 돌리려고 했으며, 개발자는 2년이 가까운 기간 동안 야근과 주말 근무로 지쳐 갔다. 그들은 자신들이 개발한 결과물에도 만족하지 못하였으며, 그 이유는 고객사의 지나친 요건과 개발 일정 때문이라고 얘기했다. 즉 프로젝트 팀원을 포함한 모든 이해관계자들은 SW 결과물에 만족하지 못하였다.

이러한 결과는 과거 Waterfall 방식으로 SW 개발 프로젝트를 수행했을 때의 결과와 거의 유사했다. 필자는 Agile 방법론이 본격적으로 SW 개발 프로젝트에 적용되기 시작한 2000년대 초부터 시스템 엔지니어와 경영/

---

[3] 개발 벤더사는 SI 업체가 선정한 SW 개발 업체로, 대부분 솔루션을 기반으로 구현하는 업체이다.

IT 컨설팅 업무를 수행해 왔다. 필자의 경험에 의하면, 국내의 경우 2010년대부터 본격적으로 Agile 기반의 방법론을 SW 개발 프로젝트에 적용하기 시작하였다.[4] 2000년대까지 수행했던 SW 개발 프로젝트는 모두 Waterfall 방식으로 진행하였다. 규모가 큰 차세대급 프로젝트일수록 항상 고객들은 결과물에 만족하지 못하였고, 프로젝트 후반에 변경 요청 사항이 쏟아졌다. 이로 인해 프로젝트는 지연되고, 개발 업체는 프로젝트 관리자를 교체하였다. 고객사는 프로젝트 지연으로 인한 '지체 보상(penalty)'을 요구하였고, 개발 업체는 고객사의 계약 미이행을 주장하며 책임 공방을 벌였다. 심각한 경우, 고객사와 개발사 간 법적 분쟁까지 이어지기도 했다. 개발자들은 과도한 업무로 인해 프로젝트 도중에 퇴사하거나, 건강 악화로 롤오프하는 경우가 빈번하였다. 이러한 Waterfall 프로젝트의 결과는 최근에 필자가 수행했던 Agile 프로젝트의 결과와 별로 다를 바가 없었다.

필자는 Agile 기반의 대규모 SW 개발 프로젝트를 여러 번 진행하였다. 이 프로젝트들은 겉으로 보기에는 Agile 방법론에 따르는 것처럼 보였으나, 실제 내용상으로는 과거 Waterfall 프로젝트와 별반 차이가 없었다. 이를테면, Waterfall에서 프로젝트 단계별 주요 마일스톤(milestone)이 스프린트라는 용어로 대체되었고, 분석과 설계 단계의 기간이 줄어드는 대신 개발과 테스트 기간이 늘어났다. 뚜렷한 차이가 있다면, 개발/테스트를 반복적으로 여러 번 수행하도록 하였다는 것이다.

---

[4] Agile 방법론의 등장 배경과 Waterfall 방법론과의 비교, Agile 방법론의 유형(Scrum, XP, Lean, Kanban)별 세부 내용 등 Agile에 대한 개요는 '별첨: Agile 방법론 개요'를 참고하기 바란다.

그림 1. SW 개발 프로젝트 일정 비교 예시(Waterfall vs Agile)

이를 좀 더 이해하기 쉽게 그림으로 나타내면 '그림 1. SW 개발 프로젝트 일정 비교 예시(Waterfall vs Agile)'와 같다. 실제 필자가 경험한 두 번의 SW 개발 프로젝트의 개발 일정을 예시적으로 표시한 것이다. 2000년대에 Waterfall 방법론으로 SW 개발을 수행했던 프로젝트의 경우(총 14개월 소요), 대개 고객의 요구사항을 정의하고 분석하는 기간 3개월, 분석한 내용을 시스템 설계에 반영하는 작업에 3개월, 설계한 SW를 개발(코딩)하는 데 5개월, 개발한 SW를 테스트하는 데 3개월이 소요되었다(그림 1의 윗부분).

이와 규모와 기간이 유사한 SW 개발 프로젝트를 Agile 방법론에 기반하여 진행했을 경우(2010년대 초/중반), 분석과 설계는 Waterfall보다 적은 2개월씩을 진행하였지만, 개발과 테스트는 3단계로 나누어서 진행하였다. 1단계 Sprint #1의 경우, 개발과 테스트를 2개월씩 진행하였고, 2단계 Sprint #2 역시 개발과 테스트를 2개월씩 진행하였다. 3단계는 2개월간 통합 테스트를 진행하였다. 즉 Waterfall에서 8개월이 소요되었던 개발/테스트 기간을 10개월로 늘리고, 그중 8개월을 Sprint #1, 2로 나누어 두 번 반복(iteration)하고, 마지막 2개월을 최종 점검하는 데 할애하였다(그림 1의 아랫부분).

이렇게 초기의(국내에서는 2010년대) Agile 방법론은 개발 결과물인 SW를 좀 더 일찍 고객에게 제공하여 피드백을 받고자 하는 것이 주된 목적이었다. Waterfall 방법론에서는 프로젝트가 종료될 시점에 고객에게 SW를 제공하여 피드백을 받음으로써 수많은 변경 사항이 발생하는 문제가 있었기 때문이다. 이로 인해 프로젝트 종료 직전 많은 SW 변경이 이루어졌고, 일정이 지연되고, 급박한 일정 내에 변경을 반영하면서 SW 품질 문제가 발생하였다. 또한 이 기간 동안 개발자들은 매일같이 야근을 수행하여, 관리자에게 번아웃으로 인한 건강 문제를 호소하기도 하였다. 이러한 노력에도 불구하고 고객들은 SW 결과물에 만족하지 못하였고, 품질 문제와 일정 지연에 대한 책임을 개발사에 물었다. 개발사는 고객사에 책임이 있음을 주장하여 분쟁이 발생하였으며, 때로는 법적 소송이 걸리기도 하였다. Agile 방법론에서는 이러한 Waterfall 프로젝트 실패의 리스크를 조금이라도 줄이고자 한 것이었다.

하지만 이렇게 제한적인 방식으로 Agile 방법론을 도입하는 것으로는 Waterfall 방식의 근본적인 문제를 해결할 수 없었고, 또 다른 문제들을 양산하였다. 그 이유는 1단계 개발 완료 후 고객에게 중간 결과물 수준의 SW를 제공하였으나, 낮은 완성도로 인해 고객은 큰 불만을 가지게 되었다. 이로 인해 1단계 종료 후 수많은 추가 요구사항이 쏟아져 나오게 되었고, 2단계 개발 기간은 연장될 수밖에 없었다. 이는 결국 프로젝트를 지연시키는 원인이 되었다. 물론 Waterfall 방법론으로 진행했을 때보다는 분명 나아지긴 하였으나, 고객 불만족, 일정 지연, 개발자 업무 과부하 등의 동일한 문제들이 발생하였다.

최근에 수행했던 Agile 기반의 SW 개발 프로젝트는 그전(즉 Agile 방법론 국내 도입 초기인 2010년대)에 비해 분명 진일보하였다. '사용자 스토리'를 기반으로 개발을 진행하였고, 이를 백로그(Backlog)화하여 전체 프로젝트 요건을 관리하도록 하였다. 또한 이 *사용자 스토리*를 선별하여 스프린트 단위로 적용하였다. 초기에는 '일간 스크럼 미팅(daily scrum meeting)', '타스크 보드(task board)' 등의 Agile의 대표적인 도구들을 활용하였다. 그리고 Waterfall 프로젝트에서 개발자들에게 큰 부담이 되었던 산출물에 대한 관리는 거의 하지 않는 등 좀 더 체계적인 방식으로 Agile 방법론을 적용하였다. 하지만 프로젝트 결과는 이전 Waterfall에 비해 크게 나아지지 못하였다.

왜 Agile 방법론을 활용하였음에도 SW 개발 프로젝트를 성공하지 못한 것일까? Agile 방식의 적용에 어떤 문제가 있었던 것일까? Agile 방법론은 교수, 학자나 기술 전문가들이 만들어 낸 '기술적 유행어(hype cycle)'에 불과한 것인가? 아니면 Agile 방법론과는 무관한 어떤 다른 요인에 의해 실패했던 것일까? 수많은 질문들이 머릿속에 가득하였으나, 프로젝트를 수행할 그 당시에는 이러한 질문들에 답을 할 수가 없었다.

■ 필자는 왜 이 책을 써야 했는가?

필자는 최근의 SW 개발 프로젝트 수행 당시 Agile 방법론에 대한 콘셉트만 알고 있었던 상태였다. 프로젝트를 진행하던 도중에 일단 Agile에 대한 리서치를 시작해 보기로 하였다. IT 기술 전문 서적을 출판하는

O'Reilly 출판사의 'Learning Agile[5]'이라는 책의 내용을 중심으로 해서, 현재 프로젝트에서 벌어지고 있는 상황을 책의 내용과 비교해 보기 시작하였다. 각종 회의 석상에서 오가는 이야기와 분위기, 주변 개발자와 관리자와의 대화와 함께 프로젝트 진행 과정상의 데이터와 자료들을 면밀히 검토하기 시작하였다. 또한 과거 SW 개발 프로젝트에서 겪었던 경험을 다시 한번 곰곰이 떠올리면서, Agile에 대해 리서치한 내용과 비교 검토하였다.

이 과정에서 Agile 적용 과정상의 심각한 문제가 있었다는 것을 확신하였고, 이를 정리할 필요가 있겠다는 생각을 가지게 되었다. 필자는 IT 컨설턴트로서[6] 당시 2022년을 기준으로 만 21년을 근무하였고, 이 분야의 전문가라고 자부하고 있었다. 그래서 당연히 Agile 방법론에 대해서도 어느 정도 지식을 가지고 있다고 생각했었다. Agile 방법론 기반의 SW 개발 프로젝트에도 참여하였고, 수많은 제안서의 제안 전략에도 Agile 방법론을 포함하였으며, 필자가 근무했던 글로벌 컨설팅 회사의 Agile 방법론 툴킷(toolkit)의 내용도 공부했던 기억이 있기 때문이었다. 그러나 최근에 다시 Agile에 대한 리서치를 진행하면서, 수박 겉핥기 식의 얄팍한 지식을 가지고 있었음을 알게 되었다. Agile 방법론 적용의 성공을 위한 가장 핵심적인 내용을 모르고 있었던 것이다. IT 전문가라 자부했던 필자 자신이 너무나 부끄러웠다.

---

5) 'Learning Agile'은 Andrew Stellman과 Jennifer Greene이 저자이며, 'Understanding Scrum, XP, Lean and Kanban'이라는 부제가 붙어 있다. 전반적인 Agile 개념을 이해하기에 매우 훌륭한 책이므로, 독자들도 반드시 읽어 볼 것을 권하는 바이다.
6) 필자는 과거 비즈니스/운영 전략 컨설팅 프로젝트에도 여러 번 참여한 바 있긴 하지만, 가장 많은 경험이 있는 전공 분야는 IT 분야라고 할 수 있을 것이다. 대학원에서 MIS(경영정보)-MBA 학위 취득 후 경영 컨설팅 회사에 입사하여, 주로 텔레콤/제조 차세대 SW 구축 프로젝트에 참여하였고, 최근에는 Big Data Lake와 관련하여 많은 경험을 쌓고 지식을 확보하였다.

또한 필자 주변에는 IT 전문가라 자부하는 동료와 선/후배가 많이 있다. 필자가 이들과의 대화를 통해 알게 된 것은, 이들은 Agile 방법론에 대해 피상적인 지식만 가진 상태에서 상당한 선입견과 불만을 가지고 있다는 것이었다. 그들은 Agile을 단지 IT 분야의 또 다른 유행어(hype cycle) 중 하나라고 생각하고 있었다. 또한 과거 Waterfall 방식이 오히려 더 낫다고 인식하고 있었으며, 특히 엔터프라이즈 레벨의 SW 개발 프로젝트에는 더욱 그러하다고 생각하였다. 이들에게 Agile 방법론의 구체적인 내용을 물어보면, 거의 모두가 잘 대답하지 못하였으니, Agile 방법론에 대한 리서치를 하기 전의 필자와 비슷한 정도의 지식 수준인 것으로 보였다.

Agile 방법론과 관련된 수많은 연구나 실무 자료들이 이미 존재하고 널리 알려져 있는 상황이다. 하지만 IT 분야의 전문가들이 포진해 있는 국내 굴지의 대기업에서도 Agile에 대한 이해도가 이렇게 낮은 것이 이해하기 힘들었다. 현재 시점은 Agile 방법론이 SW 개발에 접목되기 시작한 지 20년이 넘었기 때문이다. 이는 필자와 같은 IT 전문가들이 Agile의 개념을 정확히 이해하고, 이를 바탕으로 SW 개발 프로젝트 현장에서 잘못된 점을 알리고 개선을 유도하고자 하는 노력이 부족했던 것도 중요한 원인 중 하나일 것이다.

물론 필자의 SW 개발 프로젝트 경험만으로 Agile 적용에 문제가 많다고 결론짓는 것은 상당히 무리가 있겠지만, IT 분야에서의 오랜 경험으로 비추어 지식의 전파 속도가 매우 빠르다는 것을 알고 있다. 필자 주변의 국내를 대표하는 대기업의 많은 IT 전문가들이 그 정도의 Agile에 대한 인식과 지식 수준을 가지고 있다는 것은 국내에 전반적인 Agile의 적용 수준이 그 정도라고 보아도 무리가 없을 것으로 판단한다.

이와 같은 Agile 방법론에 대한 국내의 전반적으로 낮은 지식 수준을 개선하고자 하였다. 이를 위해 필자가 최근에 수행한 Agile 기반의 SW 개발 프로젝트에서의 경험을 바탕으로, Agile 방법론에 대해 연구하여 확보한 통찰력을 정리하고자 하였다. 미약하나마 본 책을 통해 이러한 통찰력을 전파하고자 하였으며, 필자와 같이 시행착오를 겪는 일이 줄어들었으면 하는 마음이 앞섰다. 이것이 필자와 같이 소위 IT 전문가라 불리는 사람들이 사회에 기여할 수 있는 최소한의 방법이라는 생각도 있었다. 또한 필자 자신도 Agile에 대해 그동안 쌓았던 경험과 지식을 정리함으로써, 개인적으로도 소중한 자산을 하나 축적하고자 하였다.

개인적인 생각이지만, 국내의 IT 전문 서적들은 특정 IT 요소 기술 중심으로 트렌드를 소개하거나, 자격증을 준비하거나, 해외 서적을 번역한 정도에 그치는 경우가 대부분이다. 필자와 같은 중간 관리자급이 참고할 만한 IT 전문 서적이 별로 없다. 개발과 코딩에 대한 지식만이 IT 분야 지식의 전부가 아니다. 국내의 실무자들은 분명 IT에 대한 전문적인 지식을 가지고 있는 사람들이 상당수 있다는 것을 알고 있다. 이러한 분들의 지적 자산이 정리되어 공유되고 널리 사회에 전파되는 것은 분명 의미가 크다. 국내의 많은 IT 전문가들은 부디 시간을 내어, 자신의 지식을 정리하여 공유해 주기를 바란다. 필자도 이러한 목적 의식을 가지고 이 책을 집필하게 되었다.

- **전형적인 문제 진단 방식으로 정리하였다**

Agile 방법론이 국내 SW 개발 프로젝트에 본격적으로 적용되기 시작한지 10년이 지난 이 시점에서 무엇이 문제인지 진단하고, 왜 Agile을 제대로 적용하지 못하고 있는지 그 원인을 분석하고자 한다. 그리고 Agile을 적용하기 위한 방안과 해법은 무엇인지 제시하고자 한다. 또한 독자들이 본 책에서 필요한 내용을 좀 더 쉽게 찾아보게 하기 위해, SW 개발 프로젝트를 준비하는 단계부터 구축하고 종료하기까지의 Agile 적용을 위한 가이드를 제시하려고 한다. 마지막으로는 Agile 방법론에 대해 생소한 독자들을 위해 전반적인 개요를 별첨으로 추가하고자 한다. Agile의 등장 배경에서부터 Waterfall 방법론과의 비교, 그리고 Agile의 가치와 원칙에 대해 기술하겠다. 그리고 Agile에서 가장 많이 회자되고 활용되고 있는 세부 방법론인 스크럼(Scrum), XP(eXtreme Programming), 간반(Kanban)에 대해 소개하고, 린(Lean) SW 개발 개념에 대해서도 설명하겠다.

Agile 개념이 SW 개발에 적용된 지 20년이 넘은 지금 시점에서, 수많은 관련 서적과 자료들이 존재하므로, 이를 소개하는 자료를 필자가 다시 만드는 것은 거의 무의미한 것으로 보인다. 그보다는 Agile 방법론을 SW 개발 프로젝트에 적용하는 데 있어서 어떤 문제가 있었는지, 이를 개선하려면 어떻게 해야 하는지에 대해 정확하게 적시(pinpointing)하는 것이 더 의미가 있을 것이다. 또한 단순히 활용 도구와 방법(how)에 대한 설명보다는 왜 해야 하는지, 이를 개선하면 무엇이 좋아지는지에 대한 설명을 덧붙이는 방향으로 기술하겠다. 이후에 설명하겠지만 Agile의 가치와 목적, 원칙에 대한 이해는 Agile 적용에 있어 가장 핵심적인 부분이기 때문이다.

Agile 적용의 문제에 대한 상세 설명이 필요한 경우, 실무자들의 이해를 돕기 위해 필자가 경험했던 SW 개발 프로젝트에 대한 예시를 중심으로 설명하도록 하겠다. 아마 SW 개발 업무 종사자라면 이러한 예시에 대한 공감을 더 깊게 할 수 있을 것이다. 이 예시는 현상(symptoms), 즉 어떠한 상황이 있었고 어떤 업무를 어떻게 수행하였고 이로 인해 어떤 문제가 있었는지를 상세하게 기술하는 것이 주된 내용이 될 것이다. 이러한 문제가 되는 업무들은 너무나도 당연하게 진행해 온 것들이기 때문에, 대부분은 이것이 문제라는 인식조차 하지 못하고 있을 수도 있다. 하지만 그러한 관행적인 업무들이 잘못되었다는 인식을 일단 가지는 것이 중요하다. 그래야 개선의 의지를 가질 수 있기 때문이다. 그리고 그로 인해 실제로 어떤 문제들이 결과적으로 벌어질 수 있는지를 가능한 한 구체적으로 기술하고자 한다. 그래야만 Agile 적용을 통해 어떤 결과를 가져올 것인지에 대한 가치를 확실하게 알 수 있을 것이기 때문이다. 필자가 경험한 프로젝트는 Agile 방식으로 진행했음에도 불구하고, 과거 Waterfall 방식으로 SW 개발을 진행했을 때와 유사한 문제점들이 나타났었다.

다음으로 왜 그러한 문제가 발생하는지에 대한 원인에 대해 기술하고자 한다. 마찬가지로 필자가 경험한 Agile 프로젝트의 예시를 활용하여 설명함으로써 이해도를 높이도록 할 것이다. 가능한 한 근본적인 원인까지 분석할 수 있도록 하겠다. 그래야만 근본적인 해결책을 제시할 수 있을 것이기 때문이다. 이 원인은 다음 챕터의 해결책으로 연결될 것이다.

앞서 분석한 원인 또는 근본 원인은 각각의 해결책으로 연결될 것이다. 이 해결책은 유일한, 즉 선택의 여지가 없는 경우도 있고, 여러 해결책 중에 하나를 선택해야 하는 경우도 있을 것이다. 그리고 이러한 해결책은 Agile 도구를 잘 활용하면 되는 해결책도 있고, 조직의 목표(KPI 등)나 조직 문화적인 측면의 문제 해결이 필요한 경우도 있을 것이다. 때로는 실무자들의 일하는 방식 자체를 바꿔야만 해결되는 대안도 있을 것이다. 또한 별첨의 Agile의 원칙을 보면 이해할 수 있겠지만, 이 원칙을 잘 지킨다면 해결될 수 있는 대안들도 상당수 있다.

　이러한 해결책 중에 가장 쉬운 것은 정확한 기법이나 도구, 즉 기술적, 하드웨어적 측면에서 잘 적용하여 해결하는 것이다. 반대로 가장 어려운 해결책은 조직 내부의 민감한 이해관계, 관련 이해관계자들의 일하는 방식에 대한 인식의 문제와 같은 소프트웨어적 측면의 문제이다. 이러한 Agile 방식의 해결책을 모두 인지하고 적용하려면 SW 개발이 얼마나 어려운 업무인지 새삼 깨닫게 될 것이다. 이렇게 어려운 Agile 방법론을 완전히 이해하여 성공적으로 SW 개발 프로젝트에 적용하려면 얼마나 기다려야 할지 기약 없이 느껴질 수도 있을 것이다. 하지만 필자는 이러한 어려운 부분들이 하나둘 해결되어 결국에는 성공적으로 적용할 날이 올 것이라는 사실을 믿어 의심치 않는다. 지금은 당연하게 받아들이는 Waterfall 방법론도 정착하기까지 수십 년이 걸렸다. Agile 방식의 SW 개발이 Waterfall 방식을 대체할 것이라는 사실은 이제 누구나 인정한다. Agile 방식이 정착하는 것은 시간문제일 것이다.

　다음으로 실제 SW 개발 프로젝트를 추진할 IT 기획 부서나 경영 혁신 부서 실무자들을 위해, Agile 방식을 SW 개발 프로젝트에 적용하기 위한 가이드를 정리하였다. 최초 SW 개발 프로젝트의 기획과 준비 단계에서부터, SW 개발 프로젝트를 시작하여 진행하고 종료하기까지의 전체 가이드를 실제 업무 프로세스 흐름에 따라 제시하였다. 실무자들은 자신이 추진하는 프로젝트의 업무 단계에 따라 이 가이드를 참조할 수 있을 것이다. 업무 흐름과 무관하게 특정 방법론에 대한 세부 내용을 확인하고 싶다면,

'별첨: Agile 방법론 개요'를 참고하기 바란다.

이 가이드는 IT 컨설팅 회사나 SI 회사 내에서 보유하고 있는 'Agile 방법론 툴킷(Agile methodology toolkit)'이라고 부르는 지적 자산과는 상당히 다른 모양새일 것이다. 이러한 툴킷은 업무 절차나 문서 템플릿, 혹은 실제 활용 가능한 애플리케이션 형태의 도구를 정리해 놓은 것이 대부분이다. 이와 같은 형식지(explicit knowledge)[7] 형태의 툴킷만 가지고는 Agile 적용의 성공을 담보하지 못할 것이다. 실제로 지난 SW 개발 프로젝트도 대형 SI 기업의 *Agile 방법론 툴킷*을 기반으로 진행한 것이었다. 하지만 본 책에서 제시하는 가이드는 Agile 도구의 활용 방법을 기술한 단순 지식 전달 형태의 가이드는 지양하며, 어떤 상황에서, 왜 사용해야 하는지 등의 업무 수행 맥락(context) 정보를 기술하였다. 또한 도구나 방식을 적용하면 어떤 효과가 있는지, Agile 기반의 업무 방식으로의 근본적인 변화를 위한 방법은 무엇인지와 같은 암묵지(implicit knowledge)를 강조하여 설명하였다.

■ 도와준 사람들

필자는 IT 컨설팅 회사에 재직할 당시, 고맙게도 대규모 SW 개발 프로젝트에 투입될 기회가 꾸준히 있었다. 2000년대부터 최근 2023년에 이르기까지 20여 년에 걸쳐서 대형 SI 회사[8]에서 또는 함께 SW 개발 프로젝트

---

7) 지식은 형식지(explicit knowledge)와 암묵지(implicit knowledge)로 구분하며, 형식지는 문서, 애플리케이션 도구와 같이 물리적인 형태로 전달이 가능한 지식을 의미한다. 반면 암묵지는 담당자로부터 배경 지식 등을 포함한 설명을 들어야 알 수 있는 지식을 의미한다.
8) 국내 그룹사들은 대부분 삼성 SDS, LG CNS, SK C&C 등의 대형 SI(systems integration) 회사를 보유하고 있다. 이들 회사는 그룹 계열사에서 필요로 하는 IT 애플리케이션을 개발하고 운영하는 업무를

를 수행할 기회가 꾸준히 있었다. 이러한 SW 개발 프로젝트는 대부분 2년 이상의 장기간에 걸쳐 진행되었으며, 필자는 컨설턴트로 투입되어 주어진 업무[9]를 짧게는 6개월에서 길게는 2년 이상 수행하기도 하였다. 이러한 경험이 본 책을 쓸 수 있는 밑거름이 되었기에 필자에게 그러한 기회를 제공해 준 IT 컨설팅 회사, SI 회사, 고객사 관계자분들에게 감사드린다. 일일이 감사 인사를 전하지 못하는 점 양해해 주시리라 믿는다.

특히 최근에 수행했던 Agile 기반의 SW 개발 프로젝트에서 가장 유용한 경험과 지식을 얻었으므로, 함께 업무를 수행했던 솔루션 벤더사의 개발자분들, SI 회사의 개발자와 관리자분들에게 우선 감사드린다. 또한 다양한 고객사(여러 고객사를 대상으로 하는 프로젝트였음)의 실무 담당자, 사용자분들도 다양한 관점, 중요한 고려 사항 등을 공유해 주신 데 대해 깊은 감사를 드린다.

그리고 Agile 방법론의 전반적인 개요와 함께 그 진정한 가치에 대해서도 깨닫게 해 준 책 'Learning Agile'의 저자인 Andrew Stellman과 Jennifer Greene에 대해서도 무한한 감사를 드린다. 그들 역시 필자와 마찬가지로 SW 개발 프로젝트에서 컨설턴트 역할을 오랜 기간 수행하였으며, 기술적 영역의 아키텍트, 그리고 Agile 코치로도 지식과 노하우를 쌓아 왔다. 그들은 이러한 SW 개발에 대한 전문적인 경험과 역량을 바탕으로 Agile의 정수를 정리하여 공유해 주었다. 필자는 그들의 전문적인 식견을 바탕으로, Agile 기반의 SW 개발 프로젝트가 성공하기 위해서는 어떻게 해야 하는지에 대한 핵심 포인트를 정리할 수 있었다.

수행한다.
9) 필자가 SW 개발과 관련하여 수행했던 업무는 IT 기획에서부터 '조직 변화 관리(organizational change management)', 시스템 간 연계 관리, 비즈니스 아키텍트, 프로세스 재설계 등 다양하였다.

또한 필자의 책을 출판할 수 있게 해 주신 출판사에게도 감사드린다. 각종 오타의 교정과 함께 근사한 표지도 만들어 주셨다. 그리고 필자의 보잘것없는 책을 전국에 유통할 수 있게 해 주어, 많은 독자들이 볼 수 있도록 해 주신 점도 감사드린다. 그리고 사랑하는 아내, 아들, 딸에게도 깊은 감사의 마음을 전한다. 최근 아들의 장관상과 ISEF 진출도 축하한다고 전하고 싶다. 사랑하는 가족으로 인해 프로젝트를 수행할 때는 지친 몸과 마음을 재충전할 수 있었다. 또한 그들은 필자가 프로젝트를 롤오프한 후 쉬는(물론 본 책을 쓰긴 했다) 기간 동안에도 항상 격려해 주었다.

본 책 "Agile 바로잡기"는 필자의 네 번째 책이다. 그 전에 Data Lake 관련 책을 세 권 쓴 바 있다.[10] 고맙게도 많은 독자분들이 이 책들을 사서 읽고 있다. 처음에는 '내가 쓴 책이 독자들의 업무에 도움이 되지 않으면 어떻게 할까', '내 생각이 틀리면 어떻게 할까'와 같은 생각도 했었다. 필자의 책을 읽으시는 분들은 대부분 IT 분야 전문가들이고 그분들의 귀중한 시간을 뺏으면 어쩌나 하고 걱정도 많이 하였다. 이러한 불상사를 막기 위해서는 최선을 다해 중요한 내용들만 담아서 책을 써야만 하는 수밖에는 없을 것이다. 또한 필자의 소중한 Agile 실패 경험(운이 좋게도)을 최대한 떠올려서 생생하게 담으려고 하였다. 이러한 내용은 필자만의 경험이므로, 아마 다른 책에서는 보기 힘든 내용일 것이기 때문이다. 그리고 다른 책과는 다르게 Agile 도구를 적용하는 맥락을 중심으로 기술한 것도 차별화되는 점일 것이다. 이러한 내용들이 부디 독자들의 업무 수행에 도움이 되기를 바랄 뿐이다. 본 책을 읽고 우리 회사의 Agile 방식의 프로젝트에

---

10) 필자의 Data Lake 관련 책 세 권은 '차세대 빅데이터 플랫폼 Data Lake', 'Data Catalog 만들기', 'Data Lake 플랫폼 아키텍처'이며, 모두 좋은땅 출판사에서 2021년에 출판되었으니, 관심 있는 독자들은 참고해 주시기 바란다.

는 문제가 없었는지, 무엇을 개선해야 할지를 다시 한번 고민해 보는 계기가 되었으면 하는 바람이다. 독자들의 Agile 적용 여정에 건투를 빈다!

목차

머리말 — 4
    Agile 방법론을 적용한 지 20년이 넘은 시점, SW 개발은 여전히 실패하고 있다 — 4
    필자는 왜 이 책을 써야 했는가? — 9
    전형적인 문제 진단 방식으로 정리하였다 — 12
    도와준 사람들 — 16

제1장 'SW 개발' 무엇이 문제인가?

어떤 경우에 SW 개발 프로젝트를 실패로 규정하는가? — 28
Agile 방법론을 적용하여 성공하고 있는가? — 34
Agile 기반의 SW 개발 프로젝트에서 어떤 문제가 있었는가? — 38
    첫 번째 프로젝트) Waterfall과 Agile의 하이브리드 방식? 그런 근사한 것은 없다! — 38
    두 번째 프로젝트) 업무를 Agile하게 수행하지 않으면 실패한다! — 52

제2장 SW 개발 프로젝트는 왜 계속 실패하는가?

원인 1) 계획 수립 후 실행에 옮겨라? — 93
원인 2) SW 개발은 상품을 구매하는 것이다? — 99
원인 3) SW 개발 현황은 WBS와 주간 보고를 통해 파악할 수 있다? — 107
원인 4) '사용자 스토리' 구현 외에는 중요하지 않다? — 112
원인 5) 고객의 요건은 모두 수용하고 강하게 드라이브하는 것이 리더십? — 117
원인 6) 각 조직의 목표(KPI) 달성을 위해 최선을 다한다? — 120
원인 7) Agile은 도구 사용이 핵심이다? — 127
원인 8) Agile은 "기술 솔루션"이다? — 135

제3장 'SW 개발' 해법은 무엇인가?

- 해법 1) '마지막 순간에 의사결정(last responsible moment)' 하라 - 143
- 해법 2) SW 개발 프로젝트는 협업을 통해 '제품을 개발'하는 것이다 - 152
- 해법 3) '태스크 보드'는 개발 현황을 파악할 수 있는 유일한 방법이다 - 158
- 해법 4) SW 코드의 품질을 틈틈이 개선하자 - 165
- 해법 5) 고객사와 협의하여 WIP(work in progress) 제한을 두라 - 177
- 해법 6) 각 조직의 목표(KPI)를 정렬(align)하라 - 186
- 해법 7) 일하는 방식을 Agile하게 바꾸지 않는 한 변하지 않는다 - 196
- 해법 8) SW 개발 시 Agile 전문가의 도움을 받아라 - 216

제4장 Agile 적용 가이드

1. 프로젝트 준비 단계 - 227
   - 제품 오너 선정 - 227
   - 사용자 스토리 초안(draft) 작성 - 229
   - 사업 계획서 작성 - 232
   - 사업 계획서 승인 및 예산 확보 - 234
   - SW 솔루션 업체 등 선정/계약 - 235
   - 프로젝트 시작 준비 - 236

2. 프로젝트 시작 단계 - 240
   - 프로젝트 킥오프(kick-off) - 240
   - 프로젝트 오리엔테이션 - 241
   - 사용자 스토리 워크숍 - 242

스프린트 기획 회의 - 244

3. 프로젝트 진행 단계 - 246
일간 스크럼 미팅 - 246

타스크 보드 - 255

간반 보드 - 260

테스트 주도 개발 - 271

짝 프로그래밍 - 274

4. 프로젝트 종료 단계 - 282
스프린트 리뷰 - 282

통합 테스트 - 285

사용자 테스트 - 291

시스템 오픈 준비 - 293

제5장 맺음말

Agile에 대한 잘못된 속설 - 303

속설 1) Agile 방법론은 작은 프로젝트에 적합하다 - 304

속설 2) Agile 방법론은 단순하므로 적용하기 쉽다 - 308

속설 3) Agile은 전혀 새로운 SW를 창의적으로 개발하기 위한 방식이다 - 310

속설 4) Agile 방식은 B2C용 SW 개발에는 적합하지 않다 - 313

속설 5) Agile 방법론에서 각 프로젝트에 적합한 도구만을 선별하여 적용하면 된다 - 315

속설 6) Agile 프로젝트는 미리 준비가 필요 없으며, 그냥 시작하면 된다 - 317

Agile 방식의 가치와 원칙에 대한 이해가 우선 - 320

Agile의 시작부터 현재까지 - 325

왜 반드시 Agile인가? - 328

비즈니스와 IT의 bottom-up 트렌드에 부합 - 329

고객 만족을 추구 - 334

• 별첨: Agile 방법론 개요

1. Agile의 등장 배경 - 339
2. Agile vs Waterfall - 342
3. Agile의 가치와 원칙 - 348
   - Agile 방식의 4가지 가치 - 348
   - Agile 방식의 12가지 원칙 - 351
4. 스크럼(Scrum) 방법론 - 360
   - 사용자 스토리 - 360
   - 스프린트 주기 - 362
   - 스프린트 계획 수립 - 362
   - 일간 스크럼 미팅 - 364
   - 타스크 보드 - 366
   - 스프린트 리뷰 미팅 - 368
5. XP(eXtreme Programming) 방법론 - 371
   - 사용자 스토리 - 371
   - 스프린트 주기 - 372
   - 스프린트 계획 수립 - 372
   - 일간 스크럼 미팅 및 타스크 보드 - 373
   - 프로젝트 팀원 위치 - 373
   - 테스트 주도 개발(test-driven development) - 375
   - 짝 프로그래밍(pair programming) - 377
   - 지속적 배포(continuous integration) - 379
   - 스프린트 리뷰 미팅 - 381
6. 린(Lean) SW 개발 - 383
   - SW 개발 과정상의 낭비 요소 - 385
   - 워크플로상의 3가지 낭비 유형 - 391

7. 간반(Kanban) 방법론 - 393

   간반의 4대 원칙 - 394

   간반의 6대 핵심 방법 - 396

참고자료 - 400

• 그림 목차

그림 1. SW 개발 프로젝트 일정 비교 예시(Waterfall vs Agile) - 7

그림 2. Agile 프로젝트 문제점 정리 - 91

그림 3. Waterfall 프로젝트에서의 변경 관리 절차 - 113

그림 4. 안티패턴 예시 1: 밀접하게 vs 느슨하게 연결된 프로시저 - 168

그림 5. 안티패턴 예시 2: 복잡한 vs 단순한 구조의 프로시저 - 169

그림 6. 테스트 주도 개발 예시: 로그인 - 172

그림 7. 간반 보드 예시: SW 개발 업무 프로세스 - 179

그림 8. 일별 WIP 흐름도 예시 - 180

그림 9. 타스크 보드 작성 예시 - 204

그림 10. 사용자 스토리 작성 예시 - 230

그림 11. Waterfall vs Agile 방식 비교 - 342

그림 12. 가치 흐름도 작성 예시: SW 개발 업무 프로세스 - 385

그림 13. 제조업에서 "간반" 활용 예시 - 394

제1장

'SW 개발'
무엇이 문제인가?

본 책을 쓰고 있는 2023년 현재, Agile 방법론을 SW 개발 프로젝트에 적용하기 시작한 지는 이미 20년이 넘었다. 국내에서는 그보다 짧은 10년[11] 내외로 예상된다. 그런데 이 10년에서 20년 정도의 기간이라면, 어떤 어려운 IT 기술이나 기법도 어느 정도 성숙기에 접어들어야 하는 시점이다. 그래서 Agile 방법론은 이미 SW 개발 업무에 정착되고, 모든 IT 담당자들은 Agile 방법론에 대한 이해도가 높아, 자신의 업무에 적용하는 것을 자연스럽게 생각해야 할 것이다.

하지만 필자가 지난 1년 8개월간 수행했던 Agile 방법론을 적용한 SW 개발 프로젝트에서는 그렇지 못하였다. 정확하게 얘기하자면, 겉으로 봤을 때는[12] Agile 방법론을 잘 적용하고 있는 것처럼 보였다. 즉 '사용자 스토리'를 기반으로 고객 요구사항을 정리하였고, 이를 '백로그'로 활용하였다. 이 중 구현할 '사용자 스토리'를 선정하여 2~3개월 단위의 스프린트로 구분하여 구현하였다. 별도로 산출물 문서를 작성해야 할 필요도 없었고, 고객 요구사항이 변경되더라도 별도 변경 프로세스 절차가 필요 없었다.

Agile 방법론의 개념을 어느 정도 이해하는 사람이라면, 이와 같은 필자가 경험한 프로젝트는 틀림없이 Waterfall 방식이 아닌 Agile 방식으로 구현했다고 얘기할 것이다. 하지만 고객사는 개발사의 상황과 무관하게 여전히 자신의 요구사항이 관철될 것을 계속하여 요구했고, 개발사의 프로젝트 관리자는 예전처럼 개발자를 관리하고 통제하려고 하였다. 개발자는 고객사의 무리한 요구사항 변경에 대해, 오히려 과거의 방식인

---

[11] 국내에 Agile을 적용하기 시작한 정확한 연도는 알 수 없으나, 2000년대 후반부터 IT 분야에서 자주 회자되었다. 필자의 경험에 의하면 실제 실무에 적용된 것은 2010년대부터인 것으로 추정한다.
[12] 실제 프로젝트에서 사용하는 용어도 Agile 방법론에서 차용한 것이었고, Agile 방법론이 내세우고 있는 주요 도구나 기법도 사용하였기 때문이다.

Waterfall 방식으로 처리해야 한다고 생각하였다.

  결과적으로 고객사의 요구사항은 프로젝트의 마지막 단계까지 마구 쏟아지고, 개발자는 개발 일정을 맞추느라 연일 야근하고 주말 근무를 했음에도 프로젝트는 납기를 맞추지 못하였고, 고객 만족도는 저하되었다. 프로젝트 오픈 일정은 계속해서 연기되었다. 즉 과거에 Waterfall 방식으로 SW 개발 프로젝트를 진행했을 때 겪었던 바로 그 결과가 나타났다. Agile 방법론을 적용하였음에도 왜 이러한 결과가 나온 것일까? 즉 SW 개발 프로젝트는 왜 계속 실패하는 것일까?

어떤 경우에 SW 개발 프로젝트를 실패로 규정하는가?

이 질문에 답을 하기 전에 먼저 명확히 해 둬야 할 것이 있다. SW 개발 프로젝트를 성공과 실패로 나누는 기준이다. 중간 과정이야 어찌 됐든 개발한 SW를 오픈하여 사용자들이 활용하기 시작하면 일단 성공한 것 아닐까 하는 의문이 생긴다. 아니면 원래 계획한 대로 정해진 일정에 제한된 예산으로 SW 개발을 완료하여 오픈해야만, 고객사는 결과에 만족할 것이고, 성공한 것이 아닐까?

하지만 필자가 생각하는 SW 개발 프로젝트의 성공 기준은 명확하다. 바로 **"고객의 관점에서 생각"** 하는 것이다. SW 개발 프로젝트의 결과물은 바로 **"소프트웨어**(SW: Software)"이며, 이 개발 결과물인 SW에 대해 고객이 만족하느냐 하는 것이 기준이 된다. 즉, **고객이 원하는 SW를, 고객이 원하는 시간에, 고객이 원하는 비용 내에서 딜리버리(delivery)**하는 것이다.

이러한 SW 개발 프로젝트의 성공 기준으로 평가할 때, **과거의 Waterfall 방식은 적합하지 못하였다.** 고객사는 결과물인 SW를 프로젝트의 종료를 몇 달 앞둔 테스트 시점에 볼 수 있고, 그 시점이 되어서야 고객은 자신이 원하는 요구사항을 좀 더 구체적으로 전달할 수 있었다. 하지만 프로젝트의 관리자 입장에서는 이미 확정된 고객의 요구사항에 따라 나온 결과물인 SW를 변경하기 위해, 번거로운 변경 프로세스 절차에 따라 이를 관리한다. 각 변경 요건에 대해 추가 비용을 산정하여, 고객사에 계약서 변경과 추가 비용을 청구한다. 결국 고객사는 자신이 원하는 요구사항을 충분히 담지 못한 채로 SW를 이용하거나, 프로젝트를 연장(지연)하여 추가 기간과 비용을 지불해야만 자신들이 원하는 SW를 확보할 수 있다.

이러한 Waterfall 방법론을 적용했던 시기에 SW 개발 프로젝트의 '호러 스토리(horror story)'는 이 업계에 계신 분들이라면 많이 들어 보았을 것이다. 특히 초대형 규모의 ERP 구축 프로젝트에서 빈번하였다. 다음의 실패 사례들은 IT WORLD의 기사 '이제는 말할 수 있다. ERP 대표 실패 사례 15건'을 요약한 내용이다.[13] 일부 사례는 본 책의 목적에 맞지 않아 생략하였다.

- 맥주 제조사인 밀러쿠어스 사는 다년간의 인수합병 결과 7개의 ERP 시스템을 운영 중이었다. 이 시스템을 통합한 단일 시스템을 구축하려고 하였으나, 다수의 치명적이고 중대한 결함이 발생하고 수천 개의 문제가 발생하였다. 고객사는 프로젝트 진행 도중 개발사에 소송을 제기하였고, 이후 개발사는 고객사가 문제의 책임을 자신들에게 전가하려 한다고 주장하며 맞소송을 제기하였다. 이후에 고객사와 개발사는 협상을 통해 분쟁을 타결하였다.
- 화장품 제조사인 레블론 사는 인수합병 결과 2개의 상이한 ERP 시스

---

13) IT WORLD 지에 2019-10-10에 실린 기사(https://www.itworld.co.kr/tags/1034/CRM/133199)이다. 이 기사는 25년간 대형 프로젝트의 PMO로 참여한 경력의 그렉 크라우스(Navigant Consulting 사의 매니징 디렉터)가 분석한 내용을 기초로 하였다.

템을 운영 중이었다. 이를 제3의 솔루션으로 통합한 시스템을 구축하였으나, 오픈 후 치명적인 장애가 발생하여 생산 라인 가동이 중지되는 등 수백만 달러의 매출 손실이 발생하였다. 추가적인 조치 비용까지 발생하여 레블론 사의 주식은 폭락했고, 이로 인해 회사의 주주들은 소송을 제기하였다.

- 식료품 체인 회사인 리들 사는 기존의 문제가 많던 '재고 관리 시스템'을 새로운 솔루션으로 대체하는 프로젝트를 추진하였다. 고객사는 자신들의 특이한 업무 프로세스를 반영하기 위해 많은 솔루션 커스터마이징을 진행했다. 5억 유로의 비용을 투입하였으나, 고객사의 IT 책임자는 계속 변경되고, 구현을 리딩하는 컨설팅 업체에 대한 문제가 발생하는 등 여러 이슈로 인해 결국 SW를 폐기하였다.

- 유틸리티 회사인 내셔널 그리드 사는 신규 ERP 시스템을 3년 이상 구축 중이었다. 오픈이 지연될 경우, 수천만 달러의 초과 비용이 발생할 것을 우려하여, 완성도가 낮은 상태에서도 무리하게 오픈을 진행하였다. 그 결과 페이롤 업무에 오류가 발생하였고, 하청업체 청구서 처리를 할 수 없었다. 또한 재무 보고 불가로 단기 금융 지원 업무에도 차질이 생겼다. 결국 고객사는 개발사에 소송을 제기하였고, 7천5백만 달러를 보상받았다. 하지만 실제 손실 금액은 그보다 훨씬 컸다.

- 산업용 설비 제조사인 워스앤코 사는 신규 ERP 시스템을 구축하고 있었으나, 솔루션사는 교육 과정 및 지원을 위한 추가 비용 26만 달러를 고객사에 요구하였다. 고객사는 오픈 시기를 연기한 후 타 업체와 재계약하여 프로젝트를 다시 진행하였다. 하지만 고객사는 결

과물에 만족하지 못하였고, 역시 오픈하지 못하였다. 결국 고객사는 신규 시스템을 폐기하였고, 솔루션사인 오라클에 추가 비용 지불 건에 대한 소송을 제기하였다.

- 통신사인 보다폰은 통합 CRM 시스템을 구축하였으나, 고객 데이터 중 일부가 제대로 마이그레이션(migration)[14]이 이루어지지 않았다. 일부 소비자의 결제 비용이 계정에 반영되지 않자, 이를 확인한 통신 규제 당국이 보다폰 사에 460만 파운드의 벌금을 선고했다. 이로 인해 보다폰 사는 개발사에 비공개 소송을 진행하기로 했다.

- 워싱턴주의 34개 전문대학은 ERP 시스템 업그레이드를 진행 중이었다. 하지만 소속된 34개교의 업무 프로세스 표준화 미흡으로 시스템 구축에 지연이 발생하였다. 구축 진행 중이던 개발사는 도산하였고, 이 업체의 자산을 인수한 개발사는 고객사와의 계약을 취소하고, 1천3백만 달러를 요구하는 소송을 제기하였다.

- 백화점 체인인 울워스 사는 30년 된 ERP 시스템을 새로운 솔루션으로 재구축하였다. 이 과정에서 데이터 관련 문제가 발생하여 점포별 맞춤형 손익 보고서 생성이 18개월간 중단되었다. 이는 6년간의 과도기(구축/운영 병행 의미로 추정) 동안, 업무 노하우를 보유한 임원의 퇴사로 점포별 업무 절차를 시스템에 반영할 수 없었기 때문이다.

- 미국의 유통업체인 타깃 사가 캐나다로 진출하면서 신규 ERP 시스템을 구축하였다. 그러나 촉박한 오픈 일정으로 인해 상품 기준정보(치수, 가격, 제조사 정보 등)를 잘못 입력하여(데이터의 70%가 오류로 판명), 공급망 마비 사태가 발생하였다.

---

14) 기존 시스템의 데이터를 신규 시스템의 구조에 맞게 이전하는 것을 '데이터 마이그레이션'이라고 한다.

- 컴퓨터 제조사인 HP 사는 북미의 서로 다른 ERP 시스템을 하나의 SAP 시스템으로 통합하려고 하였다. 하지만 서로 다른 ERP 시스템의 업무 처리 기준이 다름으로 인해, 오픈 후에 여러 가지 오류가 한 번에 발생하였다. 이로 인해 주문 적체와 매출 손실로 1억 6천만 달러(프로젝트 비용의 5배가 넘는 금액)의 손실이 발생하였다.
- 메사추세츠 주립 대학교는 학교의 포털 및 ERP 시스템을 신규로 구축하였다. 하지만 오픈 후 처음 맞이하는 학기에서 시스템 오류로 인해 학생들이 강의실을 찾아가지 못하거나, 학자금 지원금을 받지 못하는 사태까지 발생하였다. 시스템은 몇 주 후에나 정상화되었다.
- 쓰레기 처리업체인 웨이스트 매니지먼트 사는 신규 ERP(SAP) 시스템을 구축하고자 했다. 하지만 최초 구축 계획 기간이 18개월이었으나, 3년 이상 지체되었다. 고객사에서는 SAP 사의 계약 미이행으로 프로젝트 실패가 발생했다면서 1억 달러 규모의 소송을 제기하였다. SAP 사는 고객사가 업무 요건을 적시에 정확하게 규정하지 못하였고, 적절한 경험을 보유한 인력을 투입하지 못하였기 때문에 문제가 발생했다고 주장하며 반격했다.

이 예시들은 ERP, CRM, 재고 관리 등 다양한 시스템의 SW 개발 사례를 포함하고 있다. 공통점은 모두 수백억 원 이상이 소요되는 대규모 SW 개발 프로젝트였으며, Waterfall 방법론을 기반으로 구축했다는 것이다. 그리고 실패의 원인은 기준정보의 미흡, 업무 표준화의 미흡, 데이터 이행(migration) 실패, SW 품질 문제 등 다양하였다. 하지만 상당수의 프로젝트에서 발생한 공통점은 고객사는 구축 벤더사의 SW 결과물에 만족하지 못하여 벤더사를 비판하였고, 벤더사는 고객사가 제공해야 하는 지식, 인력 등에 문제가 있었다며 고객사를 비난했다는 것이다. 즉 고객사와 벤더사 서로 간의 신뢰가 무너지고 결국에 법적 분쟁에 휘말리는 사례가 다수였다. 결국 **고객이 필요로 하는 시점에, 고객이 제시한 비용으로, 고객이 필요로 하는 요건과 품질을 구현하지 못하였고, 이로 인해 고객사와 개발사 간 신뢰가 무너졌다**. 그리고 이는 프로젝트의 실패로 이어졌다.

Agile 방법론을 적용하여 성공하고 있는가?

Waterfall 방법론을 적용한 이러한 SW 개발 프로젝트의 실패가 상당수 발생함에 따라, 이를 개선하기 위해 나온 개념이 바로 Agile 방법론이다. Agile 방법론을 통해 고객은 SW 결과물을 계속하여(각 스프린트마다) 확인하고, 그 피드백을 지속적으로 제공함으로써, SW에 반영한다. 이러한 많은 변경 요구사항에 대비하기 위해서 SW를 변경에 최대한 유연하게 대응할 수 있도록 구조화해야 한다. 과거 Waterfall 방법론에서는 고객의 변경 요건을 변경 프로세스(계약 중심)를 통해 관리하고 통제하려고 하였다. 즉 변경을 억제하기 위한 정책이었다. Agile 방법론에서는 오히려 변경을 최대한 유도하여 이끌어 내는 방향으로 진행한다. 이러한 콘셉트는 아주 그럴듯하게 들리지만, 과연 현실적으로 실현 가능한 것일까? 상당수의 IT 전문가는 아니라고 대답할 것이다(최근까지의 필자도 포함).

"SW 개발 프로젝트가 지연되고 야근이 잦고 비용/인력 이슈가 많은 것은 당연한 거야. 고객이 SW 결과물에 만족하는 경우는 거의 없어. 프로젝트의 규모가 클수록 그럴 수밖에 없어. 그렇지 않은 프로젝트는 나는 한 번도 본 적이 없어.

제아무리 Agile 방법론을 적용한다고 하더라도 이를 개선할 수는 없을 거야…."

필자가 만난 IT 전문가들은 이와 같이 자신 있게 얘기한다. 필자도 최근의 SW 개발 프로젝트 도중에도 그렇게 생각했으니, 아마 다른 IT 전문가들도 이와 비슷할 것이다. 필자가 경험한 여러 번의 대규모 SW 개발 프로젝트에서는 모두 그러한 유사한 이슈들이 발생하였기 때문이다. 그중 최근 10년간의 프로젝트는 모두 Agile 기반의 SW 개발 프로젝트였다.

2010년대의 국내 Agile 도입 초기에 참여했던 SW 개발 프로젝트에서는 앞선 '그림 1. SW 개발 프로젝트 일정 비교 예시(Waterfall vs Agile)'에서 보았듯이 개발과 테스트 단계를 스프린트 방식으로 반복적으로 진행하였다. SW에 대한 고객(사용자)의 피드백을 조금이라도 이른 시점에 받아서 SW의 품질을 높이려는 의도였다. 첫 번째 스프린트에서 개발을 완료한 후 고객에게 SW를 제공했을 때, 고객들은 미완성된 SW의 낮은 품질에 상당히 실망했다.

그 전의 Waterfall 방식의 프로젝트에서는 어느 정도 완성도가 있는 SW 결과물을 고객에게 보여 주었다. 개발 기간 자체가 길었고, 고객이 제시한 요건에 대해 개발을 완료한 후에 고객에게 제공하였기 때문이었다. 하지만 현재의 Agile 방식에서는 첫 번째 스프린트의 개발 기간 자체가 워낙 짧았고, 개발자들의 요건에 대한 이해도도 낮은 상태였다. 그러나 고객은 이와 같은 상황을 고려하지 않았고, 자신이 생각했던 것에 비해 제외된 기능이 너무 많고, 많은 결함이 발생하여 SW 품질이 너무 낮다는 인상을 가지게 되었다. 또한 일부 기능만 개발된 상태였으므로 전체 SW의 모습이 보이지 않아, 고객은 큰 불안감을 가지게 되었다. 게다가 고객사도 향후 to-be 모습에 대한 명확한 이미지가 없이 요건을 제시한 상황이어서, 현재의 SW 모습은 지금 이용 중인 SW와 큰 차이가 없어 보였다.

고객사는 그 이후에 많은 개선된 요구사항을 제시하였고, 다음 스프린트에서는 사용자가 직접 테스트를 수행할 것을 요구하였다. 사용자의 테스트 결과에서 수많은 추가 개선 요구사항이 쏟아져 나왔고, 개발사는 이를 SW에 반영하기 위해 개발 기간의 연장을 요구하였다. 개발 완료 후 추가 사용자 테스트를 진행하였고, 추가 요구사항이 나오는 일이 반복되었다. **Waterfall 방식의 프로젝트 때와 마찬가지로 개발자들은 매일 야근을 해야 하는 상황이 되었고, 오픈 일정은 계속해서 지연되었다. 결국 사용자가 충분히 만족하지 못하는 상태, 즉 SW 품질 수준이 높지 않은 상태에서 오픈을 강행하였고, 오픈 후 치명적인 결함들이 발생하였다.**

그러면 가장 최근에 필자가 참여했던 Agile 프로젝트에서는 어떠했을까? 최근의 SW 개발 프로젝트는 최소한 겉으로 보기에는 위의 Agile 국내 도입 초반의 프로젝트보다는 훨씬 더 제대로 된 Agile 프로젝트의 모양새를 갖추었다. 스크럼(Scrum) 방식의 도구들이 대거 적용되었기 때문이다. '사용자 스토리'가 고객 요구사항을 대체함으로 인해, *사용자 스토리* 외에는 별도 고객의 요건(specification) 관련 문서가 존재하지 않았다. 이 *사용자 스토리*를 프로젝트의 백로그로 관리하고 이를 중심으로 스프린트를 구분하여 개발을 진행하였다. 프로젝트 초기에만 수행하긴 했지만, *일간 스크럼 미팅*을 진행하였고, '타스크 보드(task board)'를 통해 진행 상황을 공유하였다(역시 초기에만 수행). 또한 프로젝트 산출물로 별도의 문서를 작성하고 관리하지 않았다. 이로 인해 개발자들의 부담은 상당히 줄어들었다.

하지만 첫 번째 스프린트가 끝나기 전부터 문제가 발생하기 시작하였다. 첫 번째 스프린트 개발을 완료하여 고객사에게 SW 결과물을 제공하였다. 고객사는 자신들이 생각했던 진도에 비해 너무 느리다고 불평하였으며,[15] 자신들의 요구사항이 제대로 반영되지 않았다고 SW 품질에 대한 불만을 토로하였다. 결국 솔루션 벤더사의 *프로젝트 매니저*[16] 한 명을 다른 인력으로 교체하였고, 개발자들은 일정에 쫓기기 시작하였다. 고객사의 개발 일정에 대한 불만, SW 품질에 대한 불만이 쏟아졌고, 이에 대한 대책을 논의하기 위한 각종 이슈 회의가 개최되었다. 개발자는 각종 이슈 미팅에 참여함으로 인해 개발 시간을 뺏기었고, 더욱 일정에 쫓기는 상황이 되었다. 매일같이 야근과 주말 근무를 해야 하는 상황이 시작되었다. 새로운 스프린트가 진행될수록 고객 요구사항은 더욱 많아졌다. 이로 인해 기존 *백로그*에 없었던 새로운 요구사항이 추가되거나, 기존 요구사항도 계속해서 수정되었다. 개발자들은 계속 지쳐 가고 인력 누수 현상이 발생하였다. 프로젝트는 계속해서 지연되었고, 책임에 대한 소재 공방이 나날이 이어졌다. 결과적으로 SW 오픈 일정은 나날이 뒤로 늦춰졌다.

기존의 Waterfall 프로젝트와 이전에 경험했던 Agile 초기 프로젝트와 거의 동일한 결과였다. 고객은 SW 결과물에 만족하지 못하였고, 개발사에 그 책임을 떠넘겼다. 개발사는 초기에 고객이 요구사항을 명확하게 하지 못하여서 이러한 결과가 나올 수밖에 없었다고 주장하며, 책임 소재가 고객사에 있음을 강조하였다. 고객사와 개발사 간의 신뢰도는 나날이 악화되어 갔다.

---

15) 고객사 *제품 오너*는 *일간 스크럼 미팅*에 참여하지도 않았고, 일정에 대한 세부 협의 없이 일방적으로 개발사에 일정 준수를 요구하였다.
16) 본 프로젝트에서는 *스크럼 마스터*라는 용어를 쓰지도 않았다. 왜냐하면 실제 업무가 *스크럼 마스터*보다는 *프로젝트 관리자*에 가깝기 때문이다.

Agile 기반의 SW 개발 프로젝트에서 어떤 문제가 있었는가?

필자가 최근에 경험한 두 번의 Agile 기반의 SW 개발 프로젝트에서 어떤 문제가 있었는지 좀 더 구체적으로 살펴보도록 하겠다.

첫 번째 프로젝트)
Waterfall과 Agile의 하이브리드 방식? 그런 근사한 것은 없다!

먼저 국내에 Agile 기반의 SW 개발 프로젝트들이 나오기 시작한 2010년대 초·중반에 필자가 경험한 프로젝트이다. 국내 초대형 통신사의 차세대 ○○○ 업무 시스템을 구축하는 프로젝트로, 다년간 ○○○억 원[17]이 투입된 프로젝트였다. 필자는 세부 시스템 중 하나인 CRM의 변화 관리 업무와 기술 통합 과제의 관리 업무를 맡아 컨설턴트로서 투입되었다. 다음은 프로젝트에 대한 개요이다.

---

17) 하드웨어, 소프트웨어, 인건비 등 모든 비용을 합친 금액으로 정확한 금액을 알 수는 없다.

프로젝트 소개:

- 대형 통신사의 차세대 ○○○ 업무 시스템[18]을 구축하는 프로젝트
- 다년간에 걸쳐 ○○○억 원, 수백 명의 인원이 full-time 상주하면서 프로젝트를 진행
- 글로벌 컨설팅사가 PMO,[19] 즉 프로젝트 관리 업무를 담당하였음(필자도 PMO 소속으로 프로젝트에 투입되었음)
- 그룹사 내 SI 회사가 SW 개발을 총괄 담당하였고, 시스템별로 별도 솔루션 회사와 함께 SI 개발을 진행할 회사와 인력이 투입되었음

프로젝트 주요 추진 내용:

- 고객 요구사항 분석과 시스템 설계에 매우 긴 시간(1년 이상)을 투입 → 과거 Waterfall과 유사한 수준
- 개발/테스트 단계를 스프린트로 구분하여 반복적으로 수행 → **유일한 Agile 개념 적용 영역**
- 각종 기능/비기능 테스트, 데이터 정합성 검증 등 별도 수행 → SW 품질 확보의 주요한 수단
- 그 외 과거 ○○○ 구축 시 문제가 되었던 사항, 이슈 사항을 별도 과제화하여 담당자를 두어 관리하였으며, 매주 고객사의 프로젝트 관리자와 진행 경과 리뷰 회의 진행 → 필자도 본 업무 담당자 중 한 명이었음
- JIRA(이슈 관리 도구), Wiki(문서/자료 공유 도구), 메신저/메일 등

---

18) 통신사의 ○○○ 업무 시스템이란 고객 상담과 판매, 개통, 회선 관리, 청구(빌링), 정산 등을 포함하는 통신사의 핵심 업무를 모두 포괄하는 시스템이다.
19) PMO(Program Management Office)는 프로젝트를 관리하는 조직을 의미한다.

커뮤니케이션 도구 존재. 특히 JIRA는 프로젝트 이슈 관리, 테스트 관리 등 핵심적 프로젝트 관리 도구 역할 수행
- 고객사의 사용자 '조직 변화 관리(organizational change management)'를 위한 별도 컨설턴트 투입 등 상당한 노력 진행 → 필자도 세부 시스템 중 하나에 대한 변화 관리 담당자 중 한 명이었음

이 프로젝트는 개발/테스트 단계를 스프린트로 구분하여 반복적으로(iteratively) 진행했다는 것을 제외하고는 사실상 Agile 방식을 적용하지 못하였다. 당시에는 Agile 방법론에 대한 전반적인 지식이 부족한 상태였고, 프로젝트를 리딩하고 있는 컨설팅 회사조차 관련 '지식 자산(knowledge asset)'이 부족한 상태였으므로, 전면 적용하기에는 위험 부담이 컸다. 그래서 컨설팅 회사는 추진 전략 중 하나로, Waterfall 방식과 Agile 방식의 하이브리드(hybrid)라는 명목으로 Agile 방식의 개념 일부분만 차용하였다. 이를 Agile 기반의 SW 개발 프로젝트라고 부르기에는 사실상 어렵다고 봐야 할 것이다.

그럼에도 불구하고 아직까지도 이와 같이 Waterfall 방식과 Agile 방식의 하이브리드라는 모호한 개념을 쓰고 있는 프로젝트가 있기에 이에 대한 문제점을 짚고 넘어갈 필요가 있다.[20]

첫 번째로, **프로젝트 초기에 컨설턴트를 대거 고용하여 치밀한 계획을**

---

20) 이 프로젝트를 추진하는 고객사는 이 Waterfall/Agile 하이브리드 안에 대해 최적의 안이라는 환상을 가지고 있을지도 모른다. 구축을 주관하는 SI 회사 혹은 컨설팅사는 이를 아주 합리적인 안으로 포장할 것이기 때문이다. 하지만 이는 재검토해 볼 필요가 있다. SW를 개발하는 회사의 입장에서는 과거와 같이 변경을 최대한 줄이고, 추가 변경 요건에 대해서는 추가 비용을 청구하는 편이 더 수익성을 높일 거라고 생각하기 때문에 Waterfall 방식을 차용하고 싶어 할 것이다. 또한 최신의 방법론을 적용한다는 생색도 내야 하기에 Agile 방식의 일부를 차용하고 싶을 것이다.

세웠지만, 결코 이 근사한 계획대로 진행되지 않았다. 먼저 컨설턴트가 각종 내부 보고서와 업무 데이터를 분석하고, 고객(사용자)과의 인터뷰도 진행하여, 현재 시스템의 어떤 부분이 개선되어야 하는지 분석을 진행했다. 하지만, 그 내용이 대략적인 방향만 제시되었고 구체적이지 못하였다. 또한 이후에 실제 구축된 내용과 비교했을 때에도 상당한 차이가 존재하였다. 그러면 과연 프로젝트 시작 전에 그렇게 많은 시간과 비용을 투입하여 계획을 수립할 필요가 있었는지 의문스럽다. 어차피 내용이 구체적이고 정확하지 못할 것이면, 이를 최소화하고 프로젝트를 진행하면서 점차 구체화하면서 수정해 나가는 것이 올바른 방법일 것이다.

이는 컨설팅사를 비난하고자 하는 것이 아니며, 또한 요구사항을 구체화하지 못한 고객사를 비판하는 것도 더더욱 아니다. 아무리 뛰어난 컨설턴트가 투입되었더라도, 또한 업무에 대한 가장 높은 전문성을 가진 담당자와 인터뷰를 진행하였더라도 그 결과는 큰 차이가 없을 것이다. 향후 구현할 SW의 범위는 방대하므로, 그 누구도 전체 SW에 대한 미래 이미지를 머릿속에 그리고 있는 사람은 없을 것이다. 따라서 SW 개발 프로젝트를 시작하기도 전에 전체 SW 범위에 대해 정확한 분석 결과를 내어 놓는 것은 불가능에 가까울 것이다. 이후에 상세히 설명하겠지만, Agile 방법론이 '마지막 순간에 의사결정(last responsible moment)' 하는 것을 원칙으로 하는 것은 바로 이러한 이유 때문이다.

두 번째, **고객 요구사항 분석서와 SW 설계서 산출물(문서)은 무용지물**이었다. 고객 요구사항 분석과 설계 단계는 1년 정도의 시간이 소요되었다. 이 기간 동안 고객과의 소통은 사실상 부재에 가까웠다. 고객사는 요구사항을 기술한 문서를 개발사에 전달하였고, 각 담당자는 개발사가 요청한 개별 인터뷰에 응하긴 하였으나, 그 내용은 여전히 구체성이 결여되어 있었다. 이는 고객사의 담당자들을 탓하고자 함이 아니다. 어떤 전문성 있는 고객이든 간에 추후 개선할 내용을 머릿속에 정리하고 있지는 않다. 현재 시스템에서 문제가 있는 내용에 대해 어렴풋이 알고 있을 뿐이다.

개발자는 이러한 모호한 요구사항을 토대로 상상의 나래를 펼치며 SW 설계서를 작성한다. 이렇게 작성된 SW 설계서를 고객사의 담당자들이 리뷰한다고 한들 그 내용을 명확히 이해하기 어렵다. 결국 개발된 SW 결과물을 확인해야만, 비로소 고객사 담당자들은 좀 더 구체적으로 자신의 요구사항을 제시할 수 있을 것이다. 그래서 분석과 설계 단계에서 소요한 1년여의 기간과 비용은 회수가 불가능한 '매몰 비용(sunk cost)'이 되어 버렸다.

또한 이렇게 작성한 SW 설계서는 작성 후에는 업데이트되지 않고, 문서 파일철에만 보관되었다. 고객이 리뷰하여 승인한 '버전 1.0(1차 확정의 의미)' 후에는 이 산출물 문서를 활용하는 경우는 거의 없었다. 물론 프로젝트 종료 시점에 프로젝트 관리자가 개발자들에게 SW 설계서를 현행화하라는 지시를 내리긴 하였다. 하지만 개발자들은 버전 1.0 이후부터 지금까지 발생했던 모든 변경 내용을 다 반영하기는 어려웠다. 그 많은 변경 이력을 다 머릿속에 넣고 문서에 모두 반영하기는 거의 불가능하기 때문이다. 또한 고객사 담당자 역시 이를 꼼꼼히 살펴볼 여력은 없었다. 오픈 준비에 여념이 없었기 때문이다. 시스템 운영자는 이렇게 SW 설계서가 제대로 현행화되어 있지 않다는 사실을 이미 알고 있었으므로, 이를 참고하는 일은 거의 없었다.

이러한 산출물 문서의 효용성이 낮음으로 인해, Agile 방법론에서는 고객 요구사항 정의서(혹은 분석서)나 SW 설계서 등의 산출물 문서 작성을 최소화하는 방향으로 진행한다. 개발자 간 혹은 고객사와 개발자 간 내부 커뮤니케이션을 위해 꼭 필요할 경우에만 '작업 중 문서(working document)' 형태로 최소화하여 작성한다. 별도의 양식도 미리 정의해 놓지 않으며, 품질 관리자가 이를 리뷰하고 점검하지 않는 것은 물론이다. 불필요한 업무는 최소화하는 것이 Agile 방법론의 원칙이기 때문이다. 상세한 내용은 추후 설명하겠다.

세 번째, **고객과의 커뮤니케이션 시점과 방식에 문제가 있었으며, 이는 결국 SW 품질 문제와 고객 불만족으로 이어졌다**. 고객과의 본격적인 커뮤니케이션은 고객이 처음으로 SW 결과물을 확인한 첫 번째 스프린트의 테스트 단계부터 시작되었다. 물론 이전의 분석/설계 단계에서 고객 요구사항을 수렴하고, 고객 인터뷰를 진행하였으며, SW 설계서에 대한 고객 리뷰를 진행하기도 하였다. 하지만 이러한 방식으로는 고객과 효과적인 커뮤니케이션을 할 수 없었다. 어떤 뛰어난 고객도 자신의 요구사항을 글자나 말을 통해 개발자에게 명확하게 전달하는 데는 한계가 있기 때문이다. 그리고 고객사의 담당자는 SW 설계서만 가지고는 어떤 내용이 구현되는지 명확히 이해하기 힘들기 때문이다. 고객 자신이 사용할 SW 결과물을 직접 확인해야만 정확하고 구체적인 피드백이 가능하다.

첫 번째 스프린트의 테스트 단계이면, 전체 프로젝트 기간의 60% 정도가 지나간 시점이다. 이 시점에 고객에게 SW 결과물을 제공하였고, 이때부터 구체적인 고객의 요구사항이 본격적으로 나오기 시작하였다. 그때서야 고객 요구사항 변경에 따라 기존의 SW 설계 내용을 변경하기 시작하였고, 차기 스프린트의 일정에 맞추기 위해 긴급하게 개발을 진행하였다. 개발자가 반영해야 할 변경 요건은 점차 쌓여 가기 시작하였고, 개발 일정은 지연되기 시작하였다. 또한 고객사는 각종 비기능 테스트와 데이터 검증을 요구하였으며, 개발자는 일정에 쫓기는 와중에 이에 대한 대응도 진행해야만 했다. 개발자는 늦은 시간까지 야근과 주말 근무까지 해야 하는 상황이 되었으며, 고객사와 개발사의 관리자는 매일같이 개발 진도를 체크하여 개발자들을 몰아붙였다.

이로 인해 이후에 계획했던 프로젝트 일정은 당연히 지연되기 시작하였으며, 긴급한 SW 변경으로 인해 각종 추가 오류가 발생하였다. 계속해서 SW 결함이 늘어나고 이를 다시 조치하기 위해 SW를 재수정하면서 추가 오류가 발생하는 상황이 반복되었다. 이는 개발자가 일정에 쫓기면서 긴급하게 SW를 변경할 때 발생하는 당연한 현상이지만, 고객사가 이를 이해해 줄 리 만무했다. 고객은 개발 일정이 지연되는 것에 대한 불만, SW 품질에 대한 불만, 자신이 요청한 요구사항이 늦게 반영되는 것에 대한 불만을 지속적으로 제기하였다.

또한 고객사는 '갑', 즉 구매자의 입장에서 SW 결과물을 확인하고 피드백을 주는 것이 본인들의 역할이라고 생각하였다. 고객사는 '제품 오너(product owner)'로서 업무에 대한 지식을 개발자에게 적극적으로 전달하고 커뮤니케이션하며 개발자를 리드하는 역할을 해야만 한다. 그러나 이러한 적극적인 '제품 오너'의 역할이 아닌 소극적인 '구매자'의 역할로, 자신의 요구사항을 제시하고 이를 관철시키는 역할을 중심으로 수행하였다. 이는 개발사와 고객사 간의 불신, 정보의 미공유, 커뮤니케이션 부족으로 이어지게 되어, 결국 SW 품질의 하락이라는 결과를 가져오게 되었다. 결과적으로 고객사는 개발사에 SW 품질 문제에 대해 강력히 항의하였고, 개발사는 추가 비용 부담을 감수해야 했다.

　네 번째, **SW 개발 업무 진행 현황에 대한 '가시성(visibility)' 부족으로 커뮤니케이션 비효율이 증가**하였다. 프로젝트에 여러 개의 단위 시스템(혹은 모듈)이 있었고, 각 모듈에는 수십 명의 개발자들이 존재했다. 이 개발자들은 프로젝트 관리자의 주도하에 각자의 업무를 수행하고 있었으나, 누가 어떤 업무를 수행하고 있는지 알 수 없었다. 고객들은 자신이 요구한 기능이 언제 개발될지, 개발 일정이 왜 늦어지는 것인지 알고 싶어 하였다. 하지만 이를 확인할 수 있는 데이터는 관리되지 않았고, 각 모듈의 리더를 통해서만 확인 가능했다. 모듈 리더 역시 급박하게 진행되는 상황 속에서, 누가 무엇을 하고 있는지 수시로 체크하지 않는 한 정확한 파악이 불가능했다. 개발 진행 상황을 확인하기 위해 불필요해 보이는 많은 회의가 생겨났고,[21] 이는 결국 개발자의 귀중한 개발 업무 시간을 뺏게 되어 결국 일정 지연의 한 원인이 되었다.

　프로젝트를 관리하는 입장에서 개발자의 시간은 곧 비용을 의미하므로, 수백 명의 개발자의 시간을 효율적으로 배분하여 이용하도록 하는 것은 매우 중요한 관리 포인트 중 하나일 것이다. 각 모듈 리더는 이들 개발자가 각자 업무를 잘 수행할 수 있도록 관리하지만, 이 리더들 역시 각종 이슈 회의에 참석하느라 세심하게 관리하기가 힘들었던 것이 사실이었다. 따라서 각 시스템을 관장하는 프로젝트 관리자는 각 모듈 리더가 개발자들의 업무를 잘 관리하고 있는지 확인하기 위한 회의를 주기적으로 개최하여 확인하였다. 전체 개발사의 임원은 또 각 프로젝트의 관리자에

---

21) 이러한 많은 회의는 때로는 내부적으로 프로젝트 관리자가, 또는 개발사의 임원이, 또는 고객사가 요청하기도 하였다.

게 이를 확인하기 위해 주간 회의를 개최한다.[22] 고객사는 또한 자신의 요구사항의 개발 진척을 확인하기 위해 주간 단위의 회의를 만들어 이를 확인하고자 한다. 각 회의에 모듈 리더와 프로젝트 관리자는 반드시 참여해야 하므로, 업무 시간 중 대부분을 이러한 회의 준비와 참석에 사용해야만 했다. (주간 회의 외에도 각종 이슈가 발생할 경우, 수시로 이슈 회의를 개최하였다.)

각 개발자의 개발 진척 현황은 통상 WBS(Work Breakdown Structure)라 불리는 태스크 일정 관리 대장을 통해 파악하였으나, WBS의 태스크 단위는 개별 개발자의 모든 태스크를 관리하기에는 어려움이 있었다. 그래서 주간 진척 현황을 보고하는 회의에서, 프로젝트 관리자는 이 WBS를 기준으로 진척 현황을 설명하지만, 이 설명만 들어서는 진척상에 어떤 이슈가 있다는 건지 파악하기 쉽지 않았다. 그리고 프로젝트 관리자는 통상 주간 보고 회의에서 중대한 진척상의 이슈에 대해서는 잘 얘기하지 않는다. 프로젝트 관리자는 이러한 개발 진척 이슈에 대해 자신의 책임이 크다고 인식하기 때문에, 그러한 회의 석상에서 이슈에 대한 정보를 투명하게 공개하지 않기 때문이다. 따라서 실제 개발자 진척 상황을 WBS와 주간 보고를 통해 파악하는 것은 한계가 있었다.

결국 개발자와의 개별적 커뮤니케이션을 통해서만 정확한 진척 상황을 확인할 수 있었다. 개발자는 이미 빡빡한 개발 일정 속에서 계속해서 이런저런 이슈 회의에 참석해야 하고, 프로젝트 관리자나 이슈 담당자, 혹은 임원, 혹은 고객사의 담당자 등으로부터 전화를 받아 응대를 해

---

22) 통상 대형 프로젝트의 경우, 내부의 시스템 단위로 별도 프로젝트로 구분하여 '프로젝트 관리자(PM: project manager)'가 이를 관리하도록 한다. 그리고 여러 개의 단위 시스템(프로젝트)을 관리하는 단위를 '프로그램(program)'이라고 부르기도 한다.

야 했다. 개발자는 이러한 무의미한 커뮤니케이션에 하루 업무 시간의 절반 이상을 뺏겨야만 했다. 개발자 입장에서는 이렇게 주의를 분산시키는 (distracting) 이벤트들로 인해 개발 업무에 집중하기 어려운 상황이 되는 것이었다. 이러한 상황들로 인해 다시 개발자의 개발 일정은 지연되고, 이로 인해 또다시 각종 이슈 회의가 생겨나는 악순환 고리가 형성되었다.

다섯 번째, **프로젝트가 진행될수록 SW 변경에 오랜 시간이 소요되고, 변경으로 인한 추가 결함이 발생**하였다. 개발과 테스트 단계로 접어들어 첫 번째 스프린트가 시작되었을 때, 본격적으로 요구사항 변경이 발생하기 시작하였다. 어떤 고객사의 담당자도 처음에 자신이 제시한 요건을 변경하지 않는 경우는 거의 없다. 고객사의 담당자들은 시간이 지남에 따라 다른 기능들이 구현되면서 전체적인 SW의 구현 모습을 확인하고 나면, 자신이 제시한 최초의 요건들을 조금씩 계속 변경해 나간다. 자신이 제시한 요건을 전체 SW의 미래 방향에 맞추어 좀 더 적합한 모습으로 수정하고, 그에 따라 SW는 계속해서 진화해 나간다. 고객사는 심지어 이런 개선된 모습을 개발자들이 알아서 판단하여 변경해 주기를 바란다. 따라서 요구사항 변경은 프로젝트의 후반부로 갈수록 많아질 수밖에 없는 것이다.

개발자의 입장에서는 프로젝트 후반부로 갈수록 많아지는 요건 변경으로 인해, 점점 SW에 반영해야 할 건이 많아지고, 개발 일정에 쫓기다 보니 심적인 여유를 잃어 갔다. 그러다 보니 개발자들은 SW 기능 개발과 결함 조치에만 몰두하게 되고, 코드 구조를 단순화하여 변경을 용이하도록 하는 작업은 거의 진행하지 못하였다. 이렇게 개발자가 코드의 구조를 개선하는 것을 '**기술적 채무**(technical debt)'를 갚는 작업이라고 부른다. 어떤 개발자이든 간에 SW 코드 개발 시에는 반드시 이러한 *기술적 채무*가 발생하게 되며, 지속적으로 이를 갚아 나가야 한다. 이 채무를 갚지 않으면, 향후 큰 비용을 초래하기 때문이다. 그 비용은 바로 **SW 변경에 많은 시간과 노력이 필요하다는 점과 SW 변경에 따른 추가 결함[23] 발생 가능성이 높다는 것**이다.

어떤 뛰어난 개발자라도 한 번에 최적의 코딩을 하는 경우는 없다. 따라서 모든 개발자는 작성한 코드를 다시 한번 리뷰하면서 단순화하는 작업, 즉 '**안티패턴**(anti-pattern)'을 찾아내고 이를 개선하는 작업을 해야 한다. *안티패턴*이란 말 그대로 바람직하지 않은 코딩 패턴을 의미한다. 예를 들면, 프로시저 간에 서로 연결되는 지점이 많은 경우, 즉 프로시저에서 다른 프로시저를 호출하고, 호출된 프로시저에서 또 다른 프로시저를 호출하는 구조이다. 이를 '밀접하게 연결된(tightly coupled)' 코딩이라 부르며, 이 구조를 '느슨하게 연결된(loosely coupled)' 구조로 변경해야 한다. 코드가 *밀접하게 연결된* 구조인 경우, 한 프로시저의 코드를 수정할 시, 이와 연결된 다른 프로시저의 코드를 순차적으로 모두 변경해야 한다. 따라서 이 *밀접하게 연결된* 구조의 경우, 코드를 수정하는 데 많은 시간과 노력이 소요된다. 또한 변경한다고 하더라도 추가 결함이 발생할 소지가 높다. 반면 *느슨하게 연결된* 구조인 경우에는 프로시저 간의 연결성이 낮아 한 프로시저 변경 시, 다른 프로시저를 변경할 필요가 없어지게 되어 변경이 용이하다. 또한 변경에 따른 추가 결함의 위험성이 낮아진다.

또 하나의 대표적인 *안티패턴*은 복잡한 구조의 프로시저이다. 예를 들어, 하나의 프로시저 내에 지나치게 많은 코드가 포함되어 있거나, **계층적**

---

[23] SW 변경 시에는 변경으로 인해 영향을 받는 예상치 못한 다른 영역에 오류가 발생하게 되고, 일부에서는 이를 '부작용(side effect)'이라고 부르기도 한다.

(hierarchical) 구조로 코드를 작성하는 것이다. 즉 조건문[24])이나 반복문[25]) 내부에 또 다른 조건문/반복문이 있고, 그 내부에 또 다른 조건문/반복문이 있는 구조이다. 이러한 계층적 구조에서는 코드를 이해하기가 매우 어렵다.[26]) 이러한 복잡한 구조의 코드에서 결함이 발생하여 수정해야 할 경우, 상/하위의 모든 조건문/반복문을 검토해야만 한다. 따라서 코드 수정에 오랜 시간이 소요되고, 수정에 따른 추가 결함이 생길 리스크가 높다.

따라서 이러한 복잡한 구조의 코드를 단순화하고, 계층적 구조를 **수평적**(horizontal) 구조로 변경해야 한다. 코드가 길어질 경우, 코드 내 일부를 다른 프로시저로 분리할 필요가 있다. 그리고 계층적 구조의 코드의 경우, 내부 조건문/반복문을 동일 레벨로 이동하여 단순화된 구조로 만들어야 한다. 이때 명심해야 하는 것은 고객이 제시한 요건 외의 모든 상황을 미리 예측하여 대비할 필요는 없다는 것이다. 모든 경우의 수를 대비하려고 할 경우 복잡한 구조의 코드로 이어지게 된다. 단순하고 수평적인 구조의 코드는 다른 사람이 이해하기 쉽고, 변경도 용이하며, 추가 결함의 리스크도 낮아지게 된다.

개발자는 기능 개발의 중간에 틈틈이 시간을 내어 이러한 *안티패턴*을 찾고, 이를 수정하는 작업을 꾸준히 진행해야 한다. 개발 일정에 쫓기어 코드를 작성할 경우, 특히 이러한 *안티패턴*을 작성하고 인지하지 못할 가능성이 높다. 개발자는 개발 난이도가 낮은 기능에 대한 SW 코드를 작성하거나, 고객 리뷰 진행 중 등에 시간을 내어 이러한 *기술적 채무*를 갚는

---

24) IF문같이 조건에 따라 분기가 이루어지는 것을 조건문이라 한다.
25) FOR문 혹은 WHILE문과 같이 반복적인 코드를 단순화할 수 있게 해 주는 것을 반복문이라 한다.
26) 개발자가 교체되거나 운영자가 코드를 인수받을 때 다른 개발자가 작성한 코드를 이해해야 하는 경우가 생긴다.

노력을 해야 한다. 구체적인 방법에 대해서는 이후 챕터에서 설명하도록 하겠다.

하지만 본 프로젝트에서는 개발자들이 이러한 *기술적 채무*를 갚는 노력을 게을리하였다. 물론 프로젝트 후반부에 일시적으로 코드 리뷰 도구를 사용하여 *안티패턴*을 찾고, 개발자에게 개선을 요구하는 작업을 일회성 이벤트로 진행하긴 하였다. 하지만 이 코드 리뷰 도구가 모든 *안티패턴*을 찾아 주는 것은 아니다. 그리고 그 이후에도 계속해서 수정 작업이 발생하는 상황이었으므로, 매번 이러한 코드 리뷰 작업을 할 수는 없었다. 사실상, 개발사에서 코드 품질을 개선하였다는 것을 고객사에게 보여주기 위한 이벤트라고 할 수 있었다. 결과적으로, 프로젝트 후반부로 갈수록 코드의 수정에 더 오랜 시간이 걸렸고, 수정한 코드에서 또 다른 오류가 발생하기를 반복하였다. 이 원인이 되었던 *기술적 채무*는 개발 일정 지연에 큰 공헌을 하였다.

여섯 번째, **프로젝트 후반부에 개발 일정 지연과 함께 SW 품질 문제가 점점 심각해짐으로 인해, 고객사와 개발사 간의 신뢰도가 점차 낮아지고, 책임 소재 공방이 벌어졌다.** 앞선 ERP 실패 사례에서 보았듯이, 이러한 책임 소재 공방으로 인해 결국에 법적 소송으로 이어지는 사례가 빈번하다. 본 프로젝트에서는 법적 소송으로 이어지지는 않았지만, 고객사와 개발사는 각자의 입장만을 강조함으로 인해 원만한 협의가 잘 이루어지지 않았다. 이는 업무 담당자와 개발자 간의 불필요한 감정 소모로 이어지기도 하였다.

고객사와 개발사 간의 신뢰 하락으로 인해, 고객사는 개발사가 SW 결함을 조치했다는 말을 믿지 않았다. 고객사는 개발사가 조치한 SW를 직접 검증해 보고 그 결과에 만족할 때 결함을 종료 처리하였다. 이렇게 고객사가 직접 결함을 검증하기까지에는 추가적인 시간이 소요되었고, 이역시 프로젝트 일정을 지연시키는 원인이 되었다. 또한 고객사는 자신이 원하는 기능이 완전히 조치가 되지 않았을 때, 단순히 JIRA[27]에 댓글로 요구사항을 적는 것으로는 부족하다고 생각했다. 개발자가 자신의 요구사항을 잘 이해하지 못하고 있는 경우가 많았기 때문이다. 이로 인해 고객사는 개발자에게 별도 회의를 요청하여 요구사항을 상세히 설명하고 처리 일정에 대한 확답을 받는 경우가 증가하였다. 이 역시 개발자의 제한된 시간을 부족하게 만드는 원인이 되었다.

또한 고객사는 개발사가 약속한 SW 결함과 추가 요건에 대한 조치 일정을 신뢰하지 않았다. 고객사는 개발사가 단순한 결함이나 조치 필요사항도 빨리 처리하지 못한다고 불만을 가지고 있었다. 따라서 고객사는 개발사의 내부 일정을 고려하지 않고 자신이 제시한 일정까지 조치를 완료할 것을 요청하였다. 개발사는 이미 추가 기능 개발 및 결함 처리 일정을 수립해 놓은 상태였으므로, 이 요청에 따라 조치하기는 불가능했다. 하지만 개발사는 조치 일정을 최대한 앞당기기 위해 매일 야근과 주말까지 근무하기를 반복하였다. 이렇게 개발자들은 빡빡한 일정 속에서 *기술적 채무*에 대해서는 계속 조치하지 못하였고, 변경에 더 많은 시간이 걸리게 되는 악순환이 반복되었다. 개발사는 이렇게 뒤늦게 많은 추가 요건을 제시하는 고객사에 대해 많은 불만을 가졌다.

이렇게 본 프로젝트에서는 고객사와 개발사 간의 신뢰가 갈수록 저하되었고, 이로 인해 추가적인 시간과 비용이 소요되었다. 앞서 보았던 대

---

27) JIRA는 본 프로젝트에서 이슈를 공유하고 관리하는 도구였다.

부분의 실패하는 프로젝트의 전형적인 모습이었다. 결론적으로 고객사는 자신이 원하는 SW 품질을 확보하지 못하였고, 원하는 일정과 비용 내에 SW 개발을 완료하지 못하였다. 본 프로젝트는 결국 필자가 얘기했던 실패한 프로젝트의 기준을 만족시키게 되었다.

두 번째 프로젝트)
업무를 Agile하게 수행하지 않으면 실패한다!

다음으로 필자가 최근에 경험한 SW 개발 프로젝트에서 어떤 문제가 있었는지 기술해 보겠다. 이전의 프로젝트는 표면적으로는 Agile과 Waterfall의 하이브리드 프로젝트라고 내세웠지만, 사실상 Waterfall 방법론을 적용한 프로젝트에 가깝다고 할 수 있었다. 하지만 지금 기술할 프로젝트는 통상적인 Agile 방식의 SW 개발 프로젝트의 모습을 갖추고 있었다. 최초 기획 단계부터 스프린트 단위로 진행할 계획을 가지고 있었고, *사용자 스토리*를 기반으로 백로그를 관리하였다. 이 *사용자 스토리*로부터 스프린트별로 구현할 대상을 선정하여 진행하였다. 또한 Agile 프로젝트답게 개발자에게 별도의 산출물 작성을 요구하지 않았다.

이전 프로젝트와 마찬가지로 국내 대형 그룹사의 차세대 엔터프라이즈급의 시스템을 구축하는 프로젝트였다. 수년간의 기간을 두고 수백억 원 이상을 투자하여 그룹사의 ○○ 업무에 적용하기 위한 시스템을 구축하고자 하였다. 마찬가지로 고객사는 그룹의 계열사이고, 그룹 내 대형 SI 업체가 개발을 주도하였다. 실제 개발은 SI 업체가 선정한 솔루션 업체와 그 외 개발 업체들이 진행하였다. 이전 프로젝트는 통신사의 업무 시스템이었지만, 이번 프로젝트는 제조사의 업무 시스템인 것이 차이가 있었다.

필자는 컨설턴트로 본 프로젝트에 약 1년 8개월 정도 참여하였다. 필자가 롤오프한 후에도 계속 진행된 프로젝트이므로, 프로젝트에 대한 세부 내용은 고객사와의 보안 서약으로 인해 최소한으로만 기술하며, 일부는 제거(sanitization) 처리하였다.

프로젝트 소개:
- 국내 초대형 그룹사의 차세대 제조 ○○ 업무 시스템을 구축하는 프로젝트
- 다년간에 걸쳐 ○○○억 원, 수십 명의 인원이 상주하면서 진행
- 글로벌 솔루션 벤더사의 ○○○ 솔루션을 기반으로 커스터마이징 진행
- 그룹사 내 대형 SI 회사가 SW 개발 총괄 담당
- 고객사는 그룹사 내 다수 계열사를 포함
- 전체 프로젝트는 ○개 시스템(혹은 모듈)을 포함하며, 시스템별로 별도 프로젝트로 구분하여 진행. 프로젝트별 개발/오픈 일정, 오픈 대상 고객사와 범위도 상이

프로젝트 주요 추진 내용:
- 다년간의 차세대급 SW 솔루션 프로젝트임에도 별도 기획 단계 최소화. 과거와 같이 큰 비용을 투입(글로벌 컨설팅사 용역 등)하여 기획 진행하지 않음

- 고객사가 직접 업무 프로세스를 분석하였으며, 1년 이상 소요. 하지만 프로젝트 시작 전까지 *사용자 스토리* 작성을 완료하지는 못함 → 고객사 간의 *사용자 스토리* 합의에 상당 기간 소요
- *사용자 스토리*는 백로그로 관리하며, 이 중에서 스프린트별 구현 범위를 선정하여 진행
- 시스템 구축 주관사인 SI 회사 내의 별도 테스트팀이 3자 테스트 진행
- Agile 프로젝트임에도 프로젝트별로 별도 WBS를 관리하였고, SI 개발사가 구축한 Wiki를 통해 프로젝트 내부 커뮤니케이션과 이슈 관리, 테스트 관리 등 진행
- PMO 조직을 최소화하여 운영하였고,[28] PMO의 통상적인 업무라고 할 수 있는 프로젝트 일정/진척 관리, 이슈/리스크 관리, 품질 관리, 산출물 관리 등의 PMO 활동을 하지 않음. 전체 프로그램 관리자는 각종 보고 수행 시, 직접 현황을 파악하여 보고함
- Agile 프로젝트의 조직 역할인 '제품 오너(Product Owner)', '스크럼 마스터(Scrum Master)'와 같은 용어를 쓰지 않음[29] → Agile 방법론의 각 세부 역할에 대한 명확한 인지 부재

첫 번째 문제는 **고객 요구사항을 기술한 사용자 스토리의 준비가 미흡하여 첫 시작부터 일정 지연이 발생**하였다. 본 프로젝트는 Agile의 가치를 존중하여, 계획을 수립한 후 이를 준수하는 것보다는, 계획을 최소화하

---

28) PMO 조직의 인원은 SI 회사와 솔루션사의 프로젝트 리더만 존재하였고, 심지어는 PMO라는 용어조차 잘 쓰지 않았다.
29) *제품 오너*란 고객사의 프로젝트 총책임자를 의미하며, 시스템(제품) 개발에 대한 오너십을 가진다. *스크럼 마스터*는 개발사의 프로젝트 리더를 의미하는데, 정확히는 스크럼이 잘 진행될 수 있도록 가이드하고 조력하는 역할을 의미한다. 과거의 프로젝트 관리자와는 다른 역할이다.

고 변경에 대응하는 것을 기본 원칙으로 하였다. 이는 분명 앞선 프로젝트 사례와는 달리 Agile 프로젝트다운 점이다. 의사결정의 시기를 앞당기는 것이 아닌, '**마지막 순간에 의사결정**' 하는 것이 Agile의 가치에 부합하기 때문이다.

그러나 이 마지막 순간에 의사결정 하라는 의미는 프로젝트의 앞부분에 아무것도 준비할 필요가 없다는 의미는 아니다. 오히려 스프린트를 시작하기 위한 준비를 철저히 해야만 한다. 가장 중요한 준비는 바로 *제품 오너*가 *사용자 스토리*를 준비하는 것이다. 프로젝트 시작 전 전체 *사용자 스토리*의 초안을 작성하여 *백로그*를 마련해야 한다. 그래야만 첫 번째 스프린트에서 어떤 기능을 구현할지를 곧바로 선정할 수 있다.

하지만 본 프로젝트는 시작 전에 전체 *사용자 스토리*의 초안을 마련하지 못하였고, 개발사는 그러한 사실이 당혹스러웠다. 개발자들은 시스템을 구성하는 전체 기능(*사용자 스토리*)은 어떤 것들이 있는지, 각 기능을 언제 개발할지 알 수 없었다. 고객사의 *제품 오너*는 각 업무 담당자들과 내부 협의 후 일방적으로 첫 번째 스프린트에서 구현할 대상 *사용자 스토리*를 선정하였고 이를 개발사에 통보하였다.

작성된 *사용자 스토리*는 아주 대략적인(rough) 수준이었고, 개발사는 이 스토리의 내용만으로는 개발에 착수하기가 어려운 상황이었다. 심지어 스프린트는 시작되었지만 *사용자 스토리*는 아직 작성이 완료되지 않은 경우도 있었다. 프로젝트의 첫 시작부터 지연이 발생한 셈이다. 프로젝트(스프린트)를 시작하면, *사용자 스토리*를 가지고 본 스프린트에서 구현할 대상을 고객사와 개발사가 서로 협의/합의해야만 한다.[30] 하지만 첫

---

30) 스프린트가 시작되어 처음에 계획을 수립하는 미팅을 Agile 방법론에서는 '스프린트 계획 수립 미

시작부터 원활하게 진행되지 못한 것이다. 즉 프로젝트의 개발 일정 지연은 시작부터 거의 예견된 것이었다. 프로젝트의 개발 일정 지연이 발생한 순간부터 모든 문제는 마치 개발사에 있는 것처럼, 개발사에 원인과 대책을 요구한다. 이러한 고객사의 태도 문제는 개발사와의 협업에 방해가 되는데, 이에 관해선 이후에 상세히 설명하겠다.

두 번째 문제는 **개발자의 사용자 스토리에 대한 이해 부족이었다**. 우선은 고객사가 사용자 스토리를 상세하게 기술하지 못하였으므로, 개발자는 이 내용만 읽어서는 명확히 이해할 수가 없었다. 하지만 고객사는 개발자에게 *사용자 스토리*에 대해 적극적으로 설명하거나 커뮤니케이션하는 등의 대응이 부족하였다. 이로 인해 결과적으로 SW 품질 문제와 개발 일정 지연이 발생하였다.

고객사는 *사용자 스토리* 문서(통상 엑셀 표 형태로 작성)를 아주 대략적으로 작성한 후 개발사에 구현할 것을 요구하였다. 개발자는 이를 면밀히 검토 후 꼭 필요한 경우에는 고객사에 미팅을 요청하여 추가 설명을 요구하였다. 어떤 뛰어난 개발자이더라도 특정 업무에 대한 내용을 한 번에 이해하기는 힘들다. 개발자는 전체 설명을 듣고 내용을 이해한 후, 세부 설계를 진행한다. 개발자가 상세 설계를 진행하는 도중에는 추가적인 세부 사항에 대한 문의점이 생기기 마련이고, 고객사 업무 담당자와의 추가 질의 응답을 필요로 한다.

이때 대부분의 개발자는 빡빡한 개발 일정 속에서 고객사에 별도 회의를 요청하지 않고, 자신이 나름의 가정(assumption)을 하고, 그에 따라 판단을 하여 SW 설계를 진행한다. 이 순간이 바로 SW 품질을 결정짓는 중

탕'이라고 부른다.

요한 시점 중의 하나이다. 이때 고객에게 문의하여 정확한 업무 로직을 파악한 후 SW에 적용할 경우, 추후 고객 검증 시 재작업의 가능성이 적어진다. 따라서 고객의 승인에 따라 기능 개발을 신속히 완료할 수 있다. 하지만 개발자 자신이 나름의 가정에 따른 판단을 한 경우, 추후 고객 검증 시 추가 요구사항이나 변경 요청이 발생하게 된다. 즉 고객은 최종 검증 과정에서 승인을 거절하고, 그에 따라 재개발 절차가 진행되어 개발 일정이 지연될 가능성이 높아지는 것이다.

추후 상세히 설명하겠지만, 개발자가 고객사에 별도로 미팅을 요구하지 않더라도, 고객사는 매일 개발자를 만나서 추가로 궁금한 사항이 없는지 확인하고, 업무에 대한 이해도를 높여 주려는 노력을 계속해야 한다. 하지만 본 프로젝트의 고객사는 그러지 못하였다. 고객사는 서비스 구매자인 '갑'의 입장에서 자신이 왜 나서서 개발사인 '을'에게 그렇게 친절하게 가르쳐 주어야 하냐고 반문하였다. 그 결과, 개발 완료 후 고객 검증(테스트) 시점에서 수많은 건들이 거절되었고, 추가 개선 요구사항이 쏟아졌다. 고객사는 이로 인해 SW 품질에 대한 불만이 높아졌고, 물론 이는 SW 개발 일정 지연에 지대한 공헌을 하였다.

세 번째 문제는 두 번째 문제와 연결되는 문제로서, **고객사는 요건(사용자 스토리)만 제시하고, '서비스 구매자'의 태도로 프로젝트에 참여**하였다는 것이다. 이러한 고객사의 태도는 많은 다양한 문제로 귀결되며 결국 프로젝트의 실패로 연결되는 가장 핵심적인 요인이다. 먼저 위에서 얘기하였듯이 개발사와의 적극적인 커뮤니케이션이 어려워져 SW 품질 문제를 야기시킨다. SW 품질 문제는 결국 개발 일정 지연으로 이어지게 된다. 또한 고객사와 개발사 간의 신뢰도 저하로 이어져, 불필요한 감정 소모로 인해, 프로젝트 팀원들의 업무 외적인 스트레스를 증가시킨다. 아래는 실제로 본 프로젝트 진행 중에 고객사가 개발사에게 자주 했던 대화 내용을 편집한 것이다.

"우리(고객사)는 사용자 스토리를 작성하고 개발에 필요한 모든 것을 다 설명하고 요청했어요. 심지어 몇 번을 얘기했어요. 그런데도 계속 SW에 반영이 안 되고 있고, 언제 반영될지에 대해서도 얘기를 못 들은 상황이에요. 너무 답답하네요."

"우리가 고객(갑)인데 왜 우리가 모든 것을 다 결정하고 알려 주어야 합니까? 그 부분은 개발사에서 여러 가지 안을 검토한 후에 최적의 안을 가져와 보세요. 예전에 솔루션 '적합도 분석(fit & gap analysis)'[31] 할 때 된다고 하셨잖아요. 왜 항상 우리가 모든 것을 정해 주어야 합니까? 솔루션 입장에서 최적의 안을 제시해 주세요."

"이 요건은 우리가 처음부터 얘기했던 거잖아요. 이번 스프린트에는 이 기능을 반드시 반영해야 합니다. 개발사에서 이번 스프린트에는 반영할 수 없다는 이유를 잘 모르겠습니다. 이게 그렇게 어려운 요건도 아니잖아요. 간단한 거 같은데 이번 스프린트에 반영하는 것으로 검토해 주세요."

"이 결함들은 다음 주까지 조치 완료해야 합니다. 더 이상은 안 됩니다. 개발사에서 원래 하기로 했던 현재 진행 중인 건도 당연히 다음 주까지 해야 하구요. 우리 회사의 내부 일정 때문에 그래요. 다다음 주부터는 이것들이 반영된 SW를 가지고 사용자 교육을 해야 하거든요. 이 사용자 교육 일정을 미룰 수는 없습니다. 추가 개발 인력이 필요하시면 OOO 상무님에게 요청하셔서 진행하시기 바랍니

---

31) 고객사가 제시한 요건에 대해 솔루션에서 대응이 가능한지 분석하는 것을 *적합도 분석(fit & gap analysis)*이라고 한다.

다. 이 일정은 반드시 지켜 주세요."

이렇게 고객사가 개발사에게 하는 대화에서 이들의 개발사에 대한 태도를 이해할 수 있다. 요약하자면 "SW 개발은 '서비스 공급자'인 개발사에서 수행하는 역할이고, 고객사는 '서비스 구매자'로서 SW 결과물을 보고 검토한 후 피드백을 주고 승인하는 역할이다"라는 태도이다. 고객사는 개발에 필요한 요구사항을 개발사에 전달한 후, 개발사에서 개발을 완료하면 SW 결과물을 보고 피드백을 해 준다는 것이다. 그리고 고객사는 개발 과정과 진행 상황에 대해서는 알 필요가 없고, 자신이 요구한 개발 납기 일만 지키면 된다는 입장이다.

이후에 상세하게 얘기하겠지만, 고객사의 *제품 오너*로서의 역할은 Agile 프로젝트의 성공에 있어서 가장 핵심적인 부분이다. 통상적으로 조직 내부서 간의 역할과 책임을 분석할 때 RASCI[32]라는 틀을 이용한다. 고객사는 자신의 역할을 주로 지원하거나(supported) 조언하는(consulted) 역할로 생각하고, 기능 구현의 완료 여부를 승인하는(accountable) 역할로 생각하였다. 즉 개발사가 책임을 지고(responsible) 구현하고, 고객사 자신들은 SW 개발 결과에는 책임이 없는 듯한 태도를 취했다. SW 품질에 문제가 있어도, 개발 일정에 차질이 생겨도 모두 개발사의 책임이며, 고객사 자신들은 필요한 모든 지원과 역할을 다했다고 생각하였다.

고객사가 이러한 '갑'의 태도를 보이는 경우, 개발사는 고객사에 대해 심리적 거리감을 느끼게 된다. 이로 인해 개발자는 고객사와 자유롭게 의사소통하기를 꺼리게 되어, 고객사에 업무에 대한 상세한 문의가 필요하다

---

32) RASCI는 Responsible, Accountable, Supported, Consulted, Informed의 약자이다.

고 하더라도, 이를 생략하고 자신의 가정대로 개발을 진행한다. 개발자는 꼭 필요한 경우에만 자신의 면책[33])을 위해 형식적으로 별도 회의를 개최하고 고객이 확인했다는 근거를 남긴다. 즉 고객사의 요청에 적극 대응하기(proactive)보다는 방어적인(defensive) 태도를 취하게 되는 것이다. 이 결과로 개발자는 고객의 요구사항을 SW에 정확하게 반영하지 못하게 되고, 고객의 최종 검증에서 통과에 실패한다. 즉 고객은 추가 결함과 개선 요건을 도출하고 개발자에게 재작업을 요청하게 된다. 이러한 SW 개발 품질 저하로 인해, 개발자는 수많은 추가 결함과 요건을 반영하기 위한 재작업을 해야 했다.

반면 고객사가 *제품 오너*로서 개발사와 함께 문제를 해결하려고 하는 '책임 있는(responsible)' 태도를 보였다면, 개발사는 고객사를 신뢰하고 적극적으로 커뮤니케이션할 것이다. 그래서 고객사의 요청에 대해 방어적인 입장보다는 적극 수용하려는 태도를 보였을 것이다. 그리고 개발자가 세부 업무 로직을 반영하는 데 있어서도 고객사와 적극적으로 커뮤니케이션하여 향후 발생할 SW 품질 문제를 줄였을 것이다. 또한 개발사 내부의 이슈나 내부 인력의 개발 진행 상황을 투명하게 고객사에게 공유하여, 고객사는 개발사를 신뢰하고 무리한 요청을 하지 않을 것이다. 이로 인해 고객사는 개발사에게 개발 일정이나 SW 품질과 관련한 이슈 미팅을 가급적 자제할 것이고, 따라서 불필요한 커뮤니케이션 비용이 감소하여 개발자는 개발 시간을 충분히 확보할 수 있을 것이다.

네 번째 문제는 앞선 프로젝트에서도 마찬가지였지만, **개발 진행 현황**

---

33) 자신의 책임을 회피하기 위한 목적으로 방어적인 태도로 행동하는 것을 CYA(cover your ass)라고 부른다.

에 대한 가시성(visibility)이 부족하여, 불필요한 커뮤니케이션이 증가하였다. 이러한 개발 현황은 결국 개발자를 통해서만 정확히 파악할 수 있어, 개발자의 커뮤니케이션 비용이 증가하고, 귀중한 개발 시간을 빼앗는 결과를 가져왔다. 고객사는 개발 현황을 정확히 파악하기 힘든 상황으로 인해, 개발사를 비난하고 불신하게 되었다.

통상 Agile 프로젝트에서는 '타스크 보드'라고 불리는 스프린트 현황판을 통해 개발 진행 현황을 관리한다. 그러나 이 *타스크 보드*는 초기에 잠깐 운영되다가 더 이상 운영되지 않았다. *타스크 보드*를 통해 본 스프린트에 구현해야 할 *사용자 스토리*, 그리고 구현 중, 구현 완료된 *사용자 스토리*에 대한 현황을 파악할 수 있다. 또한 *사용자 스토리*를 구현하기 위한 세부 타스크(해야 할 일)가 무엇이 있는지, 각 타스크를 각 리소스(개발자)에 배분하여 누가 어떤 일을 하고 있는지를 한눈에 대시보드(dashboard) 형태로 파악할 수 있다.

이 *타스크 보드*를 통해서 이번 스프린트에서 누가 어떤 일을 하고 있는지, 남아 있는 업무가 무엇인지 등이 한눈에 파악이 가능하다. 따라서 프로젝트 관리자, 개발사 임원, 고객사의 업무 담당자 등은 이 *타스크 보드*를 여러 가지 용도로 유용하게 활용할 수 있을 것이다. 그리고 이 *타스크 보드*를 잘만 운영하면, 더 이상 개발 업무 진행 현황 파악을 위해 개발자의 시간을 빼앗는 일은 없을 것이다. 그런데 이 프로젝트에서는 이렇게 유용한 *타스크 보드*를 결국 잘 운영하지 못했고, 중도에 폐기하였다.

*타스크 보드*를 잘 운영하기 위해서는 몇 가지 원칙이 있다. 먼저 프로젝트 관리자에게 개발 진도를 보고하기 위한 목적으로 사용되어서는 안 된다. 즉 일간 스크럼 미팅에서 프로젝트 관리자가 각 개발자의 개발 현황

을 파악하고 업무 진도를 재촉하려는 목적으로 이 *타스크 보드*를 운영해서는 안 된다. 그렇게 개발 진도 파악용으로 사용되는 순간, 이 스크럼 미팅은 프로젝트 관리자를 위한 형식적인 미팅으로 변질되고, 개발자는 자신의 보고(발표) 차례를 기다리며 아까운 시간을 낭비하고 있다는 생각이 든다. 이 *일간 스크럼 미팅*에서 타스크 보드의 지속적인 현행화가 이루어지므로, 이 둘 간에는 사실상 밀접한 관계가 있다. 즉 *일간 스크럼 미팅*이 제대로 진행되지 않으면, *타스크 보드*의 현행화가 이루어지기 어렵다. 바꾸어 얘기하면 *타스크 보드*를 잘 운영하기 위해서는 *일간 스크럼 미팅*을 잘 운영해야 한다는 것이다.

이 *일간 스크럼 미팅*은 개발자들이 서로의 개발 진행 상황을 공유하고, 그에 따라 *제품 오너*와 협의하여 스프린트 계획을 계속해서 개정(revise)하며, 이 모든 현황을 *타스크 보드*에 반영하는 미팅이 되어야 한다. 이 미팅에는 고객사 *제품 오너*도 함께 참여하여 사용자 스토리의 세부 내용에 대한 개발자와의 계속적인 커뮤니케이션도 이루어져야 한다. 미팅 진행 중에 발견된 이슈에 대한 상세 논의가 필요할 경우에는, 별도 미팅 약속을 잡아서 진행한다. 결론적으로 프로젝트 관리자에게 개발 현황을 보고하는 미팅이 아닌, **개발자가 자발적으로 진행하고, 자신들의 개발 업무에 필요한 정보를 서로 공유하는 미팅**이 되어야 한다.

그러나 본 프로젝트에서는 프로젝트 관리자가 매일 개발자의 업무 진도를 체크하는 목적으로 *일간 스크럼 미팅*을 진행하였다. 개발자의 자발적 필요와 의지로 진행하는 것이 아니다 보니, 개발자들은 자신의 보고 순서를 기다리며 보내는 이 30분 남짓의 시간이 불필요하고 아깝다고 느꼈다. 개발자 자신의 개발 업무에 아무런 도움이 되지 않고 시간 낭비라고 느꼈기 때문이다. 스프린트가 진행되면서, 개발 일정이 지연되고, 매일 다양한 추가 이슈 미팅이 진행됨에 따라, *일간 스크럼 미팅*을 진행할 시간이 점차 부족해졌다. 결국 *일간 스크럼 미팅*은 중단되었지만, 프로젝트 관리자를 제외하고는 아무도 이 미팅을 재개하기를 원하는 사람은 없었다. 하지만 프로젝트 관리자는 개발자의 개발 일정을 관리해야 했고, 개발사의 임원과 고객사에 개발 현황을 보고하기 위해 수시로 개발자와의 미팅을 진행해야 했다. 결과적으로 개발자의 업무 진행 현황에 대한 가시성은 더 낮아졌고, 이를 파악하기 위한 수시 미팅이 늘어나 개발자의 업무 시간을 빼앗는 결과를 초래했다.

또한 *타스크 보드*에는 *사용자 스토리*의 진행 현황뿐만 아니라, 이를 개발하기 위한 세부 타스크, 또한 그 외의 개발자가 시간을 들여 수행해야 하는 모든 타스크가 표현되어, 정확한 타스크 진행 상황을 파악할 수 있어야 한다. 프로젝트를 진행하다 보면, 개발자들은 고객 요구사항을 충족시키기 위한 *사용자 스토리* 기능 개발뿐만 아니라, 여러 가지 다른 업무들까지도 수행해야 한다. 예를 들면, 신규 개발/테스트/운영 서버를 설치하고 구성하는 일은 통상 '인프라 아키텍트(infrastructure architect)'라 불리는 전문가의 업무이다. 하지만 이들은 솔루션 내부의 구조를 잘 모르는 경우가 많으므로, 개발자가 세부 SW를 설치하고, 이 SW의 구성(configuration) 작업을 지원해 주어야 하는 경우가 많다. 이러한 인프라 지원 업무도 개발자의 중요 업무 중 하나이므로, *타스크 보드*상에 분명히 표시되어야 하는 타스크이다.

또한 글로벌 솔루션 업체의 경우, 솔루션 자체 결함이 발생하거나 고객사가 특이한 기능을 요청할 때는 국내에서 모든 개발을 처리하기 어렵다. 이 경우 솔루션 수정을 위해 글로벌 R&D 부서에 개발을 요청해야 한다. 이 글로벌 부서와의 커뮤니케이션은 상당한 시간과 노력을 수반한다. Time zone도 국내와 서로 다르고 언어적인 장벽도 있기 때문이다. 따라서 개발자들이 상당한 시간을 투여해야 하는 이러한 태스크도 *타스크 보드*에 반영해야 한다. 그래야만 고객사도 자신이 요청한 기능은 솔루션 변경이 필요한 것임을 인지할 수 있고, 이에 대한 진행 현황도 파악할 수 있기 때문이다. 그리고 자신이 요청한 다른 기능이 왜 개발이 지연되고 있는지도 파악할 수 있다.

하지만 본 프로젝트에서 *타스크 보드*는 *사용자 스토리*의 진행 현황, 즉 시작 전(to-do), 진행 중(doing), 개발 완료(done) 상황을 파악할 수 있는 정도로만 관리하였다. *사용자 스토리* 구현을 위해 필요한 세부 태스크도 관리하지 않았고, 누가 수행하고 있는지 표시하지도 않았다. 앞에서 얘기한 *사용자 스토리* 외에 수행이 필요한 태스크도 물론 *타스크 보드*에 반영되지 않았다. 냉정하게 얘기하면, *타스크 보드*를 생색내기 혹은 상부 보고 용도로만 관리하였고, 아무도 왜 *타스크 보드*를 운영해야 하는지에 대해서, 그리고 어떻게 운영해야 하는지에 대해서도 잘 알지 못하는 상황이었다.

결국에 이렇게 형식적으로 운영되던 *타스크 보드*는 초기에 몇 주 정도 운영되다가 중단되고 말았다. *타스크 보드*가 실제 개발자의 업무 진행 현황을 잘 반영하고 있지 못하였으므로, 계속 운영해야 할 필요성을 느끼지 못하였다. 또한 개발 일정 지연이 벌어지고 있는 상황에서, 아무도 이를 현행화하기 위해 추가 시간을 투입할 필요성을 느끼지 못하였기 때문이다. 결과적으로 개발자의 업무 가시성은 불투명해졌고, 프로젝트 관리자를 통해서만 개발자의 개발 업무 진행 현황을 파악할 수밖에 없었다. 따라서 개발 일정이 지연되면서, 이러한 개발 업무 진행 상황을 파악하기 위한 회의는 많아졌고, 개발자들은 이러한 무의미한 회의에 참석하느라 시간을 뺏길 수밖에 없었다. 물론 개발자가 개발 업무 시간이 부족해지면, *기술적 채무*를 갚을 시간이 부족해지고, 이로 인한 SW의 품질 이슈는 증가할 수밖에 없다.

다섯 번째 문제는 **프로젝트 진행에는 도움이 되지 않는 (오히려 방해되는) 각종 회의와 보고가 너무 많아, 개발자는 개발 업무에 집중하기가 힘들었다.** 개발사의 프로젝트 관리자들은 이러한 회의와 각종 보고에 대응하기 위해 업무 시간의 절반 이상을 소요하였다. 이로 인해 프로젝트 관리자와 개발자 간의 커뮤니케이션 시간이 줄어들었다. 개발자는 개발 업무 수행에 있어 방해나 지연을 일으키는 이슈와 이를 조치하기 위한 방안을 협의하고자 프로젝트 관리자와 지속적으로 의사소통을 하려고 한다. 하지만 각종 회의로 인해 개발자와 프로젝트 관리자가 논의할 시간은 부족하였고, 미팅을 계속 뒤로 미루거나 다른 해결 방안을 찾아야만 했다. 이 역시 프로젝트 일정 지연의 요소로 작용하였다.

SW 개발 프로젝트는 고객 요구사항의 구현을 담당하는 애플리케이션 기능 개발자 외에도 중요한 역할을 하는 다양한 담당자들이 참여한다. 예를 들어, 인터페이스/공통[34] 개발자, 애플리케이션 아키텍트, 인프라 아키텍트, 프로젝트 관리자, 개발사 임원, SI 업체 측 프로젝트 관리자와 임원, 테스트팀, 품질 관리자, 고객 실무 책임자(*제품 오너*), 사용자 측 IT 담

---

34) 공통 개발자는 특정 시스템이 아닌, 여러 시스템이 공통으로 활용하는 기능의 개발을 담당하는 개발자를 의미하며, 예를 들어 로그인, 전자결재, 기준정보 관리 등의 개발을 담당한다.

당자, 실제 사용자(Power User 등), 고객사 측 프로젝트 관리자와 임원 등 무수히 많은 관련자들이 존재한다. 필자는 과거 프로젝트에서 컨설턴트로서 참여하면서 이러한 '이해관계자(stakeholder)'와의 커뮤니케이션 업무를 맡은 경험이 있었다.[35] 따라서 이들 *이해관계자*와 소통하는 것이 얼마나 많은 시간을 필요로 하고, 또한 어렵고 중요한지 알고 있다.

본 프로젝트는 그룹사 전체가 관심을 가지고 큰 규모의 예산을 투입하여 진행되고 있어, 이해관계자들이 특히나 많았다. 이러한 대규모 프로젝트의 경우, 이해관계자와의 커뮤니케이션을 담당하는 별도의 변화 관리 컨설턴트를 고용하는 것이 통상적이다. 이들 이해관계자별로 원하는 관심 사항이 모두 다르고, 그에 맞게 커뮤니케이션을 준비하고 실행하려면 상당한 시간과 노력이 필요하다. 하지만 본 프로젝트에서는 이러한 변화 관리 담당자는 별도로 존재하지 않았고(아마도 예산 문제로 그러한 듯하다.), 모든 커뮤니케이션을 프로젝트 관리자와 개발자가 직접 수행하였다. 따라서 프로젝트 관리자와 개발자는 내부적인 개발 일정을 준수하고, SW 품질을 향상시키는 노력보다는 외부 커뮤니케이션 업무에 더 많은 시간과 노력을 소요하였다. 내부적인 이슈가 있더라도, 프로젝트 관리자와 개발자 간 이를 논의하기 위해서는 많은 시간을 기다려야만 했다.

'브룩스의 법칙(Brooks's Law)'에 따르면, 프로젝트에 참여하는 인원이 늘어날수록 이들 간의 커뮤니케이션 비용은 기하급수적으로(exponentially) 증가한다고 한다.[36] 실제 필자가 경험한 SW 개발 프로젝트를 떠올려 보면, 규모가 작은, 그러니까 프로젝트 팀원이 10명 미만인 프로젝트

---

35) 통상 이러한 이해관계자와 커뮤니케이션하는 업무를 '조직 변화 관리(organizational change management)' 업무라고 부른다.
36) Frederick Brooks가 'The Mythical Man-Month'(1975)라는 책에서 한 주장이다.

에서는 서로 간의 의사소통이 원활하였다. 개발자 간에 모든 정보는 원활하게 공유되었다. 별도 커뮤니케이션 도구도 필요가 없었다. 같은 사무실 내에 모든 인원이 상주하면서 대면 의사소통을 위주로 모든 정보를 공유했다. 프로젝트 관리자 역시 개발자와 의사소통하는 시간이 많았다. 개발 진행상의 이슈가 발생할 경우, 곧바로 프로젝트 관리자와 논의하여 해결방안을 논의하였고, 프로젝트 관리자는 빠른 시간 안에 고객사 혹은 임원과 협의하여 문제를 해결하였다. 그야말로 이상적인 Agile 프로젝트의 모습이라고 할 수 있을 것이다.

하지만 프로젝트의 규모가 커질수록 개발자 간의 의사소통은 힘들었고, 서로 간의 정보 공유가 잘 이루어지지 않았다. 그러나 개발자가 실제로 의사소통(보고나 회의)에 투입하는 시간은 엄청났다. 개발자는 업무 시간의 절반 이상을 개발 업무가 아닌 의사소통에 투입해야 했다. 프로젝트 관리자와의 의사소통은 항상 미뤄졌고, 개발 진행상의 이슈가 발생하더라도 곧바로 해결되는 경우가 없었다. 며칠을 기다려 프로젝트 관리자와 논의하더라도, 프로젝트 관리자는 또 이를 다른 관계자와 논의하기 위해 별도 회의를 개최해야만 했다. 이러한 의사결정이 완료되기까지 개발자가 대기해야 하는 시간도 무시할 수 없었다. 개인적 판단에 소규모 프로젝트의 경우 하루 이내 처리 가능한 것도 대규모 프로젝트의 경우 일주일 이상 소요되었던 것 같다.

대형 프로젝트일수록, 프로젝트를 추진하는 회사의 규모가 클수록 이해관계자는 다양하고 많을 수밖에 없다. 엔터프라이즈[37]급의 대기업에서는 업무도 매우 세분화되어 있고, 업무 처리 방식 역시 까다롭고 세밀

---

37) 매출액 규모가 수조 원 이상인 초대형 기업을 엔터프라이즈라고 부른다.

하다. 하지만 이렇게 이해관계자가 많아 커뮤니케이션에 상당한 노력과 비용이 소요되는 경우, 이를 줄일 수 있는 방안을 강구해야 한다. 서로 간의 정보와 데이터를 공유할 수 있는 도구를 적극 활용하여, 이 도구를 통해 투명하게 프로젝트를 관리할 수 있는 체계를 갖추어야 한다. 굳이 담당자에게 직접 연락(전화, 메일, 메신저, 오프라인 회의 등)하여 확인하지 않아도 필요한 정보를 획득할 수 있는 체계가 필요하며, 특히 고객사나 SI 기업의 임원들은 이러한 문화를 정착시켜야만 한다.

본 프로젝트에서도 Wiki와 같은 정보 공유를 위한 도구를 활용하였으나, Wiki에서는 고객사나 SI 기업의 임원이 필요로 하는 정보를 획득할 수 없었다. Wiki에서는 개발자의 실제 업무 진행 현황을 파악할 수 있는 *타스크 보드*와 같은 정보를 관리하지 않았기 때문이다. 결국은 프로젝트 관리자와 개발자에게 전화 통화나 회의를 통해야만 상세한 진행 현황을 파악할 수 있었다. 이는 결국 개발자의 SW 개발 업무 시간을 빼앗는 결과를 가져왔다.

여섯 번째 문제는 **개발자들의 엄청난 업무 강도로 인해 계속적으로 인력 교체가 이루어졌고, 이는 프로젝트 팀원들의 사기 저하**로 이어졌다. 프로젝트의 후반부로 갈수록 이번 스프린트에서 구현하기로 한 기능들을 다음 스프린트에서 구현하는 것으로 미루는 경우가 많아졌다. 이는 스프린트 종료 시마다 고객사의 검증(테스트) 결과, 결함과 추가 요건이 쏟아져, 계속해서 구현해야 할 백로그가 쌓여 갔기 때문이다. 현재 보유한 개발자 리소스로는 도저히 대응할 수 없을 정도의 백로그가 누적되어 갔으나, 이를 통제할 방법은 없었다. SI 기업의 임원은 개발사에게 야근과 주말 근무를 해서라도 무조건 고객사가 요청한 일정을 맞출 것을 요구하였다. 고객사, SI 기업, 심지어 개발사의 임원도 개발팀의 개인적인 능력과 노력 부족을 비난하였고, 이로 인해 개발 일정이 계속 지연되는 듯한 분위기로 몰고 갔다. 즉 개발사의 프로젝트 관리자와 개발자들에게 모든 비난의 화살이 돌아갔던 것이다.

이들 프로젝트 관리자와 개발자들은 이미 매일 야근과 주말 근무를 하고 있던 상황이었다. 이러한 상황에서 개발자들이 계속된 비난을 듣고, 심적인 부담을 느끼면서 과도한 업무 시간을 감당하기란 쉽지 않았다. 결국 한 명, 두 명 이탈하기 시작하였고, 점차 이탈자의 숫자가 늘어나기 시작했으나, 개발사는 어찌할 방법이 없었다. 매일 개발 일정에 대한 이슈를 제기하는 상황에서 업무 강도를 줄일 수도 없고, 고객사의 인력에 대한 단가는 정해져 있는 상황에서 급여를 올릴 수도 없었다. 또한 개발 일정이 빠듯한 상황에서 무작정 재충전 휴가를 보내 줄 수도 없었다. 결국 이탈하는 개발자들을 설득하기를 포기하고, 이탈 인력을 신규 인력으로 교체하였다.

개발 인력의 교체는 많은 추가 비용을 수반한다. 역량이 있는 인력을 찾기 위해 여러 이력서를 검토하고 인터뷰를 진행해야 한다. 또한 신규 인력이 투입되면 오리엔테이션과 교육을 진행하고, 업무 지식을 인수인계하고, 초기에는 주변 개발자가 회의에도 함께 참석해야 했다. 개발자들은 모두 바쁜 상황에서 이들 신규 인력에 대한 오리엔테이션과 교육을 하는 데 또 추가적인 시간을 뺏겨야만 했다.

개발자들의 사기는 갈수록 저하되었고, 고객사와 SI 업체는 이들에게 책임을 전가하고 비난하였으며, 자신들의 책임은 인정하려 하지 않았다. 이러한 상황에서 개발사가 개발 업무에 더욱 속도를 내는 것은 쉽지 않았고, 코드를 리뷰하면서 *안티패턴*을 찾아내는 작업은 아예 진행하지 못하였다. 개발자는 고객사나 SI 업체 관리자에 대한 불신이 쌓여 갔으며, 이들과 약속한(고객사의 다소 일방적인 요청이었음) 개발 일정을 지키지 못하는 일은 점점 많아졌다.

일곱 번째 문제는 **계속되는 개발사의 개발 일정 미준수와 고객사와의 약속 미이행**이다. 결과만 놓고 본다면, 당연히 개발 일정을 준수하지 못하고, 매번 고객사와의 약속을 지키지 못하는 개발사의 책임인 것으로 보인다. 프로젝트 진행 시에도 거의 매일 개최되는 이슈 회의의 주제는 개발사의 납기 미준수와 그에 대한 대응 방안이었다. 이러한 이슈 회의에서 고객사와 SI 업체 관리자는 또 개발사에게 다소 일방적으로 추가 약속을 요구한다. 아래는 SI 업체 관리자와 개발사 프로젝트 관리자가 개발 일정 지연 관련 회의에서 실제 나누었던 대화를 각색한 내용이다.

SI 업체 관리자) ○○○ PM님, 추가 요건 ○○건을 어제까지 완료하기로 약속했는데, 지금 ○건이 아직 안 되었다는 거잖아요. 이거 왜 매번 납기가 지켜지지 않습니까? 무슨 문제가 있습니까? 인력이 부족한가요? 인력이 부족하면, 요청해서 추가 투입하세요. 매번 이런 식이니 계속 신뢰가 무너지는 것 아닙니까? 아직 완료하지 못한 ○건은 언제까지 완료하실 겁니까?

개발사 프로젝트 관리자) 현재 지난번 스프린트에 완료된 ○○건 중에 고객사에서 추가 결함을 등록하신 ○건에 대해서도 대응 중입니다. 결함 대응이 우선이니, 이 ○건을 먼저 처리한 후에 추가 요건에 대해 작업할 예정입니다. 이번 달까지는 완료하기 어려울 것 같고, 다음 달까지는 시간이 필요합니다.

SI 업체 관리자) 그렇게는 안 됩니다. 무조건 이번 달까지는 완료해야 됩니다. 지난번 고객사 리뷰에서 발생한 결함 ○건은 당연히 우선 처리되어야 하구요. 추가 요건 ○건도 이번 달까지는 마무리해야 하니까, 완료하기 위해 필요한 것들을 말씀하세요. 고객사와 추가 협의가 필요한 건이 있나요? 아니면 개발 인력을 추가 투입해야 하나요?

개발사 프로젝트 관리자) 고객사와 추가 요건에 대해서는 협의를 진행해 보겠습니다. 힘들지만 팀원들 독려해서 그렇게 진행해 보도록 하겠습니다.

이렇게 다소 일방적인 고객사 혹은 SI 업체 관리자 측의 개발 일정 요구에 의해 일정이 정해지지만, 고객사와 SI 업체 측은 이 개발 일정을 마치 합의한 것으로 인식한다. 통상적으로 프로젝트 관리 업무를 수행했던 담당자들은 조금은 무리한 일정을 수립한 후, 개발자에게 이 일정을 푸시(push)하는 것을 당연한 것으로 생각한다. 기업의 임원들은 오히려 이렇게 관리하는 방식을 잘하는 것으로 생각하는 경향이 있다. 하지만 이는 Agile 프로젝트에서는 지양해야 하는 관리 방법임을 명심해야 한다. Agile 방법론에서는 자발적이고 협의에 기반한 진행 방식이 원칙이다. 이에 대해서는 이후 챕터에서 상세히 설명하겠다.

개발사 프로젝트 관리자는 이같이 일방적으로 정해진 개발 일정을 개발자에게 통보하고, 개발자는 이에 반발할 것이다. 프로젝트 관리자는 개발자가 이러한 불가능한 일정을 맞출 수 있을 거라 기대하지도 않으며, 개발자에게 최선을 다해 보자고 얘기한다. 그리고 프로젝트 관리자는 그때부터 개발 일정을 지키지 못한 이유에 대한 변명을 생각해 내기 위해 노력한다. 예를 들면, 과거 고객사가 요청했던 내역과 비교해 보며, 이 건은 고객의 요구사항이 변경되었으니 추가 요건이며, 지금 당장은 이를 개발할 수 없다고 결론짓는다. 또한 O건은 본 시스템이 구현해야 할 것이 아닌, 본 시스템에서 데이터를 연계받는 타 시스템에서 구현해야 한다고 생각한다. 그리고 프로젝트 관리자는 내부적으로 검토한 사항을 *사용자 스토리* Wiki[38]에 업데이트한다.

즉 이렇게 다소 일방적으로 정해진 개발 일정의 경우, 개발사의 프로젝트 관리자는 이 일정을 어떻게 준수할 것인지를 고민하지 않는다. 반대로 이를 어떻게 구현하지 않을 것인지, 어떤 변명을 하여 일정을 뒤로 미룰 것인지를 고민하게 된다. 반면 개발사의 프로젝트 관리자가 직접 개발자와 논의하여 개발 일정을 정하고 이를 고객사와 SI 업체에 공유한 경우, 개발사의 태도는 달라진다. 자신이 제시한 일정을 어떻게 맞출 수 있을 것인지를 먼저 고민하게 된다. 하지만 필자가 경험한 프로젝트에서는 이러한 방식으로 개발 일정이 정해지지 못하였고, 불행히 본 프로젝트도 그러하였다.

여덟 번째 문제는 **개발 일정 지연과 SW 품질 문제에 대한 고객사와 개발사 간의 계속적인 책임 공방**이 벌어졌다는 것이다. 개발사는 고객사가 요청한 개발 일정을 계속하여 지키지 못하였고, 수많은 SW 결함/재결함[39]을 발생시켰다. 이로 인해 고객사는 개발사에 대한 신뢰도가 점차 낮아져 갔다. 개발사는 고객사가 요청한 개발 일정을 지키기 어려울 것으로 예상되는 경우, 고객사에 이를 미리 알리고 일정에 대해 재협의를 해야 한다. 이것이 고객사가 개발사에 기대하는 것이었다. 하지만 고객사가

---

38) *사용자 스토리* Wiki는 *사용자 스토리*별로 별도 웹 페이지를 구성하여, 여러 이해관계자들이 이에 대해 서로 커뮤니케이션하고, 개발 진행 상황도 업데이트하여 공유하는 시스템을 의미한다.
39) '재결함'이란, 결함이 최초 발생하여 조치된 이후, 이와 동일한 혹은 연관된 결함이 계속적으로 발생하는 것을 의미한다.

요청한 개발 마감일에 다다라서도 아무런 협의 요청이 없다가, 다음 날 SI 업체 관리자가 일정 이슈에 대한 회의를 소집하면 그때가 되어서야 개발사는 본인들의 입장을 얘기하였다. 또한 고객사는 개발사가 얘기하는 일정 미준수의 이유에 대해서도 별로 탐탁지 않게 생각했다. 이와 관련하여 개발사와 고객사의 대화는 다음과 같았다.[40]

개발사 프로젝트 관리자) 고객사가 요청하신 추가 요건 ○건에 대해 검토했습니다. 그런데 지난 스프린트에서 구현했던 사용자 스토리 ○건과 비교했을 때, 추가로 요구하신 요건과는 서로 일관되지 않는 부분이 있습니다. 이 부분이 추가로 요청하신 건이 맞는지, 지난번 요청하신 로직에 따라 일부 개발된 건이 있는데, 이를 어떻게 수정할지에 대한 의견을 주셔야 할 것 같습니다.

고객사 제품 오너) 그러면 지난주에 제가 추가 요청한 이후에 진행된 건이 아무 것도 없는 거네요. 그러면 개발사에서 검토하신 후에 곧바로 말씀해 줘야지, 오늘에 와서야 그렇게 말씀하시는 이유가 무엇입니까? 아무것도 진행하지 않으시고 제가 추궁하니까 이제야 그렇게 얘기하시니 저는 이해하기 힘드네요. 아무튼 그 부분은 저희가 다시 한번 검토하겠습니다.

개발사 프로젝트 관리자) 그리고 ○건은 업무적인 상세 내용을 정의해 주셔야만 진행이 가능합니다. 또한 ○건은 저희 팀에서 대응이 불가한 건입니다. 저희가 송신한 데이터에는 이상이 없거든요. 수신한 측인 ○○○ 시스템에서 조치해 주셔야 할 것으로 보입니다.

고객사 제품 오너) 이 건도 마찬가지이군요. 저희 고객사가 업무 정의를 해야 할 ○건은 개발사에서 검토하신 후에 곧바로 회의 요청하셔서 말씀해 주셔야 하는

---

40) 실제 프로젝트 중에 있었던 대화를 요약, 각색한 버전이다.

것 아닙니까? 오늘에 와서야 그렇게 말씀하시면 어떻게 합니까? 별도 업무 정의 미팅 일정 잡으셔서 요청해 주세요. 그리고, 수신할 OOO 시스템에게는 조치 요청을 하셨나요?

개발사 프로젝트 관리자) 네, 별도 업무 정의 미팅 일정 잡아서 연락드리겠습니다. OOO 시스템에는 아직 요청하지 않았습니다. 저희가 OOO 시스템에 대응을 요청하면 신속하게 진행되지 않으니, 고객사에서 OOO 시스템 프로젝트 관리자에게 요청 부탁드립니다.

개발사는 추가 요건에 대한 개발 일정을 고객사가 다소 일방적으로 요청한 것이라 내부적으로 이미 반감을 가지고 있었다. 하지만 고객사는 개발 일정을 협의하는 회의에서 개발사의 프로젝트 관리자가 참여하였고 협의된 것이라고 주장했다. 개발사는 고객사가 제시하는 개발 일정이 다소 무리하다는 의사 표시를 했음에도 SI 업체 관리자와 고객사가 완강하게 요청했기 때문에 이를 수용했다는 입장이다. 따라서 어차피 그 일정을 맞추기는 불가능한 상황이었고, 일부 기능에 대해서는 다음 스프린트로 연기하여 개발하기로 개발사 내부적으로 협의한 상태였다. 하지만 이렇게 개발사 내부적으로 협의한 내용을 고객사에게는 알리지 않았다. 개발사의 입장은 고객사의 일방적인 '갑'의 태도로 인해 고객사와 모든 개발 현황을 공유하는 것은 사실상 불가능하다는 것이다. 왜냐하면 개발사가 개발 현황을 투명하게 고객사에 공유한다면, 고객사는 아마 개발사의 모든 개발 업무에 대해 간섭하기 시작할 것이라고 개발사는 생각하기 때문이다.

또한 고객사는 개발사에 별도 회의 일정을 잡아서 개발에 필요한 사항을 문의하라는 입장이다. 앞서 얘기했듯이 고객사의 실무 담당자가 *제품 오너*의 입장에서 적극적으로(가급적 *일간 스크럼 미팅*을 통해) 개발사에서 필요로 하는 사항을 체크하고, 곧바로 대응해 주려는 태도가 필요하다. 서비스 구매자의 입장이 아닌 개발 벤더사와 함께 SW 제품을 개발한다는 입장에서 책임감을 가지고 임해야 한다.[41] 고객사가 서비스 구매자의 입장에서 얘기하는 순간, 개발사는 곧바로 고객사와의 소통에 벽이 있음을 느끼고, 고객사와 공유할 정보와 그렇지 않은 정보를 구분하기 시작할 것이다.

개발사의 이러한 적극적이지 못한 태도는 결국 고객사의 불만 요인이 되고, 고객사가 이에 대한 불만을 표출하면, 개발사는 그러한 불만에 대한 원인 제공자로 다시 고객사를 지목하면서 악순환(vicious cycle)의 고리로 진입한다. 이렇게 악순환의 고리로 진입하면, 더 이상 돌이킬 수 없는 지점으로 치달을 수 있다. 고객사는 계약서 조항들을 언급하기 시작할 것이고, 개발사의 대표에게 연락하여 면담을 요청할 것이다. 실제로 필자가 경험한 프로젝트에서도 그러하였다. 고객사는 SW 품질 문제와 개발 일정 지연은 개발사의 책임이며, 그로 인해 발생한 추가 비용에 대해서는 더 이상 지불하지 않을 것이라 으름장을 놓기 시작할 것이다.

개발사가 이에 대해 할 수 있는 일은 프로젝트 관리자를 교체하고, 특히 부족한 영역에 대한 개발 인력을 보강하는 정도일 것이다. 하지만 이런 식의 대응은 근본적인 문제를 해결하지 못한다. 이와 같은 상황이 계속되면 결국, 개발사도 개발 일정 지연과 SW 품질 문제의 책임을 고객사에 물으면서 법적 소송까지 진행되는 것이다. 다행히 본 프로젝트에서 필자가

---

41) 이러한 이유로 Agile 방법론에서는 고객사의 프로젝트 관리자를 *제품 오너*라는 이름으로 부른다.

근무할 동안에는 법적 소송까지 가는 불상사는 없었다.

아홉 번째 문제는 **각 조직(부서)들의 CYA(cover your ass)[42]라 불리는 자기 방어적 태도와 조직 문화로 인해 프로젝트를 '협업의 장(collaborative field)'이 아닌 '전장(battlefield)'으로 만들었다**는 것이다. 흔히들 자신의 책임을 피하기 위한 행동을 '면피한다'라고 표현한다. 이 *면피한다*의 영어식 표현이 바로 *CYA*이다. 즉 업무를 최적의 방향으로 해결하기 위해 서로 협의하는 것이 아닌, 업무 처리 결과가 어떻게 되든 철저히 자신의 입장에서 향후 책임을 면하기 위한 행동을 의미한다.

먼저 개발사의 입장에서는 본 프로젝트의 계약 구조상 프로젝트에 대한 책임이 없었다. 즉 개발사는 일정이 지연이 되든 지연되지 않든 투입한 인력에 대해 인건비를 제공받는다. 물론 솔루션에 대한 사용료(subscription fee)도 별도로 고객사에게 청구하므로, 고객사의 많은 사용자가 솔루션을 사용할수록 솔루션사의 수익이 크게 증가한다. 이러한 비즈니스 구조로 보았을 때, 이들 개발사는 굳이 무리하게 추진하여 일정에 맞추어 오픈하고자 하는 의지를 가지기 힘들다. 오히려 고객사가 요청하는 대로 수동적으로 개발 인원을 투입하여 업무를 진행하기만 하면 된다. 개발 일정이 지연되면 오히려 지연된 일정만큼 인건비를 더 많이 받는 상황이었다. 그래서 SI 업체는 개발사가 조금은 수동적이면서 방관적이고 무책임한 태도를 취한다고 느낄 때가 자주 있었다. 아래는 실제 프로젝트에서 발생했던 상황에 대한 대화 내용을 각색한 것이다.

---

42) CYA 조직 문화에 대한 상세한 설명은 포브스의 기사 'CYA Culture And The Importance Of Admitting Mistakes'를 참고하기 바란다. (https://www.forbes.com/sites/daronhorwitz/2016/02/28/cya-culture-and-the-importance-of-admitting-mistakes/?sh=24a5dd2414a6)

SI 업체 관리자) 어제 고객사에서 사용자 테스트 시에 SW 성능이 심각하게 저하되었던 이슈가 발생했습니다. 이 시간이 꽤 오래 지속되었다고 들었는데, 원인은 찾았나요? 고객사에서 이를 상당히 심각한 이슈로 제기한 상황입니다.

개발사 프로젝트 관리자) 네, 그 얘기를 듣기는 했는데, 저희 팀원들이 보았을 때는 성능이 저하된 시점이 없었다고 합니다. 성능은 계속 좋은 상태로 유지가 되었다고 하거든요.

SI 업체 관리자) 성능에 아무 문제가 없었다는 얘기인가요? 그러면 고객이 경험한 성능 저하 상황은 어떻게 설명할 수 있나요? 어제 오후 14~16시 사이에 솔루션 성능 로그를 확인해 봐야 할 것 같은데, 분석해 보신 건가요?

개발사 프로젝트 관리자) 네, 저희가 파악하기로는 아무런 문제가 없었습니다. 솔루션 로그는 별도로 남기지 못하여 확인해 보지는 않았습니다.

SI 업체 관리자) 아니 그게 말이 되나요? 솔루션 로그도 확인하지 않고 성능에 아무런 문제가 없었다는 것이 도대체 무슨 말인가요?

개발사 프로젝트 관리자) 모든 사용자 로그와 솔루션 로그를 남기려면 상당히 많은 서버 자원이 필요합니다. 성능과 저장소의 추가 확보가 필요합니다.

SI 업체 관리자) 그러면 서버를 추가 확보해 줄 것을 인프라팀에 요청해 주세요. 당연히 해야 할 업무를 저희가 이렇게 지적해야만 진행하는 것이 잘 이해가 되지 않는군요.

이 대화에서 확인할 수 있듯이, SI 업체 관리자는 개발사의 솔루션에 상당한 문제가 있다고 생각하는 상황인데, 개발사는 이를 매우 무성의하게 대응하고 있다. 마치 개발사 자신들의 문제가 아니며, 책임이 없다는 태도이다. 이렇게 개발사가 마치 3자 입장에 있는 듯한 무책임한 태도를 보여, SI 업체와 고객사가 상당히 당황한 경우가 자주 있었다. 사실 개발사가 예시 속 이슈 상황에 대해 면피라도 하려면, 최소한 솔루션 로그를 분석하여 솔루션 성능에는 문제가 없었음을 어필해야 한다. 하지만 개발사는 이렇게 무성의하게 대응하더라도 자신들의 비즈니스에는 크게 영향을 받지 않으므로, 이러한 태도를 취했던 것이다. 결국에는 이에 상당히 화가 난 고객사에서 솔루션 오픈을 위한 선결 조건으로 이 성능 문제 해결을 요구하였다.

다음은 SI 업체의 입장이다. SI 업체는 SW 개발을 총괄하는 위치이며, 고객사와 개발사의 중간에서, 고객사와 요구사항을 협의하여 그 결과를 개발사와 다시 협의(사실상 전달)하고, 개발사가 고객사의 요구사항을 잘 반영하여 개발하고 있는지 관리한다. 또한 개발사의 개발 진행 경과와 결과를 고객사에 보고하고 커뮤니케이션하는 역할을 수행한다. 한마디로 과거 Waterfall 방식으로 얘기하자면, 프로젝트 관리자의 역할이고, Agile 방식으로 얘기하자면 '스크럼 마스터'[43]의 역할이다.

이 SI 업체는 전체 프로젝트의 계약을 총괄하며, 향후 시스템을 운영하는 역할을 할 것이므로, SW 개발이 성공적으로 완료되도록 하는 책임과 의무를 가지고 있다. 실제 개발자 인력도 일부 보유하고 있고, *인프라 아키텍트*와 SW 품질 관리(3자 테스트 등 포함) 역할도 수행한다. 하지만 솔루션의 개발과 관련된 사항은 거의 개발사에게 일임하는 셈이다. 본 프로젝트에서는 특이하게도 SW 개발에 소요되는 비용을 고객사가 아닌 SI 업체가 부담하였다.[44]

---

43) 사실상 개발사에도 *스크럼 마스터* 역할을 수행하는 담당자가 별도로 존재한다. 국내에서는 SI 업체가 항상 고객사와 개발사의 중간에 위치하여 이 *스크럼 마스터*의 역할이 중복되는 측면이 있다.
44) 본 프로젝트는 다른 SW 개발 프로젝트와 다르게 SI 업체가 직접 비용을 들여 솔루션 형태로 개발한

국내에서 이 SI 업체는 개발사에게 SW 개발 용역을 주어 SW 개발 결과물을 납품받는 *서비스 구매자*의 역할과 고객사에게 이 SW 개발 결과물을 납품하는 *서비스 제공자*의 역할을 동시에 수행한다. 이러한 복잡한 구조에서 SI 업체는 고객 만족과 비용 절감을 모두 실현해야만 한다. 고객 만족을 실현하기 위해서는 최대한 고객의 요구사항을 수용해야만 하고, 이를 개발사가 잘 수용하여 이행할 수 있도록 독려하고 관리해야 한다. 따라서 SI 업체는 고객사와의 요구사항 관련 회의에서 고객사가 요구하는 요건을 최대한 수용하려고 노력한다. 개발사가 수용하기 어렵다고 난색을 표하는 경우에도, 어떤 수단과 방법을 동원해서라도 이를 수용하도록 설득하고 푸시(강요)한다. 개발사의 개발 일정상 무리임을 알고 있음에도, 공식적인 회의 석상에서는 이를 수용하고 이행할 것을 요구한다. 추후 개발사가 이 무리한 개발 일정을 맞추지 못하였을 경우에, SI 업체는 지난번 회의 시에 서로 협의한 일정이므로, 일정 미준수의 책임을 오히려 개발사에게 묻는다. 아래는 실제 프로젝트에서 벌어졌던 대화를 각색한 내용이다.

SI 업체 관리자) 오늘 고객사에서 추가 요건 △건을 차주까지 개발을 완료해 줄 것을 요청하셨어요. 고객사 실무 담당자 김○○ 책임님이 보낸 메일 확인하셨죠? 그러면 지난주까지 조치 완료하기로 한 결함 ○○건은 다 개발 완료한 거죠?
개발사 프로젝트 관리자) 아직 김○○ 책임님이 보내신 메일은 제대로 확인하지는 못했습니다. 현재 결함 ○○건은 조치를 계속 진행 중에 있고, 차주 중에 마

후, 계열사에 적용하는 프로젝트를 다시 수행하는 구조였다. 대신 계열사에 적용하는 프로젝트에 대한 비용은 고객사에서 부담했다.

무리할 것 같습니다. 그래서 지금 고객사의 추가 요건을 받을 수 있는 여건은 되지 않습니다.

SI 업체 관리자) 아니 원래 결함 ○○건은 지난주까지 마무리하기로 했잖아요. 아직 조치를 못 하셨으면 안 되죠. 왜 조치를 못 하신 건가요? 그러면 금주까지는 조치 완료하실 수 있나요?

개발사 프로젝트 관리자) 예상치 못하게 ○건이 계속 재결함으로 등록되고 있습니다. 그 ○건만 아니면 지난주에 조치 완료할 수 있었습니다. 금주까지는 어떻게 하든 조치 완료하도록 해 보겠습니다. 그리고 말씀하신 추가 요건 △건은 차주 초에 세부 요건을 검토하여 조치 완료 일정을 잡아 보도록 하겠습니다.

개발사는 차주 중반에 추가 요건 △건에 대한 검토를 시작하였고, 2주 뒤에 개발 완료하는 것으로 일정을 수립하였다. 이 중에 아직 한 건도 완료하지 못하였다. 그다음 주에 이와 관련하여 미팅이 소집되었으며, 아래는 이 미팅에서의 대화를 각색한 내용이다.

SI 업체 관리자) 이○○ PM, 지난주까지 고객사 추가 요건 △건에 대해 개발 완료하기로 하지 않았어요? 아직 진행하지 못한 건가요? 현재 몇 건 남아 있습니까? 이번주까지 완료할 수 있나요?

개발사 프로젝트 관리자) 2주 전에 요청하신 바와 같이 지난주부터 추가 요건 △건에 대한 검토를 시작하였으나, 아직 완료된 건은 없습니다. 원래 진행 중이던 결함 ○○건을 지난주 중반에 완료해서, 그 이후부터 검토를 시작해서요.

SI 업체 관리자) 그러면 지난번 회의 때 일정이 도저히 안 될 것 같다고 정확하게 얘기를 했어야 하잖아요. 계속 이런 식으로 개발을 지연하면 고객사에게 뭐라고 얘기해야 합니까? 그러면 금주까지는 가능한가요?

개발사 프로젝트 관리자) 금주까지는 힘들 것 같고 차주까지는 완료하도록 진행해 보겠습니다.

SI 업체 관리자) 고객사에서 2주씩이나 지연되는 것은 이해하기 어려울 겁니다. 금주까지 완료하도록 진행해 보실 수 없나요? 고객사에는 그렇게 보고하겠습니다. 금주까지 완료하기 위해 필요한 게 있으면 요청을 하시구요. 이번 주 금요일에 진행 상황에 대해 다시 한번 체크합시다.

그러나 예상한 바와 같이 개발사는 금주까지 추가 요건 △건을 완료하지 못하였다. SI 업체는 고객사의 추가 요구사항을 충족시키기 위해 개발사에 계속적으로 요청(push)하고 이슈 회의도 진행해서 자신의 책임을 다했다고 생각할 것이다. SI 업체는 고객사에게 보고 시에도 개발사가 계속 약속을 지키지 않는다고 보고할 것이다. 그러면 이 일정 지연과 관련한 책임은 SI 업체가 아닌 개발사에게 있는 것으로 계속 상황이 전개되는 것이다.

개발 비용도 SI 업체가 부담하고 있는 상황이므로, SI 업체 내부에서는 개발 비용 절감을 위한 목표(KPI)[45]를 관리할 것이다. 해당 프로젝트를 관리하는 SI 업체 부서의 장과 그 상급 부서 임원은 이 비용 목표를 관리하고 있을 것이다. 따라서 SI 업체는 SW 개발 비용을 줄이기 위해 지속적으로 인력을 줄여 나갔다. 심지어 고객의 요구사항은 프로젝트 후반부로 갈수록 늘어나고 있는 상황임에도, 일부 개발자들에게 롤오프할 것을 요

---

45) KPI는 'Key Performance Indicator'의 약자로, 조직 내 인사/부서 평가 시 참조하는 주요 목표를 의미한다.

구했다. 그들은 이미 프로젝트에 적응해서 고객사 업무에 대한 상세 지식과 솔루션 개발에 대한 경험을 보유하고 있는 상태였다.

  SI 업체는 개발 인력을 줄일 경우, SW 품질 문제와 개발 일정 지연이 발생할 것이라는 사실을 예상하고 있음에도 불구하고, 자신의 부서 목표 관리를 위해 인력과 비용 절감을 선택한 것이다. SW 품질 문제와 개발 일정 이슈가 생길 경우에는 이와 같이 개발사에게 문제에 대한 책임을 전가시키는 방식으로 분위기를 몰아가면 되므로, 자신들은 그 책임에서 자유로울 수 있다고 생각하였다. SI 업체는 자신의 부서의 목표보다는 프로젝트의 성공적 완료를 최우선 순위로 생각해야 했다.[46] 하지만, 당장의 부서 목표 달성을 위해 프로젝트의 성공을 후순위로 미룬 것이다. 필자는 이러한 SI 업체의 면피(CYA)하는 태도가 프로젝트 실패의 중요한 요인이 되었다고 생각한다.

  다음은 고객사의 입장이다. 고객사는 SW 개발을 위한 요구사항(*사용자 스토리*)을 제시하고, 개발사가 개발을 완료하면 SW 결과물을 검증하여 피드백을 주는 역할을 수행하였다. 본 프로젝트는 특이하게도 고객사가 직접 비용을 지불하는 형태의 계약이 아니었으며, 업무적 필요가 아닌 그룹사 차원의 드라이브로 인해 시작된 프로젝트였다. 따라서 고객사의 입장에서는 프로젝트를 정해진 기간 내에 완료할 필요가 없었고, 또한 정해진 예산 내에서 수행할 필요도 없었다. 고객사는 철저하게 *서비스 구매자*의 입장에서 SW 개발 결과물을 보고 이를 평가하여 구매할 준비가 되었다고 판단될 때 적용하겠다는 입장이었다.

  그래서 고객사는 *제품 오너*로서의 입장에서 수행사와 잘 협업해서 함

---

46) 물론 이러한 관점은 프로젝트에 참여한 팀원의 입장이고, SI 업체 내부의 입장은 다를 수 있을 것이다.

께 SW를 개발하자는 태도가 아니었다. 고객사는 현재 진행 중인 개발 일정을 전혀 고려하지 않고, 본인들의 입장에서 반드시 관철해야 할 업무 요구사항을 제시하였다. 그리고 이 요건을 모두 완료해야만 시스템을 오픈하겠다는 입장이었다. 고객사의 프로젝트 추진 임원은 자신이 직접 추진한 프로젝트가 아니므로(그룹사 차원의 지시에 의해 추진하는 건이므로), 이 프로젝트를 반드시 성공적으로 완료해야 할 필요성을 느끼지 못했다.

따라서 고객사의 임원은 프로젝트의 성공보다는 개발한 SW가 현재 SW를 대체할 만큼 기능과 품질, 성능 면에서 월등히 뛰어나다고 판단될 때 적용하겠다는 입장이었다. 고객사 입장에서는 현재 업무에서 활용 중인 SW를 신규로 개발한 SW로 대체하려면, 데이터 이행,[47] 일시적 업무 중단, 내부 사용자 변화 관리 등 많은 비용을 추가로 투입해야만 했다. 또한 신규 SW는 사용자 수 단위로 과금하는 형태이므로,[48] 기존에 자체 개발한 SW를 이용하는 것에 비해 결코 저렴하다고 판단하지 않았다. 기존 SW는 솔루션 기반이 아니고, 자체적으로 개발한 SW로, 별도 라이선스 비용이 없었기 때문이다.

고객사는 이러한 이유로 인해 철저하게 방어적인 입장에서 프로젝트에 참여하였다. 고객사의 *제품 오너*로서의 역할이 얼마나 중요한지 이후 챕터에서 설명하겠지만, 이러한 다소 소극적인 고객사의 태도는 프로젝트를 성공시키기 어려운 가장 결정적인 요인을 제공한다. 고객사의 방어적 태도의 의미는 개발사의 상황이 어떠하든, 솔루션의 특성이 어떠하든, 자

---

[47] '데이터 이행(data migration)'은 기존 시스템의 데이터 중 일부를 선별하여, 신규 시스템의 구조에 맞게 변환하여 적재하는 업무를 의미한다.
[48] 현재 대부분의 주요 SW 솔루션들은 사용자 수 단위의 라이선스 비용을 고객사에 과금하는 형태이다.

신들이 제시한 모든 요건에 대해 절대로 양보하지도 타협할 수도 없다는 태도이다. 고객사의 개발사에 대한 커뮤니케이션 역시 일방적이었다. 개발사와의 협의를 통한 개발 일정 조율은 거의 형식적이었다. 물론 고객사는 이러한 필자의 말에 동의하지 않을지도 모른다. 아래는 실제 프로젝트에서 발생한 대화를 각색한 내용이다.

고객사 실무 담당자) 우리가 정리한 추가 요건들은 메일로 받으셨죠? 먼저, 결함들은 반드시 다음 주까지 처리가 완료되어야 합니다. 그리고 추가 요구사항들은 이번 달 내로 완료해야 완료 여부를 확인한 후에 오픈 일정에 대해 논의가 가능할 것 같습니다.

SI 업체 관리자) 오픈 일정은 미리 좀 정해 주시면 안 될까요? 그래야 저희도 그 일정에 맞춰서 리소스나 필요한 준비를 할 수 있을 것 같습니다.

고객사 실무 담당자) 위에 정리한 요건들은 오픈을 위한 필수 요건들입니다. 이 요건들이 완료되지 않으면 오픈 일정을 정하는 것 자체가 불가능합니다. 저희가 제시한 일정 내에 완료하실 수 있으면, 오픈 일정을 정할 수 있습니다. 하지만 지금까지 진행된 개발 진행 상황을 보았을 때 약속이 지켜진 경우가 거의 한 번도 없었잖아요. 각 요건에 대해 추가 설명이 필요하시면 별도 회의를 잡으셔서 요청해 주시기 바랍니다.

SI 업체 관리자) 네, 알겠습니다. 하지만 저희도 현재 상황에서 최선을 다하고 있는 것은 알고 계셨으면 합니다. 김OO 책임님이 말씀하신 일정대로 완료하도록 진행해 보겠습니다. 개발사는 이 일정에 맞출 수 있는지 검토해 주세요.

개발사 프로젝트 관리자) 네, 저희도 아직 세부 검토 중입니다. 각 요건별로 요청하신 일정을 맞출 수 있을지 확인한 후에 말씀드릴 수 있을 것 같습니다.

고객사 실무 담당자) 저희가 말씀드린 일정을 조정해야 하신다면, 최종 완료 예정 시점을 알려 주시면 저희가 검토할 일정을 잡아서 알려 드리겠습니다.

이 대화에서 알 수 있듯이, 통상적으로 보았던 고객사 프로젝트 책임자의 태도와는 거리가 있는 것을 알 수 있다. 통상적인 고객사 프로젝트 리더라면 개발사와 협의하여 오픈 일정을 정하고, 그 기간 내에 완료할 수 있는 요건을 개발사와 합의한 후, 그 외 요건들에 대해서는 오픈 후에 진행하는 것으로 협의할 것이다. 하지만 본 프로젝트에서는 철저하게 *서비스 구매자*의 태도를 취하는 것을 알 수 있다. 개발 완료한 SW 결과물을 확인한 후에 이를 구매할지 결정할 것이며, 구체적인 구매 조건은 그 이후에 논의하자는 태도인 것이다.

고객사의 IT(혹은 업무혁신) 부서 임원은 자신이 추진한 프로젝트가 아니므로, 많은 노력을 들여 오픈하여 성공했을 경우라고 하더라도 자신의 성과로 인정받기 어렵다. 반대로 얘기하면, 만약 오픈에 실패했을 경우라고 하더라도 IT 임원 본인이 추진한 프로젝트가 아니므로, 자신의 책임으로 귀결되지 않을 것이다. 하지만 SW 품질이 낮음에도 불구하고 다소 무리하여 오픈했을 경우, 사용자들로부터 비난과 항의를 면하기는 힘들 것이다. 따라서 고객사의 IT 부서로서는 시스템을 무리하게 오픈하지 않는 것이 자신들이 면피하는 길이다. 이러한 고객사의 입장으로 인해 앞의 대화와 같은 태도로 일관한 것으로 예상할 수 있다.

다음은 이번 프로젝트에서 또 하나의 주요한 역할을 했던 테스트팀의 입장이다. 본 프로젝트에서는 개발사가 개발 완료한 SW를 제3자의 관점에서 테스트하는 조직이 SI 업체 내에 별도로 있었다. 테스트팀은 고객사가 제시한 요건(사용자 스토리, 결함, 추가 개선 요구사항 등)에 대해 개발사에서 개발을 완료하면, 이에 대해 3자 테스트를 진행한 후 결과를 공유(해당 요건의 Wiki 페이지를 통해)하는 역할을 수행한다. 3자 테스트 결과가 '성공(pass)'했을 경우, 해당 요건을 제시한 고객사 담당자에게 최종 검토를 요청하는 절차가 진행된다. 반면 3자 테스트를 '실패(fail)'했을 경우, 다시 해당 요건의 개발을 진행한 개발자에게 재개발을 요청하는 절차가 진행된다.

이들 테스트팀은 오직 3자 테스트를 수행하는 역할만 수행한다. 프로젝트 수행팀과는 다른 조직으로 개발 종료 일정을 고려하거나, 비용 절감을 위해 노력할 필요가 없다. 마치 제품 생산 라인에서 제품 가공/조립 진행 후, 마지막으로 최종 검사하는 공정의 역할과 유사하다고 할 수 있다. 통상 품질 부서에서 최종 검사를 수행하며, 생산 부서와 정반대의 목표(KPI)를 가진다. 즉 품질 부서는 수율,[49] 생산 부서는 생산성[50]이라는 목표를 가지고 업무를 평가받는다. 품질 부서는 공정 검사에서 최대한 많은 불량을 발견하여, 고객사에서 발생하는 클레임을 줄이려고 할 것이고, 생산 부서는 반대로 단위 시간에 최대한 많은 제품을 생산하려고 할 것이다. 따라서 두 부서 간에는 항상 업무적으로 대립(conflict)이 생기기 마련이다. 생산성을 높이기 위해서는 품질 부서의 검사 기준을 완화해야 할 필요가 있고, 반대로 수율을 높이기 위해서는 검사 기준을 강화해야 하기 때문이다.

SW 개발 프로젝트에서 개발팀은 생산 부서, 테스트팀은 품질 부서의

---

49) '수율(yield rate)'은 생산된 제품 중 정상 동작(최종 검사 합격)하는 제품 수의 비율을 의미한다. 수율이 높을수록 품질이 높은 제품이다.
50) 생산성은 단위 시간당 생산량을 의미하며, 수율이 낮을수록 재작업해야 하는 제품의 수가 많아지므로, 생산성 역시 낮아지게 된다.

역할과 유사하다고 할 수 있다. 개발팀은 개발 일정을 준수하면서, 또한 단위 시간에 최대한 많은 요건에 대한 개발을 완료해야 한다. 그러기 위해서는 테스트팀의 테스트를 한 번에 통과하는 것이 가장 바람직하다. 그래야만 고객사가 개발을 완료한 것으로 인정하여 개발 일정을 맞출 수 있기 때문이다. 물론 고객사가 최종적으로 해당 기능을 재검토하여 자신이 제시한 요건에 부합하지 않을 경우, 개발자에게 재개발을 요청할 수는 있다. 본 프로젝트에서는 이렇게 고객사가 개발자에게 재개발을 요청하는 경우도 상당히 많았다.

하지만 본 프로젝트에서는 테스트팀이 고객사가 요청한 기준 외에 추가로 엄격한 기준을 제시하며 실패로 판정할 경우, 그리고 본 기능 외에 다른 기능의 불완전(혹은 미완료)으로 인해 실패로 판정할 경우, 그리고 해당 요건을 잘못 이해하여 엉뚱한 기준으로 실패로 판정할 경우 등으로 인해 개발 일정을 지연시키는 경우가 다수 발생하였다. 심지어는 의도적으로 테스트 결과를 실패로 만들기 위해 노력하는 듯한 모습도 보였다. 예를 들어, 이름을 입력하는 텍스트 입력 란에 수백 개의 글자를 입력해 보아 오류가 발생하는지 확인하는 경우도 있었다.[51]

테스트팀은 자신들이 성공으로 판정한 건이 나중에 고객사에 의해 실패로 판정이 번복되는 경우가 발생하는 것을 가장 큰 페널티로 생각하였다. 또한 각 테스터는 하나의 요건에 대해 얼마나 많은 결함을 찾아낼 수 있는지를 가지고 테스터로서의 업무를 평가받는 듯하였다. 즉 개발팀의 개발 일정 준수에 대해 테스터는 고려하지 않았다. 개발팀의 상황이 어떻게 되고 있든 간에 테스트팀은 최대한 많은 결함을 발견하여 실패로 판정

---

51) 즉 발생 가능성이 현저히 낮은 경우를 가정하여 테스트하는 경우가 자주 있었다.

하는 것이 자신들의 유일한 가치를 인정받는 임무라고 여겼다. 그것이 유일하게 테스터들의 책임을 면피할 수 있는 길이라 생각하였기 때문이다.

또한 본 프로젝트에서의 테스트팀의 역할은 다른 프로젝트와는 다른 특이한 점이 있었다. 오직 테스트를 실행하는 역할만을 수행하였고, 테스트의 기획, 준비 등은 전혀 관여하지 않았다는 것이다. 즉 누가, 언제, 어떤 목적으로, 어떤 기준으로, 어떤 항목으로 테스트할지에 대한 방안을 수립하고, 이를 고객사와 협의하고, 의사결정하는 역할은 전혀 수행하지 않았다는 것이다. 통상 품질 부서의 가장 중요한 역할 중 하나는 어떤 기준으로 어떻게 수율을 향상시킬지를 고민하고 그 방안을 만들어 생산(개발)부서와 협의하는 것이다.

하지만 본 프로젝트의 테스트팀은 그런 역할을 수행하지 않았다. 조금 과장해서 얘기하자면, 오직 테스트 실행 시에만 관여해서 자신들의 면피를 위해 어떤 방법을 통하든 테스트 결과를 실패로 만드는 것에 전념하였다. 개발팀의 입장에서는 최소한 이렇게 보였다. 물론 이러한 테스트팀의 역할로 인해 SW 품질은 어느 정도 보장을 할 수 있었는지 모르겠지만, 개발 일정의 지연에는 지대한 공헌을 한 것이 사실이다.

이렇게 개발사, SI 업체, 고객사, 테스트팀은 각자의 조직/팀/부서의 입장에 따라 자신들의 책임을 면피하기 위한 업무를 중심으로 수행하였다. 그리고 이는 프로젝트 성공을 위한 방법과는 괴리가 있는 부분이 많았다. 이들이 모두 동일한 목표를 가지고 협업하여 진행하여도 프로젝트를 성공시키기 어려운 것이 현실이다. 하지만 공동의 이익을 위한 협업보다는 자신의 이익을 지키기 위한 책임 면피 전략을 택함으로써 점차 프로젝트는 실패의 길로 나아갔다.

제2장

SW 개발 프로젝트는 왜 계속 실패하는가?

이렇게 필자가 경험한 두 건의 Agile 방식의 SW 개발 프로젝트에서 어떤 문제가 있었는지 상세하게 살펴보았다. 첫 번째 프로젝트는 Waterfall과 Agile의 하이브리드라고 불리는 프로젝트였으나, 현실은 Waterfall 방식의 프로젝트였다. 결과적으로 Waterfall 방식의 프로젝트에서 발생했던 문제들이 이 프로젝트에도 고스란히 반복되었다. 결국 프로젝트는 실패하였다.

문제점을 요약하자면, 첫 번째, 프로젝트 기획에 많은 시간과 비용을 들였으나, 이대로 진행되지 않았다. 두 번째, 많은 시간과 비용을 들인 고객 요구사항 분석서, SW 설계서 산출물 문서가 제대로 활용되지 못하였다. 세 번째, 고객 커뮤니케이션 시점과 방식이 SW 품질 문제와 고객 불만족으로 이어졌다. 네 번째, 개발 진행 현황에 대한 가시성 부족으로 커뮤니케이션 비효율이 발생했다. 다섯 번째, 프로젝트 후반부로 갈수록 SW 변경에 오랜 시간이 소요되고, 추가 결함이 많이 발생했다. 여섯 번째, 프로젝트 개발 일정 지연과 SW 품질 문제로 개발사와 고객사 간 신뢰도가 낮아지고 책임 소재 공방이 벌어졌다.

두 번째 프로젝트는 가장 최근에 수행했던 프로젝트로, Agile 방법론에서 사용하는 주요 도구와 기법을 도입하였다. 하지만, 겉으로는 Agile 기반으로 진행하는 프로젝트로 보이긴 하였으나, 실제 업무를 수행하는 방식은 과거에 비해 크게 달라지지 않았다. 역시 결과적으로 실패한 프로젝트였다.

문제점을 다시 한번 요약하자면, 첫 번째, *사용자 스토리* 준비가 미흡하여 프로젝트 시작부터 지연이 발생하였다. 두 번째, 고객사의 업무 지식(*사용자 스토리* 등)을 개발자에게 적시에 적극적인 방식으로 전달하지 못하여 결국 SW 품질 문제와 일정 지연으로 이어졌다. 세 번째, 고객사는 *제품 오너*가 아닌 *서비스 구매자*의 태도로 프로젝트에 참여하여 적시에 SW 개발에 대한 의사결정을 하지 못하였다. 네 번째, 개발 진행 현황에 대한 가시성이 부족하여, 불필요한 커뮤니케이션이 증가하였다. 다섯 번째, 다양한 이해관계자로 인해 각종 회의와 보고가 많아, 개발자의 시간을 빼앗았다. 여섯 번째, 개발사로의 이슈 책임 전가로, 개발자의 사기 저하와 계속되는 인력 교체가 발생하였다. 일곱 번째, 개발사의 계속되는 약속 미이행과 개발 일정 미준수이다. 여덟 번째, SW 품질 문제, 일정 지연에 대한 고객사와 개발사 간의 책임 공방이 이어졌다. 아홉 번째, 각 조직/부서의 책임 면피적 태도로 인해 협업의 분위기를 만들지 못하였다.

Waterfall/Agile 하이브리드 프로젝트	Agile 도구 적용 프로젝트
1. 프로젝트 기획에 시간/비용 과임 투자	1. 사용자 스토리 준비 미흡으로 지연 발생
2. 분석서/설계서 산출물 문서 관리 비효율	**2. 고객사의 개발사에 대한 의사소통 문제**
3. 고객 커뮤니케이션 시점과 방식 문제	3. 고객사의 서비스 구매자로의 태도 문제
4. 개발 진행 현황에 대한 가시성 부족	**4. 개발 진행 현황에 대한 가시성 문제**
5. SW 변경에 과다 시간 소요, 추가 결함 발생	5. 다양한 이해관계자로 인한 비효율적 소통
6. 개발 일정 지연, 품질 문제로 신뢰 하락	6. 개발사의 사기 저하와 인력 교체 발생
	7. 개발사의 약속 미이행, 일정 미준수
	8. 개발 일정 지연, 품질 문제로 책임 공방
	9. 각 조직/부서의 책임 면피 태도

그림 2. Agile 프로젝트 문제점 정리

필자가 경험한 두 건의 Agile 프로젝트에 대한 문제점을 다시 한번 정리하면, '그림 2. Agile 프로젝트 문제점 정리'와 같다. 두 건의 프로젝트에서 발생한 공통적인 문제를 굵은 글씨체로 표시해 보았다. 공통적인 문제는 고객사와 개발사 간의 커뮤니케이션 문제, 개발 진행 현황에 대한 가시성 문제, 개발 일정 지연과 품질 문제로 인한 고객사와 개발사 간의 책임 공방 문제였다.

그리고 첫 번째(그림의 좌측) 프로젝트의 문제점 중 공통적인 3건을 제외한 나머지 3건, 즉 프로젝트 기획에의 과잉 투자, 산출물 문서 관리 비효율 문제, SW 변경 관리에 대한 비효율 문제는 전형적인 Waterfall 방식의 프로젝트에서 나타나는 문제들이다. 이 프로젝트는 사실상 Waterfall 방식으로 진행된 것이 확인되는 것이다.

두 번째(그림의 우측) 프로젝트의 문제점 중 공통적인 3건을 제외한 나머지 6건 중 첫 번째 *사용자 스토리*의 준비 미흡으로 인한 일정 지연 문제를 제외한 나머지 5건은 사실상 첫 번째 프로젝트에서도 문제가 되었던 건이었다. 하지만 Agile 방식으로 개발 업무를 수행하였다면, 발생하지 않았어야 할 문제였다.

그러면 이러한 문제들이 발생한 이유는 무엇일까? 문제가 맞긴 한 걸까? 혹시 SW 개발 프로젝트에서 당연히 발생하는 현상은 아닌가? 이러한 문제들을 개선할 수는 있는 걸까? 위에서 언급한 문제들은 프로젝트의 실패로 귀결되도록 하는 요인들이므로, 분명 문제 혹은 이슈는 맞다. 이를 개선하려면 정확한 원인에 대한 진단이 필요할 것이다. 원인을 하나씩 설명하면서 왜 그러한 문제가 발생했는지에 대해 설명하겠다.

원인 1)
계획 수립 후 실행에 옮겨라?

물론 계획을 수립하는 것은 중요하다. 계획을 수립하면 향후 해야 할 일에 대한 가시성이 생긴다. 향후에 할 일을 알고 있으므로, 이 일을 잘하기 위해서는 무엇을 어떻게 준비해야 할지 알 수 있다. Agile 방법론에 대해 잘 알고 있는 누군가가 SW 개발 계획을 최소화하자고 얘기한다면, (과거부터 SW 개발 업무를 해 왔던) 동료들은, 특히 직급이 높은 임원들은 아마 계획도 없이 어떻게 일을 할 수 있냐고 반문할 것이다.

그리고 SW 개발 계획을 수립했으면, 최대한 그 계획대로 실행하여 계획을 준수하는 것이 중요하다고 얘기한다.[52] 예를 들어, 프로젝트의 계획을 수립해야 할 경우, 현업의 업무 담당자들은 값비싼 글로벌 컨설팅 회사의 컨설턴트를 투입하여 진행하는 경우가 많다. 그리고 이들 컨설턴트가 수립한 계획은 담당 임원에게 보고하여 승인(큰 규모의 프로젝트인 경우 CEO 보고까지 진행함)까지 이루어지므로, 현업의 담당자들이 이 계획대로 진행해야 한다고 생각한다.

---

52) 심지어 WBS(Work Breakdown Structure)에 따라 태스크 실행 시 주요 KPI는 계획 준수율이다. 즉 최초 수립한 계획대로 잘 이행하는 것이 중요하다고 생각하는 것이다.

프로젝트의 계획을 수립해야 하는 컨설턴트는 우선 관련된 업무와 시스템에 대한 자료를 수집한다. 이 수집 자료에는 각종 보고서, 사업 계획서, 업무 프로세스 분석/설계서, 시스템 구축/운영 자료 등을 포함한다. 자료 분석의 초점은 기업의 임원들이 어떤 것을 개선하는 데 관심이 있는지, 조직/업무/시스템 관점에서 현행 이슈는 무엇인지 등이다. 이를 위해 관련 업무 담당자와 시스템 담당자, 담당 임원 등과 인터뷰를 진행한다. 이를 종합하여 문제점을 분석하고, 개선 방향을 수립하여, 시스템 구축을 위한 과제(프로젝트)를 도출한다. 과제 수행을 위한 예산도 대략적으로 산정한다. 이 기획 문서가 내년도 사업(프로젝트) 추진을 위한 근거 문서가 되는 것이다.

현업의 담당자들이 컨설턴트가 작성한 프로젝트 기획 문서를 보면, 사실상 새로운 내용은 거의 없을 것이다. 기존에 이미 보았거나 익히 알고 있었던 내용들을 논리적이고 그럴듯하게 포장한 듯한 인상을 받을 것이다. 아무리 뛰어난 역량을 가진 컨설턴트라고 하더라도 현업 담당자가 수년간 쌓아 온 전문적인 지식을 뛰어넘어서 새로운 통찰력(insight)을 발견해 내기는 현실적으로 불가능하다. 아마 있다고 하더라도 현업 담당자 누군가가 힌트를 주었을 것이다. 필자는 큰 비용을 들여서 수개월간 노력한 결과가 이 정도라는 것에 대해 현업 담당자들이 상당히 실망하는 경우를 많이 보았다. 현업 담당자들은 자신들이 몰랐던 새로운 내용이 나오기를 기대하지만, 결과는 전혀 그렇지 않았던 것이다. 만약 새로운 내용이 있다면, 앞부분의 새로운 기술 트렌드에서 정리한 내용 정도일 것이다.

그러면 그 뛰어난 컨설턴트들은 왜 그 정도의 결과밖에는 낼 수 없는 것일까? 컨설턴트들은 해당 산업과 기업, 그리고 업무에 대한 전문가들인 현업 담당자들의 의견에 의존할 수밖에 없기 때문이다. 컨설턴트들은 현업 담당자보다 해당 산업, 기업, 업무와 시스템에 대해 더 많이 알고 있을 수는 없다. 만약 다른 기업에서 유사한 업무와 시스템을 경험하였다 하더라도 그 기업에 특화된 내용은 더더욱 알 수 없다. 통상 기업이 규모가 크고 글로벌 경쟁력을 갖출수록 이러한 특화된 업무와 시스템이 사내에 많이 존재한다. 현업 담당자들은 이러한 특화된 업무와 시스템에 대해 잘 알고 있으며, 이들 머릿속에 있는 내용을 잘 끄집어내어 정리하는 것이 컨설턴트가 할 수 있는 수준인 것이다.

그 업무와 시스템에 대해 매일 고민하는 현업 담당자들도 2년 혹은 3년 뒤 구축될 시스템에 대해 과연 얼마나 아이디어를 낼 수 있을까? 그들의 아이디어는 아마 어떤 부분이 문제가 있으니 개선되었으면 좋겠다는 아주 개략적인 내용일 것이다. 하지만 IT 시스템을 구축하려면 아주 상세한 로직까지도 정해야 한다. 그러나 구현되는 SW의 전체 그림이 머릿속에 정리되지 않은 상태에서 얼마나 구체적으로 개선 로직에 대해 얘기할 수 있을까?

그리고 SW 개발 프로젝트를 시작하면 가장 먼저 하는 것이 바로 WBS를 작성하는 일이었다. 이 WBS는 프로젝트 중 해야 할 업무를 세부 타스크로 구조화[53]하고, 이 타스크를 누가 할지, 언제 할지(일 단위)를 작성해야 한다. 6개월 혹은 1년 뒤에 해야 할 타스크에 대한 일정을 지금 어떻게 세울 수 있겠는가? 앞의 모든 타스크가 계획대로 진행되고, 타스크를 진행하는 데 아무런 이슈가 없다면 가능한 일일 것이다. 하지만 SW 개발 프로젝트에서는 온갖 예상치 못한 이슈가 발생하고, 하루가 다르게 새로운

---

53) 통상 3레벨, 최대 4레벨 정도로 구조화한다.

타스크가 필요하고 일정 지연이 발생한다.

    결국 이 WBS는 현실과는 괴리가 발생하여 주간 보고 혹은 외부 보고 용도로만 활용되며, 실제 업무를 수행하는 개발자들은 이 WBS로부터 어떠한 유용한 정보도 얻을 수 없다. 그럼에도 불구하고 프로젝트 관리자와 각 모듈의 리더는 프로젝트 초기에 1~2주라는 귀중한 시간을 투자하여 이를 작성한다.[54] 6개월 이내의 타스크에 대해서는 일정을 2~3일 단위로 세분화해야만 한다. 주(week) 단위로 대략 작성한 경우에는, 프로젝트 관리자가 다시 작성할 것을 요청하며 반려할 것이다. 심지어 가장 최근에 수행한 프로젝트도 예외가 아니었다. Agile 프로젝트의 기본적인 도구들을 활용하면서도, 이러한 과거 Waterfall 프로젝트의 습성을 버리지 못하는 것이다.

    그리고 필자가 수행한 첫 번째 프로젝트의 첫 단계는 고객 요구사항을 정의하고 이를 분석하는 작업이었다. 하지만 이 분석 결과를 바탕으로 시스템을 설계한 시간과 노력은 아쉽게도 이후에 보상받지 못하였다. 앞서 언급했듯이 고객사의 현업 담당자가 업무와 시스템 개선 방향과 함께 시스템 설계를 위한 세부 로직을 제공해야 한다. 하지만 이들 현업 담당자는 프로젝트의 초기에 현재 업무와 시스템의 문제점 정도를 알고 있을 뿐, 향후에 업무와 시스템을 어떻게 설계할지에 대해서는 아직 감을 잡지 못한 상태이다.

    프로젝트 수행 계획서에서 작성한 모호한 '전체 시스템 개념도'[55]를 가지고는 시스템의 상세 설계를 진행할 수 없다. 결국 향후 시스템에 대한

---

54) 보통은 과거 유사한 프로젝트의 WBS를 복사하여, 수정하는 방법으로 작성한다.
55) '전체 시스템 개념도'를 통상 시스템의 '개념 아키텍처(concept architecture)'라고 부른다.

구체적인 모습이 없으므로, 현재의 업무와 시스템의 로직을 기반으로 설계를 진행할 수밖에 없다. 만약 기존에 없었던 새로운 기능이 포함될 경우, 이에 대한 세부적인 로직을 이해하고 있는 현업 담당자는 존재하지 않는다. 따라서 개발자의 예상 혹은 추측에 의해 대략적인 설계만 가능할 것이다. 필자의 경험에 의하면 이러한 신규 기능은 웬만한 기능 개발이 완료된 이후 전체적인 시스템의 모습이 확인된 시점이 되어서야 현업 담당자가 설계에 반영할 만한 의미 있는 로직을 제시하기 시작하였다.

결과적으로 초기의 고객 요구사항 분석은 현재 업무와 시스템 내용을 분석한 내용에 지나지 않는다. 그리고 이 현재 시스템의 구조에 기반하여 향후 시스템의 설계를 진행하였으므로, 현재 시스템과 큰 차별성이 없는 시스템을 설계할 것이다. 만약 현재 시스템과 다른 것이 있다면 새로운 솔루션과 기술을 적용했다는 것과 좀 더 세련된 화면(UI: user interface) 구성 정도일 것이다. 그래서 이렇게 현재 SW 설계를 기반으로 개발이 완료된 후, 고객에게 검증을 요청한 시점이 되어서야 고객사의 현업 담당자들은 전체 시스템의 구조가 머릿속에 들어오기 시작할 것이다. 이때부터는 본격적으로 고객사의 의미 있는 요구사항이 쏟아져 나오기 시작한다. 개발사의 기대와는 다르게 프로젝트의 후반부로 갈수록 고객사의 SW에 대한 이해도가 더욱 높아지므로, 더 의미 있는 요구사항이 제시될 것이다.

이러한 이유로 인해 과거에 Waterfall 방식의 프로젝트에서 진행했던 '주요 요구사항을 처음에 제시(big requirement up front)'하는 방법은 실패할 수밖에 없는 것이다. 의미 있는 고객 요구사항은 프로젝트의 후반부에 쏟아질 것이 자명함으로, 이와는 다른 방식의 접근이 필요한 것이다.

필자가 인터뷰했던 개발사는 이러한 현실을 알고 있음에도 불구하고,

프로젝트의 첫 단계에서 전체 고객 요구사항을 분석하고 계획을 수립하는 것은 필요하다고 주장하였다. 왜냐하면 고객의 전체 요구사항과 시스템의 전체 모습이 그려지지 않은 상태에서, 고객의 업무 요건인 *사용자 스토리*를 분석하는 것 자체가 너무 힘들다는 것이다. 그리고 고객의 업무 요건을 이해하기 어려우니, 그에 따라 SW 설계도 부실할 수밖에 없다는 것이다. 또한 이러한 구조로 인해 개발사가 고객사를 리드하여 서비스를 제공할 수가 없다고 주장하였다. 결국 고객사가 서비스를 리드하고 개발사는 그에 따라갈 수밖에 없게 된다는 것이다. 즉 과거의 Waterfall 프로젝트와 같이 '주요 요구사항을 처음에 제시'하는 방식이 훨씬 더 성공적일 것이라고 토로하였다.

인간은 망각의 동물이다. 인간은 자기 방어 기제로 인해 과거의 기억 중 성공적인 기억만을 담아 두려는 습성이 있다고 한다. 과거에 Waterfall 방식이 성공적이었다고 생각하는 것은 아마 현재 Agile 프로젝트가 성공적이지 못하여, 이러한 방어 기제가 작동한 것일 수 있다. 과거의 힘들었던 기억은 모두 잊어버리고, 현재의 힘든 상황으로 인해 적어도 지금보다는 과거가 나았다고 생각하는 것이다. 안타깝지만 필자가 향후 제시할 방법을 통해 성공적인 Agile 방식의 프로젝트를 경험한다면, 그 생각은 달라지게 될 것이다.

원인 2)
SW 개발은 상품을 구매하는 것이다?

고객사는 물론 상품(서비스)을 구매하는 *서비스 구매자*이며, 계약서상에 '갑'으로 명시된다. 계약서에 의해 '갑'은 비용을 지불하는 주체로서, '을'에게 서비스와 관련된 요구를 할 수 있는 위치에 있다. 물론 공급사(supplier) 주도의 시장도 있기는 하지만, 통상은 고객사가 공급사를 주도한다. 공급사, 즉 '을'은 고객사의 지시에 따라야 하며, 상품(서비스)의 구성과 기능을 고객사가 요청하는 대로 진행해야 한다.

이러한 논리는 SW 시장에서도 적용되어 왔다. 고객사는 SW 개발사에 대해 항상 자신의 요청사항을 요구할 수 있는 위치에 있으며, 개발사는 부당하거나 불합리한 요구에도 불구하고 이를 수용해야만 했다. 물론 고객 요구사항을 수용하기 위해 초과 비용이 소요되는 경우, 이를 계약 변경을 통해 처리할 수는 있다. 하지만, 그 절차가 매우 까다로워 진행하기가 쉽지 않았다. 이러한 배경으로 인해 항상 SW 개발사는 SW 제품을 고객사에 '납품'한다고 표현하곤 했다. 고객사와 SW 개발사가 동등한 위치의 협력적 파트너 관계로서, 함께 SW 제품을 개발한다는 것은 실제 현장의 분위기와는 거리가 멀었다.

그래서 고객사는 자신들의 요구사항을 SW 개발사에 전달하고 이를 구현할 것을 요청한다. SW 개발사는 각 개발 영역의 전문가를 프로젝트에 투입하여 고객사의 요구사항을 충족시켜야 한다. 그리하여 개발사는 최적의 SW를 설계하고 개발하여 고객사에 납품해야 한다. 고객사는 SW 제품이 자신이 제시한 요건을 충족하는지 검증 후에 계약에 따라 대금을 지급한다.

물론 이는 당연한 이야기인 것처럼 보이지만, SW 개발 프로젝트에 있어서 이러한 고객사의 태도는 좋지 않은 결과를 초래하였다. 개발사는 고객사의 요건에 따라 개발 일정을 수립하고 인력을 투입하여 프로젝트를 시작한다. 하지만 이 고객사의 요건은 앞서 언급했듯이 프로젝트가 진행될수록 변경된다. 최초에 제시한 요건은 아주 개략적이고 현재 시스템에 기반하지만, 시간이 지나면서 SW 결과물이 구체화될수록 고객의 요구사항도 그에 따라 구체화되고 향후 시스템의 구조에 맞도록 변경되기 때문이다.

따라서 처음에 계획했던 기간과 인력 구성으로는 도저히 그러한 많은 변경 요건에 모두 대응할 수 없을 것이다. 변경 요건에 대한 계약 변경을 진행하여 추가 리소스를 투입하겠지만, 많은 관리의 노력과 비용이 뒤따른다. 그래서 가능하면 계약 변경을 줄이기 위해 노력하게 되며, 기존 개발자들은 많은 업무 시간을 투입하여 변경 요건에 대응한다. 결국 개발자들은 시간이 지날수록 지쳐 가고, *기술적 채무*를 갚는 노력은 하지 못한 채, SW의 *안티패턴*이 증가하고 변경에 더 많은 시간이 소요될 것이다.

결과적으로 고객과 약속한 개발 일정을 지킬 수 없게 되고, SW 품질 문제도 증가하게 되어, 고객사의 개발사에 대한 신뢰도 낮아지게 된다. 고객사는 개발사에 이러한 개발 일정 지연과 SW 품질 문제에 대한 책임을 묻게 되고, 개발사는 그에 대응하는 모습을 보여 주기 위해 프로젝트 관리자를 교체할 것이다.[56) 개발사는 개발 일정 지연 문제에 대해 최초 요건을 계속해서 변경한 고객사의 책임이라고 생각한다. 고객사와 개발사 간의 책임 소재 공방이 벌어지고, 이 공방이 격화될 경우에 결국 법정 분쟁으로 치닫게 되는 것이다.

결국 이 결과의 출발점이 되는 것이 고객사의 *서비스 구매자로서의 태도*인 것이다. 이러한 고객사의 태도는 어디에서 기인하는 것일까? 개인적인 경험에 의하면, **국내에서는 유독 고객사와 공급사 간 관계를 이러한 '갑'과 '을' 관계에 의한 '주'와 '종' 관계로 인식**하는 경우가 많다. 해외에서는 개발사(공급사)를 비즈니스 파트너로서 동등한 관계로 인식하는 문화가 이미 상당히 정착되어 있다. 국내에서도 이와 같은 문제를 해결하기 위해 개발사를 '비즈니스 파트너'로 부르도록 용어를 변경하고, 사내 교육에서도 이런 점을 강조하기도 해 왔다.

또한 고객사의 공급사에 대한 소위 갑질 문화를 없애기 위해, 대기업에서는 '갑질 피해 신고센터' 혹은 '하도급 부조리 신고센터' 등의 명칭으로 상담 센터를 운영하기도 한다.[57) 또한 정부에서도 이런 상담 센터를 운영하는 부처와 기관들이 꽤 있다. 하지만 어떤 순진한 개발사(공급사)가 이러한 신고 센터에 신고할 수 있겠는가? 만약 신고한 것을 담당 부서가 알게 되기라도 한다면, 계약 해지는 물론이고 향후에도 고객사와 비즈니스

---

56) 실제로 필자가 경험한 대형 프로젝트에서는 대부분 개발사의 프로젝트 관리자의 교체가 이루어졌다.
57) 대기업은 다양한 공급사, 벤더사 등으로부터 많은 양의 구매를 진행하므로, 특히 이러한 공급사를 위한 신고 센터를 운영하는 경우가 많다. 과거 이들 공급사로부터 금품 수수 등을 하여 형사 처벌로 이어져 기업의 이미지가 하락하는 경우가 있었기 때문에, 이러한 리스크를 줄이기 위해서이다.

를 하기가 힘들어질지도 모른다고 생각할 것이다. 따라서 이러한 센터를 운영하는 것은 실질적인 개선에는 도움이 되지 못하였다. 필자의 생각에는 SW 개발사에 반말이나 야단을 치거나, 비속어 혹은 막말을 하는 경우를 줄이는 정도의 역할, 공급사로부터 뇌물 수수를 줄이는 역할 정도를 했을 뿐이라고 생각한다.

그리고 잘못된 고객사의 태도는 **조직에서 이미 익숙한 상품 구매 행태(practice)를 SW 제품 구매에도 별생각 없이 적용했던 것에 기인**하기도 한다. 많은 상품을 구매하는 대기업 조직인 경우,[58] 일반적인 상품의 구매 행태를 그대로 SW 제품 구매에도 적용시킨다. 이미 개발이 완료된 상용 SW를 구매하는 경우에는 이러한 상품의 구매 행태를 적용해도 무방하다. 하지만 개발이 필요한 업무용 SW를 구매해야 하는 경우에도 동일한 방식의 구매 행태를 적용한다면, 앞서 얘기한 문제들이 발생하는 것이다. 그러나 통상적으로 현업 담당자들은 IT에 대한 전문성이 부족하고, 일반적인 구매 업무에 익숙해져 있다 보니, 이를 구분하여 적용하기가 쉽지 않은 것이 현실이다.

그래서 조직 내의 IT(혹은 업무혁신) 부서가 이러한 역할을 대행해 주기도 한다. 하지만 IT 부서는 반대로 IT 기술에 대한 전문적인 지식은 보유하고 있으나, 업무적인 전문 지식이 부족하다. 따라서 IT 부서는 행정적인 절차 위주로 지원하고, 실제 구축 시에는 기술(혹은 인프라)적인 업무를 담당하고, 실제 중요한 업무(기능)적 의사결정은 현업 담당자에게 맡기는 경우가 대부분이다. 이때 실제 SW 개발 비용을 지불하는 부서가 현업 부

---

58) 최근에는 '통합 구매'가 보편화되어, 최대한 많은 상품을 구매 부서를 통해 구입하려고 한다. 하지만 아직 개별 부서에서 상품을 구매하는 경우는 많이 있다. 특히, 상품에 대한 업무 전문성이 필요한 경우에 그러하다. 예를 들면, 생산 장비, 업무용 SW 등이 그런 부류에 속한다.

서이므로, 현업 부서는 IT 부서의 내부 고객이다. 따라서 IT 부서는 현업 부서의 입장에서 최대한 보수적으로 의사결정을 하고, 개발사의 입장을 이해는 하지만 조직 내 분위기(또는 문화)를 거슬러서 행동하기는 사실상 어려우므로, 익숙한 상품 구매 행태를 SW 개발 구매에도 적용할 것이다. 앞서 언급한 책임 면피적 행태가 이렇게 IT 부서에도 적용되는 셈이다.

그리고 이러한 고객의 잘못된 구매 행태는 **SW 개발을 추진하는 담당 임원과 부서의 잘못된 '성과 평가 기준(KPI)'에 기인**하는 경우도 상당수 있다. 당연한 얘기지만, 추진 조직과 임원의 가장 중요한 KPI는 SW 개발 프로젝트의 성공적 오픈일 것이다. 하지만 여기에 상품 구매 중심의 KPI를 추가로 설정한 경우, 즉 원가 절감 측면에서 실제 투입되는 비용이 100%인데, 이 중 30%를 절감하도록 KPI가 설정되어 있다고 하면, 개발사를 압박하여 비용을 절감하려는 시도를 할 것이다.

예를 들어, 개발사는 실제 SW 기능을 개발하는 담당자 외에도 각종 지원 인력(솔루션 아키텍트, 데이터 아키텍트, 인프라 아키텍트, 애플리케이션 아키텍트, 고객과의 커뮤니케이션을 지원할 컨설턴트 등)이 필요할 수도 있다. 하지만 원가의 30%를 절감해야 하므로, 최초 견적서에는 포함되어 있었던 지원 인력들의 대부분을 투입하지 못하는 사태가 발생한다. 그러면 개발사에서는 이 업무를 고객사 측에서 수행하도록 요청하나, 고객사는 그러한 전문적인 IT 역량이 부족하므로 거절할 것이다.

결국 이러한 전문 기술 지원 업무를 해야 할 시점이 되면, 개발자나 프로젝트 관리자가 각자의 업무 시간을 쪼개어 업무를 수행해야 한다. 한참 개발 일정에 쫓기어 업무를 무리하게 수행하고 있는 도중에, 이러한 기술 지원 업무까지 수행해야 하니, 개발 일정은 더욱 늦어질 수밖에 없다. 이러한 상황에서는 *기술적 채무*를 갚는 노력도 사실상 할 수 없게 되므로, 코드 내 *안티패턴*은 더욱 증가하게 된다. 이로 인해 변경은 더욱 어렵게 되고, 예상치 못한 결함들이 속출되어 SW 품질 문제까지 발생하는 상황이 되는 것이다.

SW 개발 추진 조직에서 또 하나의 변수가 바로 **SW 개발 추진 조직의 수장인 임원의 교체**이다. 이로 인해 갑자기 고객사의 태도가 바뀌어 프로젝트의 추진에 문제가 생기는 경우가 발생한다. 특히나 대규모 SW 개발 프로젝트는 2~3년 이상 소요되는 경우가 많으므로, 프로젝트 진행 도중에 담당 임원이 바뀌는 경우가 잦다. 기존 임원이 SW 개발을 추진하였고 이를 성공적으로 오픈할 경우 자신의 성과로 인정받을 것이다. 하지만 이후 교체된 임원은 자신이 직접 추진한 프로젝트가 아니므로, 이를 성공적으로 오픈하였다 하더라도 자신의 성과로 인정받기 힘들다.

그리고 만약 SW 품질이 낮은 상황에서 무리하게 오픈을 추진하려다 실패하였을 경우에는 부서 전체 혹은 회사 전체가 타격을 입는다. 신규 임원 자신이 추진한 SW 개발 프로젝트가 아니라고 하더라도, 이를 사용하는 부서에서 계속적으로 문제를 제기하고 결함을 보고한다면, 조직 내에서 자신의 부서의 위상에 문제가 생길 수도 있다. 또한 이러한 결함이나 추가 요건에 계속 대응하느라, 신규 임원이 새롭게 추진하려는 사업에 차질이 생길 수도 있다. 따라서 기존에 진행 중인 SW의 개발을 무리하게 추진하여 오픈하려는 의지가 현격히 낮아진다. 아마 이러한 경우를 경험하신 분들이라면 필자의 말에 공감을 할 수 있을 것이다.

만약 신규 임원이 SW 개발 프로젝트 중간에 이를 중단한다면, 지금까지 소요된 예산은 '매몰 비용'이 되어 버리지만, 자신의 책임이 아닌 전임 임원의 책임으로 돌릴 수 있다. 전임 임원이 SW 개발 프로젝트를 무리하게 추진했다고 조직 내에서 결론지을 것이기 때문이다. 신규 임원 입장에서는 무리하게 SW를 오픈하는 리스크를 떠안는 것보다는 훨씬 나은 방법이라고 판단할 것이다.

하지만 SW 개발 프로젝트를 진행 도중에 중단했을 경우, 개발사의 법적 소송 제기가 있을 수 있다. 따라서 신규 임원은 막무가내로 중단하는 것이 아닌 전략이 필요하다고 판단할 것이다. 바로 개발사의 잘못으로 프로젝트를 중단한다는 빌미가 필요한 것이다. 아마 이때부터 고객사는 개발사의 상황은 전혀 고려하지 않은 채, 매우 보수적인 관점에서 요구사항을 내기 시작할 것이다. 계속적으로 SW 품질 문제(결함 등)를 찾아 개발사에게 해결을 요청하고, 개발사의 입장에서 이러한 요구사항은 너무 무리가 아닌가 싶을 정도의 요건을 내어 개발사를 당황하게 만들 것이다. 계속해서 프로젝트를 중단할 빌미를 만드는 것이다.

고객사는 이러한 상황을 상품(서비스) 구매자의 입장에서 단순하게 생각할지도 모른다. 아래는 신규 임원과 팀원 간의 대화를 각색한 내용이다.

신규 임원) 이 SW 제품은 품질 문제가 많아서 오픈하면 현업 부서에서 클레임이 많을 것 같네요. 이 SW를 반드시 오픈해야 할 이유가 있을까요? 이 SW가 없더라도 기존 시스템으로 처리할 수는 있잖아요. 혹시 이렇게 진행하는 데 있어서 문제가 되는 부분이 있나요?

추진 부서 팀원) 네, 기존 시스템이 일부 문제가 있긴 하지만, 현재처럼 처리해도 무방합니다. 그리고 SW 개발을 중도에 중단하려면, 지금 개발 중인 SW가 우리의 요건을 충족시키지 못하기 때문에 구매할 수 없다는 근거가 필요합니다.

신규 임원) 그러면 최대한 보수적으로 우리의 요건을 제시하세요. 만약에 시스템을 오픈하더라도 문제가 생기지 않을 수준으로 까다롭게 해 주세요. 이 요건을 충족시킬 수 없으면 오픈할 수 없다고 개발사에 통보해 주세요. 그리고 나중에 문제 생길 수도 있으니까, 개발사에서 개발 일정 못 지킨 경우, SW 품질에 문제가 생긴 경우 등에 대해 모두 근거를 다 남기도록 하세요.

안타깝지만 현재 고객사 조직의 입장에서는 이렇게 진행하는 것이 최선일 수 있다. 이렇게 SW 개발 프로젝트를 단순히 상품 구매의 시장 논리로만 생각한다면, 계속해서 이러한 조직 이기주의적 발상은 계속될 것이다. 하지만 만약 SW 개발을 단순한 상품 구매가 아닌 고객사의 제품 개발을 위해 협력사와 협업한다고 생각하면 어떨까? 예시에서 본 것처럼 고객사는 동일하게 상품 구매 행태의 방식으로 행동할 수 있을까? SW 개발이 언제든지 구매 가능한 상품이 아니고, 자사의 비즈니스 성공을 위한 핵심 전략 제품을 개발하는 것이라고 생각해 보자. 그러면 이렇게 SW 제품을 개발하는 중간에 중단하려는 생각을 할 수 있을까? 여기에 대한 상세한 답변은 이후 해법 챕터에서 상세히 설명하겠다.

원인 3)
SW 개발 현황은 WBS와 주간 보고를 통해 파악할 수 있다?

SW 개발 현황은 프로젝트를 진행하면 관련된 모든 이해관계자가 알고 싶어하는 정보이다. 고객사는 자신이 요청한 *사용자 스토리* 기능이 어떤 단계에 있는지, 개발이 완료되었는지, 개발이 지연되고 있다면 그 이유를 알고 싶어한다. SI 업체 혹은 개발사의 프로젝트 관리자는 계획된 일정에 따라 개발이 잘 진행되고 있는지, 진행에 이슈는 없는지, 진행에 병목이 생기지는 않는지 등을 파악하고 문제나 이슈에 대해서는 해결하려고 할 것이다.

개발자 역시 자신이 개발 중인 기능과 연결되어야 할 기능을 다른 개발자가 개발하고 있는 경우 이를 파악하여 참고해야 한다. 혹은 기능 간에 데이터를 서로 송수신하는 연계가 이루어져야 하는 경우에도 송신 측과 수신 측 기능의 개발 진행 현황을 파악해야 한다. 연계 기능의 경우, 송신 측과 수신 측 기능의 개발자는 서로 연계 데이터 구조와 방식(push 혹은 pull), 시점(실시간 혹은 배치) 등에 대해 우선적으로 협의해야 한다. 예를 들어, push로 실시간으로 전송하는 방식인 경우, 송신 측의 기능을 먼저 개발한 후, 수신 측의 기능을 개발해야 한다. 이를 위해 연계 상대방 기능의 개발 진행 현황을 파악해야 하는 것이다.

이렇게 개발 진행 현황은 프로젝트와 관계된 모든 이해관계자들에게 있어 가장 핵심적으로 파악해야 할 정보 중 하나다. 아마도 이러한 개발 진행 현황을 실시간으로 파악할 수 있다면 매우 이상적일 것이다. 이 프로젝트의 개발 진행 현황은 기본적으로는 프로젝트 타스크 계획인 WBS의 정보를 바탕으로 관리해 왔다. WBS는 각 타스크의 계획 시작/완료 일정, 타스크의 진척률, 담당자, 관련 산출물 등의 정보를 관리한다. 프로젝트 관리자는 매주 각 타스크의 담당자로부터 진행 현황을 파악하여 WBS에 업데이트한 후 주간 보고를 통해 보고한다.

문제는 WBS의 타스크는 *사용자 스토리, 세부 기능*의 단위로 세분화되어 있지 않아, 실제 진행 현황을 파악하는 데는 한계가 있다는 것이다. 이를 보고하는 프로젝트 관리자는 본인에게 일정 지연의 가장 큰 책임이 있음을 알고 있으므로, 진행상의 이슈를 고객사 혹은 임원에게 정확하고 투명하게 보고하기를 꺼린다. 따라서 타스크의 실제 진행 내용은 해당 담당자(개발자)와 직접 얘기해 보지 않으면 정확히 알 수가 없다. 이로 인해 중요한 이슈라고 하더라도 큰 문제가 아닌 것으로 포장하거나, 이슈에 대한 해결 방안을 찾을 때까지 보고하지 않는 경우들이 발생한다. 주간 보고에 참여해 보신 개발자는 주간 보고에서 프로젝트 관리자가 보고하는 내용과 실제 타스크의 진행 현황과는 괴리가 있음을 이해하고 있을 것이다.

최근의 Agile 프로젝트는 *타스크 보드*를 활용하고 있음에도 불구하고, 과거와 같이 계속해서 WBS와 주간 보고를 통해 개발 진행 현황을 파악하려고 하는 경우가 발생하고 있다. 실제 필자가 경험한 지난 프로젝트가 그러했다. *타스크 보드*를 타스크의 진행 현황을 파악하는 용도가 아닌, *사용자 스토리*별 진행 현황을 파악하고, 이를 고객사에 보고하는 용도로 활용한다. 문제는 *타스크 보드*에 개발자들이 실제로 수행하는 모든 타스크를 포함하지 않고, 형식적으로 고객사에 보여 주는 용도로만 활용한다는 것이다. 따라서 프로젝트 관리자는 이 *타스크 보드*만으로는 개발자의 실제 개발 진척 현황을 파악하기 힘들어, 기존과 같이 WBS를 관리하는 것이다. 또한 프로젝트 총괄 임원도 통상 기존에 많이 활용했던 익숙한 도구인 WBS를 선호하는 경향이 있다.

지난 프로젝트의 경우, *사용자 스토리*별로 Wiki에 관련 정보를 등록하여 서로 공유하고 소통하였다.[59] 이는 진척 현황을 파악하는 용도도 있지만, *사용자 스토리*와 관련된 이해관계자들 간의 의사소통을 위한 도구로 활용되었다. 예를 들어, 이 *사용자 스토리*를 작성한 고객사의 현업 실무 담당자는 이 *사용자 스토리*의 개발 담당자, 개발 진행 단계, 테스트 결과 등에 대해 궁금할 것이다.

또한 실무 담당자는 *사용자 스토리*와 관련하여 개발자가 문의한 업무 상세 로직에 대해 답변을 할 수도 있고, 이를 관련된 담당자들에게 공유할 수도 있다. 그리고 여러 가지 이유로 인해 *사용자 스토리*의 세부 내용이 변경될 수도 있으므로, 실무 담당자는 이를 즉시 수정하여 공유할 수도 있다. 프로젝트 관리자는 *사용자 스토리*의 개발과 테스트 진행상의 이슈나 개발 완료 여부 등을 파악할 수 있다. 개발자는 고객사 현업 담당자와 *사용자 스토리*와 관련한 커뮤니케이션을 직접 할 수 있고, 현재 개발 진행 상황을 다른 담당자들에게 공유할 수 있다.

---

59) *사용자 스토리*별로 제목, 내용, '합격 조건(acceptance criteria)', 시스템, 담당자 등의 정보를 Wiki에 등록하고 페이지 링크를 공유하면, 댓글로 담당자들 간에 소통이 가능하다. 또한 담당자를 지정하여 처리를 요청하고 승인하는 워크플로도 진행할 수 있다.

하지만 *사용자 스토리* Wiki의 경우에도, 이 스토리의 기능 개발을 위해 어떤 세부 태스크가 필요하고, 누가 어떻게 진행하고 있는지 알 수 없다. 개발자가 이 Wiki에 자신의 상세한 업무 진행 경과를 등록하기를 꺼리기 때문이다. 개발자는 자신이 하는 모든 업무를 투명하게 공개하는 것을 원하지 않는다. 왜냐하면 투명하게 공개하였을 경우, 고객사가 개발 진행 현황을 확인한 후, 신속한 진척을 요구하거나, 더 빡빡한 일정으로 기능 개발을 요청할 것이라 예상하기 때문이다. 그러면 개발자는 개발 업무 진행에 더욱 여유가 부족하고, 이는 곧장 성급한 개발로 인한 SW 품질 문제로 이어진다. 따라서 개발자는 고객사와의 커뮤니케이션을 최소화하여 줄이고, 일정도 좀 더 보수적으로(여유 있게) 잡기를 원한다.

그래서 이 *사용자 스토리* Wiki도 개발 현황의 파악을 위한 용도로 활용하기는 부족하다. 따라서 프로젝트 리더들은 결국 기존과 같이 WBS와 주간 보고를 통해 개발 현황을 파악하기를 원하게 된다. WBS와 주간 보고로 파악한다는 의미는 결국 프로젝트 관리자를 통해 개발 현황을 파악하겠다는 의미이다. 그러면 프로젝트 관리자는 각 개발자와의 주기적 소통을 통해, 개발 현황을 파악하고, 이를 취합하여 프로젝트 임원과 고객사에게 보고할 것이다.

그러면 과연 개발자는 프로젝트 관리자에게 자신의 모든 개발 진행 현황과 이슈에 대해 다 얘기할 수 있을까? 프로젝트 관리자는 항상 여러 가지 이슈 회의로 인해 자리를 비우고, 소통할 시간이 많지 않다. 소통할 시간을 겨우 잡는다고 하더라도, 모든 세밀한 사항을 프로젝트 관리자가 완벽히 이해하기는 힘들고, 기억하기도 힘들다. 또한 개발자도 개발 업무에 투입하는 시간이 절대적으로 부족하기 때문에, 프로젝트 관리자와의 소통에 많은 시간을 투입하기는 부담스럽다. 결국 이 방식으로는 개발 현황을 정확하게 적시에 파악할 수 없으며, 다른 해결 방안이 필요할 것이다.

원인 4)
'사용자 스토리' 구현 외에는
중요하지 않다?

Agile 프로젝트에서 *사용자 스토리*는 고객의 요구사항을 의미하므로, 이를 구현하는 것보다 중요한 것은 없다. 하지만 *사용자 스토리*의 구현은 글자로 적혀 있는 내용보다 상당히 난이도가 있다. 왜냐하면 이 *사용자 스토리*는 계속 변하고 진화하기 때문이다. 특히 Agile 프로젝트에서는 그 특성상 시간이 흐를수록, 즉 프로젝트의 후반부로 갈수록 *사용자 스토리*는 더 구체화되고, 더 많은 변경이 발생할 가능성이 높다. 왜냐하면 스프린트가 진행될수록, 더 많은 SW 기능이 구현되어, 사용자(고객사)는 모호하던 전체 시스템의 모습을 좀 더 구체적으로 알 수 있게 된다. 그에 따라 고객사는 더 정교하고 구체적이고 까다로운 요구사항을 제시할 것이다.

그리고 SW의 개발 범위가 넓을수록, 구축 시스템의 규모가 클수록 더욱 이러한 경향이 발생할 가능성이 높아진다. 어떤 현업의 업무 전문가라고 하더라도 현재 SW의 전체 모습을 이해하고 있지는 못하다. 자신의 업무 분야를 중심으로 이와 연계된 업무와 시스템 기능에 대해 이해하고 있는 정도일 것이다. 따라서 SW 개발을 진행하면서 각종 이슈 회의를 통해서나, 개발자와의 토론을 통해서, 또는 다른 영역의 현업 실무자와의 토론

등을 통해서 점차 이해의 범위가 넓어지면서, 향후 구현될 SW의 모습을 머릿속에 그리게 된다. 그러면서 점차 진보된 요구사항으로 발전해 가는 것이다.

과거에 Waterfall 방식으로 프로젝트를 진행했을 때는 고객의 요구사항은 변경되지 않을 것으로 가정하고, 분석과 설계를 진행하고, 이를 토대로 개발을 진행했다. 고객의 요구사항이 변경될 경우에는, '변경 심의 위원회'의 엄격한 심의 절차를 거쳐서 변경 여부를 결정했다. 변경이 확정될 경우, 업무 범위와 리소스의 재산정으로 이어지고, 계약 변경으로 이어졌다(다음의 '그림 3. Waterfall 프로젝트에서의 변경 관리 절차' 참조). 이러한 번거로운 절차로 인해 꼭 필요한 경우에만 진행하는 것이 관례였다. 사실상 변경을 억제하려는 프로세스라고 보면 될 것이다. 엄격한 절차를 관리하기 위해 '프로젝트 관리 조직(PMO)'의 상당한 노력이 이에 집중되었다.

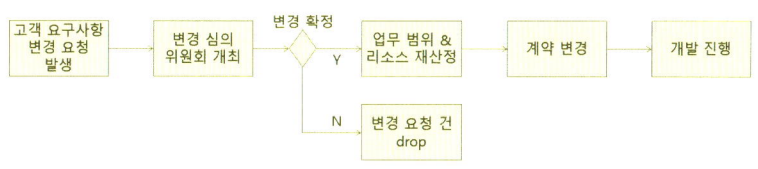

그림 3. Waterfall 프로젝트에서의 변경 관리 절차

하지만 이렇게 변경을 억제하는 절차로 인해 고객의 SW에 대한 만족도가 상당히 저하되었고, 변경을 반영하기 위해 최초 예산의 배가 넘는 금액이 추가 투입되는 경우도 발생하였다(앞선 ERP 실패 사례 참조). 이러한 변경 관리로 인한 문제를 개선하기 위해 Agile 방식의 SW 개발 프로젝

트가 나타나기 시작하였다. 이 Agile 방식은 고객사(사용자)가 개발 결과물인 SW를 반복적으로 확인하면서, 계속적으로 요구사항, 즉 *사용자 스토리*를 변경할 수 있도록 체계화한 방법론이다. 즉 고객 요구사항 변경을 억제하는 것이 아닌 활성화(혹은 장려)하는 방향으로 선회한 것이다. 이는 고객 만족도 향상을 위한 불가피한 선택이었다고 본다.

Agile 방법론에 따르면, 고객 요구사항 변경을 용이하게 하기 위해, 복잡한 변경 관리 절차가 별도로 존재하지 않는다. 고객사와 개발사가 '합의'하에 변경하는 것이다. 이렇게 고객의 요구사항이 계속 변경된다면, 그에 따라 관련 SW 기능도 역시 계속해서 변경되어야 한다. 변경된 요구사항의 로직을 SW 기능에도 반영해야 하기 때문이다. SW를 변경하는 것은 개발자들이 가장 힘들어하는 업무 중 하나이고, 변경으로 인한 추가 결함의 리스크 또한 높다.

예를 들어, 개발자가 3달 전에 작성한 코드를 지금에 와서 변경하려고 한다면, 그 당시에 작성한 코드의 모든 상세 로직을 기억하고 있기 어려울 것이다. 개발 일정에 쫓겨서 주석 처리도 제대로 되어 있지 않다면, 이를 분석하는 데 더욱 많은 노력이 필요할 것이다. 또한 긴급하게 코드를 작성하느라, *안티패턴*[60]까지 포함되어 있을 가능성이 높아 더욱 분석이 어려울 것이다. 이러한 상황은 프로젝트의 후반부로 갈수록 많아지고, 여러 번의 변경을 거친 코드라면 더욱 분석에 많은 노력이 필요할 것이다.

따라서 Agile 방법론을 충실히 따르기 위해서는, 고객 요구사항 변경을 용이하게 할 뿐만 아니라, 그에 따른 SW 코드 역시 변경을 용이하게 해야

---

60) 앞서 언급했듯이, *안티패턴*은 단순하고 명료한 방식으로 작성되지 않은 코드 패턴을 의미한다. 예를 들어, 조건문/반복문 내의 조건문/반복문 구조, 프로시저 간 밀접한 연결 구조, 지나치게 복잡하고 많은 양의 프로시저 등이 있을 수 있다.

한다는 것이다. 하지만 이러한 SW 코드의 *안티패턴*과 같은 구조적 문제에 대해 고객사는 잘 이해하지 못한다. 다음의 고객사와 개발자 간의 대화를 통해 이와 같은 기술적 소통의 어려움을 이해할 수 있을 것이다.

기능 개발자) 김○○ 책임님, 저희가 일정이 너무 촉박한 나머지 SW 구조를 개선하는 작업을 계속 진행하지 못했어요. 기능 개발 이후에 틈틈이 *안티패턴*을 찾아서 개선 작업을 진행해야 하는데 하지 못했어요. 그래야만 SW를 변경할 때 시간도 적게 걸리고, 추가 결함 발생의 위험도 낮거든요.

고객사 현업 실무 담당자) 그러면 처음부터 SW 코드를 작성하실 때, 변경이 용이한 구조로 작성하셨으면 되잖아요? 이○○ 과장님이 처음에 코드 작성을 잘 못하신 것이니, 이 과장님이 그거는 야근을 하시든 알아서 조치하셔야 합니다. 그 작업을 추가로 하기 위해 별도 일정을 잡겠다는 것은 저는 이해가 되지 않습니다.

기능 개발자) 김○○ 책임님, 아무리 뛰어난 개발자라고 하더라도 처음 코드를 작성할 때부터, 완벽한 구조의 코드를 작성할 수는 없습니다. 모든 개발자는 코드를 작성한 후에, 다시 한번 검토하면서 *안티패턴*을 찾아 개선 작업을 해야 합니다. 어떤 개발자이든 마찬가지입니다.

고객사 현업 실무 담당자) 글쎄요. 저는 이○○ 과장님이 말씀하시는 내용은 처음 듣는 것이라, 이해가 되지 않습니다.

고객사가 이렇게 SW의 변경이 용이한 구조를 만드는 *기술적 채무* 개선 작업을 이해할 수 없다면, 개발사는 이를 *타스크 보드*에 반영할 수 없다. 고객사 몰래 *기술적 채무*를 갚는 작업을 하기 위해서는, 실제 타스크의 진행 상황을 정확하게 공유하지 않고 내부적으로 작업을 해야 할 수밖에 없을 것이다. 그렇지 않다면, 이러한 *안티패턴* 개선 작업을 포기하고, 조마조마한 마음으로 제발 요건이 변경되지 않기만을 마음속으로 바라야만 할 것이다. 그러면 SW 변경 작업을 수행해야 할 일이 없기 때문이다.

원인 5)
고객의 요건은 모두 수용하고
강하게 드라이브하는 것이 리더십?

　SW 개발을 책임지고 있는 SI 업체의 임원은 고객사의 만족을 위해, 고객사가 요구하는 요건은 개발사가 최대한 수용하기를 바란다. 또한 고객사의 요건이 아무리 많고 까다롭더라도, 개발사가 이를 수용해서 '기적적으로' 완료해 내기를 바란다. 이렇게 기적을 바라는 리더들은 '알파형 남성(alpha male)'상을 이상적인 리더로 생각하는 경향이 있다. 알파형 남성상이란 어떤 어렵고 불가능해 보이는 일이든 자신감 있고 강력하게 추진해 나가는 남성상을 의미한다. 즉 불가능해 보이는 일도 'No'라고 답하지 않고, 결국 해내겠다는 신념으로 밀어붙이는 리더를 말하는 것이다. 그래서 알파형 남성 리더는 오히려 달성하기 어려워 보이는 목표를 제시하고, 조직 구성원들을 강력하게 밀어붙여서 완수하거나, 완수하지 않더라도 능력치 이상을 달성할 수 있도록 하는 것을 추구한다.

　이러한 리더는 조직원들을 때로는 격려하면서 때로는 다그치면서 강력하게 드라이브하면, 아무리 어려운 일도 기적적으로 완료할 수 있다고 믿기 때문에, 개발사도 그러한 태도로 대한다. 하지만 SW 개발 프로젝트에서 이러한 기적이 일어나는 경우는 본 적이 없다. 이러한 과도한 목표가 오히려 개발자들을 지치게 만들고, 고객사가 요청하는 요건 외에 다른 중요한 타스크(*기술적 채무 갚기* 등)를 소홀하게 만들면서 프로젝트를 위험한 상황으로 몰고 가는 것을 여러 번 목격하였다.

고객사는 자신들의 요구사항을 항상 일정한 수준으로 제시하지 않는다. 개발사가 소화할 수 있는 수준(capa)과 무관하게 자신들이 필요한 요구사항을 제시한다. 처음에 고객사가 제시하는 *사용자 스토리*가 전부라고 생각해서는 안 된다. *사용자 스토리*는 갈수록 구체화되고 변경되며 추가될 수 있다. 고객사(사용자)는 스프린트가 종료될 때마다 구현 내용을 검증하는 과정에서 개발 중인 SW에 대해 더 많은 것을 알게 된다. 그에 따라 앞서 개발한 기능 요건을 변경하거나, 새로운 기능 요건을 추가할 수도 있다. 이러한 고객의 추가 요건은 프로젝트의 후반부로 갈수록 정밀하고 까다로워진다. 그래서 개발의 난이도 역시 더 높아진다. 기존 요건 변경의 경우는 더욱 많은 노력이 필요하며, 개발자도 점점 피로감으로 지쳐 간다.

이러한 상황에서 점점 많아지고 까다로워지는 고객사의 요구사항을 모두 수용하는 것이 과연 바람직한 것일까? 고객사의 만족을 위해서는 모두 수용해야 하는 것일까? 고객사의 만족도 향상을 위해 일단 모두 수용한 뒤에, 개발사를 강하게 드라이브하면 기적과도 같이 해결되지 않을까? 혹은 추가 요건 구현을 위해 추가 개발 인력을 투입하면 간단히 해결할 수 있지 않을까? SI 업체의 리더들은 대부분 이러한 해결 방법을 통해 프로젝트를 진행하게 된다.

하지만 이렇게 '혹시나 기적적으로 할 수 있지 않을까' 하는 기대의 결과는 '역시나 안 되는구나'로 귀결될 것이다. 해결 방법 중 하나로 개발자를 프로젝트 도중에 더 투입하는 것은 오히려 개발 일정을 더 늦추는 결과를 가져올 수도 있다. 신규 인력에 대한 오리엔테이션, 업무 설명 등 많은 추가 커뮤니케이션 비용이 발생하며,[61] 이 신규 인력이 프로젝트에 적응하여 정상적인 퍼포먼스(performance)를 낼 수 있기까지는 필자의 경험에 의하면 최소 1~2개월이 소요될 것이다.

그러면 고객사는 추가 인력까지 투입을 했는데도 개발 일정을 맞추지 못한다고 이슈를 제기할 것이다. 개발자는 신규 기능 개발, 기존 기능 변경 외에 SW 품질을 향상시키는 작업은 전혀 진행하지 못할 것이다. 이로 인해 SW 변경은 더 어려워지고, 예상치 못한 결함이 발생할 가능성이 높아진다. 고객사는 개발 일정을 지연시키고 SW 품질 문제까지 발생시키는 개발사를 비난할 것이다. 반면 개발자는 요구사항을 계속해서 변경하고 추가하는 고객사를 비난할 것이다. 고객사와 개발자는 서로 간의 신뢰도가 점점 낮아지고, 결국 돌이킬 수 없는 상황까지 갈 수도 있을 것이다.

따라서 이런 식으로 고객의 요건을 모두 수용하면서, 개발사를 강하게 드라이브하면 어떻게 되지 않을까라는 식의 SI 업체 리더의 생각은 프로젝트의 실패의 원인이 되어 왔다. 이러한 알파형 남성상을 추구하는 강력한 드라이브는 자신의 리더십과 프로젝트 관리로 모든 것을 해결할 수 있다는 잘못된 믿음에 근거한 것이다. SW 개발 프로젝트에서는 최소한 이러한 관리 방식은 절대로 성공할 수 없다. 그러면 어떤 방법으로 고객의 요구사항을 줄이거나 통제할 수 있을까? 결국 과거 Waterfall 프로젝트 때와 같이 까다로운 변경 프로세스에 의해 고객 요구사항을 관리할 수밖에는 없는 것일까? 그 해답은 뒤의 챕터에서 제시하겠다.

---

61) 이러한 추가 커뮤니케이션은 한창 바쁜 기존 개발자의 몫이 될 것이다. 결국 기존 개발자의 개발 업무 시간을 이러한 추가 커뮤니케이션에 뺏길 것이다.

원인 6)
각 조직의 목표(KPI) 달성을 위해
최선을 다한다?

모든 조직은 각자의 목표를 설정하고, 이를 달성하기 위해 운영한다. SW 개발 프로젝트 추진과 관련된 조직에도 이 원리는 적용된다. 고객사는 SW를 업무에 적용하여 업무 비효율을 제거하여 개선하고, 이 SW를 이용하는 사용자들의 만족도를 높이는 것이 가장 중요한 목표일 것이다. 또한 SW 개발 프로젝트의 투자 금액 대비 재무적 기대 효과, 즉 ROI(return on investment)[62]를 높이는 것 역시 중요한 목표일 것이다.

그리고 SI 업체의 프로젝트 추진 부서는 고객사의 SW 결과물에 대한 만족도를 최우선으로 하면서도, 고객이 원하는 예산과 납기 내에 딜리버리를 하는 것이 주요 목표일 것이다. 필자가 경험한 프로젝트의 경우 SI 업체 내 테스트팀과 품질 부서 역시 프로젝트에 참여하였다. 이들 조직의 목표는 SW를 검증(3자 테스트)하여 최대한 많은 결함을 찾아내고 오픈 전까지 이를 조치하도록 하는 것이었다. 그리하여 오픈 이후에 고객사가 SW를 사용하면서 결함을 발견하는 경우를 최소화하도록 하는 것이다.

---

62) ROI는 투자한 비용(investment)에 비하여 얼마나 많은 재무적인 효과(return)를 거두었는지를 측정하기 위한 지표이다.

프로젝트에서 개발사의 목표는 우선 고객사(사용자)를 만족시키기 위해 고객사가 요청하는 기능을 최대한 개발하는 것이다. 또한 회사의 이익을 위해 개발사의 많은 개발 인력을 투입하여 많은 '개발 수익(인건비)'을 올리고, 이를 최대한 많은 사용자들이 사용하게 하여 많은 '라이선스 수익(운영비)'을 확보하는 것이다. 그리고 SI 업체와 고객사와도 좋은 관계를 유지하여 향후 계속적으로 사업을 수주하는 것이 목표이다.

이렇게 SW 개발 프로젝트에 참여하는 각 조직이 각자의 목표(KPI) 달성을 위해 최선을 다한다면 프로젝트를 성공적으로 완료할 수 있을까? 먼저 고객사의 경우, 자신의 목표 달성을 위해 최소한의 비용을 투입하고, 개발사가 최대한 요건을 수용하도록 최선을 다해야 한다. 고객사는 자신의 목표 달성을 위해서는 SI 업체나 개발사의 개별적인 사정은 고려할 필요가 없을 것이다. 고객사의 프로젝트 추진 부서의 평가자는 이러한 것들을 고려하지 않을 것이기 때문이다. 고객사는 자신들이 요청한 요구사항이 너무 과다하다고 생각하더라도, SI 업체와 개발사가 이를 수용하도록 만드는 것이 좋은 평가를 받는 방법인 것이다. 필자가 경험한 프로젝트에서는 심지어 SW 결함에 대한 처리는 개발사의 책임이므로 고객사의 비용으로 지불할 수 없다는 입장을 밝히기도 했다. 이렇게 처리하면, 고객사는 SW 결함 처리에 대한 인건비를 지급하지 않아도 되므로, 비용을 절감하여 ROI 목표를 달성할 수 있기 때문이다.

하지만 이 경우, 개발사는 고객사의 처리 방식을 상당히 불합리하다고 느낄 것이다. 왜냐하면 개발사는 결함이 고객사의 요건 변경에 의해 발생한 것이므로, 자신들의 책임이 아니라고 생각할 것이기 때문이다. 이는 고객사와 개발사 간의 책임 공방으로 이어질 것이고, 이로 인해 서로 간의 신뢰도는 악화될 것이다. 결국 이러한 고객사의 태도는 프로젝트 실패로 이어질 수 있다.

국내의 SI 업체는 대부분 그룹사에 속해 있으므로, 그룹사의 고객을 주로 상대하고 이들이 매출의 대부분을 차지하는 핵심 고객층이다. SI 업체의 SW 개발 프로젝트를 책임지는 임원이 이들 그룹사 내의 계열사를 만족시키지 못한다면 조직 내 입지가 상당히 좁아질 것이다. 해당 임원의 재계약은 아마 힘들 것이라고 보아야 한다. 그래서 고객사의 요구사항 대부분을 수용해야 하는 것이 현실이며, 조직 내의 수익성 목표 또한 달성해야 한다. 따라서 SI 업체는 고객사의 요구사항은 수용하되, 개발사의 인력은 줄이려고 할 것이다. 프로젝트 도중에 SI 업체가 개발 인력을 줄이려고 하는 것을 보고 있으면, 개발사는 '과연 SI 업체가 이 프로젝트를 성공시키려는 의지가 있는 것인가?' 하고 의심스럽게 생각한다.

SI 업체의 리더는 심지어 프로젝트 후반부에 고객의 변경 요구사항이 마구 쏟아지고 있는 상황에서도, 개발사의 인력을 어떻게 줄일 수 있을지 고민한다. 예를 들어, 최초 인력 투입 계획 수립 시, 첫 번째 스프린트가 끝나고, A 시스템의 일부 모듈이 종료되어 1명의 인력을 롤오프하는 것으로 계획을 수립하였다. 하지만 첫 번째 스프린트의 마지막 고객 검증 결과, 수많은 결함과 추가 요구사항이 쏟아지는 상황이었다. 향후 스프린트에서도 해당 *사용자 스토리*와 관련한 추가/변경 요구사항이 나올지 모른다. 이 상황에서도 SI 업체는 계획대로 개발사 인력 중 최소한의 인력만을 남기고 롤오프할 것을 요청하였다.

이 경우 개발사는 이렇게 정신없이 바쁜 와중에도 롤오프하는 인력의 업무를 다른 개발자에게 인수인계해야 한다. 인수인계를 받은 개발자는 기존 업무에 추가 업무가 더해져 더욱더 바쁜 나날들을 보내야 할 것이다. 더 문제가 되는 것은, 롤오프한 인력이 개발한 코드 중 변경해야 할 건이 생길 경우, 코드 분석에 많은 시간이 소요되며 코드 변경에도 많은 시간을 필요로 한다는 것이다. 롤오프한 개발자가 만약 *기술적 채무*를 갖는 작업을 꾸준히 진행하지 않았다면, 코드에 *안티패턴*이 포함되어 있을 가능성이 높을 것이다. 만약 그렇다면 변경된 코드는 예상치 못한 결함을 발생시킬 가능성이 높고, 고객사는 이러한 SW 품질 문제에 대해 이슈를 제기할 것이다. 따라서 SI 업체가 현재 자신의 조직 목표만을 달성하기 위해 노력한다면, 프로젝트의 성공을 보장하기 어려울 것이다.

다음으로 SI 업체의 테스트팀은 자신의 조직의 목표를 달성하기 위해서는 3자 테스트를 통해 최대한 많은 SW 결함을 발견해야 한다. 그리고 품질 부서는 최대한 많은 품질 이슈를 발견하여 경영진에 제기해야 한다. 물론 이러한 활동은 SW의 품질 확보를 위해서 매우 중요한 업무인 것은 사실이다. 하지만 테스트팀이 SW 결함을 찾는 것만을 유일한 조직의 목표로 설정하고, 현재 기능과는 다소 무관하거나, 다소 하찮은 결함을 계속적으로 발견하려고 한다면, 그래서 결국 스프린트의 완료 시점이 계속해서 늦어진다면, 이는 프로젝트의 성공을 위해 바람직한 것일까? 물론 프로젝트를 일정 내에 완료하기 위해 SW 품질 수준을 낮추어야 한다는 것은 아니다.

예를 들어, 고객사는 이번 스프린트 검증에서 많은 결함과 추가 요건을 등록하여 개발사에 요청한 상태이다. 개발사는 이미 이들 요청 건만으로도 처리 가능한 수준을 넘어선 상황이다. 이 상황에서 테스트 팀장이 오직 테스트팀의 목표를 달성하기 위해 팀원당 하루에 최소 5건의 결함을 등록할 것을 요청한다면 어떠할까? 그러면 개발사는 밤을 새우더라도 모든 고객사와 테스트팀 요청 건을 다 처리해야 하는 것인가? 개발사의 입장에서 처리 우선 순위는 물론 고객사의 결함과 추가 요건일 것이고, 테스트팀이 요청한 결함에 대한 처리는 후순위일 것이다. 그러면 우선 고객사의 요청 건만이라도 우선순위를 산정하여 순차적으로 처리하면 되는 것일까? 고객사와 테스트팀의 이러한 무리한 요청이 매 스프린트마다 반복된다면 어떠할까?

  이 많은 건들을 개발사가 모두 처리해야 한다면, 당연히 개발 지연이 발생할 수밖에 없다. 그러면 비난의 화살은 약속을 지키지 않은 개발사로 향할 것이고, 고객사와 테스트팀은 계속해서 이에 대한 이슈를 제기할 것이다. 하지만 개발사는 도저히 지킬 수 없는 일정을 제시하는 고객사와 테스트팀에 대해 신뢰를 저버릴 것이다. 일정 지연으로 인한 이슈 회의는 많아질 것이고, 그때마다 고객사, 테스트팀과 개발사 간의 책임 전가가 이루어질 것이다. 불필요하게 많은 이슈 회의로 인해 귀중한 시간을 뺏기는 것은 물론이다. 따라서 테스트팀과 품질 부서 조직의 목표만을 달성하기 위한 이러한 행동은 프로젝트의 성공에 결코 도움이 되지 못한다.

  개발사는 이익을 추구하는 기업이므로, 당연히 이들의 우선적인 목표는 사업의 수익성이다. 필자가 경험한 프로젝트에서 개발사는 투입 인력의 인건비를 매 스프린트마다 산정하여 SI 업체와 계약을 체결하였다. 개발사는 프로젝트에 필요한 인력만 조달하여 투입하면 그 대가를 지급받기 때문에, 프로젝트 지연에 대한 책임이나 불이익(penalty)은 없었다. 따라서 개발사는 수익성 관점에서는 프로젝트의 일정을 준수하기 위해 힘써 노력을 할 필요성은 별로 존재하지 않는다. 하지만 개발사의 고객사인

SI 업체와 발주사(사용자)를 최대한 만족시켜야 하므로,[63] 고객의 요구사항을 최대한 수용하려고 노력한다.

따라서 개발사는 특별한 이슈가 없는 한 고객사의 요구사항을 일단 모두 수용하면서도, 개발 일정에 대한 관리를 엄격하게 하지 않는다. 개발사는 개발 일정이 지연될 경우에도 책임 있는 자세로 왜 지연되었는지, 일정을 만회하기 위한 방안은 없는지를 진지하게 고민하지 않는다. SI 업체 관리자가 개발 일정 지연에 대한 이슈 회의를 요청하면, 여러 가지 변명으로 둘러대는 경우가 허다하다. 아래는 SI 업체 관리자가 제기한 개발 일정 지연 이슈에 대해 개발사가 자주 하는 변명들이다.

SI 업체 관리자) 김○○ PM님, 오늘까지 처리 완료하기로 한 요건 ○건 어떻게 되었나요?

개발사 프로젝트 관리자-답변 1) 말씀하신 ○건은 아직 처리하지 못했습니다. 이전에 먼저 처리하기로 한 결함 X건을 아직 완료하지 못했습니다. 이 X건을 완료한 이후에 처리해야 할 것 같습니다.

개발사 프로젝트 관리자-답변 2) 말씀하신 ○건을 저희 팀에서 검토했습니다만, 그 건은 우리 시스템에서는 이미 정상적으로 처리하고 있는 것으로 확인하였습니다. 데이터를 수신하는 △△△ 시스템에서 처리해야 할 것 같습니다.

개발사 프로젝트 관리자-답변 3) 말씀하신 ○건은 아직 업무가 명확하게 정의되지 않았습니다. 현업 실무 담당자가 먼저 처리를 위한 상세 로직을 정의해 주셔야 합니다. 업무 정의가 완료되면 개발 진행하겠습니다.

---

63) 개발사가 고객사를 만족시키지 못한다면, 추후 또 다른 사업을 같이 할 기회는 적어질 것이기 때문에, 고객사를 만족시키는 것이 곧 개발사의 중요한 영업 전략이다.

개발사는 이와 같이 여러 가지 핑계를 대면서, 개발 일정 이슈에 대해 책임 있는 자세로 임하지 않는 경우가 많다. 하지만 고객이 요청한 사항을 처리할 수 없다는 식의 직접적인 표현은 하지 않을 것이다. 이런 식으로 업무를 처리하므로, 개발사가 처리할 개발 건수는 줄어들지 않고, 계속 누적되어 증가하게 된다. 개발사는 개발이 지연되는 것에 대해서는 별로 신경을 쓰지 않으므로, 자연스럽게 프로젝트의 개발 일정은 지연된다. 이로 인해 계속적으로 일정 지연에 대한 이슈 회의가 생겨나고, 개발자의 시간을 빼앗는 악순환이 반복되는 것이다. 즉 개발사가 자신들의 목표 달성에만 전념한다면, 프로젝트의 성공 가능성은 점차 낮아지게 될 것이다.

이렇게 고객사, SI 업체의 프로젝트 추진 부서, 테스트팀과 품질 부서, 개발사는 각각 프로젝트의 성공이라는 공동의 목표를 위해 달려가는 것이 아니라, 각자 자신의 조직의 목표 달성을 위해 달려갈 수밖에 없는 것이 현실이다. 이러한 상황을 어떻게 개선해야 할까? 각 조직의 목표를 조정하는 것은 누가 어떻게 할 수 있을까? 그 해답은 해법 챕터에서 자세히 설명하겠다.

원인 7)
Agile은 도구 사용이 핵심이다?

　필자가 앞서 참여한 첫 번째 프로젝트는 사실상 Agile 방식의 프로젝트라고 하기에는 부족함이 있었다. 프로젝트 기획에 상당한 시간과 노력을 들였고, 고객 요구사항 분석과 시스템 설계도 Waterfall 방식과 동일하게 진행하였다. 단지, 개발/테스트 단계를 여러 단계로 구분하여 스프린트라는 명칭으로 진행하였다. *사용자 스토리, 스크럼 미팅, 타스크 보드* 등의 Agile 도구는 전혀 활용하지 않았다. 따라서 이 프로젝트는 Agile 방식으로 진행했다고 하기보다는 Waterfall 방식으로 진행했다고 보는 것이 정확할 것이다.

　하지만 당시에 프로젝트 참여자들은 Agile 방법론이 무엇인지도 잘 모르는 상태에서, 전사적으로 Waterfall과 Agile의 하이브리드 방식으로 프로젝트를 진행한다고 홍보하니 다들 의아하게 생각했다. 도대체 무엇이 Agile 방식인지, 어떻게 일해야 하는지도 모르는데, Agile 방법론으로 어떻게 프로젝트를 진행하라는 것인지 알 수가 없었다. 프로젝트는 시작되었고 참여한 팀원들은 과거 Waterfall 방식과 동일하게 업무를 수행하였다. Waterfall과 Agile의 하이브리드라는 애매한 용어를 썼기 때문에 아무도 여기에 이의를 제기하지 않았다. 따라서 Agile 도구도 활용하지 않았고, 실제 업무도 과거와 같이 Waterfall 방식으로 진행했던 사실상 Waterfall 프로젝트였다.

그러면 필자가 두 번째로 참여한 프로젝트는 어떠했는가? 첫 번째 프로젝트와는 다르게 프로젝트 기획을 최소화하였고, 고객 요구사항 분석과 설계 단계도 별도로 존재하지 않았다. 처음부터 스프린트라는 명칭으로 *사용자 스토리*를 기반으로 개발을 시작하였다. 초기에 일부 모듈에서는 *타스크 보드*를 만들어 *일간 스크럼 미팅*도 진행했다. 스프린트 개발을 종료하면 곧바로 고객사(사용자)에게 SW를 배포하여 검증(테스트)을 진행하였다. *사용자 스토리*별로 결함이나 추가 요구사항 피드백을 받아서 웹사이트(Wiki)를 통해 공유하고 의사소통하였다. 겉으로 보기에는 분명 Agile 방법론 기반의 SW 개발 프로젝트를 진행하는 것으로 보였다.

하지만 결론적으로 얘기하면, **주요한 Agile 기반 도구들을 몇 개 사용한다고 해서, Agile 기반으로 프로젝트를 수행했다고 하기는 어렵다.** Agile 도구는 도구일 뿐, 도구를 이용한다고 해서 업무 자체가 변하지는 않는다. 도구를 이용하여 실제 업무를 수행하는 방식을 바꾸어야만 한다. 예를 들어, *사용자 스토리*의 경우, 고객의 요구사항 문서와 다른 것이 무엇이 있는가? 단지 사용자의 관점에서 누가, 어떤 일을, 언제, 어떻게, 왜 하는지를 기술해 놓은 또 하나의 요구사항 문서일 뿐이다. *사용자 스토리*를 기반으로 고객 요구사항을 분석하고 SW 설계 문서를 작성한다면 Waterfall 방식과 무엇이 다르겠는가? 단지 고객 요구사항의 문서 포맷이 *사용자 스토리*라는 형식으로 바뀌었을 뿐일 것이다.

이 *사용자 스토리*를 프로젝트의 백로그로 관리하고, *사용자 스토리*의 우선순위를 정하여 스프린트별로 진행할 대상을 선정해야 한다. 그리고 고객사 현업 실무 담당자, 즉 *제품 오너*가 *사용자 스토리*의 세부 내용에 대해 *일간 스크럼 미팅*을 통해 개발자와 지속적으로 커뮤니케이션하고 업데이트해야 한다. 그리고 개발사는 *사용자 스토리*별 구현 난이도를 산정하여 스프린트 계획 수립 시 활용할 수 있어야 한다.[64] 또한 이 *사용자 스토리*를 구현하기 위한 세부 타스크를 도출하고, 이를 *타스크 보드*로 관리하여 타스크에 대한 진행 현황을 관리해야 한다.

즉 *사용자 스토리*를 이용하여 고객 요구사항을 관리한다고 해서 자동으로 Agile 방식의 프로젝트를 진행한다고 할 수는 없다. **이 *사용자 스토리*를 고객사와 SI 업체, 개발사가 함께 협업을 할 수 있는 도구로 활용할 수 있을 때 Agile 기반으로 SW 개발 프로젝트를 진행하는 것**이라고 얘기할 수 있을 것이다.

하지만 지난 프로젝트에서는 *사용자 스토리*를 그러한 협업 도구로서 제대로 활용하지 못하였다. 고객사는 과거 Waterfall 방식과 같이 개발사에 *사용자 스토리*를 제공하며 자신들이 요청한 개발 일정대로 구현할 것을 요구하였다. *일간 스크럼 미팅*은 프로젝트 관리자가 개발자의 개발 진도를 체크하기 위한 용도로 활용하였고,[65] 이 미팅에 고객사 현업 실무 담당자, 즉 *제품 오너*는 참여하지 않았다.

개발자가 *사용자 스토리*에 대한 문의를 하기 위해서는 고객사 실무 담

---

64) *사용자 스토리*별 구현 난이도를 참조하여 현재 리소스 상황에서 스프린트에 구현할 대상을 선정할 수 있다. 구현 난이도는 과거처럼 기능 점수 방식으로 산정한다면 상당한 노력이 필요하므로, 3레벨 정도로 개발자들의 즉각적인 감에 의해 산정한다. 이 산정 결과는 *일간 스크럼 미팅*을 통해 계속 업데이트하므로 큰 부담을 가질 필요는 없다.
65) Agile 방법론에서는 프로젝트 관리자가 아닌 스크럼 마스터라고 부른다. *스크럼 마스터*는 말 그대로 프로젝트를 관리하는 것이 아닌, 스크럼을 리드하는 사람이다.

당자와 별도 회의 시간을 잡아야만 했다. 그리고 *사용자 스토리*별로 구현 난이도를 산정하는 작업을 수행하지 않아 매 스프린트마다 어느 정도의 *사용자 스토리*를 구현할 수 있을지 예측하기가 매우 어려웠다. 결국 항상 예측은 틀렸고, 개발 일정이 지연되는 사태가 발생하였다. *사용자 스토리*를 구현하기 위한 세부 태스크를 도출하지는 않았고, *태스크 보드*에도 *사용자 스토리*만 표시되어 있었다. 결국 *태스크 보드*를 개발 태스크의 진행 현황을 파악하는 용도로는 활용할 수 없었다. 즉 *사용자 스토리*를 활용하기는 하였지만, 고객사의 요구사항을 정리하여 개발사에 전달하는 용도로만 활용하였으므로, 실제 일하는 방식은 과거 Waterfall 프로젝트에 비해 크게 달라진 것이 없었다.

그러면 Agile 프로젝트에서 협업을 위해 가장 중심이 되는 도구인 *일간 스크럼 미팅*은 어떠할까? 지난 프로젝트에서는 *일간 스크럼 미팅*을 일부 모듈에서 진행하였지만, 오래 진행하지는 못하였다. 그 이유는 먼저, 프로젝트 관리자가 *스크럼 마스터*의 역할이 무엇인지 잘 모르고 있었다. 프로젝트 관리자를 *스크럼 마스터*라고 부르지 않았던 것을 보면, 본 프로젝트 리더들은 스크럼 마스터의 역할을 이해하고 있지 못했고, 이전 Waterfall 방식의 프로젝트 관리자의 역할을 그대로 수행하겠다는 의미였다. 실제로 그러했다. *일간 스크럼 미팅*은 각 개발자가 PM에게 자신의 업무 진행 현황을 보고하는 시간이었고, 이는 이전 Waterfall 프로젝트의 일간 미팅과 차이가 없었다.

이렇게 *일간 스크럼 미팅*을 진행하다 보니, 개발자는 자신의 보고 차례가 올 때까지 다른 행동을 하며 기다려야 했다.[66] 예를 들어, 미팅이 30분

---

66) 일부 개발자는 기다리는 동안 자신의 바쁜 업무를 처리하거나, 스마트폰을 보면서 시간을 보내는

이라고 하면, 25분은 자신의 차례를 기다려야 하는 시간이다. 개발자는 이렇게 소요되는 시간을 아깝다고 생각했다. 때로 개발자와 프로젝트 관리자 간의 논쟁으로 인해 미팅이 1시간 이상으로 늘어나기도 하였다. 그러면 당사자가 아닌 다른 개발자들은 자신이 프로젝트 관리자와 얘기하는 5분을 제외한 나머지 55분은 버려지는 시간이라고 생각했다. 스프린트가 후반부로 갈수록 개발 일정 납기가 다가오고, 귀중한 개발자들의 시간을 하루에 30분에서 1시간을 낭비하는 것은 불가능한 일이었다. 결국 개발자는 프로젝트 관리자에게 일간 스크럼 미팅의 중단을 요청하였고, 필요할 경우 프로젝트 관리자가 각 개발자와 직접 소통하는 것으로 하였다. 이때부터 개발자는 전체 프로젝트의 진행 현황을 파악할 수 없었다.

그러면 이 *일간 스크럼 미팅*은 무엇이 잘못된 것일까? 우선 *일간 스크럼 미팅*의 목적과 방식이 모두 잘못되었다. *일간 스크럼 미팅*은 개발자 간에 스크럼 진행에 필요한 정보를 서로 공유하는 것이 목적이고, 자발적으로 자신의 타스크를 찾아 선택하도록 하는 방식으로 진행해야 한다. 따라서 이 *일간 스크럼 미팅*은 개발자가 스스로 이를 필요로 하고, 소중한 시간이라고 느끼도록 진행되어야 한다. 하지만 개발자는 프로젝트 관리자에게 개발 현황을 보고하는 형식으로 진행되는 이 *일간 스크럼 미팅*을 불필요한 시간이라고 느꼈다. 과거 Waterfall 방식의 프로젝트에서 진행하던 일간 미팅과 전혀 다를 게 없었기 때문이다. 프로젝트 팀원들은 *일간 스크럼 미팅*이 무엇인지 전혀 이해하지 못한 상태였고, 고객사, SI 업체, 개발사 간의 *일간 스크럼 미팅*에 대한 공감내가 형성되지 않은 상태에서, 보여 주기 식으로 운영한 당연한 결과였다. 일간 스크럼 미팅을 어

경우가 대부분이다.

떻게 운영해야 되는지에 대한 좀 더 상세한 내용은 해법 챕터에서 얘기하겠다.

다음으로 프로젝트의 진행 현황을 관리하는 *타스크 보드*도 지난 프로젝트에서 운영을 시도하였다. 프로젝트 사무실의 벽에 진행 예정(To-Do), 진행 중(Doing), 진행 완료(Done)라는 컬럼으로 구분하여, 각 컬럼 하단에 *사용자 스토리*를 적은 스티커 메모를 붙여서 개발 진행 상황을 가시화하는 노력을 시도하였다. 하지만 이 역시 초기에 운영되다가 중단되었다. 그 이유는 먼저 *타스크 보드*에서 각 *사용자 스토리*를 개발하기 위한 세부 타스크를 볼 수 없었다. 따라서 *타스크 보드*만 보아서는 누가 무슨 일을 하고 있는지 전혀 파악할 수 없었다.

또한 *사용자 스토리* 개발 이외에 개발자가 진행하는 다양한 타스크들, 예를 들어, 서버 구성을 지원하는 작업, 기준정보 데이터를 정비하고 표준화하는 작업 등 여러 타스크들이 있다. 하지만 *타스크 보드*에는 이러한 타스크를 표시하지 않았다. 따라서 이를 개발자의 업무 현황을 관리하는 용도로 쓸 수가 없었다. 그리고 이 *타스크 보드*를 현행화하는 것은 통상 일간 스크럼 미팅에서 진행한다. 그런데 바쁜 개발 일정으로 인해 일간 스크럼 미팅을 더 이상 진행하지 않게 되었다. 따라서 이 *타스크 보드*를 현행화할 방법이 없어졌다.

만약 일간 스크럼 미팅을 진행하지 않는 상황에서 *타스크 보드*를 현행화하기 위해서는, 매일 프로젝트 관리자가 개발자에게 진행 현황을 일일이 확인하여 직접 스티커 메모를 옮기고, 수정하고, 신규로 작성하여 붙이는 작업을 진행해야 한다. 하지만 프로젝트 관리자가 이러한 *타스크 보드*를 현행화하기 위한 시간을 별도로 내기는 현실적으로 불가능하였다. 또한 프로젝트 팀원들은 *타스크 보드*를 현행화할 필요성조차 느끼지 못하였다. 프로젝트 관리자는 *타스크 보드* 관리의 필요성을 인식하지 못하고, 보여 주기 식의 업무로 생각하고 있어서, 현행화하지 않아도 무관하다고 생각했다. 그리고 개발자는 타스크 보드를 통해 얻을 수 있는 정보가 없었으므로, *타스크 보드*를 현행화하지 않아도 자신의 업무 수행에는 지장이 없었다.

따라서 프로젝트 팀원들은 *타스크 보드*를 운영하는 것은 실제 본인들의 업무를 진행함에 있어서 유용하지 않다고 생각했고, 이를 현행화하는 것은 시간 낭비라고 생각했다. 이들은 차라리 과거 Waterfall 프로젝트와 같이, 엑셀로 고객 요구사항을 나열하고, 각 요구사항별로 개발 진행 현황을 파악하는 방식이 더 유용하다고 생각했다. 이를 '요구사항 추적 매트릭스(requirement traceability matrix)'라고 부르며, 이를 통해 각 요구사항별로 분석/설계/개발/테스트 단계 완료 여부와 함께, 어떤 프로그램 화면과 기능에 이를 반영하였는지, 각 단계별 담당자가 누구인지, 각 단계별 언제 완료했는지 등을 파악할 수 있었다. 따라서 프로젝트 팀원들은 이 *요구사항 추적 매트릭스*를 관리하는 것이 *타스크 보드*를 운영하는 것보다 훨씬 더 유용하다고 생각하였다.

이러한 *타스크 보드*라는 도구를 프로젝트에서 이용한다고 해서 Agile 방식으로 업무를 수행하고 있다고 말할 수는 없다. 이 *타스크 보드*를 업무에 어떻게 유용하게 활용하느냐가 관건이다. 이러한 고민 없이 무작정 *타스크 보드*를 운영한다면, 필자가 경험한 프로젝트와 같이 결국 운영의 필요성을 못 느끼고 중도에 그만두고 말 것이다.

결국 사용자 스토리, 일간 스크럼 미팅, 타스크 보드라는 유용한 도구들을 프로젝트에서 사용하려고 시도했음에도 그 목적을 명확하게 이해하지 못한 상태에서 형식적으로 이용함으로써, 활용에 따른 효과를 제대로 거두지 못하였다. 이러한 **Agile 도구를 실제 개발 업무에 유용하게 활용할 수 있도록 개발 업무 방식 전체를 바꾸어야 하지만, 그렇지 못한 것이 Agile 도구 활용 실패의 원인이었다.**

원인 8)
Agile은 "기술 솔루션"이다?

　Agile 기반의 SW 개발 프로젝트가 실패하는 여러 가지 이유들을 살펴보았다. 그 이유는 대부분 **Agile 방법론의 업무 방식에 대한 이해가 부족한 상태로, SW 개발 프로젝트에 적용**한 것이었다. 그러면 Agile 기반의 SW 개발이라는 개념이 IT 업계에 도입된 지 20년이 넘은 지금 시점에도, IT 업계는 왜 아직도 이렇게 Agile에 대해 이해가 부족한 것일까?

　그것은 우선 IT 업계에서 Agile에 대한 기본 개념에 대한 오해를 하고 있는 것이 중요한 한 가지 원인이다. **Agile은 원칙, 가치, 도구들로 구성된 하나의 "업무 방식"이지, "기술 솔루션"이 아니다.** 즉 Agile은 'Agile Manifesto'에 나와 있는 것처럼, 4가지의 가치 지향점을 가지고, 12가지의 원칙을 바탕으로, 이를 도와줄 수 있는 여러 가지 도구들을 활용하여 SW 개발 업무를 수행하는 것이다.

　ERP 업계를 예로 들면, Agile은 SAP, Microsoft, Oracle과 같은 초대형 솔루션 업체가 이를 하나의 기술 솔루션으로 개발함으로써, 여러 다양한 업체에 적용할 수 있는 형태가 아닌 것이다. 이와 같은 ERP 기술 솔루션의 경우에도 업계에 정착하기 위해서는 상당한 기간이 필요하다. 처음 솔루션이 출시되었을 때는 수천 억을 들여, 수년간 프로젝트를 진행했음에도 실패했다는 얘기가 시장에 퍼진다. 하지만 이를 도입한 성공 사례가 하나, 둘 시장에 알려지고, 이를 다른 업체들도 벤치마킹하면서 점차 성공 사례가 확대되어 간다. 물론 아직까지도 실패하는 사례들이 있지만 계속해서 도입 성공 확률이 높아지면서 업계에 정착되는 것이다.

ERP는 1990년대에 나온 기술 솔루션이나,[67] 2000년대 들어 본격 도입이 시작되었고, 최근까지도 도입이 확대되고 있다. 이제는 ERP의 가치에 대해서는 모든 기업이 인정하며, 당연히 해야 하는 것으로 인식한다. 그리고 구축에 상당한 비용이 소요되는 것을 이해하고 있다. 또는 ERP의 성공적 도입을 위해서는 전사 구성원들의 적극적 협조와 변화 관리가 필요하다는 것도 알고 있다. 여기에 오기까지 수많은 실패 사례, 성공 사례가 공유되었고, 이를 도입하려고 하는 고객사나, 이를 제공하는 솔루션 업체나 계속해서 이에 대한 노하우를 서로 공유하면서 확대, 발전되어 오고 있는 것이다.

하지만 Agile 방법론은 아직 이렇게 정상적인 선순환 단계까지 진입하지 못한 것으로 보인다. 국내에서 Agile 방법론의 정확한 현재 적용 단계를 진단하기는 어렵다. 하지만 필자의 경험에 의하면, 이 IT 업계에 오랫동안 몸담고 있는 사람들조차도 Agile 방법론의 가치에 대해 제대로 인지하지 못하는 사람이 대부분이다. 그들은 Agile 방법론에 대해 Gartner와 같은 글로벌 기술 리서치 업체가 만들어 낸 또 하나의 근사한 유행어 정도로 생각하는 듯했다. 실제로 Gartner는 Agile 방법론을 기술 솔루션으로

---

[67] ERP(Enterprise Resource Planning)보다 훨씬 이전에는 MRP(Material Requirements Planning)라는 이름으로 불렸다. 이 MRP는 BOM(Bill of Materials)을 기반으로 제품을 구성하고 생산 계획을 수립하기 위한 솔루션이었다. 이 MRP를 재무 업무를 중심으로 전사의 업무로 확장한 개념이 ERP이다.

간주하여, 'Hype Cycle for Agile and DevOps'를 매년 발표하고 있다.[68] 이 그래프에는 SI 개발과 운영에 관련된 요소 기술들이 포함되어 있다.

국내에 Agile 개념이 본격적으로 알려지고 적용되기 시작한 지 10년이 넘었지만, 이 Agile 방법론을 대형 엔터프라이즈 SW를 개발하는 데 성공적으로 적용한 사례는 알려져 있지 않다. 그 기업은 어떻게 적용하여 성공하였는지, 실패한 사례는 어디인지, 그 기업은 왜 적용에 실패하였는지가 알려져 있지 않다. 필자가 업계 동료들을 통해 확인하기에는, 아직 국내 대기업에서 Agile 방법론을 제대로 적용하여 성공한 사례가 없었다. 최소한 수백억 원이 투입되는 차세대급 엔터프라이즈 SW 구축 시에 Agile 방법론을 적용하여 성공한 사례는 없을 것으로 예상한다. 필자가 최근에 경험한 프로젝트는 냉정하게 평가하자면, **Agile 방법론 적용을 표방하였지만, 사실상 Agile 방법론 적용에 성공하지 못한 것**으로 보인다. 국내 Agile 방법론 적용의 현재 수준이 이와 유사할 것으로 판단한다.

이 Agile 적용 실패의 원인은 첫 번째, **Agile 방법론의 적용을 드라이브할 주체가 없다**는 것이다. 예를 들어 ERP의 경우, 솔루션을 개발하여 드라이브하는 솔루션 벤더들이 존재하였으므로, 이들이 시장에서 솔루션 도입을 드라이브했다. 하지만 Agile 방법론은 기술 솔루션이 아니므로, 이러한 솔루션 벤더가 적용을 주도할 수는 없다. 사실상 IT 업계의 브레인 집합소라고 할 수 있는 글로벌 IT 컨설팅 업체에서 이를 주도하는 것이 바람직하다. 왜냐하면, 글로벌 IT 컨설팅 업체는 지금까지 차세대급 엔터프라이즈 SW 구축 시, 항상 주도적인 위치에서 고객사에 조언을 하는 역할을 해 왔기 때문이다. 하지만 이들 컨설팅 업체는 Agile 방법론에 대한 실

---

68) Gartner 웹사이트에서 이 보고서를 구매 후 확인할 수 있다. 현재 2024년 버전까지 나와 있다.

무 경험이 거의 없다. 이로 인해 이들 업체는 "Waterfall과 Agile의 하이브리드 방법론"이라는 근사해 보이지만 실체 없는 개념으로 고객사에 드라이브하고 있다.

Agile 적용 실패의 원인 두 번째, **국내에서 SW 개발을 주도하는 SI 업체는 Agile 방법론을 단순 도구화하고 있다**는 점이다. 국내 여건상 대기업의 엔터프라이즈 SW 구축을 드라이브하는 것은 계열사 SI 업체이다. 이 대형 SI 업체는 Agile 방법론의 원칙, 가치, 업무 방식 등 중요한 개념을 등한시하고, 단편적인 도구 활용에 집중하고 있다. 필자가 경험한 최근의 SW 개발 프로젝트가 그러하였다. 이들 SI 업체의 핵심 역량은 IT 기술에 대한 전문성을 중심으로 SW 개발을 드라이브하는 것이다. 따라서 이들 SI 업체가 이렇게 기술적인 관점으로 Agile 방법론에 접근하는 것은 한편으로는 이해할 수 있다. 하지만 이들의 문제점을 지적하고 총괄적인 관점에서 리드하는 주체가 없다는 것이 문제이다. 앞서 언급했듯이 IT 컨설팅 기업이 이 총괄 리드 역할을 수행해야 하나, 그렇지 못하고 있는 것이 국내의 현실이다.

Agile 적용 실패의 원인 세 번째, **Agile 방법론에 대한 전문적인 조언을 제공할 주체의 역량의 부족**이다. 위에서 언급했지만, Agile 기반의 SW 개발을 주도할 유력한 업체는 현재로서는 글로벌 IT 컨설팅 업체이다. 금융, 통신, 제조, 유통업계를 망라하여, 차세대급의 엔터프라이즈 SW 개발은 항상 IT 컨설팅 업체가 주도해 왔다. IT 컨설팅 업체는 SW 개발 업계의 브레인의 역할을 담당해 옴으로써, 고객사의 입장에서, 업무적인 관점에서, 때로는 관리적, 기술적 관점에서 총괄적인 관점을 가지고 SW 구축을 주도해 왔다. SI 업체는 IT 기술 전문가들이 모여 있는 곳으로, 애플리케이션, 데이터, 인프라 영역의 전문가들이 실제 SW 개발에 필요한 기술적, 관리적 지식을 제공하는 역할을 담당하였다. 솔루션 벤더들은 개별 솔루션별 전문가, 또는 요소 기술별 전문가를 투입하여 기술적인 깊이에 대한 요구를 충족시키는 역할을 담당했다.

이러한 IT 컨설팅 업체, SI 업체, 솔루션 업체 간의 역할 분담은 향후 차세대 엔터프라이즈 SW 개발 시에도 당분간은 유효할 것이다. 하지만 현재의 IT 컨설팅 업체는 Agile 방법론을 기반으로 차세대 엔터프라이즈 시스템 구축을 리드해 본 경험이 거의 없는 상황이다.[69] 필자의 경험에 의하면, IT 컨설팅 업체 인력은 대부분 Waterfall 방법론을 기반으로 SW를 개발한 경험에 익숙한 인력들로 구성되어 있다. 만약 Agile 기반의 SW 개발 프로젝트 경험이 있다고 하더라도 필자가 경험했듯이 사실상 Waterfall 방식에 가깝다. 단, 최근에 SW 개발 프로젝트를 경험한 인력들은 기본적인 Agile 도구에는 익숙할 것이다. 즉 겉으로는 Agile 방법론을 표방하지만 실제 업무는 과거와 같이 Waterfall 방식으로 프로젝트를 수행했을 것이다.

이들 SW 개발을 이끌어 갈 조직들은 진정한 Agile 기반의 프로젝트를 경험하지 못한 상태이다. 또한 이들 조직들은 Agile 방법론의 원칙과 가치를 제대로 이해하지 못하고, 성공과 실패 사례에 대해 제대로 된 실무적인 지식도 가지고 있지 못하다. 이러한 현재 상황에서는 Agile 기반의 SW 개발 프로젝트는 계속해서 실패할 수밖에 없다.

---

69) 필자는 개인적으로 전혀 없다고 생각한다.

제3장

'SW 개발' 해법은 무엇인가?

앞서 Waterfall과 Agile의 하이브리드 방식이라는 모호한 프로젝트, 그리고 Agile 방법론을 표방하였으나 실질적으로는 과거 Waterfall 방식으로 프로젝트를 수행했던 경험을 바탕으로 어떤 문제들이 있었는지 설명하였다. 그리고 그 문제들이 왜 발생했는지 그 원인에 대해서도 분석하였다. 그러면 이제 이들 문제점과 원인들을 해결하기 위한 방법은 무엇이며, 진정한 Agile 기반의 SW 개발 프로젝트를 하기 위해서는 어떻게 해야 하는지 그 방법에 대해 필자의 생각을 설명하겠다.

해법 1)
'마지막 순간에
의사결정(last responsible moment)' 하라

과거 Waterfall 기반의 SW 개발 프로젝트는 초기에 중요한 의사결정을 한 후, 그에 따라 실행하는 방식으로 진행하였다. 먼저, SW 개발 프로젝트를 시작하기 전에는 큰 시간과 비용을 투자하여 다년간의 SW 개발을 위한 계획을 수립한다. SW 개발 계획을 수립할 때는 미래 모습에 대한 모호함으로 인해, 우선은 '현재 모습(as-is)'을 기반으로 하여 '미래 모습(to-be)'을 설계한다. 이 미래 모습을 구현하기 위해 다년간의 로드맵과 일정 계획을 수립한다. 이 과정을 위해서는 수많은 가정과 가설을 필요로 할 것이다.

하지만 실제 프로젝트가 시작되어 진행됨에 따라, 최초 생각했던 미래 모습과는 점점 달라져 가고, 일정 계획을 수립할 때 적용했던 가정과 가설들은 대부분 잘못된 것으로 드러날 것이다. 따라서 최초 계획했던 일정에 따라 개발을 진행하는 것은 불가능하게 된다. 결국 초기에 많은 시간과 비용을 투입하여 수립했던 거창한 미래 모습과 계획은 아무도 쳐다보지 않는 무용지물이 된다.

그리고 프로젝트를 시작하면, 각 업무 영역의 리더들이 각자 자신의 영역에 대한 타스크 일정 계획인 WBS(Work Breakdown Structure)를 작성한다. 앞으로 수년간의 프로젝트 기간 동안 수행해야 할 각 팀원들의 타스크와 일정을 프로젝트의 초기에 결정하는 것이다. WBS 작성 규칙 중 중요한 한 가지는 향후 6개월 이내의 타스크의 경우에는 일 단위로 매우 세부적으로 작성해야 한다는 것이다. 하지만 이 WBS는 주간 보고 시 개발 진척률을 보고하기 위한 용도로 주로 활용된다. 개발자나 실무자들은 정작 이 WBS를 자신의 업무 수행에 있어 유용한 정보로써 활용하지 못한다. 실제 개발자의 업무는 WBS상의 타스크보다 훨씬 더 구체적이고, 수시로 새롭게 해야 할 업무들이 생겨나고, 추가 이슈로 인해 타스크의 일정이 계속 변화하기 때문이다. 결국 이 WBS에는 개발자의 실제 타스크를 반영할 수도 없게 되고, WBS를 통해 개발자의 실질적인 타스크의 진행 현황도 파악할 수 없게 된다. 오직 프로젝트 리더들을 위한 주간 보고의 용도로만 활용될 뿐이다.

그리고 SW 개발 프로젝트의 첫 번째 단계는 고객 요구사항을 정의하고, 이를 시스템에 반영하기 위해 분석하는 일이다. 고객사가 제시한 요건을 시스템 설계에 반영하기 위해서이다. 이 단계에서 고객사는 자신의 업무에 대한 개선이 필요하다고 생각은 하지만, SW에 반영할 정도의 세부적인 로직은 아직 고민하지 않았을 것이다. 따라서 고객사는 현재 수행하고 있는 업무를 중심으로 요건을 기술하고, 이를 일부 개선한 것을 SW에 반영할 것을 요구한다. 하지만 프로젝트가 후반부로 진행되고, SW 결과물을 계속 확인하면서, 고객사는 점차 제대로 된 미래의 청사진을 그릴 수 있을 것이다. 고객사가 처음에 제시했던 다소 불분명한 요구사항들은 점차 구체적으로 변해 가고, 계속해서 최적화된 방향으로 진화하게 된다.

즉 처음에 제시했던 고객사의 요구사항은 프로젝트가 후반부로 진행될수록 계속해서 변경되고 업데이트된다.

엔터프라이즈 SW 개발 프로젝트는 다년간에 걸쳐서 많은 비용과 인력이 투입되며, 프로젝트의 결과가 기업 전체에 영향을 미친다. 따라서 SW 개발 프로젝트를 진행하기 전에, 경영진 혹은 프로젝트의 책임자는 미래에 대한 불확실성을 최소로 줄이기를 원한다. 프로젝트의 결과는 경영진 자신의 책임이며, 잘못될 경우 자신의 위치가 위태롭기 때문에, 경영진은 프로젝트의 초기에 중요한 의사결정을 한 후, 불확실성을 줄여 나가기를 원한다. 이러한 이유로 인해, 많은 시간과 비용을 투입하여 SW의 미래 모습에 대한 청사진을 정의하고, 프로젝트에 대한 계획을 수립하는 것이다. 뿐만 아니라, 프로젝트를 시작하자마자 WBS, 즉 중요 타스크와 세부 일정을 수립하여 경영진의 불안을 줄인다. 또한 고객의 요구사항도 프로젝트의 초기에 확정하여, 그에 따라 신속히 시스템을 설계하고 개발하기를 원한다.

하지만 이렇게 과거 Waterfall 방식으로 프로젝트를 수행할 때 경영진의 의사결정 습관은 많은 부작용을 양산하였다. 프로젝트의 초기에 모든 것이 불확실한 것은 당연한 것이며, 이 불확실성을 조기에 해소할 수 있는 방법은 안타깝지만 존재하지 않는다. 프로젝트를 진행하면서 고객의 초기 요구사항이 변경되고 진화하는 것은 자연스러운 일이다. 그리고 그에 따라 개발 일정도 변경되고 SW의 기능도 계속적으로 변경되는 것이 당연하다. SW 개발 프로젝트의 이러한 특성은 Agile 방법론에서는 매우 중요하게 다루는 원칙 중 하나이다. 이 원칙은 **프로젝트의 초기가 아닌 최대한 '마지막 시점에 의사결정(last responsible moment)'을 하는 것이다.**

이 *마지막 시점에 의사결정* 하기 위해서는 프로젝트의 초기에 수행하는 의사결정은 정확하지 않다는 것을 우선적으로 인정해야 한다. 따라서 관련 정보가 불확실한 상태에서의 의사결정은 최소화하고, 상황이 변경됨에 따라 의사결정을 위한 추가 정보가 수집되면, 그 시점에 의사결정을 하는 것이다. 그리고 이전에 수행한 의사결정도 계속해서 변경될 수 있음을 전제로 한다. 따라서 **Agile 방법론은 '민첩한' 혹은 '기민한'이라는 단어의 의미 그대로 의사결정을 민첩하고 기민하게 변경하고, 그에 따라 SW 역시도 민첩하게 변경할 수 있는 체계를 갖추는 것을 목표**로 한다.

따라서 *마지막 시점에 의사결정*을 하는 원칙에 따라, SW 개발 프로젝트를 시작하기 이전에는 기획에 투입하는 시간과 비용을 최소화하는 것이 좋다. 많은 시간과 예산을 투입하여 계획을 수립해 봐야 이대로 진행되지 않을 것이 뻔하기 때문이다. 하지만 프로젝트 시작 이전에 아무것도 하지 마라는 의미는 아니다. 그 대신 현업 업무 담당자들은 고객 요구사항이라고 할 수 있는 *사용자 스토리*의 초안을 미리 작성해 놓아야 한다. 그래야만 개발사가 초안인 백로그 버전 1.0을 가지고 첫 번째 스프린트를 곧바로 시작할 수 있다. 물론 *사용자 스토리*는 계속해서 추가되고 변경될 것이므로, 현재 가능한 수준으로 작성하면 된다.

사용자 스토리 작성은 가능한 한 *제품 오너*로 지정될 현업 담당자의 주도하에 진행하는 것이 좋다. *제품 오너*는 SW 개발 프로젝트 진행 시, 개발사와 협업하여 SW 개발을 주도할 고객사 측의 책임자이다. 따라서 이 *제품 오너*는 업무에 대한 전문성을 가지고 있는 것과 동시에, SW에 대한 기술적 지식도 어느 정도 보유하고 있는 담당자로 지정하는 것이 좋다. 그리고 이 *제품 오너*는 SW 개발 프로젝트의 성공을 좌지우지할 중요한

역할을 수행할 것이므로, 강한 책임감을 가진 리더로서, 고객사 내부의 여러 담당자들과 의사소통이 원활해야 한다. 또한 개발사와의 의견 조율 역시 잘 수행할 수 있는 사람으로 지정해야 한다. 단 다소 무리한 목표를 설정하고 이를 거침없이 추진하는 *알파형 남성*을 이 *제품 오너*로 지정하는 것은 바람직하지 않다.

이 *사용자 스토리* 내용을 기초로 하여 *제품 오너*의 주도하에 SW 개발 프로젝트 계획을 수립해야 한다. *제품 오너*는 작성된 사용자 스토리의 초안을 기반으로 하고, 현재 알 수 있는 정보를 최대한 활용하여 SW 개발 계획을 수립한다. 이 SW 개발 계획 수립을 위해 별도로 컨설턴트를 투입하여 많은 예산과 비용을 들여 작성할 필요는 없다. 개발사의 투입 인력 규모, 스프린트 진행 기간과 횟수, 그랜드 오픈 시점 정도를 결정하면 된다. 스프린트의 기간과 횟수는 현재 작성된 *사용자 스토리*의 분량과 투입 인력을 근거로 산정한다. 이 스프린트의 진행 계획은 관련 업무 담당자와의 워크숍을 통해 진행하는 것이 좋을 것이다. 각 영역의 업무 담당자들이 이 *사용자 스토리*를 작성했을 것이므로, 이들 간의 토론을 통해 사용자 스토리의 구현 우선순위를 정하고, 대략적인 난이도를 고려하여 스프린트별로 구현할 *사용자 스토리*를 선정한다. 물론 이렇게 대략적으로 수립한 SW 개발 계획은 스프린트를 진행하면서 개발사와의 협의를 통해 계속 현행화해 나가야 한다.

SW 개발 계획에 대한 현행화 진행 시, 개발 일정의 지연이 예상되어 스프린트의 기간을 늘리는 것보다는, 스프린트의 기간은 그대로 두되, 스프린트를 한 번 더 진행하는 것을 추천한다. 예를 들어, 스프린트의 기간이 1개월인 경우, 이를 1.5개월로 늘리기보다는 최초 계획대로 1개월로 진행하여 종료하고, 다음 스프린트를 2주로 하여 한 번 더 수행하는 것이다. 스프린트의 기간을 늘리는 것은 고객의 피드백을 받을 수 있는 시점을 늦추는 것이므로, 프로젝트의 후반부로 갈수록 불리하다. 완벽하게 종료되는 스프린트는 있을 수 없다. 오히려 스프린트 기간을 줄여 고객의 피드백을 빨리 받고, 스프린트를 한 번 더 진행하는 것이 SW의 품질을 높이고 고객 만족도를 높일 수 있는 방법이다.

그리고 Agile 프로젝트에서는 타스크 일정 계획 WBS의 작성은 불필요할 것이다. 이 WBS를 통해서는 SW 개발 현황에 대한 관리를 제대로 할 수 없기 때문이다. 개발자의 변화무쌍한 실제 타스크 일정 계획을 WBS에 계속 현행화하기 어려우므로, WBS를 통해서는 실제 개발 현황을 파악할 수 없을 것이다. 그 대신에 SW 개발 일정과 현황 파악을 위해서는 *타스크 보드*를 활용할 필요가 있다. **타스크 보드는 개발자들이 직접 주도하는 일간 스크럼 미팅을 통해 매일 마지막 순간에 의사결정** 하여 현행화되는 정보이므로, 가장 정확하게 현재의 개발 진행 상황을 파악할 수 있다. *타스크 보드*를 통해 어떤 *사용자 스토리*가 개발되고 있고, 개발이 완료되었으며, 아직 개발에 착수하지 않았는지 파악할 수 있다. 또한 각 *사용자 스토리*를 개발하기 위해서 어떤 상세 타스크들이 진행되고 있고, 각 타스크는 누가 수행하고 있는지, 현재 어느 정도 진척되었는지를 알 수 있다.

그리고 개발자가 *사용자 스토리* 개발 외 추가적인 타스크를 진행하고 있을 경우에도 이를 *타스크 보드*에 표시할 수 있다. 예를 들어 솔루션 셋업, 사용자 교육 지원 등 기능 개발 외 개발자가 해야 하는 추가적인 타스크가 있을 경우 이를 표시하고 진행 현황을 표시할 수 있다. 이러한 기능 개발 외의 업무로 인해 *사용자 스토리* 개발에 어떤 영향을 주고 있는지도 파악할 수 있을 것이다. 이 *타스크 보드*를 통해 전체 스프린트에서 진행되고 있는 타스크를 한눈에 파악할 수 있고 향후 계획도 알 수 있으므로, WBS와 같은 별도의 도구는 필요 없다. WBS는 정확하지도 않고, 구체적이지도 않으며, 현행화도 잘 이루어지지 않는 문서이기 때문이다. WBS는 주 단위로 현행화하지만, *타스크 보드*는 일 단위로 현행화가 이루어진다.

하지만 분명 과거 SW 개발 경험이 많은 SI 업체 관리자나 고객사의 경영진은 WBS 작성을 요구할 수도 있다. 이들은 과거 경험에 비추어 이를 유용한 도구로 생각하고 있을 것이기 때문이다. 이와 같은 상황을 피할 수 없다면 WBS를 최대한 간략히 작성하고, 프로젝트를 진행하면서 WBS와 함께 *타스크 보드*를 통해 개발 현황을 보고하는 방법을 추천한다. 그러면 WBS보다 *타스크 보드*가 현재 스프린트의 개발 진척 현황을 파악하는 데 훨씬 유용한 도구임을 알게 될 것이다. 특히 주간 보고와 같이 현재 진척 현황을 보고하는 회의에서, *타스크 보드*를 자주 활용한다면, 결국 *타스크 보드*를 공식적인 현황 관리 도구로 인정할 것이다.

그리고 **고객 요구사항을 정의한 문서는 *사용자 스토리*로 대체하여 스프린트가 진행됨에 따라 지속적으로 업데이트해야 한다**. 고객 요구사항 문서는 대개 구현해야 할 기능을 중심으로 기술되어 있다. 즉 이 기능을 누가, 언제, 왜, 어떤 경우에 사용하는지에 대한 내용은 기술되어 있지 않다. 사용자의 관점에서 이 기능을 왜 사용하는지에 대한 내용이 없으므로, 이 기능이 사용자에게 어떤 가치를 제공하는지를 알 수가 없다. 또한 고객 요구사항의 변경을 관리하기 위해 버전을 관리하고 각 버전별로 관련 담당자와 프로젝트 책임자의 승인을 거치므로, 지속적인 현행화를 하기 어려운 구조이다. 엄격하게 변경을 관리하고 통제하기 때문이다.

하지만 *사용자 스토리*는 누가, 어떤 목적으로, 언제(어느 시점에), 어떤 업무 처리를 위해, 어떻게 기능을 활용하는지에 대해 정의하므로, 철저하게 사용자의 관점으로 기술되어 있다. 또한 업무 처리의 결과를 기술하여, 어떤 결과가 나왔을 때 이 기능을 개발 완료한 것으로 판단할 것인지도 *합격 조건* 항목에 설명되어 있다. 따라서 개발자는 과거 요구사항 정의서보다는 훨씬 더 사용자의 관점에서 이해하기 쉬울 것이다. 또한 이러한 *사용자 스토리*는 *제품 오너* 등 업무 담당자와 지속적으로 협의하여 현행화하므로, 실제 기능 개발에 더욱 유용하게 활용할 수 있다.

개발자가 SW 기능을 개발할 때, 이러한 업무적 배경 지식을 정확하게 알 수 있다면, SW 품질은 훨씬 높아질 것이다. 이로 인해 향후 재작업의 가능성도 낮아질 것이므로 개발 일정 단축에도 도움이 될 것이다. 그리고 이 *사용자 스토리*는 초기에는 현재 시스템의 기능 중심으로 작성되어 있을 가능성이 높고, 스프린트를 진행함에 따라 고객사의 전체 시스템에 대한 이해도가 점차 높아지고, 그에 따라 미래 시스템의 기능으로 진화화여 업데이트될 것이다. 이 업데이트 정보를 *사용자 스토리*에 지속적으로 반영하고, 그에 따라 SW도 변경하여 업데이트될 것이다.

이 역시 과거 고객 요구사항 정의서와 다른 점이다. 고객 요구사항 정의서는 최초 분석 단계에 정의된 '버전 1.0' 이후, 거의 현행화되지 않는다. 현행화하기 위해서는 PMO를 통해 공식적인 요건 변경 절차를 거쳐야 하고, 최종 승인이 이루어진 이후가 되어서야 개발사가 이를 기반으로 리소스 재산정, 재설계와 개발을 진행할 수 있다. 즉 요건의 변경에 상당한 통제와 제약이 있는 것이다. 하지만 *사용자 스토리*는 매일 진행되는 *일간 스크럼 미팅*에서 고객사와 개발사의 협의하에 *마지막 순간에 의사*

결정 하고 변경할 수 있다. 이 변경된 요건을 매일 개발자에게 전달할 수 있고, 이 과정에서 어떠한 변경 절차도 필요 없다. 고객사와 개발사는 *마지막 순간에 의사결정* 하여 **손쉽게, 기민하게(Agile) 요건을 변경할 수 있고, 그 즉시 민첩하게 SW 개발에 반영할 수 있는 것**이다.

해법 2)
SW 개발 프로젝트는 협업을 통해 '제품을 개발'하는 것이다

엔터프라이즈 SW는 기업의 업무 프로세스를 담고 있는 SW를 의미한다. 즉 기업의 현업 담당자들이 자신의 업무를 처리하기 위한 기능을 담은 SW를 의미하는 것이다. 기업의 고유한 업무 프로세스는 그 기업에게 있어서 매우 중요한 자산이다. 기업의 태생부터 지금까지 성장해 오면서 많은 업무 지식과 노하우를 집대성해 놓은 것이 바로 업무 프로세스이다. 엔터프라이즈 SW는 바로 그 중요한 기업의 자산인 업무 프로세스를 처리할 수 있게 해 주는 도구이다. 또한 이 SW를 통해 수행하는 업무 처리 결과를 데이터로 자산화하여, 이를 기반으로 기업의 중요한 의사결정을 할 수 있게 해 준다. 이렇게 기업에 있어서 핵심적 자산 중 하나인 SW를 외부에서 상품 구매하듯이 살 수 있을까?

일부 고객사는 이토록 중요한 엔터프라이즈 SW를 외부에서 상품을 구매하듯이 살 수 있다고 착각하기도 한다. 예를 들어, '기업 자원 관리(Enterprise Resource Planning)', '공급망 관리(Supply Chain Management)', '고객 관계 관리(Customer Relationship Management)'와 같은 엔터프라이즈 SW는 시장에서 솔루션 형태로 여러 벤더들이 판매하고 있다. 고객사는 종종 이러한 엔터프라이즈 솔루션을 구매할 때, 이 솔루션이 자신의 기업의 업무 프로세스들을 모두 담고 있어야 한다고 생각한다. 이 솔루션을 구매하여 기업의 서버에 설치하고 설정하기만 하면 모든 것이 완료되어 정상적으로 동작하는 것이라 생각하는 것이다.[70]

하지만 이렇게 생각하는 것은 큰 오산이다. 만약 그 말이 맞다고 한다면, ERP/SCM/CRM 솔루션을 구매한 모든 기업의 업무 프로세스는 동일하고, 업무 처리 기준 역시 동일하고, 업무 처리 절차도 동일하고, 이 솔루션과 연계해야 하는 데이터 역시 동일하거나 유사해야 한다. 하지만 이는 불가능하며, 현실은 오히려 그와 정반대이다. 업무 프로세스가 동일한 기업은 단 하나도 없으며, 업무 처리 기준 역시 모두 다르며, 업무 처리 절차 역시 모두 상이하다. 또한 이 솔루션과 연계하는 시스템은 기업 간에 모두 다를 것이다. 따라서 솔루션을 구매한다고 해서 그 솔루션을 그대로 사용할 수 있는 것이 아니고, 그 기업의 업무 프로세스와 기준과 절차와 시스템 연계 구조에 맞도록 다시 개발하는 과정을 거쳐야만 한다. 통상 이를 솔루션을 커스터마이즈(customize)한다고 얘기한다.

이 솔루션 커스터마이즈는 기존 솔루션의 기능 일부를 그대로 사용하는 경우도 물론 있다. 하지만 그렇다고 하더라도 그 기업에 맞도록 기준 정보를 설정하는 등의 최소한의 개발은 필요하다. 혹은 일부 기능은 세부 로직을 변경해야 하는 경우도 있고, 일부 기능은 주요 핵심 모듈을 변경해야 하는 경우도 있다. 아니면 완전히 다른 새로운 기능을 개발해야 하는 경우도 많이 있다.[71] 이는 그 기업이 가지고 있는 고유한 업무 프로세

---

70) 이렇게 구매하여 설치하기만 하면 동작하는 방식을 통상 'plug and play'라고 한다.
71) 솔루션 업계에서는 이렇게 커스터마이즈가 필요한 기능을 식별하는 것을 'fit & gap 분석'이라고 부른다. 업계 얘기로는 통상 70% 정도가 fit이 되면 솔루션으로 구현하는 것이 바람직하다고 얘기한

스를 반영하는 SW 개발 과정으로, 마치 기업에서 제품을 개발하는 과정과 유사하다. 제품 개발 과정 역시 그 기업이 가지고 있는 고유의 역량과 전략 방향성을 반영하여, 외부에서 필요한 재료와 부품 등을 구매하고, 제품을 설계하고 개발하여 테스트하는 과정을 거친다. 그리고 그렇게 기업이 개발한 제품은 외부의 어디에서도 구매할 수 없는 기업의 유일한 자산이 된다.

엔터프라이즈 SW도 이러한 측면에서 기업의 제품과 유사하다고 볼 수 있다. 엔터프라이즈 SW는 기업의 고유한 업무 프로세스를 SW에 반영하기 위해 분석하고, 외부에서 기반이 되는 솔루션을 구매하여 설계하고 개발하는 과정을 거친다.[72] **SW 개발이 완료되면, 이 SW 제품은 외부의 어디에서도 구매할 수 없는 기업의 유일한 자산이 된다.** 엔터프라이즈 SW는 이러한 특성을 가지고 있으므로, 외부에서 상품을 구매하는 방식으로는 구현할 수 없는 것이다. 기업의 고유한 자산을 어디에서 구매할 수 있다는 말인가?

이와 같은 관점에서 본다면, **고객사는 중요한 자산인 SW 제품의 개발을 위해, *제품 오너*를 지정하고, *제품 오너*는 솔루션 벤더사와 개발사와의 협업을 주도하여 SW 제품을 개발해야 한다.**[73] 즉 고객사의 핵심 업무 프로세스를 가장 잘 이해하고 있는 현업 실무 담당자를 *제품 오너*로 지정하고, 전체 SW 제품 개발을 주도하는 역할을 담당해야 한다. 그래서 SW 제

다. 하지만 필자의 경험으로는 실제 프로젝트에서 70% fit이 되는 경우를 본 적이 없다.
72) 외부에서 솔루션을 구매하지 않고, 처음부터 모든 기능을 개발하는 경우도 있으며, 이를 통상 '인하우스 개발(in-house development)'이라고 부르기도 한다. 하지만 엔터프라이즈 환경에서 이러한 *인하우스 개발*은 점점 줄어드는 추세이며, 글로벌 솔루션 벤더사의 솔루션을 구매해서 커스터마이즈하는 경우가 점차 많아지고 있다.
73) 이러한 이유로 Agile 방법론에서는 프로젝트 리더를 *제품 오너*라는 명칭으로 부른다.

품 개발 프로젝트 추진 시, 가장 처음 해야 할 일은 바로 *제품 오너*를 선정하는 일이다. 제품 오너는 그 기업에서 추진할 대상 SW와 관련된 업무를 잘 이해하고 있고, 다양한 영역의 업무 담당자와 원활하게 커뮤니케이션을 수행할 수 있어야 한다. 또한 IT 솔루션에 대한 지식도 어느 정도 갖추고 있어야 하며, 솔루션 벤더사와 개발사를 잘 주도하고 협업하여 개발을 진행할 수 있어야 한다.

고객사의 *제품 오너*로 지정된 담당자는 가장 먼저 SW 개발 요구사항을 *사용자 스토리*의 형태로 작성해야 한다. 개발할 기능을 업무 프로세스를 기준으로 3레벨 정도로 목록화하고, 각 스토리에 대해 사용자 관점에서 누가, 언제, 왜, 어떤 업무를 수행하여 어떤 결과를 산출해야 하는지를 기술한다. *제품 오너*는 각 업무별 담당자에게 작성 방법을 설명한 후 작성을 요청하고, 향후 모습과 개선 포인트가 명확하지 않은 경우 현재 업무와 시스템 기능을 기준으로 작성할 것을 요청한다. 그리고 Agile 프로젝트의 특성상, 개발사와의 협업을 통해 향후 지속적으로 현행화가 이루어질 것을 인지시켜야 한다.

그리고 프로젝트를 시작하면 *제품 오너*는 본격적으로 개발사와의 협업을 진행해야 한다. 먼저 *사용자 스토리*를 개발자들에게 이해시켜야 한다. 이는 일회성 회의나 워크숍으로 끝나는 것이 아니며, 문의사항이 있으면 연락하라는 수동적 태도는 더욱 피해야 한다. 스프린트를 처음 시작하면 어떤 *사용자 스토리*를 어떤 일정으로 개발할지에 대한 계획을 수립하는 기획 회의를 진행한다.[74] *제품 오너*는 이 스프린트 기획 회의에 반드시 참석하여 일정을 수립하는 의사결정에 도움을 주어야 한다. 개발사는 아무

---

74) 이 회의는 개발사의 스크럼 *마스터*가 주관하는 회의이며, *스프린트 기획 회의*라고 부른다.

래도 *사용자 스토리*에 대한 이해도가 낮아 의사결정이 쉽지 않을 것이기 때문이다. 이후 매일 진행되는 *일간 스크럼 미팅*에도 참석하여 수시로 개발자와 질의응답을 해야 한다. 개발자는 개발 과정에서 *사용자 스토리* 구현을 위한 세부 로직을 깊이 고민해야 하고, 이때마다 *제품 오너*는 적시에 의사결정을 하여 개발 일정에 차질을 주지 않도록 해야 한다.

또한 *제품 오너*는 SW 기능의 세부 로직에 대해 개발자들과 깊이 논의하고 검토 후 요건 변경에 대한 의사결정을 진행하고, 변경된 내용은 *사용자 스토리*에 업데이트하여 관련 담당자들에게 공유해야 한다. *사용자 스토리* 변경 과정에서 개발 일정 변경이 필요한 경우, 즉 변경된 *사용자 스토리*를 다음 스프린트로 넘기거나, 변경된 *사용자 스토리*에 더 많은 시간을 투입하기 위해 다른 *사용자 스토리*를 다음 스프린트로 넘기는 등의 개발 일정 계획을 업데이트해야 한다. 이러한 스프린트 계획의 업데이트는 *일간 스크럼 미팅*에서 이루어지고, 그 결과는 *타스크 보드*에 현행화해야 한다. 이 스프린트 계획의 업데이트 시에는 고객사와 개발사 간의 협의가 반드시 선행되어야 하며, 과거와 같이 별도의 변경 심의회에 상정하는 등의 활동은 불필요하다.

이러한 고객사와 개발사의 주요한 의사결정 협의는 매일 진행되는 *일간 스크럼 미팅*에서 이루어진다. 고객사와 개발사는 서로 간의 신뢰하에, 개발사는 숨김 없이 모든 개발 진행 상황을 고객사에 투명하게 공유해야 하며, 고객사 *제품 오너*는 이 정보를 바탕으로 합리적으로 의사결정 해야 한다. 만약 고객사가 *사용자 스토리*의 변경 시, 개발자들의 업무 진행 상황을 고려했을 때 무리하게 일정 준수를 요구하는 경우에는 이 신뢰를 기반으로 한 협업은 깨지기 시작할 것이다. 개발자는 자신의 일정을 고객사에 온전히 공유하기를 꺼릴 것이고, 이로 인해 고객사는 개발 일정이 지연되는 이유에 대해 이해하기 어려워질 것이다. 일간 스크럼 미팅은 점차 과거처럼 개발자의 진행 현황을 고객사 *제품 오너*와 *스크럼 마스터*에게 보고하는 회의로 변질될 것이다.

따라서 고객사의 *제품 오너*는 경영진 혹은 임원이 일정 준수를 강하게 요청하더라도, 매일 업데이트하는 *타스크 보드*를 통해 왜 그럴 수 없는지에 대해 끊임없이 설득해야 한다. 경영진과 커뮤니케이션 시, *타스크 보드* 외에도 현재 업무량과 병목 지점을 보여 주는 *간반 보드*의 활용과 함께, Agile 컨설턴트(혹은 Agile 코치)도 함께 설득에 동참하는 것이 필요하다. 점차 시간이 지나면서, 경영진이 Agile 프로젝트의 특징에 익숙하게 되고, 스프린트 결과물이 나오기 시작하면 분위기는 반전될 수 있다.

그리고 고객사의 *제품 오너*는 개발사에 요구사항이 있을 때, 과거처럼 계약상의 내용을 자주 언급하거나, 개발사의 프로젝트 책임 부서장(혹은 CEO)에게 연락하는 것은 자제해야 한다. 고객사가 이렇게 강압적인 방식의 커뮤니케이션을 선택할 경우, 개발사의 프로젝트 멤버들은 일순간에 고객사에 대한 신뢰를 저버릴 수 있다. 반대로 개발사도 고객사의 요구사항에 대해 충실하고 진지한 검토를 하지 않는다면 고객사의 개발사에 대한 신뢰 역시 추락할 것이다. 이렇게 **고객사와 개발사 간의 신뢰를 유지하면서 협업하는 태도로 프로젝트를 수행해야만, Agile 프로젝트를 성공적으로 완료할 수 있다**는 것을 명심해야 한다.

해법 3)
'타스크 보드'는 개발 현황을 파악할 수 있는 유일한 방법이다

기존의 Waterfall 방식의 SW 개발 프로젝트는 WBS와 주간 보고를 통해 개발 현황을 파악해 왔다. 심지어 필자가 가장 최근에 수행했던 Agile 방식을 표방한 프로젝트도 마찬가지였다. 기존에 SW 개발 프로젝트에 참여한 경험이 있는 사람이라면 누구나 이러한 개발 진도와 현황 관리 방식을 알고 있을 것이다. 이 방식에 익숙한 SI 업체의 프로젝트 관리자와 임원, 고객사 임원은 이 방식을 선호할 것이다. 아니, 다시 말하자면 이 방식 외에 다른 방식이 있다는 것을 모른다는 표현이 더 정확할 것이다.

하지만 일주일에 한 번씩 업데이트하는 WBS로는 시시각각 변하는 프로젝트의 진행 현황을 정확히 파악할 수 없었으며, 주간 보고 시에는 항상 특별한 문제가 없는 것처럼 보고되곤 했다. 따라서 실제 정확한 개발 현황을 파악하기 위해서는 개발자와 직접 연락을 해야 했으나, 개발자는 자신의 정확한 개발 진행 현황을 공유하기를 꺼려하여, 결국 정확한 개발 현황 파악은 요원했다.

필자가 경험한 최근의 프로젝트에서는 *사용자 스토리* 진행 현황 공유를 위해 Wiki 페이지를 만드는 시도를 하였으나, 역시 개발 현황 파악은 쉽지 않았다. 개발자는 현재 개발 진행 중인 상황에 대해서 세세히 보고하려고 하지 않았고, 개발을 완료하여 3자 테스트를 요청하는 순간 비로소 개발이 완료되었음을 알 수 있었다. 즉 개발자가 *사용자 스토리*를 개발 중인 경우에는 어떤 타스크를 진행하고 있는지, 진행하는 데 있어서 어떤 이슈가 있는지는 파악할 수가 없었다.[75] 개발을 완료한 후 3자 테스트에서 실패하면 다시 개발 진행 중인 단계로 되돌아오니, 이 시점부터는 다시 개발 진행 상황을 파악할 수 없었다.

또한 그 프로젝트의 SI 업체 관리자는 자사의 *Agile 방법론* 툴킷에 있는 *타스크 보드*를 이번 프로젝트에도 적용하려고 시도하였다. 그래서 프로젝트 관리자가 프로젝트를 시작하면서 *타스크 보드*도 관리하기 시작하였다. 이번 스프린트에서 구현할 *사용자 스토리*와 구현 중인 *사용자 스토리*, 구현이 완료된 *사용자 스토리*를 타스크 보드에 표시하였다. 프로젝트 룸의 벽면에 포스트잇을 활용하여 *타스크 보드*를 구현하였다. 하지만 프로젝트를 시작하고 얼마 지나지 않아 현행화를 중단하였다. 왜 *타스크 보드*의 현행화를 중단한 것일까?

프로젝트 관리자는 *타스크 보드*가 개발 현황을 관리하는 데 있어 유용하지 않다고 판단했기 때문이다. 더불어 이미 WBS를 통해 개발 현황을 관리하고 있었으므로, *타스크 보드*를 추가로 관리하는 것은 불필요하다고 생각했다. 프로젝트 관리자는 왜 *타스크 보드*를 통해 개발 현황을 관리하는 것이 유용하지 않다고 판단했을까? 프로젝트 관리자는 *타스크 보드*를 *사용자 스토리*의 개발 현황을 관리하는 용도로만 활용했다. *사용자*

---

75) 개발자가 해당 사용자 스토리 Wiki 페이지에서 타스크 진행 현황과 진행상의 이슈를 댓글로 추가하는 경우에는 파악이 가능하다. 하지만 이는 거의 이루어지지 않았다.

스토리를 구현하기 위한 세부 타스크들이 있었지만 이를 *타스크 보드*에 표시하지 않았다. 그리고 *사용자 스토리* 기능 개발 외의 개발자 타스크들이 있음에도 이 역시 *타스크 보드*에 표시하지 않았다. 즉 *타스크 보드*를 통해서는 어떤 개발자가 어떤 타스크를 수행하고 있는지를 알 수 없었다. 반면 WBS를 통해서는 완벽하지는 않지만 최소한 어떤 개발자가 어떤 타스크를 언제 수행할 것인지, 현재 진행 중인지, 완료했는지를 알 수는 있었다.

그리고 *타스크 보드*의 현행화를 매일 진행하는 *일간 스크럼 미팅*에서 해야 하나, *일간 스크럼 미팅*이 중단되면서 *타스크 보드*의 현행화 역시 자연스럽게 중단되었다. *일간 스크럼 미팅*이 중단된 상태에서 *타스크 보드*를 현행화하려면, 프로젝트 관리자가 매주 개발 진도를 점검하면서 별도로 시간을 내어 *타스크 보드*를 현행화해야 한다. 하지만 *타스크 보드*는 개발자의 업무 현황 파악을 위해서도 활용되지 못하였고, 주간 보고 시에도 활용되지 못하였다. 즉 *타스크 보드*의 용도가 불확실한 상태였고, 아무도 *타스크 보드*의 현행화를 요청하지 않았다. 결국 *타스크 보드*의 현행화가 중단되었고, 또다시 개발 진행 현황 파악을 위해 WBS와 주간 보고에 의존하게 되었다. 결과적으로 개발 진행 현황에 대한 가시성은 과거와 같이 현저히 낮아졌다.

즉 **타스크 보드 없이는 개발 진행 현황에 대한 가시성을 높일 수 있는 방법은 없다**. 바꾸어 말하면, 정확한 개발 진행 현황을 파악하기 위해서는 *타스크 보드*를 제대로 활용하는 수밖에 없다. WBS와 주간 보고는 이미 역사적으로 증명되었지만 대안이 되기 어렵다. *사용자 스토리* Wiki 페이지 역시 한계가 존재하였다. 그러면 거의 유일한 대안이라고 볼 수 있는 이 *타스크 보드*를 제대로 활용하기 위한 방법에 대해 알아보자.

타스크 보드는 한마디로 스프린트 현황판(혹은 대시보드)이라고 할 수 있다. *타스크 보드*를 통해 현재 스프린트에서 '개발 대기(to-do)' 중인 *사용자 스토리* 목록을 알 수 있고, '개발 진행(doing)' 중인 *사용자 스토리*도 알 수 있다. 그리고 '개발 완료(done)'된 *사용자 스토리*도 알 수 있다. 또한 *타스크 보드*에는 *사용자 스토리*의 구현을 위해 필요한 세부 타스크도 표시되며, 누가 이 타스크를 수행 중인지도 알 수 있다.

추가적으로 *사용자 스토리*의 난이도[76]를 표현할 수도 있고, 타스크의 완료 예정일 등의 유용한 정보를 표시할 수도 있다. 그리고 *사용자 스토리* 기능 개발 완료 후, 결함 발생, 요건 변경 등의 이유로 재작업 중인 건도 표시할 수 있다. 이 재작업은 프로젝트 후반부로 갈수록 상당수의 비중을 차지하고, 이를 표시하여 재작업 중인 건과 신규 건의 비중을 비교할 수도 있을 것이다.

또한 *사용자 스토리* 구현을 위한 타스크 외에도 개발자가 진행 중인 타스크를 모두 *타스크 보드*에 표시해야 한다. 개발자는 *사용자 스토리* 기능 개발 외에도 여러 가지 다양한 타스크를 수행해야 한다. 예를 들어, 기준 정보 관리, 로그인, 사용자 관리 등과 같은 공통 기능의 개발을 포함해서, 데이터 아키텍트 업무, 인프라 아키텍트 업무, 고객사 지원 업무(커뮤니케이션/교육 등)와 같은 다양한 업무가 존재한다. 고객사와 SI 업체 관리자는 프로젝트에 투입된 모든 인력이 어떤 타스크를 진행하고 있는지, 진행상의 이슈는 없는지, 타스크가 왜 지연되고 있는지 등을 알고 싶어 한

---

[76] *사용자 스토리*의 난이도는 스프린트 계획 수립 시, 개발팀의 논의를 통해 상/중/하로 산정한 점수이다. 이 난이도를 참고하여 이번 스프린트에 어느 정도의 *사용자 스토리*를 구현할지에 대한 의사결정을 진행할 수 있다.

다. *사용자 스토리*의 개발 진도가 예상보다 느릴 경우, 해당 개발자가 *사용자 스토리* 개발 외에 다른 타스크를 진행 중인 것을 표시해야만, 개발 진도가 느린 이유를 이해할 수 있을 것이다. 따라서 *타스크 보드*에는 스프린트의 모든 투입 인력이 수행 중인 모든 타스크를 표시하는 것을 원칙으로 한다.

*타스크 보드*는 매일 진행되는 *일간 스크럼 미팅*을 통해 현행화가 이루어진다. *일간 스크럼 미팅*은 고객사의 *제품 오너*, *스크럼 마스터*, 개발자가 모두 참여하여 진행하며, 개발자가 직접 주관하는 회의이다. 개발자는 각자의 타스크 진행 현황을 공유하고, 현재 타스크를 완료한 후 다음에 진행할 타스크도 직접 선택한다. 즉 *스크럼 마스터*가 개발자에게 다음 타스크를 지정해 주는 것이 아니며, 각자 자신의 타스크를 선택하는 것이다. *스크럼 마스터*의 요청으로 타스크를 진행하는 순간, *일간 스크럼 미팅*은 자발적이 아닌, *스크럼 마스터*가 진행하는 회의로 바뀔 것이다. 그러면 *일간 스크럼 미팅*은 과거와 같이 *스크럼 마스터*에게 개발 진도를 보고하는 회의가 될 것이다. 자발적인 분위기를 유지해야만, 개발자들은 투명하게 자신의 개발 진행 현황을 공유하고, 이를 *타스크 보드*에 반영하여 정확한 개발 진행 현황을 파악할 수 있다.

그리고 *일간 스크럼 미팅* 진행 중에 *사용자 스토리*와 관련한 문의 사항을 직접 *제품 오너*에게 질의하고 곧바로 응답을 받는다. 오랜 논의가 필요할 경우는 별도 회의를 잡는 것이 좋다. 개발 진행상의 이슈가 있을 경우는 *스크럼 마스터*에게 요청하고, 역시 필요시 별도 회의를 잡기로 한다. *타스크 보드*에는 논의한 결과를 모두 곧바로 업데이트하여, 참여한 모두 동일한 내용을 확인할 수 있어야 한다. *타스크 보드*는 매일 최신의 정보로 현행화하므로, 과거의 WBS와 주간 보고와 같이 주 단위로 현행화하는 것에 대비하여 훨씬 빨리 실제 개발 현황을 파악할 수 있다.

*타스크 보드*는 개발 진척 현황을 관리하는 현황판 역할뿐만 아니라, 기획판의 역할도 병행한다. 이번 스프린트에서 개발할 *사용자 스토리*가 모두 *개발 예정* 컬럼에 나타나기 때문이다. 예를 들어, 스프린트 진행 중에 생각지도 못한 재작업이 발생하여 원래 진행하기로 한 *사용자 스토리* 중 하나를 다음 스프린트로 넘기기로 했다면, *타스크 보드*에서 그 *사용자 스토리*를 *개발 예정* 컬럼에서 제거한다. 그 대신 백로그 파일에 다음 스프린트에 하는 것으로 표시한다. 이러한 스프린트와 관련한 주요한 의사결정은 *제품 오너*와 *스크럼 마스터*가 참여한 *일간 스크럼 미팅*을 통해 신속하게 결정하고, *타스크 보드*에 이를 반영하여 공유해야 한다.

혹은 최초 계획보다 개발 진도가 빨라서 백로그에 있는 *사용자 스토리* 중 하나를 이번 스프린트에 하기로 합의한다면, *타스크 보드*의 *개발 예정* 컬럼에 *사용자 스토리*를 추가할 수도 있다. 혹은 *제품 오너*가 *사용자 스토리*의 우선순위를 조정하여 이번 스프린트에 예정된 *사용자 스토리*와 백로그에 있는 *사용자 스토리*를 교체하기를 원할 수도 있다. 이러한 의사결정도 *일간 스크럼 미팅*에서 *제품 오너*, *스크럼 마스터*, 개발자 간 합의 하에 이루어지며, 의사결정이 이루어지면 이 내용을 곧바로 *타스크 보드*에 반영하여 현행화가 이루어지도록 한다.

이와 같이 *타스크 보드*를 제대로 활용하기 위해서는 우선 *사용자 스토리*, *일간 스크럼 미팅*, 백로그와 같은 도구도 함께 제대로 활용해야 한다. 그리고 *제품 오너*, *스크럼 마스터*, 개발자가 자신의 역할을 명확히 이해하고 그에 따라 각자의 역할을 충실히 수행해야 한다. 혹자는 *타스크 보*

드가 단순한 구조이므로 사용하기 용이하다고 얘기하지만, 필자가 이해하기로는 전혀 그렇지 않다. **모든 구성원들이 Agile 방식의 가치와 목적, 원칙을 정확히 이해하고, 자신의 역할을 이해하고 충실히 수행하며, 여러 Agile 도구들을 제대로 이해하고 활용할 줄 알아야만 타스크 보드를 제대로 활용할 수 있다.** 즉 이 모든 조건이 이루어져야만 개발 진행 현황의 가시성을 확보할 수 있는 것이다.

과거 Waterfall 방식의 WBS와 주간 보고 역시 처음 경험할 때에는 그 효과에 대해 미심쩍어했지만 점차 각자의 역할을 수행하고 도구들을 잘 활용하면서 지금과 같이 발전했을 것이다. *타스크 보드* 역시 이와 마찬가지다. *타스크 보드*를 활용하여 *일간 스크럼 미팅*을 진행하고, 그 결과를 다시 *타스크 보드*에 현행화하고, 주간 보고[77] 시에도 *타스크 보드*를 활용하여 고객사와 SI 업체 경영진에게 설명하면서 모든 구성원들이 *타스크 보드*라는 도구에 점차 익숙해져야만 한다. 모든 프로젝트의 구성원들이 Agile 방식에 점점 익숙해질수록 *타스크 보드*의 활용도도 함께 높아질 것이다.

---

77) 필자는 주간 보고의 효과에 대해 의문을 가지고 있지만, Agile 프로젝트에서도 아마 계속 진행될 것이다. 왜냐하면, 많은 프로젝트 이해관계자들에게 프로젝트의 진행 상황을 설명하는 회의가 별도로 필요하고, 이들이 모두 *일간 스크럼 미팅*에 참여하지는 못할 것이기 때문이다. 스크럼 *마스터*가 주간 보고에서 *타스크 보드*로 최신의 개발 진행 현황을 설명한다면 아마 충분할 것이다. 최소한 개발자가 이 주간 회의에 참여하는 일은 없기를 바란다.

해법 4)
SW 코드의 품질을 틈틈이 개선하자

고객사는 Agile 프로젝트에서 *사용자 스토리*를 통해 자신의 요구사항을 제시한다. 개발사는 고객사가 요청한 이 *사용자 스토리*를 잘 구현하는 것이 고객 만족도를 향상시키는 것이므로, *사용자 스토리* 기능 개발에 최선을 다한다. *사용자 스토리*를 구현하기 위해 개발자는 SW 코드를 작성한다. SW 코드는 물론 최초에는 솔루션 벤더사가 제공하는 솔루션 자체에 포함되어 있을 것이다. 하지만 *사용자 스토리*에는 솔루션에 포함되어 있지 않은 각종 복잡한 업무 로직이 포함되어 있다. 이 부분은 개발자인 사람이 직접 작성하거나 수정해야만 하는 것이다. 사람이 직접 작성하는 내용은 항상 실수를 동반할 수 있고 개선의 여지가 있다. 왜냐하면 이 SW 코드는 정해진 한 가지의 답만 있는 것이 아니며, 여러 가지 다양한 방법으로 작성할 수 있기 때문이다. 경험이 많은 뛰어난 개발자라 할지라도 처음부터 완벽하게 SW 코드를 작성하는 경우는 없을 것이다.

여기에 더하여 Agile 프로젝트에서는 고객의 요구사항이 계속 변경될 수 있음을 전제로 하며 오히려 변경을 장려한다. 그리고 고객의 요구사항이 변경되면, 이를 반영하기 위한 SW 코드도 함께 변경해야 한다. 이 고객 요구사항과 SW 코드는 여러 번 변경될 수 있다. 즉 SW 코드는 계속해서 변경될 수 있음을 전제로 하고, 따라서 SW 코드는 변경이 용이하도록 구성해야 한다. SW 코드를 쉽게 변경하기 위해서는 일단 구조가 단순해야 한다. 단순한 구조로 작성되어 있지 않은 코드 유형을 안티패턴이라고 한다. **개발자는 이 안티패턴을 포함하지 않도록 코드를 작성해야 하며, 이것이 개발자의 SW 코드의 품질 목표가 되어야 한다.**

개발자가 SW 코드를 작성할 때, 이 *안티패턴*을 처음부터 작성하지 않는 경우는 거의 없을 것이다. 대부분 사람들의 예측과는 다르게 경험이 많은 뛰어난 개발자가 오히려 *안티패턴*을 작성하는 경우가 더 많다. 왜냐하면 그들은 SW 코드 작성에 익숙하므로, 요건 이외에도 다양한 예외 케이스를 포함하기 위해 복잡한 코드를 작성하는 경우가 많기 때문이다. 개발자는 처음에 *사용자 스토리*에 따라서 기능을 개발할 때, 요건을 충족시키기 위한 비즈니스 로직 구현에만 몰두하느라, 이러한 SW 구조를 모두 고려해서 작성하지 못한다. 일단 정해진 시간 내에 테스트에 통과하도록 비즈니스 로직을 구현하는 것이 목표이기 때문이다. 그래서 개발자는 일단 개발을 완료하고 테스트를 통과한 이후에, 자신이 작성한 SW 코드에 이러한 *안티패턴*이 포함되어 있는지를 점검하고 개선하는 작업을 틈틈이 진행해야 한다. 이를 *기술적 채무*를 갚는 작업이라고도 한다.

하지만 스프린트를 한창 바쁘게 진행하는 도중에, 고객사도 참여하는 *일간 스크럼 미팅*에서 개발자가 안티패턴을 분석하는 태스크를 진행하는 중이라는 얘기를 하기가 쉽지 않다. 비교적 SW 기술에 대한 이해도가 낮은 고객사에 이러한 내용을 설명하기가 쉽지 않기 때문이다. 이를 위해 항상 **스프린트에는 난이도와 중요도가 낮은** *사용자 스토리*를 **일정 부분**

포함시켜 놓아야 한다. 전체 *사용자 스토리*의 30% 정도는 난이도가 낮은 건을 포함하는 것이 바람직할 것으로 예상된다. 스프린트를 시작하면, 우선 중요하면서 난이도가 높은 *사용자 스토리*를 구현한 후, 중요도와 난이도가 낮은 *사용자 스토리*를 구현하면서 틈틈이 이전에 작성한 코드를 리뷰하면서 *안티패턴*을 찾아 개선하는 작업을 진행해야 하기 때문이다.

대표적인 *안티패턴* 중 하나는 **프로시저 내부에서 또 다른 프로시저를 호출하는 구조**이다. 즉 프로시저 내부에서 다른 프로시저를 호출하고, 호출된 프로시저의 내부에서 또 다른 프로시저를 호출하는 식이다. 이를 다른 말로 표현하면, 프로시저 간에 '밀접하게 연결된' 구조로 코드를 작성했다고 한다. 이렇게 *밀접하게 연결된* 구조의 코드의 경우, 하나의 프로시저에서 오류 발생 시, 이와 호출 구조로 연결되어 있는 다른 프로시저에도 영향을 미쳐 연쇄적으로 오류가 발생하게 될 수도 있다. 따라서 이 구조에서 오류 발생 시, 오류의 원인을 찾기 위한 코드의 양이 많아지고, 디버그(debug)에 상당한 시간이 소요될 수 있다. 또한 이 오류를 조치하기 위해서도 많은 양의 코드를 수정해야 할 수 있어 코드 수정에도 많은 시간이 필요할 것이다.

또한 고객의 요건이 변경되어 SW 코드를 수정해야 할 경우에도, 오류가 발생했을 때와 마찬가지로 검토하고 수정해야 할 코드의 양이 많아지게 되어 시간이 오래 걸릴 수 있다. 프로젝트 후반부에 이러한 복잡한 구조의 코드가 많아지면, 고객 요건 변경에 의해 수정 시, 또는 결함 발생 시, 이를 분석하고 변경하는 데 오랜 시간이 걸리게 되어, 개발 일정에 차질을 가져올 수 있다. 그리고 코드를 수정한 후에, 미처 검토하지 못한 다른 프로시저로 인해 예상하지 못한 오류가 발생할 가능성도 높다.

따라서 이러한 *밀접하게 연결된* SW 구조를 '느슨하게 연결된' 구조로 변경해야 한다. 이를 위해 가능한 한 프로시저 내에서는 다른 프로시저를 호출하지 않도록 구성해야 한다. 예를 들어, 주요 로직을 담고 있는 메인 프로시저에서만 다른 프로시저들을 호출하고, 나머지 프로시저에서는 서로 간에 호출하는 로직을 모두 제거하는 것이다. 그러면 개발자가 이 코드를 디버깅 할 경우 혹은 수정할 경우, 이 메인 프로시저를 중심으로 검토를 한다면 훨씬 더 효율적으로 시간을 단축할 수 있을 것이다. 이때 메인 프로시저가 너무 복잡해지는 것은 또 다른 안티패턴이 될 가능성이 있으므로, 이를 주의해야 한다.

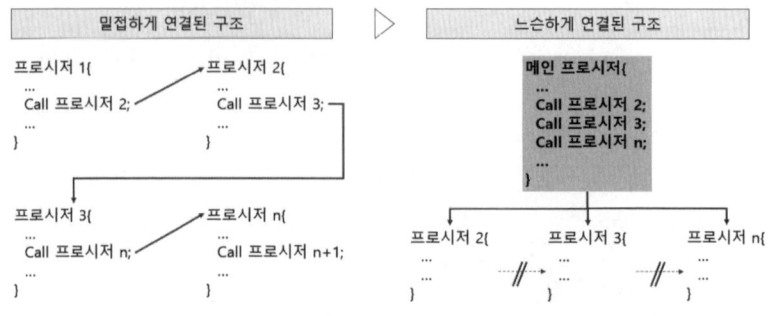

그림 4. 안티패턴 예시 1: 밀접하게 vs 느슨하게 연결된 프로시저

이를 그림으로 나타내면 위 '그림 4. 안티패턴 예시 1: 밀접하게 vs 느슨하게 연결된 프로시저'와 같다. 그림의 좌측 '밀접하게 연결된 구조'에서는 '프로시저 1'에서 '프로시저 2'를 호출하고, '프로시저 2'에서는 '프로시저 3'을 호출하고, '프로시저 3'에서는 다시 '프로시저 n'을 호출하고 있다. 즉 프로시저가 또 다른 프로시저를 연속해서 호출하는 구조인 것을 알 수 있

다. 이를 우측의 '느슨하게 연결된 구조'로 바꾼다면, 주된 비즈니스 로직을 담고 있는 '메인 프로시저'가 다른 프로시저들인 '프로시저 2', '프로시저 3', '프로시저 n'을 호출하는 구조로 변경하는 것이다. 이때 '프로시저 2'와 '프로시저 3', '프로시저 3'과 '프로시저 n' 간의 연결은 모두 끊어지게 된다.

또 다른 대표적인 *안티패턴*은 **복잡하고 긴 프로시저를 구성**하는 것이다. 프로시저가 복잡하고 길게 구성되어 있을 경우, 오류 발생 시 원인을 찾기까지 상당한 시간을 허비해야 한다. 복잡한 구조의 코드를 다시 재분석해야 하기 때문이다. 개발 담당자가 변경되었을 경우에는 더 심각하다. 코드 자체를 이해하기까지도 상당한 시간이 걸리지만, 이를 변경해야 할 경우 프로시저 전체 구조를 수정해야 할 수도 있어 더 많은 시간이 소요될 수도 있기 때문이다.

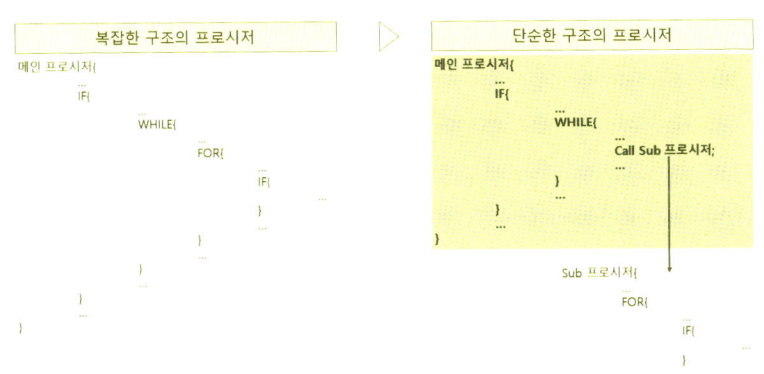

그림 5. 안티패턴 예시 2: 복잡한 vs 단순한 구조의 프로시저

따라서 이 복잡하고 긴 프로시저를 단순한 여러 개의 프로시저로 분리하는 작업을 해야 한다. '그림 5. 안티패턴 예시 2: 복잡한 vs 단순한 구조

의 프로시저'를 보자. 예를 들어, 좌측의 '복잡한 구조의 프로시저'를 보면, '메인 프로시저'에는 IF문 내부에 WHILE LOOP문이 있고, WHILE문 내부에 FOR문이 있고, FOR문 내부에 다시 IF문이 있는 여러 단계의 계층적(hierarchical) 구조이다. 이를 단순한 구조로 바꾸기 위해서 우측의 '단순한 구조의 프로시저'와 같이 '메인 프로시저'와 'Sub 프로시저'로 분리하였다. 좌측에서 '메인 프로시저' 내의 3단계에 있는 FOR문과 그 내부의 IF문을 별도의 'Sub 프로시저'로 만들었다. 그리고 '메인 프로시저'에서 이 'Sub 프로시저'를 호출하는 구조이다. 이렇게 구성하면 각각의 프로시저는 훨씬 이해하기 쉬워지고, 코드를 분석하기도 쉽고, 결함의 원인을 찾는 시간도 적게 걸릴 것이다. 또한 변경해야 할 코드 자체도 줄어들 수 있어 변경이 용이한 구조로 바뀌는 것이다.

과거 Waterfall 방식의 SW 개발 프로젝트 수행 시에는 개발 마지막 단계에 '코드 리뷰'라고 하는 이벤트를 진행하곤 하였다. 이 코드 *리뷰* 이벤트는 *코드 리뷰* 도구를 활용하여 코드 내의 *안티패턴*을 자동으로 찾아내고, 해당 코드를 작성한 개발자에게 수정을 요청하였다. 혹자는 이러한 방법을 통해 SW 코드의 품질을 충분히 관리하고 있는데, 무엇이 더 필요한지 모르겠다고 반문한다. 하지만 이렇게 **개발 마지막 단계에 코드 *리뷰*를 통해 한 번에 *안티패턴*을 수정하는 방법은 상당한 리스크가 있다.** 여러 개발자가 수개월~수년에 걸쳐 개발한 코드를 한 번의 이벤트를 통해 수정하는 것은 사실상 불가능한 일이다.

필자의 경험에 의하면 *코드 리뷰* 프로그램을 통해 *안티패턴* 수정 요청을 받은 개발자는 대부분 주석을 추가하거나, 일부 오류가 발생할 가능성이 있는 코드를 조금 수정하는 수준의 형식적인 조치로 그친다. 프로젝트의 종료를 앞둔 시점에서 비즈니스 로직 자체를 변경할 경우, 오류가 무더기로 발생할 가능성이 있고, 그러면 시스템 오픈 일정에 영향을 주기 때문이다. 따라서 고객사나 SI 업체 관리자도 본격적으로 코드를 수정하는 것에 대해 오히려 불안함을 느끼고, 형식적으로 진행하는 수준에 대해 불만을 표시하지 않는다. 그리고 그들은 결함이 발생하지 않는 것은 중요하지만, SW 코드 품질에 대해서는 중요성을 인지하지 못하는 경우가 많다. 따라서 프로젝트 리더들은 *코드 리뷰* 프로그램을 통해 발견한 조치 필요 건수, 조치 완료 건수 정도를 보고받는 데에 만족하며 *코드 리뷰*를 종료한다.

Agile 프로젝트에서는 SW 코드 품질이 프로젝트의 성공에 직접적인 영향을 주기 때문에, 이 코드 품질을 높이기 위한 추가적인 방법들을 적용해 왔다. 이 방법들은 사후 조치가 아닌 사전에 예방하는 방법으로서, 세부적으로는 XP(eXtreme Programming) 방법론에 포함된 활동이라고 볼 수 있다.[78] 그 첫 번째 방법은 '**테스트 주도 개발**(test-driven development)'이다. *테스트 주도 개발*은 고객 사용자 스토리의 '합격 조건(acceptance criteria)'을 바탕으로 테스트를 수행하는 코드를 실제 SW 기능 개발 코드보다 먼저 작성하는 것이다. 처음에 아무런 코드도 작성되지 않은 상태에서 테스트 코드만 작성하였다면, 물론 테스트에 실패할 것이다. 그리고 이 테스트를 합격할 때까지 SW 기능 개발 코드를 작성한다. 테스트를 합격한다면 SW 기능 개발을 완료한 것이다. 예를 들어, *사용자 스토리와 합격 조건*은 다음과 같다.

---

78) *XP 방법론*에 대한 세부 설명은 별첨의 '5. XP' 챕터를 참고하기 바란다.

사용자 스토리) 사용자는 자신의 ID와 패스워드를 이용하여 로그인한다.

합격 조건) 사용자가 입력한 정보와 일치하는 ID와 패스워드가 있을 경우, '로그인 성공' 메시지를 표출한다. 사용자가 입력한 ID가 사용자 데이터에 없을 경우, '입력하신 ID가 없습니다.'라는 메시지를 표출한다. 사용자가 입력한 ID가 있으나, 패스워드가 일치하지 않을 경우 '패스워드가 잘못되었습니다.'라는 메시지를 표출한다.

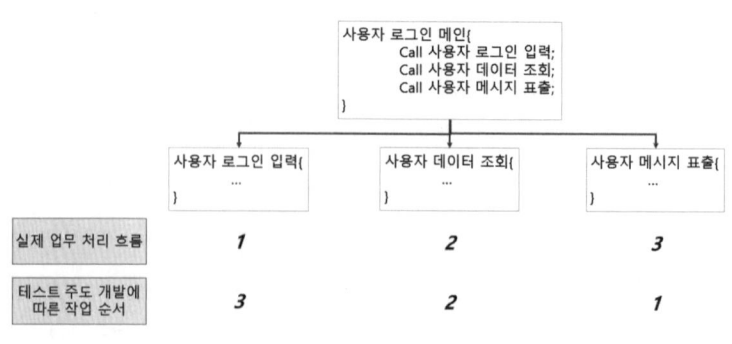

그림 6. 테스트 주도 개발 예시: 로그인

이때 작성해야 할 코드는 ID와 패스워드를 입력받는 메서드, ID와 패스워드를 가지고 사용자 데이터베이스를 조회하는 메서드, 조회 결과에 따라 메시지를 표출하는 메서드, 그리고 이를 모두 컨트롤하는 메인 메서드일 것이다('그림 6. 테스트 주도 개발 예시: 로그인' 참조). 친절하게도 본 예시의 경우, *합격 조건*에 테스트 방법을 기술해 놓았다. *테스트 주도 개발 방법*에 따르면, 이 조회 결과에 따른 메시지 표출 메서드를 가장 먼저 개발해야 한다. 이 메시지가 각 케이스에 따라 성공적으로 조회될 경우 테스트에 통과하는 것이기 때문이다. 이 메시지 표출이 성공적으로 이루어지도록 이후의 메서드를 개발하면 된다.

다음에 개발해야 할 메서드는 ID와 패스워드를 가지고 사용자 데이터베이스를 조회하는 건이다. 이 메서드를 개발한 이후에는, 사용자가 입력한 임의의 ID와 패스워드를 코드 내에 하드 코딩으로 삽입하여 테스트할 수 있을 것이다. 사용자 데이터베이스에 존재하는 ID와 패스워드를 삽입하여 '로그인 성공' 메시지가 표출되는지 확인한다. ID가 없을 경우, ID가 있으나 패스워드가 없을 경우도 확인한다. 이 테스트가 성공한 이후에 사용자로부터 ID와 패스워드를 입력받는 메서드를 개발하면 된다.

이와 같이, 먼저 *사용자 스토리*와 *합격 조건*을 확인한 후, 개발해야 하는 메서드를 식별한다. 다음으로 *합격 조건*에 해당하는 메서드를 먼저 개발하고, 이 *합격 조건*을 맞추기 위해, 실제 업무 처리 흐름과는 반대의 순서로 메서드를 개발하면 된다. 즉 SW를 개발하는 도중 계속해서 '단위 테스트(Unit Test)'를 수행하면서 코딩을 진행하는 것이다. 그래서 이렇게 *테스트 주도 개발* 방식에 따라 SW 코드 작성이 완료되면 *단위 테스트*에 실패하는 일이 없게 되어, 추가로 *단위 테스트*가 필요 없게 된다.

혹자는 이 *테스트 주도 개발* 방식이 다소 생소하고 코딩 시간 또한 길어지므로, 국내의 SW 개발 프로젝트에 적용하기에 무리가 있다고 얘기한다. 하지만 이 *테스트 주도 개발* 방식을 적용한 프로젝트의 경우, 실제 SW 코드를 작성하는 개발자의 작업 시간이 오히려 줄었다고 얘기한다. 그 이유는 예전에는 SW 코드 작성 후에 *단위 테스트*를 수행하고 이에 실패한 경우, 디버깅을 하고 다시 코드를 수정하는 작업을 해야 했다. 하지만 *테스트 주도 개발* 방식은 SW 코드 작성이 완료되었다면, 이미 *단위 테스트*에 통과한 것이 되므로, 이 디버깅과 코드 수정 작업에 소요되는 시간은 불필요하다. 그래서 실제 SW 코드 작성 시간 자체는 조금 더 길어질 수 있으나,[79] 전체적인 개발에 소요되는 작업 시간은 줄어드는 것이다.

국내는 아직 이 *테스트 주도 개발* 방식을 적용한 프로젝트에 대해 들어보지 못하였다. 아마도 아직은 대부분 개발자들에게 생소하고, 관리자들은 개발 생산성 저하를 우려하기 때문일 것이다. 하지만 다소 생소하더라도 프로젝트 표준으로 지정하고 시범적으로 진행해 본다면, 시간이 지날수록 SW 코드의 품질이 향상되고, 더불어 개발 작업에 소요되는 시간조차도 줄어드는 것을 볼 수 있을 것이다. 처음에 당장 개발자들이 불편하다고 해서 개발사에서 적용하지 않겠다고 불평할 때, 첫 번째 스프린트만이라도 한번 진행해 보자고 설득해 보기를 권고한다.

SW 코드 품질을 높이기 위한 사전 조치 방법 중 두 번째는 개발자 두 사람이 '짝을 지어 프로그래밍(Pair Programming)' 작업을 하는 것이다. 이 역시 세부적으로는 *XP(eXtreme Programming)* 방법론에 포함된 활동이라 볼 수 있다. 이 방법을 처음 들어 보는 독자라면, 아마도 현실에 적용될 가능성이 전혀 없어 보인다고 생각할 것이다. 적어도 국내에서 SW 개발 프로젝트를 해 본 사람이라면, 고객사의 프로젝트 책임자가 한 사람의 개발자 인건비라도 줄이기 위해, 매달 인력이 효율적으로 운영되고 있는지를 검토하는 것을 알고 있을 것이다. 만약, 이러한 상황에서 인건비가 두 배로 늘어날 수 있을 것으로 보이는 *짝 프로그래밍*을 도입하자고 요청한다면, 고객사는 아마 들은 척도 하지 않을 것이다.

그럼에도 불구하고 이 *짝 프로그래밍*을 도입하는 기업과 프로젝트들이

---

79) *테스트 주도 개발* 방식에 익숙한 개발자는 오히려 SW 코드 작업 시간 자체도 줄어든다고 얘기하고 있다.

점차 늘어나고 있음을 알아야 한다.[80] 이 *짝 프로그래밍*을 하는 방법을 먼저 설명하면, 개발자 두 사람이 짝을 지어 하나의 PC를 가지고 번갈아 가면서 프로그래밍을 하는 방법이다. 한 사람이 프로그램 코드를 작성하고, 다른 사람은 그 내용을 보면서 자신의 의견을 얘기한다. 두 사람이 프로그램 코드 작성 방향에 대해 협의 후, 실제 코드 작성은 두 사람이 번갈아 가면서 작업한다고 생각하면 될 것이다. 예를 들어, 두 사람이 작업할 *사용자 스토리*에 대해 검토하고 토론하면서 세부 로직에 대해 논의할 것이다. 대략적인 방향이 정해지면, 한 사람이 코드 작성을 진행하고, 다른 사람은 협의한 내용대로 잘 작성되고 있는지를 옆에서 보면서 계속해서 의견을 제시할 것이다. 또는 한 사람이 작성한 코드에 대해, 다른 사람은 더 단순하게 작성할 수 있는 방법을 제시하고, 작성자가 이에 동의한다면 곧바로 코드를 수정할 수도 있을 것이다. 즉 실시간으로 상대방의 코드에 대해 리뷰하면서 *안티패턴*을 지적할 수 있는 것이다.

이렇게 두 사람이 함께 작업한다면 *안티패턴*을 훨씬 줄일 수 있게 되어, 추후에 *기술적 채무*를 갚는 작업량을 줄일 수 있을 것이다. 또한 한 사람이 집중해서 코드를 작성하는 데는 한계가 있으므로, 30분 정도의 단위로 번갈아 작업하면 코드 작성의 집중력을 훨씬 높일 수 있다. 따라서 고객사가 생각하듯이 *짝 프로그래밍*을 적용하면 개발자 인건비가 두 배로 증가할 것이라고 생각하는 것은 잘못된 것이다. 개발자가 각각 작업할 때보다 동일 시간 내에 더 많은 코드를 작성할 수 있고, 더 높은 품질의 코드를 작성하여 재작업을 줄일 수 있게 될 것이기 때문이다. 결국에는 짝 프로

---

80) *짝 프로그래밍*에 대한 도입 추이를 수치적으로 제시할 수는 없으나, 검색 엔진에서 관련 자료를 조사해 본다면, 2000년대 중반부터 각종 연구 자료와 함께, 개발자 커뮤니티에 회자되는 경우도 증가하고 있는 것을 알 수 있을 것이다.

그래밍이 더 효율적인 방식일 것이라 필자는 생각한다.

연구 결과에 의하면, *짝 프로그래밍*은 심지어 창의적 문제 해결을 하는 데도 도움이 된다고 한다.[81] 왜냐하면, 프로그래밍은 한 가지 정답이 정해진 것이 아니다. 코드 작성은 여러 가지 방법으로 문제를 해결할 수 있는 아이디어(ideation)가 필요한 작업인 것이다. 이러한 창의적인 작업의 경우 한 사람이 작업하는 것보다는 여러 사람의 의견을 들어 보는 것이 훨씬 효과적이고 예상하지 못했던 창의적인 결과물이 나올 수 있는 것이다.

그래서 이러한 *짝 프로그래밍*의 장점들을 고객사에 잘 설명하여 어필하고, 만약 **고객사가 계속 반대할 경우, 일부 SW 코드 품질이 중요한 핵심 영역만이라도 시범적으로 적용해 보자고 설득해 보기를 권고**한다. 스프린트가 종료되고 SW 결과물을 확인한 다음에는 고객사도 서서히 긍정적인 마인드로 바뀔지도 모른다. 하지만 주의할 것은 개발사가 인건비를 더 받을 목적으로 이를 운영한다면, 고객사는 즉시 눈치를 챌 것이다. 예를 들어, 경험이 일천한 신규 개발자의 교육을 위해 경험 많은 개발자를 짝으로 하여 작업을 시킨다면, 아마 신규 개발자는 작업량이 고경험자에 비해 현저히 적을 것이다. 반드시 일정 시간을 정하여 두 사람이 번갈아 작업하도록 운영해야 한다. *짝 프로그래밍*은 신입 개발자의 교육을 위한 방법이 아니다.

이렇게 SW 코드의 품질을 높이기 위해서는 개발 진행 과정에서부터 끊임없이 시간을 들여서 노력을 해야만 한다. 일단 코앞에 닥친 개발 일정이 긴급하니 기능을 우선 개발해 놓고, **나중에 한 번에 SW 코드의 품질을 높이겠다는 것은 품질을 신경 쓰지 않겠다는 말**이다.

---

81) Journal of The Korean Association of Information Education에서 2016년 2월에 발표한 '짝 프로그래밍 학습 방법이 창의적 문제해결력과 효율성에 미치는 영향'이라는 논문을 참조하기 바란다.

해법 5)
고객사와 협의하여
WIP(work in progress) 제한을 두라

SW 개발 프로젝트의 목표는 앞서 얘기했듯이 고객사의 만족이다. 고객사가 요청한 시점에, 요청한 기능을, 고객사의 예산 한도 내에서 개발해야 하는 것이 SW 개발 프로젝트가 달성해야 할 목표인 것이다. SI 업체는 SW 개발 프로젝트 수행 시 고객사의 만족을 위해 관리하는 과정에서 항상 딜레마(dilemma)에 빠진다. 먼저 SI 업체는 고객사의 만족을 위해, 고객사가 요청하는 사항을 가능하면 수용해야만 한다. 그렇게 고객사의 요구사항을 대부분 수용하여 개발사에 이를 요청하다 보면, 개발사는 항상 개발 일정에 쫓기고, 이러한 상황에서 개발을 진행하다 보니 SW 품질에 대한 문제가 발생할 수밖에 없다. 이 SW 품질을 개선하는 작업과 신규 기능 개발 일정이 겹치다 보니 결국에는 개발 일정이 지연된다. 이러한 SW 품질 문제와 일정 지연으로 인해 고객사의 SI 업체와 개발사의 업무 성과에 대한 만족도는 낮아진다.

이와 같은 상황을 막기 위해서는 SI 업체는 반대로 고객사의 추가/변경 요건에 대해 과거 Waterfall 프로젝트와 같이 철저한 변경 관리 프로세스를 통해 통제해야 한다. 이렇게 고객사의 요구사항을 적절한 선에서 통제할 수 있다면, 고객사가 요청하는 개발 일정과 비용에 맞출 수 있을 것이다. 하지만 이렇게 추가 요건을 통제한 상황에서 SW를 오픈한다면, 많은 결함과 추가 요구사항이 쏟아질 것이며, 결국 SW 품질 문제로 인해 고객사의 만족도는 역시 낮아질 것이다.

즉 SI 업체는 고객사의 요구사항을 웬만하면 수용하는 방법으로도, 또한 철저하게 통제하는 방법으로도 고객사의 만족을 보장할 수 없게 된다. 그러면 도대체 어떤 방법을 통해 고객사를 만족시킬 수 있을까? 이 해답을 찾기 위해서는 먼저 '**간반**(Kanban)'이라고 하는 Agile 방법론의 업무 프로세스 진단 방법을 이해해야 한다. 고객사의 요구사항 수용의 정도에 따라 어떤 문제가 생기는지 진단하고, 해결 방법을 모색하기 위해서이다.

결론적으로 얘기하면, **간반 보드를 이용하면 현재 업무 프로세스 중 어디에서 병목 현상이 발생하는지를 진단할 수 있다.** 이 간반 보드를 통한 진단을 위해서, 먼저 현재의 SW 개발 업무 프로세스를 분석해야 한다. 처음에 개발 대기 중인 항목(*사용자 스토리* 등)이 있을 것이고, 개발 진행 중인 항목이 있을 것이다. 개발 진행 중인 항목의 경우, 설계 중, 개발 중으로 세부적으로 구분할 수도 있다. 이후 개발 완료된 항목이 있을 것인데, 이는 곧 테스트 대기를 의미한다. 다음은 테스트 중인 항목이 있을 것이고, 테스트 중인 항목을 개발자의 단위 테스트, 3자 테스트, 사용자 테스트로 구분할 수도 있다. 이는 프로젝트의 상황에 따라 상이할 수 있다. 3자 테스트 완료 후에는 고객 승인 대기 상태가 되며, 고객이 승인을 완료하면 개발 건이 종료된다. 3자 테스트나 사용자 테스트에서 실패 시 결함이 등록되며(개발 대기 상태), 개발자가 결함을 접수하면 다시 개발 중인 상태로 바뀐다('그림 7. 간반 보드 예시: SW 개발 업무 프로세스' 참조).

[1차 스프린트 간반 보드: 06/08]

개발 대기	설계 중	개발 중	개발 완료 (테스트 대기)	단위 테스트	3자 테스트	사용자테스트 (승인 대기)	고객 승인 완료
10	5	4	3	2	4	5	10

결함 등록 (개발 대기)	-	결함 접수 (개발 중)	조치 완료 (테스트 대기)
5		6	3

그림 7. 간반 보드 예시: SW 개발 업무 프로세스

각 개발 단계에 있는 항목의 수를 매일 집계해야 한다. 각 단계별 항목의 수는 매일 변할 것이고, 시간이 지남에 따라 그 증감을 파악할 수 있다. 이 증감을 시각화하기 위해 '**일별 WIP(Work In Progress) 흐름도**'를 그린다('그림 8. 일별 WIP 흐름도 예시' 참조). 일별 *WIP* 흐름도를 통해 시간이 지남에 따라 어떤 단계의 항목이 증가하고 감소하고 있는지 파악할 수 있다. 예를 들어, *WIP 차트*에서 '개발 중'인 단계가 1일에 5건이었는데, 일주일이 지난 8일에 10건으로 증가한 경우, '개발 중' 단계가 병목 지점임을 알 수 있다. 따라서 *스크럼 마스터*는 '개발 중' 항목이 증가하고 있는 이유를 파악할 필요가 있었다. 10건의 세부 내용을 확인한 결과, 4건은 신규 개발 건이나, 6건은 '3자 테스트'와 '사용자 테스트'에서 실패하여 다시 '개발 중'으로 넘어온 건이었다.

지난 프로젝트에서는 이렇게 결함이나 추가 요건 발생으로 인해 개발 중인 항목이 증가하는 경우를 많이 목격했다. 개발자가 실제 신규 개발 중인 항목은 몇 건 되지 않으나, 결함이나 추가 요구사항이 발생하여 개발 대기나 개발 중인 항목은 수십 건이 존재하였다. 이 경우 개발자는 자신이 처리할 수 있는 항목은 제한적이나, 처리해야 할 항목은 그보다 훨씬 많게 된다. 이때부터 고객사와 SI 업체는 이 개발 대기 혹은 개발 중인 항목이 언제 처리될 수 있을지 궁금해하고, 수시로 확인을 위한 회의를 요청한다. 개발사의 프로젝트 관리자는 매번 처리 지연의 이유에 대해 변명하기를 반복하였다. 그러는 사이에 또다시 개발 대기 항목은 더 많이 쌓여 갔다.

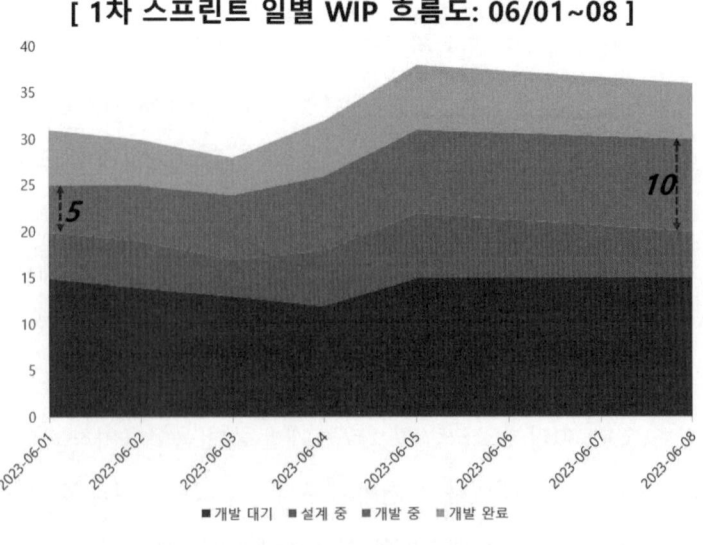

그림 8. 일별 WIP 흐름도 예시

이렇게 실제 처리 가능한 역량에 비해 더 많은 처리를 요청하는 경우는 고객사와 SI 업체가 개발사에 아무리 신속한 대응을 요청하더라도 개발사는 이에 대응할 방법이 없다. 따라서 개발사는 무대응으로 일관하게 되고, 이에 답답한 고객사는 개발사에 이슈 회의를 요청하기를 반복하면서, 오히려 개발 속도는 더욱 느려져만 간다. *간반 방법론*에서는 이렇게 업무 처리가 적체되는 경우를 '**업무가 잘 흐르지(flow) 않는다**'고 얘기한다. 업무가 잘 흘러갈 경우에는 특정 단계의 항목 수가 시간이 지나도 증가하지 않는다. '그림 8'에서 보면 알 수 있듯이, 개발 대기, 설계 중, 개발 완료 항목은 6/1에 비해 6/8 시점에도 비슷한 수준을 유지하고 있음을 알 수 있다. 즉 각 단계에서 일정 수준의 항목 수를 꾸준히 유지한다. 하지만 개발 중인 항목 수가 계속 증가하고 있어, 이 지점이 병목 지점이 됨으로써, 전체적인 업무가 잘 흐르지 못하고 있는 상황이다.

이렇게 **업무가 잘 흐르지 못하는 경우에, 잘 흐를 수 있도록 하기 위한 해법은 각 업무 단계의 항목 수, 즉 WIP에 제한을 두는 것**이다. 예를 들어, '그림 8'의 경우, 개발 중인 항목의 수를 5건을 넘지 않도록 제한하는 것이다. 구체적인 *WIP 제한* 수는 개발사의 처리 가능 역량에 따라 달라질 수 있으며, 설정 후 1주 정도 일별 *WIP* 흐름도를 체크하고 다시 올리거나 내리면서 조정하면 된다. 예를 들어, 개발 중인 항목 수를 5건으로 제한하고 일주일 후, 항목 수가 줄어들고 있다면, 6으로 조정하는 것이다. 그리고 일주일 후 정도에 개발 중인 항목 수를 다시 점검하여 조정하면 될 것이다.

각 업무 처리 단계별로 *WIP 제한*을 두는 것에 대해, 고객사는 물론 반발할 수 있다. 제한한 건수에 비해 추가된 건은 그러면 처리를 하지 않겠다는 것인지, 언제 처리해 주겠다는 것인지 개발사에 반문할 것이다. 이 질문에 대해 개발사는 특정 업무 처리 단계의 항목 수가 *WIP 제한*에 도달했을 경우, 해당 처리 단계 외의 업무를 우선 처리할 것을 가이드해야 한다. 다른 업무를 처리하는 동안 *WIP 제한*에 도달한 업무 처리 단계의 건이 처리될 것이고, 그 이후에 다시 해당 업무를 처리할 수 있다.

예를 들어, 개발 중인 항목이 *WIP 제한*인 5건에 도달한 경우에는, 개발 대기 중인 건을 더 이상 개발 중인 건으로 넘겨서는 안 된다. 그 대신에 다른 업무 처리 단계인 사용자 테스트를 하거나, 고객 승인 대기 중인 건을 사용자 테스트를 진행하여 완료할 수 있을 것이다. 이 건들을 처리하는 동안, 개발자는 개발 중인 건을 개발 완료하여 개발 중인 항목이 4건이 될 것이다. 이때 다시 사용자 테스트를 진행하여 실패한 건들에 대해 결함을 등록하여 개발 대기 상태로 넘길 수 있다. 그러면 개발자는 결함이 등록된 개발 대기 건을 접수하여, 다시 개발 중인 항목은 5건이 될 것이다.

이렇게 업무 처리 단계별로 *WIP 제한*을 두는 것에 대해 고객사 입장에서는 답답할 수 있다. 어차피 모두 처리해야 할 건들이고, 이들을 빨리 개발자에게 넘겨서 신속하게 처리하도록 하고 싶기 때문이다. 그리고 고객사는 업무 처리 단계별로 설정한 *WIP 제한* 항목 수와 현재 처리 중인 건 수를 비교하면서 순차적으로 업무를 처리해야 한다. 기존에 고객사는 언제든지 결함을 등록할 수 있고, 개발자에게 추가 요건에 대한 처리를 요청할 수 있었다. 따라서 *WIP 제한*을 두었을 때의 업무 처리 방식이 고객사 입장에서는 불편할 수 있고, 천천히 진행되는 것처럼 보일 수 있다. 하지만 이 *WIP 제한*을 두는 방법이 *업무를 더 잘 흐르게* 하여 결국에는 더 빠른 속도로 처리될 것임을 명심해야 한다.

그리고 *WIP 제한*을 두지 않은 상태에서는 업무 처리 지연의 모든 책임은 개발사에게 있다. 개발사가 처리해야 할 건들이 쌓여 있는 상황에서 계속해서 처리할 항목 수가 늘어나니, 개발사에게 처리 지연에 대한 책임을 묻는 것은 당연하다. 하지만 **업무 처리 단계별 *WIP 제한*이 적용되면 자연스럽게 업무 처리 지연의 책임을 고객사와 SI 업체로 분산시킬 수 있**

다. 예를 들어, 이 사례에서는 개발 중인 항목이 5건으로 이미 *WIP 제한*에 도달한 상황이다. 그러면 개발사는 개발 중인 항목을 개발 완료하는 것을 중점적으로 진행하면 된다. 이때 고객사는 더 이상 결함이나 추가 요건을 등록할 수 없다. 개발사가 개발을 진행하는 동안, 고객사는 다른 업무들, 즉 사용자 테스트나 *사용자 스토리*에 대한 의사결정 등을 진행할 책임이 생기게 된다. 그리고 개발 중인 항목이 5건 미만이 되었을 경우에 어떤 건을 개발 대기 단계로 넘길 건지 결정해야 하는 것은 고객사와 SI 업체이다. 아마 사용자 테스트 진행 시, 우선순위를 정하여 테스트를 진행할 것이고, 그 우선순위를 정하기 위해 고객사 내부적으로 회의가 이루어질 것이다.

그러면 이 *간반 보드*는 어떤 시점에 관리를 시작해야 하는 것일까? *타스크 보드*와는 어떻게 다른 것인가? *스크럼 마스터*는 SW 개발 프로젝트를 진행하면서, *타스크 보드*를 통해 계속해서 개발 진행 현황을 보고할 것이다. *타스크 보드*를 통해 *사용자 스토리*는 얼마나 개발이 진행되었고, *사용자 스토리* 개발을 위해 어떤 개발자가 어떤 타스크를 진행하고 있는지를 알 수 있을 것이다. 하지만 고객사가 개발 진도가 느린 것에 대한 이슈를 제기하거나, 자신이 제시한 요건이 진행이 안 되고 있는 것 같다는 클레임을 제기할 경우에는 *타스크 보드*로는 대응하기 어렵다. 이때는 SW 개발 프로세스 진단을 위해 업무 처리 단계를 세부적으로 구분하고, 각 단계별 건수를 집계한 '**간반 보드**(Kanban board)'를 구성해야 한다.

물론 *간반 보드*를 관리한다고 해서 *타스크 보드*를 관리할 필요가 없어지는 것은 아니다. *간반 보드*와 *타스크 보드*는 그 관리 목적이 전혀 다르며, 각각 관리해야 할 필요성이 있다. *간반 보드*는 업무 프로세스 진단을 목적으로 하지만, *타스크 보드*는 개발 업무 진행 현황을 관리하기 위한 목적이기 때문이다. *간반 보드*는 스크럼 마스터가 개발자의 개발 업무 진행 현황을 매일 파악하여 관리하면 되며, *타스크 보드*는 매일 진행되는 *일간 스크럼 미팅*을 통해 현행화해야 하는 정보이다.

*스크럼 마스터*가 *간반 보드*를 구성한 후에는 각 업무 처리 단계별로 진행 중인 항목 수를 매일 집계한다. 최소 1주 정도 진행한 이후, *일별 WIP 흐름도*를 그려서 각 업무 처리 단계별 항목 수의 일별 흐름을 파악한다 ('그림 8. 일별 WIP 흐름도 예시' 참조). 만약 항목 수가 증가하는 추세를 보이는 업무 처리 단계가 있다면(그림상에서 개발 중 단계), 그 원인을 세부적으로 파악해야 한다. 원인 파악을 위해 각 개발 요건에 대한 Wiki 페이지 혹은 개발자를 통해 개별적으로 확인이 필요할 것이다. 원인 파악후 세부 단계를 추가로 구분할 필요가 있다면 *간반 보드*에 세부 단계를 추가한다. 예를 들어, 그림에서는 표시하지 않았지만, 개발 중인 항목을 최초 개발 중인 건과 결함 등록으로 인해 재개발 중인 건으로 구분할 수도 있을 것이다.

*스크럼 마스터*는 병목 현상에 대한 분석이 완료되었다면, 고객사 *제품 오너*와 SI 업체 관리자에게 *간반 보드*와 *일별 WIP 흐름도* 분석 결과를 공유해야 한다. 그리고 병목 현상 해결을 위해 항목 수가 증가하는 업무 처리 단계(그림상에서 개발 중 단계)의 *WIP 제한*을 설정할 것을 제안한다. 그리고 그와 함께 다른 업무 처리 단계의 *WIP 제한*(현재 수준으로)도 함께 설정해야 한다. 고객사와 SI 업체에게 각 업무 처리 단계 *WIP 제한*을 넘기지 않도록 가이드를 제공하고, 병목 단계의 *WIP 제한* 수치는 줄이고 늘리는 것을 반복하면서 최적의 수를 찾아가도록 해야 한다.

이렇게 *WIP 제한*을 둔다고 해서 곧바로 업무 흐름이 빨라진다는 효과를 느끼기는 힘들 것이다. 그러나 최소 몇 주 이상을 이 상태에서 진행해 본다면, 과거와 같은 대혼란 상황은 더 이상 일어나지 않는 것을 알게 될 것이다. 이는 업무의 특정 단계에 항목 수가 몰리지 않게 될 것이고, 이로 인해 그 전에 있었던 각종 이슈 회의가 현저하게 줄어들 것이기 때문이다. 그리고 개발자들에게 빠른 처리를 재촉하지 않게 되어, 개발자들은 이제 촉박한 일정에 따라 개발하지 않게 될 것이다. 그러면 개발자는 이제 *기술적 채무*를 갚는 노력도 병행할 수 있을 것이고, 자연스럽게 SW 코드의 품질도 올라갈 것이다. 이로 인해 SW 변경을 처리하는 시간도 단축될 수 있을 것이다.

그리고 고객사는 과거처럼 자신이 개발 요청한 건이 개발되지 않고 쌓여 가는 모습을 보지 않게 될 것이고, 개발 일정 지연에 대한 불만도 줄어들 것이다. 업무 요건 변경에 따른 SW 변경도 과거보다 신속해지고, SW 변경에 따른 예상하지 못했던 결함도 적어져서 고객사의 전반적인 만족도가 높아짐을 느낄 수 있을 것이다.

해법 6)
각 조직의 목표(KPI)를 정렬(align)하라

앞선 챕터의 원인 6번에서 확인하였듯이, SW 개발 프로젝트에 참여하는 다양한 조직 혹은 부서는 자신들의 목표(KPI)를 가지고 각자의 업무를 진행한다. 하지만 이 목표는 대부분의 경우에 SW 개발 프로젝트의 성공이라는 목표에 정렬(align)되어 있지 않음으로 인해, 참여 조직 간의 협업이 어려운 상황에 놓이게 된다. SW 개발 프로젝트의 성공이란 앞서 얘기했듯이 고객사가 요청하는 요건을, 요청한 기간 내에, 예정된 예산 내에 개발하여 고객사를 만족시키는 것이다. 여기서 고객사란 SW 개발 프로젝트를 발주하고 그 결과물을 자신들의 업무에 활용하는 조직을 의미한다.

개발사, SI 업체의 프로젝트 추진 부서와 품질 및 테스트 부서, 고객사의 프로젝트 주관 부서 모두 당연히 자신의 회사의 수익성을 높이는 것이 최우선적인 목표이다. 하지만 이 수익성을 달성하는 방법은 각 조직이 모두 상이하다. 개발사는 자신의 회사의 인력을 프로젝트에 최대한 많이 투입하여 인건비를 확보하는 것이 목표이다.[82] SI 업체의 프로젝트 추진 부서

---

82) 이는 개발사가 SI 업체와 인건비를 기반으로 계약을 체결했을 경우를 가정했을 때이다. 가장 일반적인 경우이다.

는 고객사로부터 수주한 프로젝트 예산(매출) 중 소요 비용을 최대한 절감해야만 한다. 그러므로 최대한 적은 리소스를 프로젝트에 투입하여 최대한의 효과를 달성하려고 한다. 그러나 SI 업체의 품질 및 테스트 부서는 프로젝트를 추진하는 부서와는 다르게 자신의 부서 인력을 최대한 많이 투입하여 인건비를 확보하기를 희망한다.[83] 물론 개발사와 SI 업체 모두 고객사의 요건을 최대한 수용하여 만족도를 높이려고 하는 것은 공통적인 목표이다. 고객사는 이미 프로젝트 비용은 SI 업체와의 계약을 통해 정해진 상태에서 가장 큰 효과를 거두기 위해, 즉 자신의 요건을 SI 업체와 개발사에게 최대한 관철시키는 것이 목표이다.

다시 정리하면, 개발사, SI 업체는 모두 고객사의 요구사항을 최대한 수용하여 고객 만족도를 높이는 것이 공통적인 목표이다. 하지만 개발사와 SI 업체 프로젝트 추진 부서, 품질/테스트 부서의 수익성을 추구하는 방식은 서로 상이하다. 개발사와 SI 업체의 품질/테스트 부서는 최대한 많은 인력을 프로젝트에 투입하는 것이 자신의 수익성을 향상시키는 방법이다. 그러나 SI 업체의 프로젝트 추진 부서는 최대한 적은 인력을 투입하여 비용을 절감하는 것이 수익성을 높이기 위한 방법이다. 물론 많은 인력을 투입하고 각 인력의 단가를 낮추는 방법도 있기는 하다. 하지만 최근에는 인력의 단가는 여러 가지 제약 조건으로 인해 조정하기 어려운 분위기이다.

이렇게 수익성을 확보하기 위한 각 기업의 입장은 사실은 계약 방식과 관계가 있다. 고객사는 정해진 예산으로 SI 업체에 프로젝트를 발주한다. 턴키(turnkey) 방식의 계약이다. 국내에서는 통상 그룹사 내 계열사의 경

---

[83] SI 업체의 품질 및 테스트 부서는 사업 부서가 아니므로, 사업 부서와 내부 계약을 통해 인력만 제공하는 구조가 대부분이다.

우 같은 그룹사에 속한 SI 업체와 계약하는 것이 일반적이다. 그룹사 내 SI 업체는 고객사의 대부분의 시스템을 이미 운영 중이며, 고객사의 업무 또한 가장 잘 알고 있고, 무엇보다 지분 관계로 얽혀 있기 때문에 이를 피하기는 어려운 상황이다.

그래서 고객사는 우선 SW 개발 프로젝트를 발주하는 순간부터 공정한 경쟁 입찰이 아니므로, 일단 고비용이며, 자신들이 손해 보는 장사라는 생각을 마음속에 가지고 있다. 하지만 통상적으로 거래해 온 단가를 무시하기도 어려운 상황이라 불만이 있는 상태라 하더라도 일단 계약하고 프로젝트를 진행한다. 그러나 이 경우, 높은 비용을 지불한 만큼 결과물에 대한 높은 기대치를 가지게 된다. 즉 고객사가 투자하는 비용 혹은 그 이상에 준하는 수준으로 SI 업체가 자신들을 전폭적으로 지원해 줄 것을 기대한다.

SI 업체는 이 정해진 예산 내에서 고객사의 요구사항을 최대한 수용해야 하고, 수익성을 확보하면서 프로젝트를 완료해야 하는 상황이다. 하지만 SI 업체는 통상적으로 대부분 관리 인력으로 구성된다. 단, 일부 SI 업체가 직접 개발하는 영역[84]이 있을 경우는 직접 개발 인력을 투입하여 진행하기도 한다. 그리고 향후 운영을 직접 하게 될 것이므로, 인프라 아키텍트는 SI 업체의 인력을 투입하여 프로젝트를 진행한다. 또한 SI 업체 내의 품질 부서와 테스트팀 인력을 투입하여 3자 테스트와 품질 관리 업무를 전담하기도 한다. 그 외 핵심적인 기능은 모두 외부 솔루션 업체와 계약하여 개발을 진행한다.

이러한 상황에서 SI 업체는 자사의 인력은 내부 거래 기준에 따라 높은

---

84) 통상 외부 솔루션 업체에 대한 의존도가 적은 비솔루션 영역을 SI 업체가 직접 개발하는 경우가 많다.

단가를 유지해야 하므로, 최소한의 인력만을 투입하게 된다. 프로젝트 관리자,[85] 인프라 아키텍트, 테스트팀, 품질 관리자(파트 타임) 등으로만 구성하여 투입한다. 이 인력은 SW 개발 프로젝트 진행을 위한 최소한의 고정 인력이다. 따라서 SI 업체가 비용을 절감할 수 있는 영역은 솔루션 업체가 투입하는 인건비 정도이다. SI 업체 관리자는 SW 개발 프로젝트 진행을 위해 필요한 인력을 모두 검토 후, 최소한의 인력만 투입하려고 노력한다. SI 업체 프로젝트 관리자(임원)는 매달 수익성에 대한 검토를 하므로,[86] 매달 솔루션 업체 인력 중 제외 가능한 인력을 찾아 롤오프할 것을 요구한다.

솔루션 업체, 즉 개발사의 입장에서는 *사용자 스토리* 기능 개발이 1차 완료되었다고 해서 그 인력을 프로젝트에서 제외하는 것은 상당한 리스크가 있다. 향후 그 1차 완료 기능에 대한 변경 또는 추가 요구사항이 나올 수도 있고, 이후 사용자 테스트에서 결함이 나올 경우 이에 대응해야 하기 때문이다. 또한 그 인력이 롤오프하면, 누군가 그 업무를 인수인계 받아서 기존의 업무와 같이 진행해야 한다. 그러면 인수인계를 받는 개발자는 떠나는 개발자가 개발한 SW 코드에 대한 인수인계를 위해 자신의 귀중한 시간을 빼앗기게 된다. 또한 다른 사람이 작성한 SW 코드를 분석하고 변경하는 것은 자신이 개발한 코드에 비해 상당한 추가 시간이 필요한 부담스러운 일이다.

이러한 비효율을 막기 위해 솔루션 업체는 계속해서 인력을 투입하고 롤오프하기를 반복하는 것보다는 적정 인력이 꾸준히 계속해서 개발 업

---

85) SI 업체가 계약하는 업체가 많을 경우, 프로젝트 관리자 외 계약 관리 담당자를 별도로 두기도 하며, 계약 관리 담당자는 사업 관리 업무도 일부 담당하는 것이 일반적이다.
86) 통상 임원 레벨의 관리자의 핵심 KPI는 수익성인 경우가 많다.

무를 진행하는 것을 더 선호한다. 하지만 SI 업체 입장에서는 당장의 수익성 관리를 위해 필요 없어 보이는 인력은 당장 롤오프하고, 향후 꼭 필요할 시 추가로 인력을 투입하는 것을 선호한다. 이 과정에서 개발사의 업무 비효율은 고려 우선순위가 아니다. SI 업체 관리 임원 입장에서도 매달 수익성 목표에 대한 압박을 받기 때문일 것이다.

따라서 고객사는 이러한 SI 업체와 개발사 조직 간의 수익성 구조를 고려했을 때, SI 업체를 통한 '턴키 계약'을 하는 것은 바람직하지 않다. 물론 고객사의 SW 구축 비용만 고려했을 때, *턴키 계약*이 더 비용을 절감하는 방법일 수는 있다. 그리고 SW 구축 실패 시 페널티 등 법적 책임을 계약서에 포함시킬 수 있어 고객사의 법리적 관점에서는 더 이익일 수 있다.

하지만 결론적으로 얘기하면, 이 *턴키 계약* **방식은 Agile 방식의 프로젝트에는 적합하지 않다.** Waterfall 프로젝트의 경우에는, 고객사와 SI 업체 간 갑을 계약 관계를 중심으로 하여, 철저하게 변경 관리 프로세스를 통해 계약을 관리하는 것이 더 적합할 수 있다. 앞선 ERP 실패 사례에서도 보았듯이, 프로젝트에 문제가 발생했을 때에도 이 계약서를 중심으로 법적 분쟁이 많이 발생하곤 하였다. *턴키 계약*은 고객사의 입장에서도 실패에 대한 리스크를 관리하기 위한 목적, 그리고 SI 업체 입장에서도 계약 변경을 관리하기 위한 목적에서 유리하였기 때문에 이 방식이 적합하였다.

하지만 Agile 방식의 프로젝트에서는 고객사의 요건 변경이 수시로 이루어지고, 이 변경 요건을 SW에 반영해야 하는 것이 표준이다. 즉 고객사의 요건이 초기에 확정되어 있지 않고, 요건을 얼마나 많이, 그리고 자주 변경할지 모르는 상태에서 *턴키 계약*을 하는 것은 SI 업체 입장에서는 앞을 보지 못하는 상황에서 걸음을 걸어야 하는 상황과 같은 것이다. 고객사의 입장에서도 SW 개발 프로젝트 기획을 예전과 같이 치밀하게 하지 않은 상황에서 계약 이전에 비용을 정확하게 산정하기가 불가능하다. 따라서 이보다는 **투입 인력과 기간을 기반으로 계약하는 '인건비 계약(man-month contract)' 방식을 권고**한다.

즉 고객사는 SI 업체와 *턴키 계약*을 체결하는 것이 아니라, **각 업체에서 필요한 인력을 소싱하고, 인력을 소싱한 각 업체와 인건비를 기반으로 계약을 체결**하는 것이다. 예를 들어, SI 업체에서는 *스크럼 마스터*, 3자 테스트, 품질 관리, 인프라 아키텍트 인력을 소싱하여 프로젝트 기간에 따른 인건비를 기반으로 계약한다. 그리고 솔루션 업체와는 *사용자 스토리*의 기능 개발을 수행할 인력을 소싱하여, 마찬가지로 프로젝트 기간에 따른 *인건비 계약*을 체결한다. 또한 Agile 방식에 대한 가이드를 제공할 컨설턴트와의 계약도 추가로 필요할 수 있다.

고객사가 이렇게 각 업체와 *인건비 계약*을 체결하기 위해서는 사전에 준비할 사항이 필요하다. 먼저 고객사는 Agile 기반의 SW 개발 사업을 준비하기 위해, *사용자 스토리*의 초안을 미리 준비해 놓아야 한다. 이 *사용자 스토리*를 작성하기 위해서는 작성 주체인 *제품 오너*를 먼저 선정해야 한다. *제품 오너*는 SW 개발 프로젝트의 핵심적인 역할을 수행해야 하므로, 해당 업무를 가장 폭넓게 이해하고 있고, 다양한 부서와 커뮤니케이션을 할 수 있는 역할, 솔루션 업체를 잘 주도할 역량을 가지고 있는 인력을 선정해야 한다.

*제품 오너*는 먼저 업무 프로세스를 3레벨 정도로 분류하여, 세부 업무 단위로 담당자를 찾아야 한다. 각 담당자에게 *사용자 스토리* 작성을 위한 가이드를 제공한다. 일단 가이드 문서를 잘 작성하여, 워크숍 형식의 회의

를 진행한 후, 필요할 때마다 개별적인 연락을 취해야 할 것이다. 필자의 경험상 이 작업이 만만하지 않을 수 있다. 별도 TF를 구성하여 진행하는 것도 좋은 방법이다. 차세대 업무 시스템에서 수행할 업무의 세부 내용을 작성해야 하므로, 많은 담당자와의 토론과 아이디어가 필요할 것이다.

제품 오너는 사용자 스토리의 초안을 작성한 후에는, 이를 기반으로 내부 사업 계획서를 작성하여 예산을 확보해야 할 것이다. 사업 계획서를 작성하기 위해서는 먼저 스프린트의 기간(1개월 이내)과 횟수를 결정해야 한다. 이를 위해 각 스프린트별로 어떤 사용자 스토리를 구현할 것인지 정해야 하는데, 이를 정할 때는 업무 프로세스 2레벨 정도로 선정하는 것도 좋은 방법일 것이다. 물론 이러한 계획은 실제 SW 개발 프로젝트 진행 시 개발사와의 협의에 따라 변경될 것이다. 따라서 계획 수립을 위해 너무 많은 노력을 기울일 필요는 없다. 각 스프린트에는 몇 명의 개발자, 테스터, 스크럼 마스터, 아키텍트 등이 필요할 것인지 정도를 산정한다. 이때 SW 구현에 적용할 솔루션 업체들에 연락하여 설명을 한 번씩 들어 보는 것도 필요할 것이다. 또한 내부 시스템 운영팀과 인프라 구성에 대한 부분도 협의하여 예산에 포함해야 할 것이다. 그리고 마지막으로 최종 오픈 일정과 프로젝트 추진 조직을 구성한 후 사업 계획서 작성을 완료하고 내부 결재를 받는다.

경영진이 SW 개발 사업 계획을 승인하면, 본격적으로 프로젝트 추진을 위한 조직을 구성하고, SI 업체와 솔루션 업체, 컨설팅 업체 등을 선정한다. 각 업체와 필요한 인력에 대한 협의를 진행하고, 인력 수, 사업 기간에 따라 각 사와 인건비 계약을 체결한다.

이렇게 고객사가 직접 Agile 기반의 SW 개발 프로젝트를 추진하면서,

SW 개발에 필요한 인력을 산정하여, 각 업체로부터 필요 인력을 조달해야 한다. 고객사는 각 업체와 인건비 기반의 계약을 체결함으로써, 앞서 보았던 조직 간의 수익성 확보를 위한 불협화음을 줄일 수 있을 것이다. Agile 방식의 SW 개발 프로젝트는 각 업체 간의 협업이 가장 중요한 원칙 중 하나인 만큼, 고객사와 Agile 컨설틴트는 업체들이 잘 협업할 수 있도록 주도하여 프로젝트를 진행해야 한다. 혹시라도 과거와 같이 계약서를 기반으로 한 조직 간의 이기주의가 나타나려고 한다면, *제품 오너*는 즉시 각 업체의 리더와 회의를 소집하고, Agile 프로젝트의 핵심 가치와 원칙을 상기시킬 필요가 있다.

마지막으로 SW 개발 조직의 목표를 달성하기 위한 과정에서 프로젝트의 성공과 충돌이 발생할 수 있는 영역은 바로 '고객사 내부의 조직 간 이기주의'와 관련한 사항이다. 먼저, 고객사 내의 SW 사용자 측인 업무 부서에서 목표(KPI) 달성을 위해 무리하게 요건 추가를 개발사 측에 요청하는 경우이다. *제품 오너*로서는 이러한 상황이 참으로 난감하겠지만, 프로젝트에 참여한 업무 부서 간의 합의는 어떤 방식이든 간에 필요하다. 특정 부서의 요건을 이번 스프린트에 구현하려면, 다른 부서의 요건을 다음 스프린트로 미뤄야 할 수도 있기 때문이다.

Agile 방식의 SW 개발 프로젝트에서는 *WIP 제한*으로 인해 이렇게 부서 간 협의가 필요한 경우가 상당히 많을 것이다. *제품 오너*가 주도하여 부서 간 합의를 이루기가 힘들다면, 책임 임원에게 의사결정 회의를 요청하여 결정이 필요할 것이다. 책임 임원은 각 부서장까지 참여한 회의를 소집하여 조정이 필요할 것이다. *간반 보드*에서 *WIP 제한*이 걸린 상황에서는 이러한 회의가 많아질 것이므로, 주 1~2회 정도 주기적으로 진행하는 것이 좋다. 책임 임원은 연간 부서 목표(KPI) 설정 시, 프로젝트 주관 부서뿐만 아니라 관련된 업무 부서에게도 프로젝트에 협업할 수 있도록 목표를 부여해야 한다. 예를 들어, 관련 업무 부서에게도 프로젝트의 성공적 오픈에 대한 목표를 일정 비율로 추가하는 것이다. 이러한 조치를 취한다면, 관련 업무 부서는 프로젝트 결과와 무관하게 무조건적으로 자신의 요건을 관철시키려는 태도를 취하지는 않을 것이다.

또 하나의 문제는 SW 개발 프로젝트의 책임 임원이 교체될 경우이다. SW 개발 프로젝트를 주관하던 임원이 새로운 임원으로 교체되었을 때, 프로젝트의 추진력은 사실상 급격히 감소한다. 그 전의 프로젝트는 신규 임원이 추진하던 사업이 아니므로, 본인의 성과로 인정받기 어렵기 때문이다. 따라서 이 추진력을 유지하기 위해서는 신규 임원의 생각에 그 전의 프로젝트의 방향성이 자신의 생각과 맞지 않더라도, 일단은 잘 마무리를 할 수 있도록 하는 조치가 필요하다. 이를 위해서는 이 신규 임원의 업무 목표(KPI)에 이 프로젝트의 성공적 완료를 포함시켜야 한다.

이러한 조치를 원활하게 수행하기 위해서는, SW 개발 주관 부서의 임원 교체가 예상될 경우, 프로젝트의 *제품 오너*와 Agile 컨설턴트는 프로젝트 이해관계자 중 가장 영향을 많이 받는 업무 부서(예를 들면, 핵심 기능의 사용자 부서 등)의 부서장에게 이러한 상황을 설명하고, 도움을 요청할 필요가 있다. 예를 들어, 프로젝트 책임 임원이 CIO일 경우, 현업 부서의 사업부장 혹은 사업본부장에게 도움을 요청할 필요가 있다. 그러면 관련 부서의 임원이 인사 부서장에 요청하여 신규 임원의 업무 목표(KPI)에 프로젝트의 성공적 완료에 대한 부분을 포함시키도록 조치할 수도 있을 것이다.

이러한 업무를 원활히 수행하기 위해서, SW 개발 프로젝트를 주관하는 *제품 오너*는 자신 또는 동료 주변의 모든 채널을 동원하여 프로젝트와 관련된 정보들에 대해 적극적으로 수집해야 한다. 수집된 정보를 통해 어떤 이벤트가 발생할 경우를 가정해 보고, 이 이벤트가 본 프로젝트에 미칠 영향이 어떠한지에 대해 지속적으로 분석하고, 해결 방안을 모색해야 한다. 특히 필자가 최근에 참여했던 프로젝트의 경우, 관련된 이해관계 조직이 매우 광범위했다. 고객사도 여러 기업과 부서가 포함되어 있었고, 심지어 이 고객사를 관할하는 조직까지 존재했다. 한 고객사 내에 여러 사업부를 포함하고 있었는데, 사업부 하나가 웬만한 대기업에 버금가는 거대한 조직이었다. SI 업체도 여러 부서들, 본 사업 추진 부서, 시스템 관련 업무 부서,[87] 인프라 아키텍트 부서, 테스트 부서, 품질 부서 등이 관여하였다. 개발사도 여러 개의 솔루션 업체, SI 업체와 협력사인 개발 업체 등을 포함하여, 그야말로 다양한 조직들이 함께 참여하였다. 이런 광범위한 조직 구성을 가지고 SW 개발 프로젝트를 추진하는 경우는 프로젝트를 진행하면서 그야말로 다양한 이벤트와 이슈들이 발생한다. *제품 오너*는 각 조직의 리더로부터 수시로 공식, 비공적인 미팅을 통해 정보를 수집할 필요가 있다.

---

87) 특정 시스템을 개발하고 유지보수 하는 부서도 SI 업체 내에 한 부서가 아닐 수 있다. 계열사별로 관할 부서가 분리되어 있는 경우도 있기 때문이다.

해법 7)
일하는 방식을 Agile하게 바꾸지 않는 한 변하지 않는다

필자가 경험한 지난 SW 개발 프로젝트에서 프로젝트 팀원들은 스프린트, 사용자 스토리, 일간 스크럼 미팅, 타스크 보드와 같은 Agile 방식의 핵심 도구들을 SW 개발 업무에 활용하고자 하였다. 하지만 결과적으로 Agile의 가치와 원칙에 맞게 활용하지 못하였고, 결국 예전과 같이 Waterfall 프로젝트의 업무 방식으로 되돌아가고 말았다. 이렇게 Agile 도구를 중심으로 프로젝트를 추진하려고 했던 SI 업체의 시도는 실패로 돌아가고 말았다.

필자가 과거 컨설턴트로 재직했던 글로벌 컨설팅 회사에서도 '**Agile 방법론 툴킷**'이라는 가이드가 존재하였고, 이와 관련 온라인 교육도 수강하였다. 이 *Agile 방법론 툴킷*은 Agile 방식으로 SW 개발 프로젝트를 수행하기 위해 필요한 자료를 모두 모아 놓은 형태였다. SW 개발 프로젝트를 준비하는 단계에서부터 진행 시 작성해야 하는 문서의 각종 템플릿, 프로젝트 수행 단계, 단계별 각 활동(activity)에 대한 가이드, 즉 누가 무엇을 어떻게 하면 되는지에 대한 내용을 포함하고 있었다. 아마도 컨설팅사가 Agile 방식의 SW 개발 프로젝트에 참여하면서 습득했던 각종 자료와 노하우를 집대성해 놓은 듯한 가이드였다.

필자는 이 *Agile* 방법론 툴킷에 대해 나름대로 열심히 연구하였지만, 결과적으로 지난 SW 개발 프로젝트에서 아무것도 적용할 수 없었다. 그 이유는 **Agile 방법론을 SW 개발 프로젝트에 왜 적용하는 것인지, 목적과 가치, 원칙과 같은 기본적인 사항들에 대한 공감을 하지 못한 상태에서 관련된 도구만 익히려 하였기 때문**이었다고 생각한다. 필자는 스프린트가 무엇인지도 알고 있었고, *사용자 스토리*가 무엇인지도 이미 이해하고 있었고, *일간 스크럼 미팅*에 대해서도 어느 정도 인지하고 있었다. 그리고 *타스크 보드*가 무엇인지도 알고 있었다. 모두 다 단순하면서도 유용한 도구인 것으로 보였다. 하지만 그 도구를 어떤 경우에 왜 써야 하는 것인지, 무슨 목적으로 써야 하는지, 결국에 무슨 가치를 달성하려고 하는 것인지를 몰랐던 것이다.

우선 스프린트를 보자. 스프린트는 전체 프로젝트 기간을 짧게 한 달[88] 단위로 나누어서 SW 개발 결과물을 고객사에 보여 주고, 그 피드백을 받아 다시 개발하는 과정을 반복하는 것을 의미한다. 그리고 스프린트는 SW 개발 팀원들이 다 함께 전력 질주 한다는 의미를 내포하고 있다.[89] 이는 단순히 개발 기간을 여러 단계로 나누기 위한 용어가 아니라는 의미이다. SW 개발에 참여하는 팀원들이 다 함께 협업하여 전력 질주(스프린트)로 SW를 개발한 후, 결과를 리뷰하여 개선할 부분을 찾아 수정한다. 팀원들은 또다시 전력 질주 한 후, 리뷰하는 것을 반복하여, 결과적으로 'SW 개발'이라는 게임에서 승리하자는 의미이다. 따라서 스프린트의 의미는

---

88) 스크럼 방법론의 경우 한 달 단위이나, XP 방법론의 경우 한 주 단위이다.
89) 제품 개발 업무에 Agile 개념을 도입한 시초라 불리는 'The New New Product Development Game'(HBR, 1986)이라는 아티클에 의하면, 이 '스프린트'는 미식축구의 용어를 차용한 것이다.

SW 개발에 참여하는 *제품 오너*, *스크럼 마스터*, 개발자가 다 같이 협업하여 개발을 진행하고, 함께 결과를 리뷰하여 개선하는 것을 반복하자는 것이다. 단순히 개발 기간을 짧은 단계로 나누어서 결과물을 제출함으로써, 프로젝트의 리스크를 줄이자는 것이 아니다.

다음은 *사용자 스토리*다. *사용자 스토리*는 고객사의 요구사항을 사용자의 업무 관점에서 '누가, 언제, 어디서, 무엇을, 어떻게, 왜'라는 육하원칙에 따라 이해하기 쉽게 기술한 것이다. 이 *사용자 스토리*가 *프로젝트 백로그*가 되고, 이로부터 스프린트별로 개발할 건들을 선별하여 개발을 진행한다.

이 *사용자 스토리*는 단순히 과거 Waterfall 방식의 프로젝트의 '고객 요구사항 정의서'를 대체하는 문서가 아니다. *고객 요구사항 정의서*는 SW 개발 프로젝트의 첫 단계인 '요구사항 분석' 단계의 결과물로 고객사의 요구사항을 일차적으로 확정하기 위한 문서였다. 이 확정된 요건을 기반으로 SW 설계를 진행하기 위함이다. 이렇게 '요구사항 버전 1.0'을 확정한 후에는 추후 *변경 관리 프로세스*를 통해서만 이를 변경할 수 있었다. *변경 관리 프로세스*는 고객 요구사항이 계속하여 변경되는 것을 통제하기 위한 방법이었다.

하지만 *사용자 스토리*는 고객 요구사항 정의서라는 문서로서의 의미보다는, **고객사와 개발자 간에 고객 요구사항을 서로 원활하게 커뮤니케이션하기 위한 도구**로 생각해야 한다. 이 *사용자 스토리*는 '버전 1.0'도 없고, 변경하기 위한 별도의 절차도 필요가 없다. 고객사의 *제품 오너*는 매일 일간 스크럼 미팅을 통해 개발자와 사용자 스토리에 관해 커뮤니케이션하고, 서로 논의한 결과 *사용자 스토리*의 내용이 변경될 수도 있다. 또한 이번 스프린트에 구현하기로 한 *사용자 스토리*를 차기 스프린트로 옮길 수도 있다. *사용자 스토리*는 마치 우리가 회의할 때 회의 주관자가 의제를 대략적으로 작성하여, 회의 시에 이를 보면서 서로 논의하는 것과 같이, 논의를 원활하게 하기 위한 '워킹 문서'와 같은 용도이다.

Agile 방식의 프로젝트에서는 이렇게 산출물 문서를 철저히 관리하는 것을 지향하지 않는다. 산출물을 작성한 이후에는 팀원들이 잘 참조하지 않는 것이 현실이므로, 산출물을 작성하고 관리하는 데 소요되는 불필요한 자원을 최소화하고자 하는 것이다. 문서가 필요한 경우가 있다면, 그것은 SW 개발 시 또는 회의 시, 서로 논의를 원활하게 하기 위한 커뮤니케이션 자료 정도로 작성하면 된다. 이렇게 불필요한 자원 낭비를 최소화하자는 것이 Agile 방식의 프로젝트의 지향점이다.

이렇게 *사용자 스토리*의 목적을 이해하지 못하고, 과거와 같이 '버전 1.0'을 찍으려 하거나, 변경 관리를 위해 프로젝트 관리자의 통제 프로세스를 거칠 것을 요구하는 것은 잘못된 것이다. 또한 고객사가 작성한 *사용자 스토리*를 개발자의 입장에서는 너무 개략적인 내용이라 참조하기 불충분하다고 생각하여 이를 활용하지 않으려 하는 것도 잘못된 것이다.

고객사 *제품 오너*는 자신의 요구사항을 *사용자 스토리*에 담는 노력을 지속적으로 해야 한다. 즉 개발자와의 협의에 따라 상세화하고 내용을 변경한 후, 이를 *사용자 스토리*에 업데이트해야 한다. 또한 이 업데이트한 내용을 끊임없이 공유하고 설명하기를 반복해야 한다. 이 *사용자 스토리*는 프로젝트가 종료되기 전까지 계속해서 변경될 것이고, *제품 오너*는 이 *사용자 스토리* 작성의 책임자로서 항상 최종 버전을 관리하고 공유해야 한다. 이를 위해 별도 *사용자 스토리* Wiki 페이지를 구성해서 실시간으로 최종 버전을 공유하고, 공동 작업도 가능하도록 하는 것도 좋은 방법이다.

다음은 *일간 스크럼 미팅*이다. **일간 스크럼 미팅은 매일 30분 정도의 짧은 시간 내에 개발자 간에 개발 진행 현황과 이슈 정보를 서로 공유하고, 스프린트의 계획을 재점검하는 회의**이다. 개발자가 서로 간의 정보를 공유하기 위한 자발적인 분위기의 회의이며, 고객사의 *제품 오너*와 스크럼 마스터도 참여해야 한다. 고객사의 *제품 오너*는 회의에 참여하여 *사용자 스토리*에 대한 커뮤니케이션과 함께 스프린트 계획에 대한 협의와 의사결정을 수행해야 한다. *스크럼 마스터*는 개발 진행상의 이슈를 파악하여 해결 방안을 모색하고, 관련 추가 회의를 파악하여 이를 주관하여 개최하고 결과를 follow-up 해야 한다. 또한 *일간 스크럼 미팅* 중 파악된 개발 진행 상황이나 스프린트 계획 변경 사항은 곧바로 *타스크 보드*에 반영하여 현행화하는 작업도 해야 한다.

이와 같이 *일간 스크럼 미팅*은 프로젝트 관리자가 개발 진도나 현황을 파악하기 위한 목적으로 진행되어서는 안 된다. 이런 목적으로 회의를 진행할 경우, 개발자는 프로젝트 관리자에게 개발 진행 현황 보고를 위해 본인의 의사와 무관하게 회의에 참석하고, 자신이 보고할 차례를 기다리며 딴짓을 하며 시간을 보낸다. 즉 개발자는 바쁜 개발 일정 중에 귀중한 시간을 할애하여 회의에 참석하였지만, 자신의 개발 업무에 도움이 되지 않는 불필요한 회의라고 생각하는 것이다.

이렇게 되면 이는 이미 *일간 스크럼 미팅*이 아니고, '일간 진도 점검 회의' 정도로 불러야 할 것이다. *일간 진도 점검 회의*는 개발자의 개발 진행 현황을 매일 파악하고 감시하며, 개발자가 개발 일정을 더 단축시킬 수 있도록 몰아붙이기 위해 프로젝트 관리자가 주관하는 미팅이다. 필자가 지금까지 경험한 모든 프로젝트에서는 *일간 스크럼 미팅*을 제대로 진행하는 것을 본 적이 없으며, 모두 *일간 진도 점검 회의*의 형식으로 진행하고 있었다. 아마 대부분의 독자도 그렇다고 생각할 것이다. 독자들은 아직도 *일간 스크럼 미팅*이 무엇인지 정확하게 머릿속에 그려지지 않을 것이다.

필자의 생각에 *일간 스크럼 미팅*은 Agile 프로젝트에 대한 개념을 명확히 하지 않는 한, 사실상 진행하기 쉽지 않은 도구이다. 그냥 문자로만 읽었을 때는 하루 30분 정도로 서서 진행하는 진도 점검 회의이지만, 실제로 업무에서 실행하려면 아마 가장 어려울 것이라 생각한다. 왜냐하면 **개발자 스스로 자신의 필요에 따라 진행하는 것을 목표로 하기 때문**이다. *일간 스크럼 미팅*을 통해 개발자 자신의 업무에 필요한 정보를 얻고 서로 정보를 공유하며, 자신의 타스크를 팀원들 스스로 정해야 한다. 일반적인 기업에서는 참으로 생소하게 느껴지는 방식이며, 마치 학교에서 과제를 수행할 때의 방식과 유사하다고 생각할 것이다. 일반적인 기업에서는 팀장이나 부문장이 항상 주관하여 *일일 점검 회의*를 진행한다. 대부분의 경우에는, 기업에서 팀장이나 부문장이 어떤 과제를 실무자들에게 지시할 것이다. 실무자들은 함께 모여서 어떻게 진행할지에 대한 의견을 나눈 다음, 각자 타스크를 수행하고 수시로 모여서 내용을 점검하는 회의를 진행할 것이다. 업무를 지시한 팀장이나 부문장에게 보고할 준비가 어느 정도 되었다면, 별도 회의를 잡고 보고할 것이다. 중요한 과제의 경우에는, 팀장/부문장은 업무 지시 후 직접 수시로 점검 회의를 주재할 것이다. 즉 실무자들은 팀장/부문장의 지시에 의해 모든 업무를 수행하고, 그 결과를 보고하는 형식으로 업무를 진행한다. 그러니까 이 Agile 방식의 *일간*

스크럼 미팅과 같이 개발자가 스스로 수행할 타스크를 정하고, 그 결과도 실무자들끼리 서로 공유하는 미팅은 참으로 생소한 것이다.

하지만 이러한 콘셉트의 전환을 하지 않는 한, *일간 스크럼 미팅*은 진행할 수 없을 것이다. 즉 필자가 경험한 프로젝트와 같이 일일 *진도 점검 회의*의 형식으로 진행하다가, 개발 일정이 촉박해지면 중단할 것이다. 일간 *스크럼 미팅*을 진행하지 않으면 *타스크 보드* 역시 현행화가 어려울 것이다. 결과적으로 과거처럼 WBS와 주간 보고를 통해서만 개발 진행 현황을 일주일에 한 번씩 파악할 수 있을 것이다. 하지만 그 개발 현황도 사실상 정확하지 않은 정보일 것이다. 또한 개발자들은 *사용자 스토리*에 대한 상세 의미를 적시에 파악하기 어려울 것이고, 이는 곧 개발 일정 지연으로 이어질 가능성이 높다. 즉 모든 업무들이 과거로 돌아가는 것을 확인할 수 있을 것이다.

이러한 업무 방식에 대한 콘셉트의 전환이 가능하기 위해서는, 고객사의 *제품 오너*, SI 업체의 프로젝트 임원, 스크럼 마스터 등의 프로젝트 리더에 해당하는 인력들이 이에 대해 명확히 이해하고 있어야 한다. 현재 시점의 국내 상황에서는 Agile 컨설턴트(혹은 코치)라 불리는 전문가의 도움을 받지 않는 한은 사실상 실행이 쉽지 않을 것이다. 이들의 도움을 받아 프로젝트 리더 인력과 개발자에 대한 교육을 수행하고, 실제 SW 개발 프로젝트를 진행하면서 하나씩 직접 가이드를 받는 것이 바람직할 것이다.

Agile 컨설턴트가 *일간 스크럼 미팅*에 직접 참여하여 진행 방법에 대해 가이드를 제공하고, 실제 참관하면서 잘못된 내용을 지적해 주는 기간이 필요할 것이다. 예를 들어, 스크럼 *마스터*가 회의를 주관하려고 하는 행동을 보이는 경우, 고객사 *제품 오너*가 바쁜 일정을 핑계로 계속 회의에서 빠지려고 하는 경우, 개발자들이 자신의 정보를 투명하게 얘기하지 않고 소극적으로 행동하는 경우 등에 대해 컨설턴트는 잘못된 내용을 지적하고 올바른 방식으로 수행하도록 가이드해 주어야 한다. 이 *일간 스크럼 미팅*이 정상화되지 않는 한 Agile 방식의 SW 개발 프로젝트는 사실상 불가능하다는 것을 명심해야 한다.

고객사나 SI 업체의 조직 규모가 클수록 조직의 계층적인 상/하위 구조가 복잡하고, 각 조직의 역할과 책임이 명확히 구분되어 있다. 따라서 이러한 조직에서 근무해 온 담당자들은 엄격한 상/하위 통제 구조가 익숙하고, 이러한 *일간 스크럼 미팅*의 자율적인 콘셉트가 상당히 요원하게 느껴질 것이다. 하지만 이렇게 권위적인 조직문화를 가진 기업이 SW 개발 프로젝트에서 정상적인 *일간 스크럼 미팅*을 한번 진행해 본다면, 그 파장은 분명 커질 수 있다. *일간 스크럼 미팅*을 통해서 스프린트 계획이 지속적으로 업데이트되고, *타스크 보드*는 매일 현행화되어 투명하게 개발 진척 현황이 파악되고, 개발자와 *제품 오너* 간의 원활한 커뮤니케이션이 이루어지는 것을 확인한다면, 조직의 분위기는 분명 달라질 것이다. 오히려 SW 개발과 무관한 타 부서에서도 이를 벤치마킹하여 도입하려는 사례가 늘어날 것이다. 이렇게 새로운 시도는 오래된 권위적인 조직에 새로운 활력을 가져올 수도 있을 것이다.

다음은 *타스크 보드*이다. *타스크 보드*는 이미 상세히 설명한 바 있다. 하지만 그 중요도에 비해 제대로 활용하고 있는 사례가 드물어, 한 번 더 반복하여 설명하겠다. **타스크 보드는 스프린트의 SW 개발 계획과 개발 진척 현황을 한눈에 파악할 수 있는 현황판(대시보드)**이라고 보면 된다.

*타스크 보드*에서 개발 계획을 어떻게 파악할 수 있냐고 반문하는 사람도 있을 것이다. *타스크 보드*의 '개발 대기(to-do)' 컬럼에 있는 *사용자 스토리*는 이번 스프린트에서 구현할 대상 기능이다('그림 9. 타스크 보드 작성 예시' 참조). 만약 일간 스크럼 미팅 중에 차기 스프린트에서 개발하기로 *제품 오너*와 개발자가 합의한 *사용자 스토리*가 있다면, *타스크 보드의 개발 대기* 컬럼에 있던 *사용자 스토리*는 사라지고 프로젝트 백로그에 다시 추가될 것이다. 이렇게 현재 스프린트에서 개발 진행 중인 건과 함께, 이번 스프린트에서 개발할 전체 목록을 *타스크 보드*에서 관리하고 있으므로, 개발 계획까지도 파악할 수 있는 것이다.

[1차 스프린트 타스크 보드: 06/08]

	개발 대기 (to-do)	개발 중 (doing)	개발 완료 (done)
사용자 스토리	#1. XXXXXXXX #3. XXXXXXXX ...	#2. 사용자 로그인(상) - 그룹사 SSO 연동: ~6/15. 김XX - 화면 디자인: ~ 6/10. 이XX - 사용자 데이터 연동: ~ 6/30. 박XX ...	
공통	연계 기능 개발 - 프로젝트 계획 수신: ~6/15. 김XX 기준정보 관리		
인프라 아키텍트	신규 테스트 서버 셋업		
기타	사용자 교육 계획 수립		

그림 9. 타스크 보드 작성 예시

앞서 얘기했듯이 *타스크 보드*는 *사용자 스토리*의 진행 현황만 파악하는 용도가 아니다. *사용자 스토리*의 구현을 위해 필요한 모든 타스크를 도출하여, 각 타스크별 진행 현황을 파악할 수 있어야 한다. 위 그림에서 '개발 중' 컬럼의 *사용자 스토리* '#2. 사용자 로그인' 하위에는 3가지 타스크가 있으며, 각각 타스크명과 완료 예정일, 담당자가 표시되어 있다. 그리고 *사용자 스토리* 외의 모든 개발자의 타스크도 함께 표시하여 누가 어떤 업무를 진행하고 있는지를 정확히 파악할 수 있어야 한다. 그림에서 '개발 대기' 컬럼의 '공통' 영역에는 '연계 기능 개발' 업무가 있으며, 그 하위에 세부 타스크가 기술되어 있다. 이렇듯 *사용자 스토리* 구현을 위한 타스크 외의 타스크들도 함께 *타스크 보드*에 표시되어야 한다.

 이 *타스크 보드*는 일간 스크럼 미팅을 통해 공유한 결과 정보를 업데이트함으로써 현행화가 이루어진다. 스크럼 마스터가 주도적으로 *타스크 보드*를 관리하는 것이 아니라, 개발자들이 자신의 개발 진행 현황 정보를 *일간 스크럼 미팅*에서 공유하면서, 그 내용을 *타스크 보드*에 현행화하는 것이다. 즉 일간 스크럼 미팅 진행 결과를 관리하기 위한 하나의 도구인 것이다. 개발자들은 일간 스크럼 미팅을 진행하는 중에, *타스크 보드* 화면[90]을 보면서 자신의 업무 진행 현황과 계획, 이슈를 공유한다. *타스크 보드*에는 *사용자 스토리*도 표시되어 있으므로, 필요시 *제품 오너*와 업무 로직에 대한 세부 협의도 자연스럽게 이루어질 수 있을 것이다.

 이렇게 *타스크 보드*는 스프린트의 진행 계획과 *일간 스크럼 미팅* 진행 결과를 관리하는 하나의 도구로서 활용되고, 또한 개발 진행 현황을 고객사나 SI 업체와 내부적으로 공유할 필요가 있을 경우에도 활용될 수 있다. 예를 들면 주간 보고, 월간 임원 보고, 이슈 회의 등에서도 이 *타스크 보드*를 통해 스프린트의 진행 계획과 현황을 공유하면서 서로 논의할 수 있을 것이다. 경영진과 관리자들은 개발 진행 현황 점검을 위해 개발자에게 별도로 연락하거나 미팅을 진행할 필요 없이, 매일 현행화하고 있는 이 *타스크 보드*를 통해 간편하게 현황을 확인할 수 있는 것이다. Agile 기반의

---

90) *타스크 보드*는 실물 벽에 스티커 메모를 붙이고 이동하는 방법도 있다. 하지만 이렇게 할 경우, 정보 표현에 한계가 있고, 공유도 불편하므로, 엑셀과 같은 도구를 이용하는 것이 더 편리할 것이다. 별도 SW 도구로 시중에 나와 있는 것도 있으나, 오히려 자유도가 낮아 불편할 수도 있을 것이다.

SW 개발 프로젝트의 진행 계획과 현황을 가장 효과적으로 관리하고 공유할 수 있는 도구가 바로 *타스크 보드*이다.

하지만 필자가 경험한 지난 프로젝트와 같이, 이 **타스크 보드를 *사용자 스토리* 진행 현황 점검을 위한 용도로만 활용할 경우, 오래 지나지 않아 더 이상 현행화하지도 않고, 활용하지도 않는 도구가 될 것**이다. 왜냐하면 *사용자 스토리*의 진행 현황만으로는 개발자의 개발 타스크 진행 현황을 모두 파악할 수 없고, 개발이 지연될 경우 어떤 세부 타스크로 인해 그런 것인지 파악하기 어렵다. 또한 *사용자 스토리* 외의 다른 타스크를 진행하고 있을 경우에는, *타스크 보드*에 나와 있는 내용만 가지고는 개발자가 도대체 어떤 타스크를 진행하고 있기에, 이렇게 개발 진도가 느린 것인지 파악할 수 없기 때문이다.

예를 들어, 앞의 '타스크 보드 작성 예시' 그림에서 개발자가 *사용자 스토리* 개발 업무가 아닌, '연계 기능 개발' 업무를 진행하고 있다면, 사용자 스토리 개발에 대한 진도는 당연히 느려질 수밖에 없다. 따라서 개발자가 이 '연계 기능 개발' 업무를 위해 '프로젝트 계획 수신' 개발 타스크를 진행하고 있다는 것을 *타스크 보드*에 표시해야만, 고객사가 이를 인지할 수 있다. 이를 인지한 고객사는 개발자가 왜 *사용자 스토리* 개발 진도가 느린 것인지를 이해하고 더 이상 이에 대한 이슈를 제기하지 않을 것이다. 따라서 개발자의 모든 타스크를 *타스크 보드*에 표시하지 않는다면, 결국 *타스크 보드*의 용도는 애매해지고 활용도가 낮아지면서 자연스럽게 현행화를 중단할 것이다. *타스크 보드* 현행화를 중단하더라도 프로젝트 진행에는 아무런 영향이 없기 때문일 것이다.

*타스크 보드*는 또한 앞서 얘기했듯이 일간 스크럼 미팅과도 밀접한 관

계가 있다. *일간 스크럼 미팅*을 통해 *타스크 보드*의 현행화가 이루어지기 때문이다. *일간 스크럼 미팅*을 제대로 운영하지 못하는 경우, 과거 Waterfall 프로젝트와 같이 프로젝트 관리자가 *일간 진도 점검 회의*의 형태로 운영할 것이다. 개발자는 회의에 최소한으로 참여하려고 할 것이고, *타스크 보드*의 정보는 제대로 현행화되지 못할 것이다. *일간 스크럼 미팅*은 개발자들의 바쁜 일정으로 인해 중단될 것이고, 그 결과로 더 이상 *타스크 보드*를 운영하지 못할 것이다.

Agile 방법론은 물론 SW 개발 프로젝트의 특성, 고객사의 요구, 개발사의 역량 등에 영향을 받아 여러 가지 방식으로 운영할 수 있다. 특히 도구 측면에서는 어떤 도구는 활용하고, 어떤 도구는 활용하지 않을 수 있다. 하지만 *일간 스크럼 미팅*은 매일 개발자의 개발 업무 시간이 줄어드는 것이 부담스러우니 운영하지 말자고 하면서, *타스크 보드*는 개발 현황 파악을 위해 필요하니 운영하자는 것과 같은 방식은 있을 수 없다. 또는 *타스크 보드*는 운영하지 말고, 대신에 전통적인 방식으로 WBS와 주간 보고를 통해 개발 현황을 관리하자고 하면서, *일간 스크럼 미팅*은 오전에 개발자들 진도 관리를 위해 진행하자고 하는 것 역시 있을 수 없다.

제품 오너, 스크럼 마스터, 개발자가 Agile 방식의 SW 개발 프로젝트에서 각각 자신들의 역할을 분명히 이해하고 있고, 이들이 매일 *일간 스크럼 미팅*을 효과적으로 진행해야만 그 결과물로서 나올 수 있는 것이 이 *타스크 보드*이다. 즉 *타스크 보드*는 보기에는 간단해 보이는 듯한 현황 판이지만, 제대로 운영하는 것은 상당히 어렵다. 앞서 얘기했듯이 각자의 역할을 충실히 수행하고, *일간 스크럼 미팅*과 같은 도구들을 잘 운영할 수 있어야만 *타스크 보드* 운영이 가능하기 때문이다. 특히, 규모가 크고 참여자가 많은 프로젝트인 경우에는 Agile 컨설턴트 또는 코치의 도움을 받아야만 제대로 진행할 수 있을 것으로 예상한다. 그 많은 이해관계자들을 모두 설득시켜야 하고, 제대로 운영되고 있는지를 누군가가 지속적으로 점검해야 하기 때문이다.

다음은 고객사의 *제품 오너*이다. 앞서 얘기했듯이 **제품 오너는 Agile 방식의 SW 개발 프로젝트를 주관하는 가장 중요한 역할을 수행**해야 한다. 과거 Waterfall 방식의 SW 개발 프로젝트에서는 고객사의 *제품 오너*라는 역할을 수행하는 담당자는 없었다. 대신에 프로젝트 관리자로서, 개발 일정, 품질, 비용, 계약을 관리하는 역할을 수행하였다. 즉 자사(고객사)의 요구사항을 정의하여 개발사에 전달하고, 이를 정해진 일정과 비용 안에서 개발할 수 있도록 관리하는 역할을 했다. 앞서 얘기했듯이 전형적인 상품 구매 방식의 접근이다.

이렇게 상품 구매 방식의 접근으로 SW 개발 프로젝트를 관리하는 것은 고객사와 개발사 간의 협업을 해치는 방향으로 진행되어, SW 품질 문제와 개발 일정 지연이라는 결과를 가져온다. 결국에는 양사 간의 신뢰를 무너뜨리고, 심한 경우에는 프로젝트 실패에 대한 법적인 책임 공방으로 치닫게 될 것이다. 고객사의 SW 개발 프로젝트 리더는 "**프로젝트 관리자**"가 아닌 "**제품 오너**"로서, **고객사와 개발사 간의 협업을 주도하여, 고객사의 핵심 역량이 될 "SW 제품을 개발"하는 방식으로 접근해야 한다.**

고객사 *제품 오너*는 SW 개발 프로젝트의 준비에서부터 시작하여 *사용자 스토리*의 초안 작성을 주도하고, 매일 진행하는 일간 스크럼 미팅에 참여하여, 개발자와 *사용자 스토리*의 세부적인 로직에 대한 논의와 함께 스프린트 계획에 대한 협의[91]도 적시에 진행해야 한다. *제품 오너*는 또한 개발자와의 업무 내용에 대한 긴밀한 커뮤니케이션을 통해 SW의 품질을 높이고, 고객사와 개발사 간의 협의를 주도하고, 적시에 의사결정을 수행한다. *제품 오너*는 자신이 고객(갑)이라는 입장에서 일방적으로 통보하거나 강요하는 방식으로 커뮤니케이션하는 것을 가장 경계해야 한다. 그때부터 개발자는 *제품 오너*와 커뮤니케이션을 하는 데 있어 자체 검열(필터링)을 시작할 것이고, *제품 오너*는 정확한 진행 현황을 파악하지 못해 답답함을 느끼기 시작할 것이다. *제품 오너*는 그때부터 더 나아가서 위계에 의한 지시나 강요를 시작할 것이고, 생각대로 되지 않는다면, 개발사의 위계(개발 부서 임원 혹은 CEO)를 활용하여 강요를 시작할 것이다. 필자가 경험한 지난 프로젝트가 정확히 그러했다. 그러면 이제 개발사와 고객사는 서로에 대해 신뢰를 하지 않게 되고, 점차 예전 방식으로 업무를 수행하게 되는 것이다.

따라서 *제품 오너*는 과거 Waterfall 방식의 SW 개발 프로젝트를 수행할 때와 비교해서 변한 것이 없는 태도로 개발사를 대한다면, 아무리 유용한 Agile 도구들을 활용해서 프로젝트를 수행한다고 하더라도 과거와 같은 업무 방식으로 돌아갈 수밖에 없다. ***제품 오너*는 SW 제품 개발 부서의 책임자라는 생각을 가지고, 개발사를 함께 제품을 개발하는 동료로 여기고 원활하게 협업해야만, Agile 프로젝트를 성공적으로 완료할 수 있을 것이다.**

다음은 SI 업체 또는 개발사의 *스크럼 마스터*이다. 대부분의 사람들은 이 *스크럼 마스터*가 Agile 방식의 SW 개발 프로젝트에서 어떤 역할을 수

---

91) 스프린트 계획에 대한 협의는 이번 스프린트에 개발하기로 한 *사용자 스토리*를 다음 스프린트로 넘길지, 다음 스프린트에서 개발하기로 한 *사용자 스토리*를 이번 스프린트에서 개발할지 등과 같이 스프린트에서 진행할 개발 건과 일정에 대한 협의 등을 포함한다.

행해야 하는지에 대해 모호하게 생각한다. 그들은 막연히 과거에 SI 업체나 개발사의 프로젝트 관리자(Project Manager, PM)로 불리던 역할이 Agile 프로젝트에서도 계속 필요할 것 같다고 생각한다. 그래서 그냥 '프로젝트 관리자'라는 명칭으로 부르면 되지, 왜 굳이 '스크럼 마스터'라는 이름으로 불러야 하는 것인지 궁금해한다. 이 질문에 대한 답을 하기 위해서는 *스크럼 마스터*의 정확한 역할에 대해 이해해야 한다.

먼저 Agile 방식의 SW 개발 프로젝트에서 더 이상 *프로젝트 관리자*라는 명칭을 쓰지 않는 것은, 말 그대로 프로젝트를 관리하는 역할은 Agile 프로젝트에서는 더 이상 유효하지 않기 때문이다. 물론 SI 업체 또는 개발사의 입장에서 고객사의 요구사항을 만족시키고, 동시에 프로젝트의 일정을 준수하면서, 예산의 범위 내에서 프로젝트를 종료할 수 있도록 관리하는 것은 프로젝트의 목표이긴 하다. 하지만 이 모든 목표를 성공적으로 달성하기 위해 SW 개발 계획을 수립하고, 그 계획에 따라 진행되도록 관리하는 역할은 이제 Agile 프로젝트에서는 '프로젝트 관리자'의 주요한 임무가 아니다. 이제는 공동의 협업을 통해 달성해야 하는 목표이다.

그 *프로젝트 관리자*의 역할은 이제 고객사의 *제품 오너*가 약간은 변형된 형태로 수행한다. *제품 오너*는 SW 개발 프로젝트의 책임자로서, 개발사와 함께 협업하여 스프린트를 기획하고 개발을 총괄한다. *제품 오너*는 일간 스크럼 미팅에서 프로젝트의 진행과 관련된 사항을 수시로 의사결정 하고 곧바로 개발자와 공유한다. *제품 오너*는 프로젝트 관리자라기보다는 말 그대로 개발 중인 SW 제품의 오너(책임자)이다. 과거처럼 PMO(project management office)를 구성하여 개발자에게 업무를 지시하고 감시하고 통제하려고 하지 않는다. *제품 오너*는 개발자에게 "지시"하는 대신 "협업"하고, "감시"하는 대신 개발자의 개발 진행 현황 정보를 투명하게 "공유"하도록 유도한다. 이렇게 **프로젝트 관리자의 역할은 이제 과거의 것이 되었고, 그 역할은** *제품 오너*가 Agile **방식의 SW 개발 프로젝트에 적합하게 새로운 형태로 수행**하는 것이다.

그러면 Agile 방식의 SW 개발 프로젝트에서는 왜 *스크럼 마스터*라는 명칭으로 부르는지에 대해 생각해 보자. 또 왜 '스크럼 관리자'라는 명칭으로 부르지 않는지에 대해서도 고민해 보자. *제품 오너*는 고객사의 입장에서 프로젝트를 주도하고 총괄하는 역할을 수행한다. *스크럼 마스터*는 개발사의 입장에서 개발자들을 잘 리드하는 역할을 수행한다. 즉 개발사의 입장에서 고객사 *제품 오너*와 잘 협업이 이루어질 수 있도록, 또한 Agile 방식의 SW 개발 진행이 원활하게 이루어질 수 있도록 개발자를 잘 이끄는 역할을 수행하는 것이다.

고객사의 *제품 오너*는 앞서 언급하였듯이 프로젝트를 총괄하기 위해 많은 업무를 수행해야 한다. *사용자 스토리* 관리에서부터 매일 *일간 스크럼 미팅*을 통해 개발자와 업무와 관련한 커뮤니케이션을 수행하고, 필요한 의사결정도 즉각 수행한다. 또한 고객사 내부의 커뮤니케이션과 다양한 이해관계자와의 소통 등 각종 업무[92]도 직접 진행해야 한다.

SI 업체 혹은 개발사의 *스크럼 마스터*는 이렇게 정신없이 바쁜 *제품 오너*가 원활하게 자신의 업무를 수행할 수 있도록 지원하는 역할을 수행해야 한다. 예를 들어, 개발사의 입장에서 고객사에 수시/정기 보고나 커뮤니케이션에 필요한 자료를 *제품 오너*와 함께 작성해야 한다. 그리고 *제품*

---

92) *제품 오너*는 SW 개발 프로젝트의 책임자로서, 고객사 내부에서 팀 업무 공유/보고, 실사용자 부서와의 커뮤니케이션, 임원 보고, 품질 부서, IT 부서와의 의사소통을 포함하여 처리해야 할 많은 업무가 있다.

오너는 SW 기술에 대한 전문가는 아니므로, SW 솔루션의 기술적인 부분에 대한 궁금증이나 요청사항에 대해서도 답변하고 대응해야 한다. 이 과정에서 *스크럼 마스터*는 솔루션 벤더사 내부적으로 커뮤니케이션이 필요한 부분을 직접 수행하고, 그 결과를 *제품 오너*와 소통해야 한다.

또한 *스크럼 마스터*는 매일 실시되는 *일간 스크럼 미팅*에도 주관하는 입장이 아닌 조력자로서 참여하여, 미팅이 매끄럽게 잘 진행될 수 있도록 가이드하는 역할을 수행해야 한다. 즉 개발자들이 주관하여 자율적으로 잘 진행할 수 있도록 곁에서 돕는 역할이다. *일간 스크럼 미팅* 도중, 개발자가 개발 업무 진행상의 이슈를 리포팅한 경우, 이 이슈에 대한 후속 미팅을 주관하고, 이슈의 해결을 위해 타 부서와의 협의를 주선하는 등의 역할을 수행해야 한다. 하지만 실질적인 업무적, 기술적 의사결정은 *스크럼 마스터*가 직접 하지 않도록 해야 한다. 업무적 의사결정은 *제품 오너*가, 기술적 의사결정은 개발자가 직접 할 수 있도록 가이드한다.

즉 *스크럼 마스터*는 업무(비즈니스) 혹은 SW 기술에 대한 직접적인 의사결정을 수행하지 않는다. 대신에 **개발자와 고객사 제품 오너와의 사이에서 원활하게 SW 개발 업무가 이루어질 수 있도록 중재하고(mediating) 촉진시키는(facilitating) 역할을 수행**한다. 하지만 *스크럼 마스터*는 과거 프로젝트 관리자와 같이 개발자에게 직접 업무 지시를 하고, 이를 관리 감독하고 통제하는 역할은 수행하지 않는다. 또한 프로젝트 일정 진척 관리, 예산 관리, 인력 관리, 이슈/리스크 관리 등 전통적인 '프로젝트 관리(project management office: PMO)'의 역할도 수행하지 않는다.

스크럼 마스터는 Agile 기반의 SW 개발 스크럼 방식을 가장 잘 이해하고 있는 '마스터(master)'로서, 팀원들이 Agile 방법론에 따라 각자의 업무

를 잘 수행할 수 있도록 가이드하고 중재하는 역할을 수행하는 것이다. 따라서 *스크럼 마스터*는 '프로젝트 관리자'나 '스크럼 관리자'가 아닌, '스크럼 마스터'라는 명칭으로서 불리는 것이다.

전통적인 Waterfall 방식의 SW 개발 프로젝트 관리 업무에 익숙한 전문가들은 이 *스크럼 마스터*라는 용어를 제대로 이해하지 못하고, 이 명칭을 부르는 것 자체를 어색하게 생각한다. 필자가 경험한 지난 Agile 기반의 SW 개발 프로젝트에서는 이 *스크럼 마스터*라는 명칭으로 불리는 사람은 아무도 없었다. *스크럼 마스터*라는 용어를 Agile 방법론 교육 등을 통해 들어는 보았을 것이지만, 이 역할을 직접 수행해야 하는 리더급의 인력들은 아무도 이 의미를 이해하지 못하였을 것으로 보인다. 대신에 기존 Waterfall 방식의 SW 개발 프로젝트에서 해 온 것처럼 익숙한 프로젝트 관리자라는 명칭으로 불렀다. 따라서 그 프로젝트 관리자들은 그 명칭에 걸맞게 프로젝트 관리 업무를 수행하였다. 왜 *스크럼 마스터*라는 용어를 쓰지 않는지에 대해 물어보는 사람은 아무도 없었다. 왜냐하면 프로젝트 팀원들도 직관적으로 자신의 리더가 *스크럼 마스터*의 역할을 수행하지 못한다는 것을 알고 있었고, 프로젝트 관리자의 역할밖에 수행하지 못할 것이라고 짐작하고 있었기 때문이다. 그래서 아마도 프로젝트 관리자라는 명칭으로 불리는 것이 적합하다고 생각했을 것이다.

이렇게 중요한 *스크럼 마스터*의 역할을 이해하지 못한 채 Agile 방법론을 적용한다는 허울 좋은 미명하에 SW 개발 프로젝트를 진행하였다. 결과적으로 당연하게도 프로젝트 리더들은 *스크럼 마스터*가 아닌 프로젝트 관리자의 역할을 충실히 이행할 수밖에 없었다. 결국 Agile 방법론을 적용하려던 SW 개발 프로젝트는, 실질적으로는 Waterfall 방식으로 개발 업무를 진행하게 되고 말았다.

여기서 한 가지 의문점이 있다. 기존의 프로젝트 관리자는 SI 업체에도 있었고, 개발사인 솔루션 벤더사에도 있었다. SI 업체의 프로젝트 관리자는 자신의 내부 조직의 커뮤니케이션과 보고하는 업무를 맡았고, 내부 SI 개발자(비솔루션 영역)들을 관리하였다. 또한 내부의 테스트/품질/인프라 아키텍트 부서와의 업무 조율과 함께 고객사와 개발사와의 계약 관리 등의 업무를 수행하였다. 개발사의 프로젝트 관리자는 솔루션 개발 인력을 조달하고 관리하는 역할, 그리고 SI 업체와 하도급 업체와의 계약을 관리하였다. 또한 내부의 경영진과 부서 간 커뮤니케이션, 솔루션 업체 내부의 이슈/리스크 관리 등의 업무를 수행하였다. 그러면 향후에 스크럼 마스터 역할은 SI 업체와 개발사 중 어디서 수행하는 것이 바람직할까? 아니면 여전히 둘 다 있어야 하는 것인가?

결론적으로 얘기하면, 스크럼 마스터는 SW 개발을 진행하는 업체의 리더가 진행하는 것이 바람직한 것으로 보인다. SI 업체에서 직접 SW 개발을 진행하는 경우, 즉 인하우스(in-house)로 개발하는 경우는 당연히 SI 업체의 프로젝트 리더가 스크럼 마스터 역할을 수행해야 한다. 반면 솔루션을 기반으로 커스터마이즈 개발을 진행하는 경우, 솔루션 벤더사의 프로젝트 리더가 스크럼 마스터 역할을 수행해야 한다. 인하우스 개발과 솔루션 커스터마이즈를 병행하는 경우, SI 업체와 솔루션 업체 각각 스크럼 마스터를 두는 것이 바람직할 것이다.

스크럼 마스터는 개발사 내부의 연구개발 센터나 품질 부서, 테스트 부서 등과 긴밀한 협업을 진행할 수 있어야 하므로, 다른 업체의 담당자가 진행하기는 사실상 불가능하다. 국내 대기업 계열사가 고객사인 경우, 솔루션 벤더사가 실질적인 개발을 대부분 진행함에도 불구하고, 무조건 계열사의 SI 업체를 통해 프로젝트를 진행하는 경우가 대부분이다. 이 경우 SI 업체의 *스크럼 마스터*는 사실상 역할이 불분명하며,[93] 불필요한 인력 투입으로 인해 인건비를 증가시킬 수 있다. 추가적으로 SI 업체는 솔루션 벤더사에 대한 '갑'의 입장으로 업무 분장이나 개발 인력에 대해 개입하면서 불필요한 불협화음을 일으키는 경우가 있다.

이 경우 고객사는 SI 업체를 통하지 않고 솔루션 벤더사와 직접 계약하는 것이 바람직하다. 그래서 SI 업체로부터 필요 인력을 조달하고, 솔루션 벤더사로부터도 필요 인력을 조달하여, 각 업체와 인건비 기반으로 직접 계약하는 것이 바람직하다. 예를 들면, SI 업체와는 인프라 아키텍트, 테스트 인력, 향후 운영 인력, 솔루션 벤더사와는 *스크럼 마스터*와 개발자 인력에 대해 직접 계약하는 것이다. 이렇게 함으로써 불필요한 인력을 최소화하고, 개발 업체 간의 불협화음을 줄이면서, Agile 방식의 SW 개발 프로젝트를 좀 더 효율적으로 진행할 수 있을 것이다.

---

[93] SI 업체가 직접 개발하는 인하우스 개발 영역이 없을 경우가 이에 해당한다.

해법 8)
SW 개발 시 Agile 전문가의 도움을 받아라

국내는 대기업의 엔터프라이즈 SW 개발을 해당 대기업 계열사의 SI 업체가 수행하는 경우가 대부분이다. 이 SI 업체는 대부분 자사의 'Agile 기반의 SW 개발 방법론'을 가지고 있고, 이 방법론에 따라 프로젝트를 진행한다. SI 업체는 이러한 방법론을 통상 'Agile 방법론 툴킷'의 형태로 보유하고 있다. 그 툴킷의 내용은 대형 SI 업체 간 대동소이할 것으로 예상한다. 이 SI 업체가 보유하고 있는 툴킷은 SW 개발 업무 프로세스,[94] 개발 가이드, 타스크 결과물 템플릿(샘플 포함), 커뮤니케이션 Wiki 등으로 구성되어 있다. 다들 인지하고 있겠지만, SI 업체는 SW 개발에 전문성을 보유한 회사이고, Agile 방법론은 자신들의 서비스 제공에 있어 핵심적인 자산이다. 그래서 이 Agile 방법론을 사내에 잘 전파하고 활용할 수 있도록 툴킷의 형태로 구성해 놓은 것이다.

물론 SI 업체의 이러한 접근은 자사 직원들의 사용성 측면에서는 아주 훌륭한 방법일 것이다. 별다른 설명과 교육 없이도, 누구나 필요시 툴킷

---

94) SW 개발 업무 프로세스는 개발 단계, 단계별 타스크와 절차, 타스크 수행 기준, 담당자의 역할 및 책임 등을 포함한다.

에서 필요한 자료를 쉽게 찾아볼 수 있도록 구성되어 있기 때문이다. 하지만 앞서 설명하였듯이 Agile 방법론은 이런 식으로 도구의 활용법을 익히는 것만으로는 제대로 적용이 어렵다. 왜냐하면, 그 도구를 어떠한 목적으로 왜 사용하는지, 어떤 원칙을 가지고 사용해야 하는지 모르는 상태에서는 그 가치와 효과를 제대로 거두기 어렵기 때문이다.

필자가 경험한 프로젝트에서는 앞서 설명한 *사용자 스토리, 일간 스크럼 미팅, 타스크 보드, 간반 보드*와 같은 Agile 방법론 도구들을 모두 제대로 활용하지 못하였고 그 효과를 거두지 못하였다. 먼저 *사용자 스토리*는 예전의 *고객 요구사항 정의서*를 대체하는 문서 정도로 생각하였고, 개요 수준 정도로 기술된 상태에서 개발자들에게 그 의미를 제대로 전달하지 못하였다. 예전과 같이 미팅 혹은 전화를 통해 해당 스토리를 작성한 업무 담당자에게 그 상세한 내용에 대해 문의해야만 답변을 들을 수 있었다. 최악의 경우는 *사용자 스토리*의 구체성이 결여된 상태에서 개발과 3자 테스트까지 완료하였으나, 고객사의 업무 담당자가 잘못 구현되었다며 재개발을 요청하는 경우였다.

그리고 개발사는 *사용자 스토리*별 난이도를 평가하지 않았고, 따라서 그 결과를 스프린트 계획 수립에 활용하지 못하였다. 그 결과로 항상 최초에 수립한 스프린트 계획은 실제 구현한 결과와 큰 차이가 발생했다. 고객사는 이에 대해 개발사의 스프린트 계획을 신뢰할 수 없다며 비난했다. 또한 이 *사용자 스토리*는 일간 스크럼 미팅을 통해 고객사와 개발사 간 지속적으로 구체적인 논의가 이루어지고 업네이트가 이루어져야 하나, 고객사에 의해 일방적으로 업데이트가 이루어지는 경우가 많았다. 그리고 그 내용은 개발자에게 적시에 전달되지 못하는 경우가 많았다.

다음으로 필자가 경험한 지난 프로젝트에서 *일간 스크럼 미팅*은 개발 진행 현황 파악을 위한 목적으로 프로젝트 관리자의 주도하에 진행하였다. 프로젝트 초반에는 거의 매일 진행되었으나, 개발 일정에 쫓기는 상황이 되자 자연스럽게 중단되었다. 개발자들은 이렇게 프로젝트 관리자에게 보고하는 형식으로 진행되는 *일간 스크럼 미팅*에 대한 가치를 이해하지 못하였고, 오히려 없애는 것이 시간을 절약할 수 있는 방법이라고 생각했다. 프로젝트 관리자 외에는 *일간 스크럼 미팅*이 없어진 것을 아쉬워하는 사람은 없었다.

*타스크 보드*는 *사용자 스토리*의 개발 진행 현황을 보여 주는 정도의 용도로만 운영하였다. *타스크 보드*를 통해서는 *사용자 스토리* 구현을 위해 어떤 타스크를 진행하고 있는지 알 수 없었고, 어떤 개발자가 무엇을 하고 있는지도 알 수 없었다. *타스크 보드*는 일주일에 한 번 주간 보고 전에 현행화가 이루어졌고, 사실상 고객사에 보여 주기 식으로 운영하였다. 어느 순간부터 아무도 *타스크 보드*를 참고하는 사람이 없어지고, 자연스럽게 *타스크 보드* 업데이트는 중단되었다. *타스크 보드*가 없으니 결국 WBS와 주간 보고를 통해 개발 현황을 파악해야 했으나, 항상 정확한 파악이 되지 않아 수시로 개발자에게 전화하거나 별도 미팅을 진행했다.

지난 프로젝트에서 *간반 보드*는 전혀 활용을 하지 않았다. SI 업체의 툴킷의 도구 목록에는 있었을 것이나, 이 *간반 보드*를 언제, 무슨 목적으로 활용해야 하는지 몰랐기 때문에 아무도 활용하려고 시도조차 하지 않았다. 특히 프로젝트 후반부로 갈수록 *사용자 스토리* 개발 진도도 느려졌고, 고객 결함과 추가 요구사항이 쏟아지고 있는 상황이었다. 개발 병목 현상이 심각하였고, 왜 이렇게 개발 진도가 느린 것인지 모든 사람이 의

문을 가졌으나, 아무도 *간반 보드* 활용에 대한 언급을 하지 않았다.

그리고 Agile 방식의 SW 개발 프로젝트에서는 이러한 도구를 활용하는 주체들인 *제품 오너, 스크럼 마스터*, 개발자들 각각의 역할이 매우 중요하다. 하지만 지난 프로젝트의 리더들은 왜 '프로젝트 관리자'가 아닌 *제품 오너, 스크럼 마스터*라는 명칭을 쓰는지에 대해, 각각 무슨 역할을 해야 하는지에 대해 이해하지 못하였다. 그래서 고객사의 *제품 오너*의 역할을 해야 하는 담당자는 예전과 같이 '실무 타스크 리더', SI 업체와 개발사의 *스크럼 마스터* 역할을 해야 하는 담당자는 예전처럼 '프로젝트 관리자'로 불렸다. 그리고 그들은 그 명칭에 걸맞게, 즉 예전 Waterfall 방식으로 자신들의 업무를 수행하였다.

이와 같이 Agile 방법론의 도구를 제대로 활용하지 못하고, 이 도구를 활용할 주체들의 역할을 제대로 이해하지 못하는 근본적인 이유는, SW 개발 프로젝트를 책임지고 수행하는 SI 업체의 Agile 방법론을 대하는 관점에 있다. 이들 **SI 업체는 Agile 방법론을 하나의 '기술 솔루션'이나 'IT 도구'를 활용하는 듯한 관점으로 적용하려고 하고 있기 때문**이다. 즉 Agile 방법론에 대한 깊이 있는 이해가 부족한 상태에서 SI 업체들에게 이미 익숙한 SW 솔루션을 다루는 듯한 태도를 보인다. 그리고 이 Agile 방법론을 왜 적용해야 하는지, 그 가치와 목적과 원칙이 무엇인지에 대한 진지한 고민을 하지 않은 상태에서 적용하려고 한다. 더욱 문제인 것은 Agile 방법론을 SW 솔루션과 같이 대하는 것에 대해 잘못되었다는 인식도 하지 못하고 있다는 것이다.

국내 현실에서는 이러한 SI 업체가 계속해서 SW 개발 프로젝트의 구현을 주도할 것이고, 이러한 지금의 현상을 바꾸기는 어려울 것이다.[95] SI 업체가 주도하는 현재의 상황을 수용하면서도, 기업들의 SW 개발 프로젝트에 Agile 방법론의 적용을 개선할 수 있는 방법은 있을까? 앞서 '각 조직의 목표(KPI)를 정렬하라'는 해법에서 언급했듯이, 일단 고객사가 Agile 기반의 SW 개발 프로젝트의 구현을 주도해야 한다. 고객사는 SI 업체가 모든 것을 알아서 잘해 줄 것이라 믿고 맡기는 턴키 계약 방식을 고집해서는 안 된다. **고객사는 SI 업체와 개발사인 솔루션 벤더사로부터 필요한 인력을 조달하고, 이들과 각각 인건비 계약을 체결하여, 전체 프로젝트를 고객사가 직접 주도해 나가는 방식으로 바뀌어야 한다.** 이 과정에서 Agile의 가치와 목적과 원칙에 대해 잘 이해하고 있는 'IT 컨설팅 업체' 혹은 'Agile 코치/컨설턴트'를 영입하여 가이드를 받을 것을 추천한다.

고객사의 *제품 오너*가 SI 업체와 개발사를 주도하여 SW 개발 프로젝트를 직접 이끌어 가야 한다. 그리고 *제품 오너*는 Agile 방법론에 대한 이해가 부족하므로, "**Agile 전문가**"[96]로부터 *제품 오너*, 스크럼 마스터, 개발자의 역할에 대해 가이드를 받고, *사용자 스토리*, *일간 스크럼 미팅*, *타스크 보드*, *간반 보드* 등 주요 Agile 도구의 활용법에 대해서도 제대로 된 도움을 받아야 한다. 이러한 Agile 가이드는 SW 개발 프로젝트를 시작할 때부터, 전체 프로젝트 팀원들을 대상으로 하되, 일회성의 설명이나 교육으로 끝나서는 안 된다. *Agile 전문가*는 *제품 오너*와 스크럼 마스터와 함께 주요 미팅에 참여하면서 그들의 역할 및 책임에 대한 구체적인 조언을 해야

---

95) 대부분의 독자는 알고 있겠지만, 국내의 대기업은 그룹사 중심으로 구성되어 있고, 그룹사 내의 SI 업체가 계열사의 거의 모든 SW 개발을 주도하고 있다.
96) *Agile 전문가*는 Agile에 대한 전문성을 가진 컨설턴트나 'Agile 코치'를 포함한다. SI 업체에서 *Agile 방법론 툴킷*을 개발(정리)했던 경력만으로는 부족하다.

한다. 잘못된 부분에 대해 지적하고, 개선 방법에 대해 서로 논의하여 고안한 후 실질적인 개선이 이루어질 때까지 follow-up 해야 한다.

또한 이들 외 다른 이해관계자들, 예를 들어, 담당 부서 임원, 타 부서장 등이 Agile 방법론의 원칙에 어긋나는 잘못된 의사결정을 하려고 할 때, 이를 지적하고 왜 잘못되었는지에 대해 알려 줄 필요가 있다. *제품 오너와 스크럼 마스터*가 Agile 프로젝트에서 자신들의 역할을 정확히 이해하고 있다고 하더라도, 그들의 역할과 권한에 대한 의사결정권을 가지고 있는 것은 그 조직의 리더들이다. 이 리더들이 *제품 오너와 스크럼 마스터*를 제대로 이해하지 못한다면, 다시 예전 방식으로 되돌아가고 말 것이다. 따라서 *Agile 전문가*에게는 이들 리더들도 모니터링해야 할 대상인 것이다.

또한 개발자들에 대해서도 별도의 Agile 방법론에 따른 개발 업무 수행 가이드를 제공해야 한다. 개발자는 고객사의 요구사항을 SW 결과물로 구현하는 중요한 역할을 수행해야 한다. 이를테면, 개발자는 구현할 SW에 대한 세부 로직을 고객사 업무 담당자와의 협의를 통해 결정한다. 또한 개발자는 매일 진행되는 *일간 스크럼 미팅*에서 스프린트 진행 계획을 지속적으로 리뷰하고, 개발 진행 현황을 모든 이해관계자들에게 공유한다. 그리고 개발 진행상에 문제가 있을 경우에 이슈를 직접 제기한다.

이를 다르게 얘기하면, 과거 Waterfall 방법론 기반의 SW 개발 프로젝트에서는 "**top-down**" 방식으로 업무가 진행되었다면, Agile 방법론 기반의 SW 개발 프로젝트는 "**bottom-up**" 방식으로 업무가 진행된다고 할 수 있다. 왜냐하면 Waterfall 프로젝트는 *프로젝트 관리자*가 계획을 수립하고, 이 계획에 따라 개발자에게 일일이 업무 지시를 하고, 개발자의 업무를 감시하고 통제하며, 업무 진행 결과를 개발자로부터 보고받는 *top-down* 방식이다. 하지만 Agile 프로젝트는 개발자들이 직접 스프린트 계획을 수립하고, 스프린트를 진행하면서 계속해서 계획을 업데이트하고, 개발 업무도 자신들이 직접 선택하며, 업무 진행 경과를 개발자 간에 지속적으로 공유하면서 진행하는 *bottom-up* 방식이다. *제품 오너와 스크럼 마스터*는 이 개발자들이 개발 업무를 잘 진행할 수 있도록 잘 지원해 주는 역할인 것이다.

필자는 지난 프로젝트에서 개발자들이 Agile 방식의 프로젝트를 왜 하는 건지 모르겠다고 의문을 제기하는 것을 자주 목격하였다. 이들은 예전 Waterfall 프로젝트와 같이 익숙한 방식으로 일하고 싶다는 생각과 함께, 아무도 Agile 방법론에 대한 정확한 개념과 목적을 설명해 주지 않는 것에 대한 막막함과 답답함을 가지고 있었을 것이다. *Agile 컨설턴트(혹은 코치)*는 개발자들이 이렇게 막막하거나 답답하지 않도록 가이드를 제공해야 한다. 예를 들어, *일간 스크럼 미팅*에도 참여하여 개발자들의 말과 행동을 유심히 살피고, Agile 방식에 대한 이해도가 낮은 것으로 보이거나, Agile 방식에 대한 회의(doubt)나 불만을 가진 것 같은 개발자와는 별도의 개별 면담도 진행할 필요가 있다. 개별 면담을 통해 개발자가 Agile 방법론에 대해 가지고 있는 생각에 대해 들어 보고, 생각과 행동을 Agile 방식에 적합하게 개선하도록 도울 수 있어야 한다.

이렇게 *Agile 컨설턴트/코치*는 SW 개발 프로젝트에 참여하는 각 이해관계자들의 Agile 방법론에 대한 이해도를 세심하게 파악하면서, 개별적으로 가이드를 제공할 필요가 있다. 이때 우선적으로 가이드해야 할 부분은 Agile 도구의 사용법에 대한 가이드 이전에, Agile을 왜 해야 하는지에 대한 가치와 목적, 원칙에 대해 먼저 이해시킬 필요가 있다. 그다음에 SW 개발 프로젝트를 진행하는 도중의 다양한 상황에서 Agile 도구를 어떻게 적용해야 하는지에 대한 가이드를 제공해야 한다. 그리고 Agile 도구를 활용할 때 각 담당자들의 역할과 책임에 대해서도 반드시 알려 주어야 한다.

예를 들면, SW 개발 프로젝트의 후반에는 통상 고객사 사용자의 추가 요구사항과 결함이 쏟아지고, 기존 개발 백로그도 존재하여 개발 병목이 발생하게 된다. 이때 *Agile 컨설턴트/코치*는 개발 업무 프로세스에 대한 진단을 위해 *간반 보드*를 생성하여 적용할 것을 프로젝트 리더들에게 제안하는 것이다. *간반 보드*를 만들어 각 업무 처리 단계별로 진행 건수를 일별로 집계한 후, *WIP 제한*을 두는 방법에 대한 가이드를 제공한다. 또는 *사용자 스토리*에 대한 개발이 거의 끝난 상황에서 스프린트 기간을 한 달로 하기에는 너무 길 것 같다고 판단되는 경우가 있을 것이다. 이 경우에 *Agile 컨설턴트/코치*는 스크럼 방법론에서 *XP*[97] 방법론으로 변경하여 일주일 단위로 스프린트를 진행해 볼 것을 제안할 수도 있을 것이다. 이 때는 SW 코드의 품질을 더욱 높이기 위해, *짝 프로그래밍* 기법이나 *테스트 주도 개발* 기법을 적용해 보는 것도 제안할 수 있다.[98]

이렇게 *Agile 컨설턴트/코치*는 SW 개발 프로젝트의 초기에만 가이드를 제공하는 것보다는 프로젝트의 시작부터 종료까지 다양한 이해관계자들에게 상세한 가이드를 제공하는 것이 중요하다. 물론 Agile 방식의 SW 개발 프로젝트에 이미 익숙해진 조직의 경우에는 초기에 방법론 세팅 후 원활하게 진행될 때까지만 지원해도 무방할 것이다. 결론적으로 필자는

---

97) XP는 eXtreme Programming의 약자이다. 이에 대한 상세한 내용은 별첨의 5장을 참고하기 바란다.
98) *짝 프로그래밍*이나 *테스트 주도 개발* 기법은 물론 스크럼 방법론에서도 적용할 수 있다.

SI 업체가 주도하는 현재의 국내 엔터프라이즈 SW 개발 환경에서는 최소한 당분간은 *Agile* 컨설턴트/코치의 도움이 필요할 것이라고 주장하는 바이다.

제4장

Agile 적용 가이드

지금까지 Agile 방식의 SW 개발 프로젝트에서 발생했던 문제들과 이에 대한 원인을 분석하고, 이를 어떻게 해결할 수 있는지에 대한 해법을 살펴보았다. 독자들은 이 해법들만 보아서는 아마 실무에 적용하기가 쉽지 않을 것이다. 당장 무엇부터 시작해야 할지도 모를 것이고, 이 해법이 Agile 방법론의 모든 내용을 설명한 것인지에 대해서도 확신이 없을 것이다. 그래서 실제 SW 개발 프로젝트 수행 시, 단계별로 누가, 무엇을, 어떻게 해야 할지에 대해 궁금할 것이다. 독자들은 처음에 SW 개발 프로젝트를 준비하는 단계부터, 프로젝트를 시작하는 단계, 진행 중에 여러 가지 이슈가 발생하는 단계, 그리고 마지막 종료하는 단계까지의 가이드가 필요할 것이다. 이번 장에서는 독자들이 찾아보기 쉽도록 하기 위해, 이 SW 개발 업무의 순서대로 Agile 적용 가이드를 정리해 보았다.

1. 프로젝트 준비 단계

먼저 SW 개발 프로젝트를 시작하기 전 준비하는 단계이다. 프로젝트 준비 단계에서는 고객사 내부에서 사업을 추진할 *제품 오너*를 선정하고, *사용자 스토리* 작성을 위한 조직을 구성한 후 초안을 마련한다. 작성된 *사용자 스토리* 초안을 바탕으로 사업 계획서를 준비하고, 예산을 확보한 후, 프로젝트를 발주하여 사업자를 선정하는 절차로 진행한다. 전체적인 절차는 과거 Waterfall 방식으로 프로젝트를 진행할 때와 크게 달라진 것이 없다. 과거 대비 달라진 것을 위주로 설명하겠다.

제품 오너 선정

고객사의 SW 개발 추진 부서에서 가장 먼저 해야 할 일은 바로 개발할 SW의 *제품 오너*를 선정하는 일이다. 과거 Waterfall 방식으로 프로젝트를 수행했을 때와 비교하면, 바로 고객사 측의 *프로젝트 관리자*를 선정하는 것이라 이해하면 된다.[99] 고객사 *제품 오너*의 역할은 **자사가 사용할 SW 제품 개발의 책임자로서, 전체 프로젝트를 총괄**하는 핵심적인 업무를 담당해야 한다. 따라서 개발할 SW를 통해 처리할 대상 업무에 대한 전반적인 이해도가 높아야 하고, 내부 사용자 부서와의 커뮤니케이션과 업무 조율을 능숙하게 할 수 있어야 한다. 그렇기 때문에 외부에서 영입한 인사는 이 역할에 적합하지 않을 것으로 보인다. 또한 개발자와의 원활한 커뮤니케이션을 위해 IT 기술과 솔루션에 대한 이해도도 어느 정도 필요하다. 그리고 과거처럼 무리하게 업무를 추진하는 리더십 스타일[100]보다는, 관련 이해관계자들과 업무를 잘 조율하고 협업하는 스타일의 리더십을 가진 리더가 더 적합할 것이다.

주의할 것은 현재 여러 가지 업무를 수행하느라 바쁜 사람을 제외하고, 당장 업무 수행이 가능한 사람을 선정하는 것은 전체 프로젝트를 위험하게 만들 수도 있다는 것이다. 아마도 자신의 업무에 대한 전문성과 이해도가 높고, IT 기술과 솔루션에 대한 이해도도 높으며, 다른 부서 담당자들과 잘 협업하는 스타일을 가진 담당자는 여러 가지 업무를 처리하느라 아주 바쁜 시간을 보내고 있을 것이다. 따라서 현재 프로젝트 TF 멤버로 차출할 수 없는 상황으로 보일 것이다. SW 개발 추진 부서장은 이러한 상황을 잘 간파하여, 현재 당장 업무 수행이 가능한 인력이 아닌, 뛰어난 역량을 보유한 인력을 찾아내어 *제품 오너* 후보자로 선정하고, 그 후보자를 대체할 인력을 신속히 수배하여 인수인계를 진행해야 한다. 인수인계가 끝나는 대로 곧바로 프로젝트 TF를 구성하고, 해당 인력을 *제품 오너*로

---

99) Agile 방법론에서 '프로젝트 관리자'라 부르지 않고, '제품 오너'라 부르는 이유는 앞서 설명하였다.
100) '알파형 남성(alpha male)' 리더는 달성하기 어려운 목표를 설정한 후, 팀원들이 수단과 방법을 가리지 않고 그 목표를 달성하도록 강하게 추진하는 리더십을 가지고 있다.

지정한다.

사용자 스토리 초안(draft) 작성

　고객사의 *제품 오너*로 지정된 담당자가 가장 먼저 해야 할 일은 *사용자 스토리* 초안을 작성하는 일이다. *사용자 스토리*를 통해 SW 개발 사업의 전체 범위를 개략적으로 파악할 수 있기 때문이다. 과거 Waterfall 프로젝트에서는 *사용자 스토리*가 아닌 *고객 요구사항 정의서*라는 문서를 작성했다. *고객 요구사항 정의서*는 고객사의 입장에서 구현할 기능을 중심으로 기술한 문서였다. 하지만 *사용자 스토리*는 사용자의 입장에서 업무를 처리하는 방법을 육하원칙에 의거하여 설명한다. 즉 3레벨 정도 수준으로 사용자의 업무를 분류하고,[101] 각 업무 처리를 위해 누가(Who), 언제(When), 어디서(Where), 왜(Why), 무엇을(What), 어떻게(How)와 같은 형식으로 작성하는 것이다('그림 10. 사용자 스토리 작성 예시' 참조). 과거 *고객 요구사항 정의서*는 각 요구사항을 기능 중심으로 기술하였다면, *사용자 스토리*는 사용자의 입장에서 어떤 업무를, 무엇을 위해, 어떤 결과물이 나와야 하는지를 구체적으로 기술한다는 것이 차이점이다.

---

[101] 3레벨로 업무를 분류하는 것은 예를 들면, '제품 개발 > 계획 수립 > 개발 발의'와 같이 업무 계층 구조를 상/중/하로 구조화하는 것이다. 물론 더 상세하게 4~5레벨 수준에서 *사용자 스토리*를 정의할 수도 있지만, 이 경우 너무 복잡한 구조로 인해 개발자의 이해도가 낮아질 수 있다.

[프로젝트 백로그(사용자 스토리)]

업무 분류			담당자 (who)	수행 시점 (when)	수행 위치 (where)	수행 내용 (what)	수행 방법 (how)	수행 목적 (why)	합격 조건 (acceptance criteria)	구현 시기	난이도
L1	L2	L3-사용자 스토리 명									
제품 개발	프로젝트 계획 수립	프로젝트 프로세스 작성	프로젝트 관리자	프로젝트 생성 완료 후	프로세스 라이브러리	- 프로세스 특성을 고려하여 프로세스 라이브러리 중 선택 - 라이브러리 커스터마이징	프로세스 라이브러리 시스템에서 프로세스 WS에 작업	프로젝트 특성에 맞는 프로세스를 생성하기 위함	- 프로세스 라이브러리를 제품 개발 유형에 따라 선택할 수 있어야 함 - 프로세스 커스터마이징 시 수정/추가/삭제가 가능해야 함	스프린트 1	상
		프로젝트 프로세스 전송									
		...									

그림 10. 사용자 스토리 작성 예시

이 *사용자 스토리*는 당연히 *제품 오너*가 단독으로 작성할 수 없으며, 업무를 3레벨 정도로 분류한 다음, 각 상세 업무에 대한 사내 담당자를 찾아서, 작성을 위한 TF 형태의 조직을 구성해야 한다.[102] 각 업무 담당자에게 업무 분류에 대해 설명하고 작성 방식을 예제와 함께 설명한 후 작성을 요청해야 한다. 전체 업무 담당자 회의는 향후 업무에 대한 많은 아이디어가 필요하므로, 워크숍 형태로 진행하는 것이 바람직할 것이다.

향후 변경될 업무를 기준으로 SW를 개발할 것이므로, *제품 오너*는 당연히 현재(as-is) 업무가 아닌 향후(to-be) 업무를 기준으로 작성할 것을 요청해야 한다. *사용자 스토리*를 작성할 이들 업무 담당자들은 현재 진행 중인 업무에 대해서는 아주 상세하게 알고 있을 것이다. 하지만 향후 구현될 SW를 기준으로 수행할 업무에 대해서는 구체적인 아이디어는 없을 것이다. 현재 업무 수행에 있어서의 문제점과 대략적인 개선 방향 정도만 인지하고 있을 것이다.

---

102) 이 TF 조직은 현실적으로 상시 조직으로 구성하기 어려울 것이나, 해당 TF 인력의 부서장과 협의하여 인력의 최소한의 업무 시간을 확보해야 한다.

그래서 *제품 오너*는 이들 업무 담당자와의 워크숍을 통해, 각 담당자로부터 취합한 각 업무의 개선 방향을 공유하고, 전체적인 개선 방향에 대한 중지를 모아야 한다. 물론 지금 단계에서 이 업무 개선 방향은 아주 개략적일 것이며, 실제 SW 개발 프로젝트를 진행하면서 구체화되고 변경될 것이다. 업무 담당자들은 이러한 Agile 방식의 프로젝트에 대해 생소한 경우가 많을 것이므로, Agile의 가치와 원칙 정도는 미리 설명할 필요가 있을 것이다. 그래서 지금 모든 요건을 정의하지 않더라도, 추후 스프린트를 진행하면서 계속 업데이트하면 된다는 것을 알려 주어야 한다. 아마 지금 시점에서 전체 SW 시스템에 대한 모습을 그리고 있는 사람은 아무도 없을 것이다. 그래서 현재 수행하고 있는 업무를 기준으로 작성하되, 대략적인 개선 방향을 알고 있을 경우 이를 포함하여 작성하는 것으로 가이드를 주어야 한다.

필자가 경험한 과거 프로젝트에서는, 프로젝트 준비 기간에 *제품 오너* 역할을 수행할 실무 담당자들을 모집하여 2년 정도의 상당한 기간을 들여서 향후 수행할 업무를 정의하려 시도해 보았다. 하지만 이들이 작성한 결과물은 현재 수행 중인 업무에 대한 개요 수준이었다. 물론 이 현재 수행 중인 업무를 기술하는 것도 상당한 노력이 필요하다. 이들이 열심히 일하지 않았거나 능력이 부족해서 향후 수행할 업무를 정의하지 못한 것이 아니다. 아무리 능력이 출중한 실무 담당자라고 하더라도 현재 시점에서 향후 업무를 구체적으로 그려 낼 수 있는 사람은 아무도 없을 것이다. 향후 스프린트를 진행하면서, 업무 담당자들이 실질적인 SW 결과물을 확인하면서 점차 구체화할 수 있을 것이고, 진정한 미래의 청사진으로 진화할 수 있을 것이다.

사업 계획서 작성

*제품 오너*는 각 업무 담당자들이 작성한 *사용자 스토리*를 취합한 후, 각 업무의 중요도, 시급성, 난이도, 선후관계 등을 감안하여 구현할 스프린트를 선정한다. 즉 각 *사용자 스토리*별로 몇 번째 스프린트에 구현할 것인지를 판단하는 것이다. 업무 분류의 2레벨 정도에서 판단하는 것도 좋은 방법이다. 이 과정은 이를 작성한 업무 담당자들을 모아 워크숍 형태로 토론을 통해 의견을 모으는 방식으로 진행하는 것이 좋다. 단시간에 이러한 결정을 하는 것이 쉽지 않을 것이나, 많은 시간을 들이거나 크리 공을 들일 필요는 없다. 어차피 스프린트를 진행하는 도중에 프로젝트 상황에 따라 구현 대상 스프린트를 계속 변경할 수 있기 때문이다. 그래서 현재 수준에서 얻을 수 있는 정보를 바탕으로 결정하는 것만으로 충분하다. 이렇게 가능한 한 '마지막 순간에 의사결정'을 하는 것이 Agile 방식의 중요 원칙 중 하나이다.

각 스프린트는 1개월 정도로 설정하고,[103] *사용자 스토리*의 구현 계획을 수립한다. 특정 스프린트에 너무 많은, 또는 난이도가 높은 *사용자 스토리*가 집중되지 않는지, 사용자의 업무 흐름, 업무 중요도 등을 고려하여 분배한다. 그리고 각 스프린트에 투입할 개발자 수도 고려하여 의사결정한다.

스프린트는 1개월 단위로 진행하는 스크럼 방식이 아닌, 1주 단위로 진행하는 *XP* 방식으로 진행할 수도 있다. SW 결과물이 전혀 없는 프로젝트의 처음부터, 그리고 아직 Agile 방법론에 익숙하지 않은 상태에서 *XP* 방

---

103) 각 스프린트 기간은 짧을수록 좋다. 그리고 각 스프린트는 1개월을 넘지 않도록 하는 것이 좋다.

식으로 진행하는 것은 사실상 현실적이지 않을 수도 있다. 스프린트 기간을 짧게 진행하고 싶은 경우, 스크럼 방식으로 진행하되 2~3주 단위로 줄일 수도 있다. 이미 Agile 방법론을 과거 성공적으로 진행한 경험이 있을 경우, *제품 오너*의 판단에 따라 이렇게 짧은 주기로 진행할 수도 있다. 하지만 과거 Agile 방법론을 진행했으나, 필자가 경험했듯이 사실상 실패했을 경우, 일단은 Agile 방식에 익숙해지는 기간이 필요하다. 그래서 처음은 한 달 정도의 주기로 다소 길게 진행하다가 조금 익숙해지면, 이 기간을 점차 줄일 수도 있을 것이다.

Agile 방식, 스프린트에 구현할 사용자 스토리, 진행 기간 및 횟수, 스프린트별 투입 개발자 수가 결정되면, 추진 일정과 조직을 구성한다. 또한 대략적인 예산도 산정해야 한다. SW 솔루션이 필요한 경우, 이와 관련된 예산도 추가해야 있다. 이를 위해 SW 솔루션 업체로부터 대략적인 견적을 받아야 할 것이다. 이때 각 SW 솔루션 업체를 초빙하여 전체 기능에 대한 설명을 한번 들어 볼 것을 추천한다. 솔루션의 기능 구성도와 *제품 오너*가 직접 작성한 업무 구성도를 비교하여 추가와 변경을 할 수도 있을 것이다.

이러한 사업 계획서 작성 과정을 IT 컨설팅 업체에 맡겨서 진행하는 경우도 있으나, 필자는 이를 추천하지 않는 바이다. 과거와 같이 Waterfall 방식의 SW 개발 프로젝트를 진행하는 경우는 프로젝트 계획에 상당한 기간과 비용을 투자하는 것이 타당하였으므로, 이 방법이 유효하였다. 하지만 Agile 방식의 프로젝트에서는 치밀한 계획을 수립하기보다는, 프로젝트를 진행하면서 상황에 따라 계획을 계속 변경하는 것이 원칙이다. 따라서 고비용의 컨설턴트를 투입하여 치밀한 SW 구현 계획을 세울 필요는 없다. 오히려 *제품 오너*가 맨 처음 사업 기획 단계부터 주도하면서 전체 프로젝트를 이끌어 가는 것이 향후를 위해서도 좋을 것이다.

사업 계획서 승인 및 예산 확보

다음으로 작성한 사업 계획서 초안의 승인 프로세스를 진행하고, 승인 후 사업 예산을 확보해야 한다. 사업 계획서는 SW 개발 추진 부서의 장과 담당 임원의 승인을 받고, 그리고 대체로 사업 금액이 클 것이므로, 예산 심의 위원회, 재무팀의 승인까지 받아야 할 것이다. 승인 과정에 관련 업무(사용자) 부서도 참조하도록 하여 프로젝트가 진행될 것임을 알려야 한다.[104] 승인 과정에서 아마도 기존의 IT 컨설팅 업체가 작성한 치밀해 보이는 사업 계획서 대비 준비가 덜 된 것처럼 보일 수 있어, 승인권자들이 사업 준비 상태에 대해 의문을 제기할 수도 있다.

이 경우 승인권자인 담당 임원과 예산 심의 위원회, 재무팀에 Agile 방식의 프로젝트의 원칙(*마지막 순간에 의사결정*)과 가치에 대해 한번 설명할 필요가 있다. 그래서 *제품 오너*는 Agile 방식에 대한 지식을 어느 정도 갖출 필요가 있고, 필요시 Agile 컨설턴트(혹은 코치)의 조언을 받을 수도 있을 것이다. 이때 Agile 컨설턴트로부터 받는 도움은 사업 계획서 작성 전체에 대한 도움이 아니라, Agile 방식에 대한 전문적인 도움을 받는 정도를 의미한다. Agile 컨설턴트는 *사용자 스토리*의 작성 방법, 스프린트

---

104) 관련 업무 부서는 앞서 *사용자 스토리* 작성에 참여한 각 업무 담당자가 속한 부서 정도를 생각하면 될 것이다.

방식, 기간과 횟수, 담당자별 역할에 대한 가이드를 제공할 수 있을 것이다. 또한 승인권자 설득을 위한 Agile의 기본 가치와 목적, 원칙 등에 대한 조언도 제공할 수 있을 것이다.

이 Agile 컨설턴트는 향후 실제 SW 개발 프로젝트에 투입할 인력으로도 선정하는 것이 좋을 것이다. 아마 IT 컨설팅 업체는 많은 컨설턴트를 투입하기 위해 사업 계획서 작성 전체를 지원한다는 달콤한 유혹을 하겠지만, 이에 넘어갈 필요는 전혀 없다. 또한 넘어가서도 안 된다. IT 컨설팅 업체는 많은 인력을 투입하기 위해, 많은 노력을 필요로 하는 기획 중심의 과거 Waterfall 방식을 더 선호할 것이기 때문이다. Agile 컨설턴트는 많은 인력이 필요 없다. 실제 Agile 프로젝트를 경험해 보고 그 가치와 원칙을 정확히 알고 있는 컨설턴트를 선정해야 한다.

SW 솔루션 업체 등 선정/계약

예산을 확보한 후에는 SW 솔루션 업체를 선정하여 계약을 진행한다. 대기업의 경우, 아마 계열사의 대형 SI 업체를 반드시 통하도록 내부적인 업무 절차가 있을 것이다. 하지만 *제품 오너*는 과거와 같은 *턴키* 방식의 계약을 진행하지 않을 것에 대한 의사를 분명히 전달하고, 각 업체로부터 전문성과 역량이 있는 인력을 조달하여, 인력을 공급한 각 업체와 계약을 진행한다. 예를 들어, SI 업체와는 인하우스 개발이 필요할 경우, *스크럼 마스터*와 개발자를 소싱하고, 그 외 3자 테스트 인력, 인프라 아키텍트 인력, 향후 운영 인력과 계약을 진행한다. SW 솔루션 업체와는 *스크럼 마스*

*터*와 개발자, 필요시 애플리케이션 아키텍트 정도를 조달하면 될 것이다.

　SW 솔루션 업체 선정 시, 솔루션의 기능적인 적합도와 완성도를 포함하여, Agile 방식의 SW 개발 프로젝트에 대한 경험도 들어 볼 필요가 있다. Agile 방식의 프로젝트에 대한 강한 반감을 가지고 있거나, 반드시 Waterfall 방식의 프로젝트로 진행해야 한다는 의견을 가지고 있는 업체와는 계약을 하지 않는 것을 추천한다. 아마 대부분은 Agile 방법론에 대한 잘못된 인식을 가지고 있을 가능성이 높으나, 열린 생각으로 이를 받아들일 준비가 되어 있는 업체인지는 확인이 필요하다. 또한 Agile 방법론의 중요한 원칙인 *안티패턴*과 *기술적 채무*에 대한 개념은 알고 있는지, 이를 갚기 위한 어떤 노력을 할 것인지도 업체 리더의 생각을 들어 볼 필요가 있다. Agile 방식으로 프로젝트를 진행할 경우, 특히나 프로젝트 후반부에 많은 변경이 발생하며, 이때 빠르고 정확한 SW 변경 조치를 위해서는 코드 내의 *안티패턴*을 최소화해야 하기 때문이다.

프로젝트 시작 준비

　각 업체와 인건비 방식의 계약을 체결하고, 고객사 내부의 SW 개발 프로젝트 추진 조직도 구성되어야 한다. 고객사 내의 '업무 혁신팀'이라 불리는 IT 기반의 업무 개선을 추진하는 부서에서 추진한 경우도 있을 것이다. 혹은 별도로 임시 TF(task force) 조직을 구성해야 할 경우도 있을 것이다. 이 추진 조직을 구성할 때는 *제품 오너*를 중심으로 업무 모듈별로 상시(full-time) 담당자를 배치해야 한다. 파트 타임 담당자로 조직을 운영할 경우, 각 담당자는 프로젝트의 개발 업무에 집중하지 못하여 성과를 내기 어렵고, 해당 담당자도 심리적/육체적으로 번아웃 될 수 있다. 그리고 *제품 오너* 혼자서 SW 개발 프로젝트의 고객사 측의 모든 업무를 처리할 수는 없으므로, 뛰어난 역량을 보유한 이 업무 담당자들이 반드시 필요하다.

SW 개발 프로젝트 추진 조직이 구성되면, 내부적으로 업무를 분장하고, Agile 방식에 대한 내부 연구를 진행하는 것이 좋다. 가능하면 Agile 컨설턴트의 도움을 받아서, 매일 30분~1시간 정도를 할애하여 Agile의 가치와 원칙, 목적을 중심으로 먼저 선행 연구를 할 것을 추천한다. 그다음, 스크럼, XP, Lean, 간반 방식과 같은 Agile의 세부 방법론에 대해 이해가 필요할 것이다. 그리고 각 세부 방식별로 활용 도구들에 대해 연구해 보기를 바란다. 단순히 도구들의 활용 방법만을 공부해서는 안 된다는 것을 명심하기 바란다.

다음으로 프로젝트 멤버들이 프로젝트를 진행할 공간을 마련하고 멤버들의 좌석도 지정해야 한다. Agile 방법론에서는 프로젝트 팀원들의 근무 장소와 위치도 중요한 요소 중 하나이다. 왜냐하면 Agile 방식으로 프로젝트를 진행할 경우, 매일 스프린트 계획이 변경될 수 있고, 개발의 근거가 되는 *사용자 스토리* 또한 업데이트되거나 추가될 수 있다. 스프린트의 기간이 짧으므로, 단 하루의 시간도 매우 중요할 수 있다. 따라서 **Agile 프로젝트 팀원 간의 원활하고 신속한 커뮤니케이션이 상당히 중요**하다.

Agile 방법론에서는 많은 사람들의 추측과는 달리, 이메일이나 메신저, Wiki와 같은 온라인을 통한 커뮤니케이션보다는 **직접 대면하는 오프라인 커뮤니케이션을 선호**한다. 온라인 의사소통 방식은 상대방이 수신한 메시지를 인지하지 못할 수도 있고, 인지하더라도 정확하게 발신자의 의도대로 전달되었는지 모른다. 하지만 직접 대면하는 커뮤니케이션은 실시간으로 지금 즉시 메시지를 전할 수 있고 또한 상대방을 마주하면서 정확하게 인지하였는지 여부를 확인할 수 있다.

이렇게 **Agile 방식의 SW 개발 프로젝트에서는 오프라인 의사소통의 편의를 위해 팀원들의 자리 배치 또한 중요하게 생각**하는 것이다. 많은 의사소통이 필요한 담당자 간에는 물리적으로 가장 가까운 곳에 배치하고, 팀원들을 가능한 한 가까운 위치에 배치시킨다. 그러면 개발자 두 사람이 얘기하더라도, 그 주변에 있는 여러 사람들도 함께 그들이 하는 얘기를 들을 수 있어 정보의 전달을 빠르고 원활하게 할 수 있게 된다. *제품 오너*는 이러한 Agile 프로젝트의 특성을 감안하여 팀원들의 자리를 배치해야 한다.

그리고 개발자들이 투입되면 프로젝트 수행 시의 규칙과 참고사항 등에 대한 온보딩(onboarding) 교육을 수행해야 한다. 이 교육은 프로젝트 오리엔테이션(혹은 온보딩)이라고 부르며, 그 상세한 내용은 다음 챕터에서 기술할 것이다. *제품 오너*는 이 프로젝트 오리엔테이션을 위한 온보딩 자료를 사전에 준비해야 한다. 예전처럼 '모든 업무는 수행사(개발사)에게 시켜야지'라는 생각은 버려야 한다. Agile 프로젝트의 성패는 *제품 오너*가 책임을 진다는 생각을 가지고, 모든 일에 책임감을 가지고 임하느냐 아니냐에 달려 있다. 물론 이렇게 교육 자료를 모두 직접 작성할 여력은 없을 것이므로, 함께 Agile 방식에 대해 연구한 업무 담당자들의 도움을 받기도 하고, Agile 컨설턴트의 도움을 받기도 해야 할 것이다.

프로젝트 팀원에 대한 온보딩 교육 자료에는 우선 Agile의 원칙과 목적,

가치에 대한 내용을 포함하고 있어야 한다. 과거와 같이 Agile 도구의 활용법에 대한 내용만 전달해서는 Agile 프로젝트를 제대로 진행할 수 없다. 그리고 *제품 오너*, *스크럼 마스터*, 개발자의 역할과 책임에 대한 내용도 포함해야 한다. 또한 Agile 방식으로 프로젝트를 진행할 때 활용하는 도구들에 대한 개요도 작성한다. 예를 들어, 우선 *사용자 스토리*의 작성 목적과 업데이트 방식과 시점에 대한 내용을 포함한다. 그리고 *일간 스크럼 미팅*의 목적과 진행 방식, 진행 주기/시점, 참여자, 결과물에 대해서도 설명이 필요하다. 또한 *타스크 보드*의 작성 목적, 업데이트 방식 등에 대해서도 설명이 필요할 것이다.

그 외 Agile 도구의 상세 활용법에 관한 교육 자료도 미리 작성해 놓는 것이 좋다. 이 자료는 아마 *제품 오너* 혼자서는 준비하기 어려울 것이다. 프로젝트를 함께 수행하는 실무 담당자 중 각 도구별 담당자를 지정하여 자료를 작성하도록 요청하는 것이 좋을 것이다. 물론 이때 Agile 컨설턴트의 도움을 받아야 할 것이다. 도구 활용법은 기본적인 활용 방법에 대한 내용과 함께, 도구를 언제, 어떻게 활용하는 것인지, 또한 어떤 원칙을 가지고 활용하는지, 활용함에 있어서 각 담당자의 역할과 책임은 무엇인지에 대한 내용도 포함해야 한다.

2. 프로젝트 시작 단계

Agile 방식의 SW 개발 프로젝트가 시작된 후, 이해관계자들을 초대하여 킥오프 행사를 진행한다. 그리고 투입되는 인력들을 대상으로 오리엔테이션을 실시한다. 개발자들은 고객사의 업무에 대해 무지한 상태이므로, 전반적인 *사용자 스토리*를 설명하는 워크숍을 진행한다. 그리고 스프린트를 시작하면 전체 팀원들이 모여서 이번 스프린트에서 어떤 *사용자 스토리*를 구현할 것인지 계획을 수립한다.

프로젝트 킥오프(kick-off)

SW 개발 프로젝트를 시작하면, 통상 첫 주에 프로젝트 킥오프를 진행한다. *제품 오너*는 본 SW 개발 프로젝트와 관련된 모든 이해관계자들을 초대하여 간략한 프로젝트 개요와 일정에 대해 설명해야 한다. 또한 일정 설명 시, Agile 방법론을 바탕으로 진행할 것이라는 내용도 포함해야 한다. 그리고 프로젝트 추진 조직에 *제품 오너*, 스크럼 마스터와 같은 Agile

용어를 포함함으로써, 겉으로만 Agile 방식을 적용하는 것처럼 보이지 않도록 해야 한다.

추진 조직에는 이해관계자 부서들을 모두 포함하고, 이들이 프로젝트를 위해 해야 하는 역할도 명시적으로 표현하여 이들을 프로젝트에 적극 참여시켜야 한다. 이해관계자는 고객사 내부의 사용자 부서, 업무 혁신팀, IT 인프라/운영 부서, SI 업체의 프로젝트 수행 부서, 품질/테스트 부서, 솔루션 벤더사, 개발사 등을 포함한다.

프로젝트 오리엔테이션

*제품 오너*는 프로젝트 킥오프를 진행한 후, 개발자를 포함한 전체 팀원들을 대상으로 오리엔테이션을 실시한다. 앞서 준비한 온보딩 자료를 바탕으로 짧게 진행한다. 이 교육은 Agile 방법론의 개요와 프로젝트를 진행하는 방식, 즉 프로젝트 산출물이나 참고 자료 등을 공유하는 파일 서버, 프로젝트 커뮤니케이션을 위한 Wiki 페이지 사용법, 메신저 사용법, 주간 보고 방식과 참여자 등을 포함할 것이다.

Agile 방법론의 개요에 대한 교육은 먼저 Agile의 가치와 목적, 원칙 등을 간략하게 소개한다. 그리고 이번 프로젝트에서 적용할 *스크럼*(혹은 *XP*)과 *간반* 방식에 대한 간략한 설명도 필요하다. 스프린트의 개념에 대해서도 설명이 필요하다. 이때 왜 '스프린트'라는 명칭으로 부르는지도 함께 설명해야 할 것이다. 그리고 *제품 오너*, 스크럼 마스터의 개념과 역할에 대한 내용도 간략히 소개하는 것이 좋다. 개발자의 태도와 마인드가 과거 Waterfall 방식에 비해 어떻게 달라져야 하는지에 대해서도 짧게 설명이 필요할 것이다.

사용자 스토리, 일간 스크럼 미팅, 타스크 보드 등의 도구들에 대해서는 목적과 개요 정도만 간략하게 소개하고 상세한 활용법에 대해서는 장황하게 설명하지 않는 것이 좋다. 처음부터 너무 많고 생소한 개념의 내용을 전달할 경우, 모든 내용을 다 소화하기 어려울 것이다. 그리고 경험이 많은 개발자라고 하더라도, Agile 방식에 대한 내용은 다소 생소하게 느껴질 것이므로, 이 방법이 과연 성공할 수 있을까 하는 의심과 회의(doubt)가 들 수 있다. 이 의심과 회의는 Agile 방식으로 SW 개발 프로젝트를 진행하면서 그 효과를 실제로 체험했을 때 비로소 해소될 수 있다. 그래서 첫 온보딩 교육은 1시간 이내로 간략하게 진행하고, 추후 프로젝트를 진행하면서 필요시 수시로 교육하는 것이 바람직할 것이다.

사용자 스토리 워크숍

*제품 오너*는 모든 개발자를 대상으로 별도로 미팅 시간을 잡아서, 전체 *사용자 스토리*를 한번 설명하는 시간을 가져야 한다. *사용자 스토리*는 이번 프로젝트에서 구현할 전체 업무와 필요한 SW 기능에 대한 내용을 담고 있다. 따라서 고객사의 업무에 대한 이해도가 낮은 개발자들에게 전체적으로 업무에 대해 한번 설명할 필요가 있다. 이 미팅은 워크숍 형식으로 하루 정도 일정을 잡아서, 고객사 업무 담당자들과 개발자 간에 자연스럽게 질의 응답도 하면서 진행할 것을 추천한다. 이제부터 프로젝트가

끝날 때까지 그들 간에 원활한 커뮤니케이션이 이루어져야만, 높은 품질의 SW 결과물을 얻을 수 있을 것이기 때문이다.

물론 이 *사용자 스토리*는 고객사가 아직 향후(to-be) 업무에 대한 명확한 방향이 나오지 않은 상태에서 작성한 초안이다. 개발자에게 아직 확정된 요건이 아니며, 현재 작성된 내용은 초안인 상태라고 얘기해야 한다. 그러면 개발자들은 대부분 고객 요구사항이 확정되지 않은 상태에서 어떻게 SW 설계를 진행할 수 있는지 반문할 것이다. 과거 Waterfall 방식으로 업무를 수행하던 개발자들이 대부분일 것이므로, 이러한 반응은 당연하다고도 볼 수 있다.

하지만 이 *사용자 스토리*는 스프린트를 진행하는 도중에 계속 업데이트될 것이고, 그에 따라 SW 변경도 계속적으로 이루어져야 한다는 것을 강조해야 한다. 프로젝트 오리엔테이션 중에 교육했던 Agile의 가치와 원칙에 맥을 같이하는 것이다. 그래서 SW 변경이 자주 이루어져야 하므로, 이 변경을 용이하게 하기 위해서는 개발을 진행하면서 수시로 *안티패턴*을 찾아 교정하는 작업을 진행할 것을 요구해야 한다. 이러한 *기술적 채무*를 갚는 작업은 기능 개발에 못지않게 중요한 것임을 당부해야 한다. 또한 이를 위해 스프린트별 개발 일정을 너무 빡빡하게 세워서는 안 되고, *사용자 스토리*의 30% 정도는 난이도가 낮은 것으로 채우는 방법에 대해서도 설명이 필요하다.

그리고 *사용자 스토리* 구현 계획 업데이트와 내용 변경은 일간 스크럼 *미팅*에서 매일 진행할 것임을 알려야 한다. *제품* 오너가 스프린트에 구현할 것으로 선정한 *사용자 스토리*는 초안일 뿐이며, 매일 이에 대해 검토하고 변경할 수 있음을 강조해야 한다. 그리고 구현할 *사용자 스토리*에 대해 질의할 것이 있거나, 의사결정 해야 할 것이 있으면 매일 진행되는 *일간 스크럼 미팅*에서 자유롭게 얘기할 것을 요청해야 한다. *제품 오너*와 개발자 간의 원활한 커뮤니케이션은 SW 품질에 큰 영향을 미친다는 것을 강조해야 한다. *제품 오너*와 개발자가 원활하게 협업해야만 높은 품질의 SW 제품을 개발할 수 있음을 인식시켜야 한다.

스프린트 기획 회의

본격적으로 스프린트가 시작되면 가장 먼저 해야 할 일은 금번 스프린트에 대한 계획을 수립하는 것이다. 물론 고객사가 초안으로 작성한 *사용자 스토리* 구현 계획이 있을 것이다. 하지만 이는 본 SW 개발 사업 계획의 승인을 위해 *제품 오너*를 중심으로 작성한 문서로, 이를 초안으로 하여, 세부적인 검토가 필요하다. 스크럼 마스터가 중심이 되어 *제품 오너*와 개발자가 모두 참여하여 전일(full-day) 워크숍 형식으로 진행할 것을 추천한다.[105] 이번 스프린트에서 핵심적으로 구현해야 할 스토리는 무엇인지, 난이도가 낮은 30%의 스토리는 무엇으로 할 것인지에 대한 검토가 필요하다.

이를 위해서 *사용자 스토리*의 '구현 난이도'에 대한 평가가 이루어져야 한다. *사용자 스토리*의 구현을 위해 어떤 세부 타스크가 필요한지, 각 타스크의 난이도를 감안하였을 때, *구현 난이도*를 '상, 중, 하' 중 무엇으로 할 것인지를 평가한다. Agile 방법론은 기획을 최소로 하여 가장 *마지막*

---

[105] 스프린트 기간이 한 달이라면 하루, 한 주라면 2시간 정도로 생각하면 될 것이다.

순간에 의사결정 하는 것이 원칙이다. 따라서 *구현 난이도*도 복잡한 '기능 점수(function point)'[106]와 같은 기법을 사용하지 않고, 단순하게 상/중/하 정도로만 평가하는 것이다.

처음에는 이 상/중/하로 대략적으로 평가한 결과가 정확하지 않겠지만, 스프린트가 지나고 계획 대비 구현 결과가 누적됨에 따라 점차 정확해질 것이다. 따라서 이후 스프린트 계획 수립 시에 상당히 중요한 자료가 될 것이다. 이 *사용자 스토리*별 구현 난이도 산정 결과와 업무적 중요도를 참고하여 본 스프린트에 구현할 *사용자 스토리*를 선별한다. 업무적 중요도는 *제품 오너*의 의견을 기준으로 하면 될 것이다. 앞서 언급했듯이 업무적 중요도와 난이도가 낮은 *사용자 스토리*가 30% 정도의 비중을 차지하도록 구성한다. 이와 같이 스프린트 계획 수립은 고객사의 *제품 오너*가 일방적으로 결정하여 전달하는 방식이 아닌, 고객사와 개발자 간의 협의를 바탕으로 결정하는 것임을 명심해야 할 것이다. Agile 방법론은 "협업" 중심의 방식이다.

---

106) FP 기법이라고 하는 *기능 점수* 기법은 SW 개발 규모 산정 시, 활용하는 방법이다. 세부 기능을 도출한 후, 이를 분류하여 각 유형별로 가중치를 부여한다. 점수를 합산한 다음 점수당 인건비를 곱하여 총비용을 산정하는 방식이다.

3. 프로젝트 진행 단계

이번 스프린트에 대한 계획을 수립하고 나면, 매일 일간 스크럼 미팅을 진행해야 한다. 이 일간 스크럼 미팅을 통해 업데이트되는 정보는 *타스크 보드*에 모두 반영하여 전체 프로젝트 팀원에 공유해야 한다. 그리고 고객사의 추가 요구사항과 결함이 쏟아지는 상황에서 개발 진행이 더디다고 판단될 경우, *간반 보드*를 활용하여 진단이 필요하다. 추가적으로 사전에 SW 코드의 품질을 향상하기 위해 *테스트 주도 개발*이나, *짝 프로그래밍*을 적용하는 것이 바람직하다.

일간 스크럼 미팅

이번 스프린트에 대한 계획 수립을 완료하면, 본격적으로 스프린트, 즉 SW 개발을 진행한다. 스프린트가 진행되면, 매일 팀원들이 모두 함께 모여서 일간 스크럼 미팅을 진행해야 한다. 앞서 여러 번 강조했듯이 일간 스크럼 미팅은 스크럼 마스터에게 개발 진행 경과를 보고하는 회의가 아니다. 개발자 간에 개발 현황에 대한 정보를 공유하고, 개발 진도에 따라 스프린트 계획을 재점검하고, 개발 진행에 있어 이슈가 있을 경우 이를 공유하고 해결을 요청하는 회의이다.

스크럼 미팅은 개발자가 직접 주관하여 진행해야 하고, 스크럼 *마스터*와 *제품 오너*도 함께 참여해야 한다. 회의는 30분 이내로 끝내도록 하여 개발자들이 부담을 느끼지 않도록 해야 한다. 개발자는 어제까지 수행했던 타스크, 오늘 수행할 타스크, 타스크 진행 시의 이슈 사항에 대해 돌아가며 간략히 이야기한다. 또한 *사용자 스토리* 구현에 있어 필요한 사항이나 세부 타스크에 대해 서로 논의해야 한다. 이 과정에서 *사용자 스토리*의 세부 로직에 대한 문의나 의사결정이 필요한 경우, *제품 오너*와 그 자리에서 즉시 논의한다. *사용자 스토리*는 고객사의 업무에 대한 내용이므로, 모든 개발자가 서로 공유하여 파악해야 할 정보이기 때문이다. 만약 시간이 오래 걸릴 것으로 예상되는 주제가 있을 경우는 별도 회의를 통해 논의하기로 하고, 신속하게 마치는 것이 좋다.

사용자 스토리 개발 외의 타스크에 대한 정보도 개발자는 함께 공유해야 한다. 서버 세팅 등 인프라 아키텍트 지원 업무, *사용자 스토리*에 포함되어 있지 않은 공통 업무(기준정보 세팅 등) 등 여러 업무가 있을 것이다. 개발자들이 자신들의 업무 시간을 투입해야 하는 모든 타스크에 대해 서로 공유해야만, 모든 팀원들이 개발자가 어떤 타스크를 진행 중인지 알 수 있다. 따라서 고객사가 *사용자 스토리*의 개발 진도가 느린 것에 대한 불만을 표하거나 여러 이해관계자들의 개발 일정을 재촉하는 공격에 방어할 수 있다.

또한 개발자가 현재 진행 중인 타스크를 완료했을 경우, 자신이 **직접 다**

음에 수행할 타스크를 선택한다. *스크럼 마스터가 개발자의 다음 타스크를 지정하거나 요청해서는 안 된다. 스크럼 마스터는 개발 업무의 중재자이자 조력자 또는 촉진자로의 역할만 수행할 수 있으며 더 이상 개입해서는 안 된다.* 깊이 개입하는 순간, 과거 Waterfall 방식의 프로젝트 관리 방식으로 돌아가게 된다. 개발자가 스스로 진행 중인 타스크에 대해 공유하고, 다음에 진행할 타스크를 직접 선택하여 진행하는 방식, 즉 "top-down"이 아닌 **"bottom-up" 방식이 Agile 방법론의 원칙**임을 명심하도록 하자.

물론 한 개발자가 다음 타스크를 선택하였을 경우, 다른 개발자들이 이에 대해 자유롭게 의견을 개진할 수 있다. 예를 들어, 한 개발자가 현재 진행 중인 타스크와 연관된 타스크를 다른 개발자가 진행하려고 할 경우, 자신이 진행하는 것이 더 효율적일 것이라고 의견을 개진할 수 있다. 그때 다른 개발자는 만약 그 의견에 동의하지 않을 경우, 왜 그렇게 생각하는지에 대해 얘기하고 서로 합의를 이루어야 한다. 어느 한 개발자가 연차가 높거나 조직에서 높은 직급에 있다고 하더라도 서로 평등하게 대하는 것이 중요하다.

이렇게 개발자가 스스로 업무를 진행하는 방식에 대해 과거 Waterfall 방식에 익숙한 프로젝트 관리자들은 동의하지 않을지도 모른다. 그 관리자들은 개발자는 최대한 업무를 적게 하려 하고, 쉬운 업무만 골라서 진행하려고 하기 때문에, 관리자가 이를 조정해 주지 않을 경우 제대로 프로젝트가 진행되지 않을 것이라고 생각할 것이다. 그래서 Agile 방법론이 표방하는 개발자가 스스로 자신의 타스크를 선택해서 진행하는 방식은 결코 성공할 수 없을 것이라고 생각할 것이다.

물론 과거 Waterfall 방식에 익숙한 프로젝트 관리자들이 이렇게 생각하는 것은 당연한 것일지도 모른다. 지금까지 한 번도 Agile 방법론과 같은 방식으로 실무자들이 스스로 업무를 선택하고 진행하는 방식을 시도해 본 적도 없고, 성공한 사례를 들어 본 적도 없기 때문일 것이다. 물론 필자도 그중에 한 명이었다. 이들 프로젝트 관리자는 기본적으로 "개발자들은 스스로 업무를 진행하려고 하지 않는다"라고 가정하고, 항상 예상된 일정보다 앞당겨서 개발자들에게 업무 완료를 재촉하고, 그들의 업무를 수시로 점검하고 통제해 왔다. 이런 방식이 제대로 업무를 진행하는 방식이라고 알고 있었기 때문이다.

하지만 Agile 방법론의 핵심은 바로 여기에 있다. **과거와 같이 top-down으로 업무를 진행하는 방식은 너무 많은 부작용을 초래**했다. 개발자는 프로젝트 관리자의 개발 일정 재촉을 예상함으로써, 항상 자신의 실제 개발 진행 현황보다는 보수적으로 얘기하고, 정확한 현황을 공유하기를 꺼린다. 이로 인해 고객사 역시 정확한 개발 현황을 파악하기 어려워, 개발사에 대한 신뢰도에 의문을 가지기 시작하고, 점차 더 많은 요건과 더 빡빡한 개발 일정을 요구하게 된다. 이로 인해 프로젝트 관리자가 최초 계획했던 개발 일정에 대비하여 계속 지연이 발생하게 되고, 고객사는 자신이 요구하는 일정을 계속 만족시키지 못하는 개발사를 보면서 점점 불만이 쌓인다. 개발사는 또한 현재의 상황을 초래한 고객사에 대해 불만이 쌓이면서, 서로 간에 신뢰를 잃어 가게 되는 것이다.

이러한 Waterfall 방법론의 top-down 업무 방식에 대한 단점을 보완하기 위한 것이 바로 Agile 방법론의 bottom-up 업무 방식인 것이다. Agile 방법론은 최초 계획은 현재 가능한 수준에서 수립하고, 개발을 진행하면서 계속 계획을 변경해 나가는 것이 표준이다. 요건의 변경은 개발자와 고객사 간에 직접적인 합의로 이루어진다. 즉 변경을 위해 *변경 관리 위원회*의 승인과 같은 통제 절차 따위는 필요 없는 것이다.

또한 개발자가 자신의 업무에 대해 스스로 의사결정을 진행하고, 필요한 경우 고객사와 직접 협의한다. 개발자는 통제와 관리가 필요하다는 생각을 버려야 한다. **개발자들은 개발 타스크를 진행하면서 고객사의 업무 프로세스에 대해 많은 토론을 하고 결국에 가장 깊은 지식을 보유한 사람이 된다. 이들은 개발 타스크에 대한 의사결정을 할 수 있는 적임자이며, 스스로 의사결정을 하는 순간 프로젝트를 성공적으로 완료하겠다는 책임감을 자연스럽게 가지게 된다.** 이 개발자들이 스스로의 업무에 대한 책임감을 가지고 헌신(commitment)하게 하는 것이 바로 Agile 방식인 것이다. 개발자는 *타스크 보드*의 해당 타스크에 자신의 이름을 명기함으로써, 해당 타스크에 대한 책임이 있음을 전체 프로젝트에 알리게 되고, 이를 성공적으로 완료하기 위해 최선을 다하게 된다.

그리고 스크럼 마스터는 일간 스크럼 미팅의 주관자가 아닌 조력자(supporter) 혹은 촉진자(facilitator)로서 참여해야 한다. 즉 *일간 스크럼 미팅* 진행 시, 개발자에게 발언을 강요하거나 일정 미준수에 대해 비난하는 태도를 보여서는 안 된다. 개발자가 회의를 스스로 진행할 수 있도록 하고, 스크럼 마스터가 직접 회의를 주도하려고 해서도 안 된다. 스크럼 *마스터*는 그 이름과 같이 이제 더 이상 과거 Waterfall 방식에서의 *프로젝트 관리자*가 아니기 때문이다. 개발자에게 업무를 지시하고 점검하고 완료를 재촉하고 통제하는 업무는 이제 스크럼 *마스터*의 업무가 아니다. 대신에 일간 스크럼 미팅이 잘 진행될 수 있도록 옆에서 도와주고, 미팅 진행 시 제기된 이슈에 대한 follow-up 사항을 점검한다. 그리고 후속 미팅이 필요한 경우, 이를 계획하고 관련자들의 일정을 확인한 후 초대하고, 실제 회의에도 참석하여 결과를 follow-up 해야 한다. 즉 *스크럼 마스터*는 개발자들이 개발 업무에만 집중할 수 있도록, 그 외 업무에 대해서는 적극 지원해 주어야 한다는 의미이다.

*스크럼 마스터*는 우선 매일 *일간 스크럼 미팅*이 원활하게 진행될 수 있도록, 참석자에게 회의 시간과 장소를 알려 주고, 참석을 독려하는 역할을 수행한다. 기본적으로 개발자와 고객사의 *제품 오너*에게는 필수적으로 참석을 요청하고, 만약에 참석하지 못하는 경우 그 사유를 확인하고, 회의 종료 후 결과가 공유될 수 있도록 해야 한다. 회의에 참여할 사람이 추가로 필요한 경우, 예를 들어 특정 업무에 대한 SW 개발이 진행 중인 경우, 해당 업무에 대한 담당자가 회의에 참석할 수 있도록 해당 담당자에게 회의 시간과 장소를 알리고 참석을 독려해야 한다.

*일간 스크럼 미팅*을 시작하면, 어제 업데이트한 *타스크 보드*의 화면(혹은 칠판 등 실물)을 보여 주며 회의가 원활하게 진행될 수 있도록 한다. 개발자가 돌아가면서 자신의 타스크 진행 현황과 계획, 그리고 진행상의 이슈에 대해 얘기하고, 변경 사항을 *타스크 보드* 화면에 업데이트해야 한다. 만약 실물 *타스크 보드*를 운영할 경우에는 개발자가 얘기하면서 자신이 직접 업데이트할 수도 있다. 개발자가 얘기한 이슈에 대한 내용 중 추후 follow-up이 필요한 사항에 대해서는 *타스크 보드* 파일의 별도 시트에 작성하여 진행 경과를 계속 업데이트하도록 한다. 그리고 회의 진행 중 특정 주제에 대해 지나치게 깊게 토론이 진행되어 시간 내에 완료하기 어려울 것으로 예상되는 경우, 별도 회의를 진행하도록 유도한다. 별도 회

의는 참석자와 시간을 확인하여 회의실 확보 후 참석 요청 메일을 보내도록 한다.

일간 스크럼 미팅을 종료한 후, 금일 업데이트한 *타스크 보드*를 Wiki 페이지 혹은 메일로 공유한다. 실물 *타스크 보드*를 운영할 경우는 사진을 찍어서 공유할 수도 있을 것이다. *타스크 보드*와 함께 금일 주요 의사결정 사항이나 이슈 사항, 후속 미팅 일정도 함께 공유하면 좋을 것이다. 그리고 회의 시 개발자가 제기한 이슈가 있을 경우, 후속 진행 상황을 follow-up 하여 문제에 대한 원인 분석과 해결 방안을 검토한 후 결과를 공유하도록 한다. 이 과정에서 추가 미팅이 필요한 경우, 스크럼 마스터가 직접 미팅을 조율하여 개발자가 개발 업무에 집중할 수 있도록 지원해야 한다.

고객사의 *제품 오너*는 일간 스크럼 미팅에 함께 참여하여 스프린트 계획 수정 필요 시 이에 대한 의사결정을 신속히 해 주어야 하며, *사용자 스토리*의 세부 내용에 대해 개발자들과 끊임없이 논의해야 한다. 이 과정에서 *제품 오너*는 단순히 고객사의 입장에서 개발자에게 해결을 요구하고 그 결과를 듣고 확인하는 태도를 취해서는 안 된다. *제품 오너*는 추가 요구사항이 있을 경우, 이를 명확히 알리고 이를 진행하기 위한 타스크를 개발자와 함께 논의하여 *타스크 보드*에 반영해야 한다.

*제품 오너*는 일간 스크럼 미팅 진행 중 *사용자 스토리*에 대한 변경이 필요할 경우, 변경이 필요한 내용을 개발자에게 설명하고 개발자의 의견을 청취해야 한다. 개발자는 변경 요건을 반영하기 위한 추가 타스크와 개발 예상 리소스에 대한 의견을 제시할 것이다. *제품 오너*는 이러한 의견을 듣고 이 변경 요건이 만약 스프린트 일정에 영향을 줄 경우, 이 *사용자*

스토리를 다음 스프린트로 넘길 것인지, 혹은 다른 *사용자 스토리*를 다음 스프린트로 넘기고, 이 *사용자 스토리*는 본 스프린트에 구현할 것인지 등에 대한 의사결정을 해야 한다.

*제품 오너*는 이 일정 조정 과정에서 개발자에게 다소 무리한 일정을 요구해서는 안 된다. 고객사가 다소 강한 어조로 요구하는 상황에서, 불가능하다고 맞받아칠 수 있는 개발자는 없다는 것을 명심해야 한다. *제품 오너*는 항상 자신의 커뮤니케이션 스타일에 유의하여 개발자에게 강요하는 듯한 뉘앙스를 풍겨서는 안 된다. *제품 오너*의 태도가 갑의 입장으로 돌변하는 순간, 이 *일간 스크럼 미팅*은 더 이상 개발자가 주도하는 자율적인 미팅이 되기 어려울 것이다. 개발자는 더 이상 자신의 생각이나 의견을 솔직하게 얘기하지 않을 것이기 때문이다. 따라서 *제품 오너*는 자신의 의견을 얘기하되 개발자의 의견을 들어 본 후 개발자와 함께 의사결정하려는 태도를 유지해야 한다. 개발자가 합의하기 꺼리는 태도를 보일 경우, *제품 오너*는 자신의 의견을 강요하는 방식이 아닌 다른 방법을 찾아보려는 태도를 보이도록 해야 한다. 혹은 자신의 요건을 수정하여 합의를 유도하도록 해야 한다.

그리고 *제품 오너*는 개발자의 개발 진행 현황을 듣는 중 어떤 예상하지 못한 상황으로 인해 일정 지연이 예상되는 경우, 이를 다그치는 것이 아닌 *사용자 스토리* 구현 우선순위를 조정하는 등의 대안을 제시함으로써 함께 문제를 해결하려는 자세를 보여야 한다. 개발자에게 개발 지연에 대한 대책을 요청하는 것은 바람직한 태도가 아니며, 문제가 있을 경우 이를 같이 해결하려는 자세를 보여야 한다. 그렇게 해야만 개발자들은 고객사에 동료 의식을 느끼고 자신의 모든 정보를 오픈할 것이다. 그리고 서로 간의 신뢰를 기반으로 정보의 투명한 공유와 효과적인 협업을 할 수 있을 것이다.

*제품 오너*는 *사용자 스토리*와 관련하여 각 스토리를 작성한 업무 담당자를 제외하고 자신이 모든 의사결정을 할 수는 없을 것이다. 예를 들어, 개발 일정 지연이 예상되어 *사용자 스토리* 우선순위를 조정해야 할 경우, *제품 오너*가 마음대로 특정 *사용자 스토리*를 다음 스프린트로 넘길 수는 없을 것이다. 상세 업무 영역별로 담당자가 존재할 것이며, 이 담당자와의 협의를 우선적으로 진행해야 하기 때문이다. *제품 오너*는 필요한 경우 *일간 스크럼 미팅* 시에 업무 영역별 담당자를 함께 참여시킬 수 있을 것이다. 만약 *일간 스크럼 미팅* 도중 급작스럽게 의사결정이 필요한 경우에는 *일간 스크럼 미팅* 종료 후 해당 업무 담당자와 협의하는 미팅을 진행하여 의사결정을 해야 할 것이다. 의사결정 한 결과는 다음 날 *일간 스크럼 미팅* 시에 해당 개발자와 공유하면 될 것이다.

이렇게 매일 *일간 스크럼 미팅*을 진행하여 빠르게 의사결정을 진행하고, 개발자들의 개발 일정을 지연시킬 수 있는 이슈를 신속하게 제거하는 것이 바로 *일간 스크럼 미팅*의 중요한 목적 중 하나이다. 매일 개발 진도만 체크하는 회의가 아닌 개발자 간의 정보를 공유하고 신속하게 문제를 해결하고 의사결정을 하여 지속적으로 계획을 업데이트하는 것이 바로 *일간 스크럼 미팅*이다.

이 *일간 스크럼 미팅*을 효과적으로 진행하기 위해서는 위와 같이 개발자를 중심으로 스크럼 마스터, *제품 오너*가 각자의 역할을 충실히 이행하고, 서로 간의 신뢰를 바탕으로 협업을 수행해야 한다. 그 결과로 지속적인 스프린트 계획의 업데이트가 이루어지고, 개발 진행 현황을 투명하게 파악할 수 있고, 신속한 이슈 해결을 통해 개발 일정 지연을 최소화할 수 있게 될 것이다.

타스크 보드

일간 스크럼 미팅 진행 시에는 *타스크 보드*를 활용함으로써 팀원 간의 커뮤니케이션을 효과적으로 할 수 있다. 개발자들이 자신의 머릿속에 있는 생각을 아무런 시각적 도움 없이 얘기할 경우, 의사소통이 그리 효과적이지 않을 수 있다. 단순히 구두 설명만으로는 상대방이 이해하기 어려우며, 미팅이 진행되는 그 순간은 이해하더라도, 미팅 종료 후에는 그 내용들을 모두 기억하기 어렵기 때문이다. 이 *타스크 보드*는 이러한 의사소통상의 어려움을 도와주는 효과적인 도구인 동시에, 결과물 자체가 스프린트 계획과 진행 현황까지 포함한 현황판(dashboard) 역할까지 수행한다. *타스크 보드*는 또한 일간 스크럼 미팅을 통해 매일 현행화가 이루어지므로, 스프린트의 전체 계획 대비 현황이 어떠한지에 대해 가장 최신의 정확한 정보를 전달할 수 있다.

그렇기 때문에 주간 보고가 있다면, 이를 위한 별도의 주간 보고서를 준비할 필요 없이, 이미 준비된 *타스크 보드*를 제공함으로써 현재의 정확한 개발 진행 현황을 공유할 수 있다. 예를 들어 주간 보고에서 전주 대비 금주 진행 현황을 비교해 보고 싶다고 하자. 만약 주간 보고가 금요일이라고 한다면, 전주 금요일에 업데이트한 *타스크 보드*를 금주 금요일에 업데이트한 *타스크 보드*와 비교하면 될 것이다. 이와 같이 활용하기 위해, 스

*스크럼 마스터*는 매일 *타스크 보드* 스냅샷을 보관할 필요가 있다.

*타스크 보드*는 사무실 벽에 화이트보드와 포스트잇 등을 활용하여 실물로 구성할 수도 있고, 혹은 엑셀 파일과 같은 도구를 활용하여 관리할 수도 있을 것이다.[107] 실물로 구성할 경우는 다양한 정보를 표시하기에 다소 한계가 있고, 물리적인 위치가 고정되어 있어 항상 그 자리에서 회의를 해야 하는 불편함이 있다. 그리고 이 *타스크 보드*의 공유가 필요한 경우, 사진을 찍어 공유해야 하므로, 추가 정보(관련 이슈 등)를 전달하는 데 어려움이 있을 수 있다. 하지만 벽에 항상 붙여 놓고 지나갈 때마다 이를 확인할 수 있어 가시성이 뛰어나며, 별도 자료를 준비하거나 보관할 필요가 없어 편리하다는 장점이 있다.

*타스크 보드*를 엑셀 파일을 통해 활용할 경우에는 여러 가지 다양한 방식으로 정보를 표시할 수 있어 활용성이 뛰어나고, 파일로 관리하므로 매일 스냅샷도 편리하게 남길 수 있다. 또한 다른 사람들과 파일 형태로 공유하기도 편리하다는 장점이 있다. 하지만 필요할 때마다 파일을 실행해서 보아야 하므로, 항상 사무실 벽에 붙어 있는 실물 보드에 비해서는 가시성이 낮다. 개발자는 최신 *타스크 보드*의 확인이 필요한 경우, 해당 Wiki 페이지에서 최신 *타스크 보드* 버전을 다운로드해서 실행해야 할 것이다. 또한 *스크럼 마스터*를 통해서 *타스크 보드* 업데이트가 가능하므로, 업데이트가 다소 번거로운 측면도 있다.

*타스크 보드*를 구성할 때 가장 먼저 해야 할 것은 타스크의 '진행 상태'를 표시할 컬럼을 구분하는 것이다('그림 9. 타스크 보드 작성 예시' 참

---

[107] *타스크 보드*를 관리하는 애플리케이션도 출시된 것으로 알고 있으나, 엑셀 파일로 관리하는 것이 오히려 확장성과 활용성이 높을 수 있다.

조). 일반적으로 가장 좌측에 '개발 예정(to-do)' 컬럼, 그 우측에 '개발 중(doing)' 컬럼, 그리고 가장 우측에 '개발 완료(done)' 컬럼을 구성한다. *개발 예정* 컬럼에는 금번 스프린트에서 개발을 진행할 예정인 *사용자 스토리*를 모두 나열한다. 만약 *사용자 스토리* 구현을 위한 세부 타스크를 식별한 상태이면 타스크 목록도 같이 표시한다.

그리고 *사용자 스토리* 구현을 위한 타스크가 아니더라도 개발자가 수행해야 할 타스크이면 모두 표시하도록 한다. 고객사가 요청한 특정 기능을 개발하는 업무 외의 것들이다. 예를 들면, 공통으로 사용할 기준정보의 셋업, 솔루션 구성(configuration), 서버 설치 등 다양한 타스크가 있을 수 있다. 금번 스프린트에서 진행이 예정된 타스크의 경우, 모두 *개발 예정* 컬럼에 표시한다. 그림에서 '공통', '인프라 아키텍트', '기타' 항목이 이에 해당한다.

사용자 스토리 정보는 명칭과 난이도 정도를 표시하면 될 것이고, 그 하위의 타스크 정보는 타스크 명칭, 담당자, 예상 기간 정도를 표시할 수 있을 것이다. *사용자 스토리의 경우, 타스크 보드* 좌측에 '사용자 스토리'라는 구분자를 둔다면, 다른 타스크들과 구분할 수 있으므로 더 가시성 있게 표현할 수 있을 것이다. *사용자 스토리*의 난이도는 앞서 얘기했듯이, 스프린트 시작 시 계획 수립 단계에서 개발자들과의 토론을 통해 다소 직관적으로 상/중/하 정도로 구분한 정보이다. 만약 세부 타스크를 식별하는 과정에서 난이도 조정이 필요하다면 수정할 수도 있을 것이다. 타스크는 담당자별로 색깔을 구분한다면, 누가 무슨 타스크를 진행할 예정인지 한눈에 식별이 가능할 것이다.

개발자가 타스크를 진행하기 시작하면, 해당 타스크를 *개발 예정* 컬럼에서 *개발 중* 컬럼으로 옮긴다. *개발 중* 컬럼에 있는 타스크 목록을 통해 현재 누가 어떤 타스크를 진행하고 있는지를 한눈에 확인 가능할 것이다. 그림을 보면, 김XX, 이XX, 박XX 개발자가 각각 한 개의 타스크를 진행하고 있음을 알 수 있다. 개발자별로 한 번에 여러 건의 타스크를 동시에 진행하고 있는 경우, 개발자의 업무 진도(performance)가 급격히 저하될 수 있으므로, 이에 주의하여 가능한 한 한 번에 하나의 타스크를 진행하여 완료 후에 다른 타스크를 진행하는 방식으로 진행하는 것이 바람직할 것이다.[108] 스프린트의 전반부에는 중요하고 난이도가 높은 사용자 스토리와 타스크부터 먼저 완료하고, 후반부에는 다소 난이도가 낮은 *사용자 스토리*와 타스크를 선택하여, *안티패턴*을 찾아 *기술적 채무*를 갚는 업무를 진행하는 것을 잊어서는 안 된다.

고객사나 개발사 임원과 같은 이해관계자가 이 *타스크 보드*를 확인한다면, 현재 진행 중인 타스크 목록을 보고 다른 타스크 진행을 재촉하거나, 다른 스프린트에서 진행하기로 한 *사용자 스토리*를 본 스프린트에서 진행할 것을 *제품 오너*나 *스크럼 마스터*에게 요청하기도 할 것이다. 이때 *제품 오너*와 *스크럼 마스터*는 이를 곧바로 수용해서는 안 되며, 일간 스크럼 미팅에서 개발자와의 협의가 우선적인 원칙임을 알려 주어야 한다. 현재의 Agile 방식의 프로젝트는 과거 Waterfall 방식의 프로젝트와 같이 프로젝트 리더급이 선 의사결정을 하고, 이를 개발 벤더사에서 수용하여 실행해야 하는 방식이 아님을 분명히 해야 한다. 일간 스크럼 미팅에서 논의한 결과가 우선이며, 만약 우선순위 조정이 필요한 경우, *제품 오너* 주관하에 관련 업무 담당자와의 협의가 우선적으로 이루어져야 한다. 고

---

108) 멀티태스킹(multitasking)은 업무 품질을 저하시키는 주요 요소 중 하나라는 연구 결과가 많다.

객사나 경영진의 요청은 무조건 수용하는 프로젝트가 아님을 분명히 해야 한다.

*개발 중인 타스크*를 완료하면 *개발 완료* 컬럼으로 해당 타스크를 옮긴다. 그런데 개발자가 코드 작성을 완료했다고 해서 개발이 완료된 것은 아니다. 개발 완료란 요건을 제시한 사용자가 개발한 기능에 대해 요건을 제대로 수용하였는지 검증(*합격 조건*을 바탕으로)을 완료한 것을 의미한다. 하지만 SW 개발 프로젝트를 진행하다 보면, 통상 개발자들은 자신이 코드 작성을 완료하였으므로 개발을 완료했다고 주장한다. 그러나 개발자가 작성한 코드에 대한 단위 테스트와 3자 테스트를 완료하고, 타 기능 혹은 데이터와 연계된 기능을 포함하는 경우 통합 테스트까지 완료해야 *개발 완료* 상태라고 얘기할 수 있다.

필자의 경험에 의하면 개발자가 단위 테스트를 마친 후에 *3자 테스트*와 *사용자 테스트* 과정에서 실패하여 다시 재개발 과정을 거치는 경우가 거의 절반 이상이다. 심지어는 두세 번 이상 재개발 과정을 거치는 경우도 상당수였고, 실제 개발 기간도 원래 일주일을 예상했으나, 이러한 테스트 후 재개발하는 과정을 포함하면 한 달 이상이 걸리기도 하였다. 따라서 이렇게 **3자 테스트, 통합 테스트, 사용자 테스트에 모두 성공하여 개발한 기능에 대해 이견이 없는 상태에 도달한 후에 *개발 완료* 컬럼으로 해당 타스크를 옮겨야 하는 것**을 명심해야 한다.

스크럼 마스터는 타스크 보드를 매일 진행하는 일간 스크럼 미팅을 통해서 개발자들의 진행 현황을 모두 반영하여 현행화한 후 이해관계자들에게 공유한다. 이해관계자들은 이 *타스크 보드*를 통해 어떤 *사용자 스토리*를 개발 중이고 개발 완료하였으며, 개발 대기 중인 사용자 스토리는 무엇이 있는지 확인할 수 있을 것이다. 또한 각 *사용자 스토리* 개발을 위한 세부 타스크는 무엇이 있으며, 각 타스크는 누가 어떤 일정으로 진행하고 있는지도 확인할 수 있을 것이다. 그리고 *사용자 스토리* 개발 외에도 누가 어떤 타스크를 세부적으로 진행하고 있는지도 함께 알 수 있을 것이다. 따라서 이해관계자들은 가장 최신의 *타스크 보드*를 확보한 후 자신들의 내부 조직에 보고하거나 공유할 수 있을 것이다.

고객사의 실무 담당자는 이 *사용자 스토리* 진행 현황을 수시로 확인하고, 자신이 요구한 *사용자 스토리* 개발 진행 현황에 대해 세부적인 내용을 확인할 수 있다. 예상보다 일정이 지연된다고 생각하거나, 다른 *사용자 스토리*를 우선 개발하였으면 좋겠다고 생각하는 경우, *제품 오너*에게 미팅을 요청하여, 이러한 요구사항을 협의해야 할 것이다. *제품 오너*는 이 요구사항을 확인하고 다른 *사용자 스토리*와 우선순위 조정이 필요할 경우, 관련 부서들과의 미팅을 소집하여, 부서들 간의 합의를 통해 우선순위를 조정해야 할 것이다. 그리고 *제품 오너*는 조정한 결과를 다시 *일간 스크럼 미팅*에서 개발자들과 협의하여 일정을 조율해야 할 것이다.

간반 보드

*간반 보드*는 업무 프로세스의 진단을 위해 활용하는 도구이다. 개발 과정도 하나의 업무 프로세스이므로, 문제가 있는 것으로 의심이 들 경우에 이 *간반 보드*를 적용할 수 있다. 예를 들어 스프린트 진행 중에, 고객사와 개발사 임원 등 이해관계자들이 예상했던 것보다 개발 진도가 더디다

고 느낄 때가 있다. 이 경우에 그들은 개발 과정에 어떤 문제가 있는 것은 아닌지, 개발 과정 중 어떤 지점에서 병목 현상이 발생하고 있는 것은 아닌지 알고 싶어 할 것이다. 이때 활용할 수 있는 것이 바로 '간반 보드'라는 도구이다. 혹은 스프린트 진행 현황판인 *타스크 보드*에서 개발 중에 있는 타스크들이 계속 완료되지 않고 적체되어 있는 경우, 어떤 문제로 인해 이런 현상이 발생하는 것인지 확인하고 싶을 경우에도 활용할 수 있을 것이다.

예를 들어, 필자가 경험한 프로젝트에서 스프린트를 진행하고 있는 도중에, 고객사에서 전체 기능에 대한 사용자 테스트를 진행할 것을 요구하였다. 그 결과로 사용자들은 많은 결함과 추가 요구사항을 등록하였다. 고객사는 스프린트에서 진행 중인 *사용자 스토리* 개발을 원래 일정에 맞게 완료할 것을 요구하는 한편, 결함에 대한 즉각적인 조치도 요청하였다. 또한 추가 요구사항에 대한 예상 개발 일정까지 요구하는 상황이었다. 개발사는 고객사의 세 가지 요청사항에 동시에 대응해야 했으며, 이 중 한 가지에 대해서도 일정을 맞추지 못하고 있었다. 고객사는 개발자가 무엇을 개발하고 있고, 어떤 것을 처리하고 있는지, 어떤 단계에서 병목이 발생되어 지연되는 것인지를 알 수 없었다.

이러한 경우에 SW 개발 업무 프로세스에 무슨 문제가 있는 것인지 확인을 해 볼 필요가 있다. 이때 **간반 보드를 활용하여, 개발 업무 프로세스를 정의하고, 각 업무 단계별 처리 중인 건수를 집계한 후 일별 수치 변화 추이를 분석한다. 이를 통해 어떤 업무 단계에서 처리의 병목이 발생하여 적체되고 있는지를 분석**하는 것이다. 이것이 *간반 보드*를 운영하는 목적이다. 일반적으로 SW 개발 업무 프로세스는 최초에 *사용자 스토*

리를 통해 업무를 분석하고, 이를 솔루션에 반영하기 위한 설계를 진행할 것이다. 그 후에 SW 코드를 작성(개발)하고, *단위 테스트*를 수행한 후 합격 시, *3자 테스트*를 진행할 것이다. 앞선 예시에서는 고객사의 요청으로 *3자 테스트* 후에 *사용자 테스트*도 추가적으로 진행하였다. 테스트 단계에서 결함이 발생할 경우에는 다시 개발 단계로 돌아가서, 디버깅을 통해 결함의 원인을 분석한 후, 코드를 재작성할 것이다. 또한 *사용자 테스트* 단계에서 추가 요구사항이 발생한 경우에는, 다시 업무를 분석하는 첫 단계로 되돌아갈 것이다. 이를 실제 *간반 보드*에 표시하면 '그림 7. 간반 보드 예시: SW 개발 업무 프로세스'와 같다.

*스크럼 마스터*는 이 SW 업무 프로세스를 분석하여 *간반 보드*에 표시하고, 각 업무 단계별 현재 처리 중인 건수를 집계해야 한다. 그리고 각 업무 단계에서 처리 중인 건수를 매일 업데이트하여 표시한다. 최소 일주일 정도 이 절차를 진행한 후, 일별로 각 업무 단계의 진행 중인 건수의 변화 흐름을 분석한다. 이것이 *일별 WIP 흐름도*이며, 이를 실제 그래프로 표시하면 '그림 8. 일별 WIP 흐름도 예시'과 같다. *일별 WIP 흐름도*를 통해 어떤 업무 단계의 진행 건수가 나날이 증가하고 있는지를 확인할 수 있다.

위 예시의 내용을 바탕으로 *일별 WIP 흐름도*를 그렸다면, *사용자 테스트* 단계에서 발생한 추가 요구사항으로 인해 업무 분석 단계의 건수가 크게 증가하는 것을 알 수 있을 것이다. 개발자에게 이 추가 요구사항에 대한 대응을 요구하면, 기존 결함 처리와 *사용자 스토리* 개발로 인해 다른 업무를 수행할 여력이 없다고 얘기할 것이다. 그리고 개발자가 개발 여력이 없을 경우에 자주 하는 핑계는 '고객사가 추가 요구사항에 대한 세부 업무 처리 기준을 구체화하지 않아 SW 설계에 반영할 수 없다'는 것이다.

개발자가 얘기하는 이 말을 듣고 고객사에게 세부 업무 처리 기준을 신속히 처리해 줄 것을 요청하면, 고객사의 업무 담당자는 자신이 무엇을 해야 하는지를 전혀 모르고 있다. 즉 개발자는 고객사 업무 담당자와 추가 요구사항에 대한 구체적인 협의를 아직 진행하지 않은 것이다. 따라서 이 추가 요구사항은 아무것도 진행되지 않은 상태로 남아 있었던 것이다. 이는 실제로 필자가 지난 프로젝트에서 자주 경험했던 사례이다.

*간반 보드*는 이렇게 어떤 업무 단계에서 병목 현상이 발생하여 적체되고 있는지를 알 수 있게 하고, 누가 무엇을 해야만 이 적체 건수를 줄일 수 있을지 논의할 수 있는 출발점을 제공한다. 즉 개발사가 단순히 구두로만 어떤 업무를 진행하고 있으니, 다른 업무는 진행할 수 없다고 얘기하는 것만 들어서는 아무런 개선도 할 수 없다. *간반 보드*를 통해 실제 개발자가 얘기하는 진행 건수들을 눈으로 확인하면서 얘기한다면, 고객사와 개발사 간의 논의는 훨씬 효과적이고 설득력이 높아질 것이다. 그리고 이 *간반 보드*를 통해 문제를 확인했으니, 해결 방안을 모색하는 단계로 나아갈 수 있을 것이다.

그러면 이렇게 앞의 예시와 같이 업무 분석 단계에 적체된 건수를 해결하기 위해 무엇을 해야 하는 것인가? 기존의 프로젝트 관리자가 하듯이, 개발자가 더 많은 건을 처리할 수 있도록 야근과 초과 근무를 시키고, 추가 개발 인력을 투입하여 개발 처리 역량을 추가로 확보하면 되는 것일까? 그리고 고객사가 즉시 업무 정의 미팅을 소집하여 세부적인 로직을 정하고, 개발자에게 업무 정의한 내용을 설명하면 되는 것일까? 물론 그렇게 하면 업무 분석 단계의 건수는 줄어들 것이지만, SW 설계 단계도 함께 처리하지 않는 한 설계 단계의 건수는 늘어날 것이다. 그러면 SW 설계 단계 건수는 어떻게 줄일 것인가? 이미 개발자들은 스프린트에서 계획한 *사용자 스토리* 개발과 긴급 결함 처리로 인해 추가적인 업무 시간을 확보하기 어려운 상황이다.

결론부터 얘기하자면, 앞선 해법에서 언급했듯이 *WIP 한도*를 설정하는 것이다. *WIP 한도*는 개발자들의 업무 처리 가능 역량(capacity)을 고려하여, 각 업무 단계에 진행 건수의 제한을 두는 것을 의미한다. 개발자들의 업무 처리 가능 역량은 무한하지 않으므로, 고객사에서 아무리 긴급하다고 하더라도 일정량 이상의 업무 처리를 요구하는 것은 물리적으로 수용이 불가능하다. 따라서 고객사가 개발자의 업무 처리를 좀 더 강하게 밀어붙이기 위해, 개발사의 경영진에게 이를 요청한다고 하더라도, 개발자의 실질적인 업무 처리 속도를 늘리는 것은 불가능하다. 오히려 개발자들의 정신 건강에 나쁜 영향을 끼쳐 속도가 느려지는 것이 일반적이다. 개발자들이 업무 시간을 늘리기 위해 매일 더 늦게까지 야근을 한다고 하더라도, 이러한 과도한 업무량을 소화하는 것을 기대하기는 어렵다.

따라서 **가장 현실적인 방법은 *WIP 한도*를 설정하여 SW 개발 업무가 원활히 흐르도록 하는 것**이다. 앞의 예시와 같은 상황에서는, 업무 분석 단계의 *WIP 한도*를 현재 진행 건수보다 좀 더 낮게 설정할 필요가 있다. 예를 들어 업무 분석 단계에 있는 건수를 5건으로 제한한다고 한다면, 업무 분석 단계에 이미 5건이 존재하는 상황에서는 업무 분석 단계에 진행 건수가 추가되지 못하도록 하는 것이다. 즉 고객이 추가 요구사항을 내지 못하도록 하여 업무 분석 단계에 진행 건수 추가를 막는 것이다. 만약 오늘 1건의 업무 분석을 완료하여 업무 분석 단계가 4건으로 감소하였다면, 고객사가 추가 요구사항을 1건 등록할 수 있다. 이를 위해 고객사는 내부 업무 부서 간에 어떤 건을 등록할 것인지에 대한 협의를 진행할 것이다. 업무 부서 간의 협의를 통해 추가 요구사항의 우선순위를 정한 다음, 가장 우선순위가 높은 1건을 선정하여 등록할 것이다.

이렇게 WIP 한도를 정한 상태에서는 개발 업무 처리 지연으로 인한 책임을 무조건 개발사에게만 묻지 않게 된다. 오히려 예시와 같이 추가 요구사항의 등록 우선순위를 선정하기 위해, 고객사 내부 업무 부서 간의 논의가 필요하므로, 이 경우에는 고객사에게 빠른 결정을 하도록 요구하게 된다. 간반 보드에서 각 업무 단계의 WIP 한도와 현재 진행 건수를 확인한 후, 고객사, 개발사, SI 업체가 각자 우선적으로 진행할 건을 정하고, WIP 한도를 채우기 위해 각자의 업무를 수행하게 된다. 따라서 **무조건 개발사에게 업무 처리를 재촉하기만 하는 현재의 상황을 개선할 수 있게 되는 것**이다.

그리고 WIP 한도를 설정하는 것이 업무 처리 속도와 무슨 관계가 있는지 의아해하는 사람들이 많이 있다. 앞의 예시에서 아직 WIP 한도를 설정하지 않은 상황을 가정해 보자. 고객사는 스프린트 일정 계획에 따라 *사용자 스토리* 개발 완료를 요청한 상태이고, *사용자 테스트*를 수행하면서 나왔던 결함에 대한 긴급 조치와 추가 요구사항에 대한 개발도 요청하였다. 개발자는 이미 *사용자 스토리* 개발을 진행 중인 상황에서 바쁜 와중에 시간을 내어, 결함 조치를 위한 회의에 참석한다. 개발자는 회의 참석 후, 현재 진행하던 *사용자 스토리* 개발을 잠깐 멈추고, 고객사가 요청한 결함에 대해 확인을 위한 테스트를 진행한다. 그리고 추가적으로 결함 내용 확인을 위해 해당 결함을 등록한 고객사 담당자와 통화한 후, 디버깅을 진행한다.

그리고 고객사가 추가 요구사항에 대한 예상 개발 완료 일정도 요청하였으므로, 이를 위해 개발사 내부 회의를 진행한다. 내부 회의를 진행하면서 요건에 대한 추가적인 정의가 필요하다고 판단하여, 고객사에게 요건 세부 정의를 요청한다. 그리고 개발자는 다소 여유 있게 개발 일정을 수립하여 고객사에 제출한다.[109] 고객사는 개발사가 제시한 일정을 확인한 후, 다소 의아하게 생각하여 일정 조정을 위한 회의를 요청한다. 개발사는 또 지금 하던 업무를 멈추고, 일정 조정 회의에 참석하여 일부 요건에 대해서는 일정을 앞당기기로 협의한다.

이렇게 개발자는 *사용자 스토리* 개발 도중에 이를 잠깐 중단하고, 결함 조치를 진행하고 추가 요구사항에 대한 계획을 수립하느라 많은 시간을 할애해야 한다. 이에 따라 최초 계획했던 *사용자 스토리* 개발 일정도 지연되기 시작할 것이다. 고객사는 이번에는 또 *사용자 스토리* 개발 일정 지연에 대한 이슈를 제기하고, 이를 만회하기 위한 방안을 요청한다. 개발사는 또 개발 지연에 대한 만회 계획을 수립하느라 내부 회의를 진행하고 방안을 수립하는 등 추가적인 시간을 할애한다. 개발해야 할 건들이 쌓이기 시작하면, 이런 식으로 악순환의 고리를 형성하여 추가적인 시간 소요가 발생하게 된다. 결국 어느 것 하나 제대로 처리할 수 없게 되며, 모든 개발 일정은 지연되고, 그로 인해 또 추가 이슈 회의가 소집되고 추가적인 시간을 소요하게 된다. 결과적으로, **WIP 한도를 설정하지 않는 경우, 계속해서 개발 일정을 지연시키는 요인들이 발생하고, 결국 개발 속도는 더욱 느려진다.**

---

109) 개발자 본인이 예상하는 일정보다 좀 더 보수적으로, 즉 예상 완료일 대비 최소 2~3주 더 뒤로 잡는다.

이와 반대로, *WIP 한도*를 설정한 경우에는, 이러한 개발 일정 지연 요인들이 발생하지 않고, 계획한 개발 속도를 그대로 유지하면서 업무를 진행할 수 있다. 고객사는 개발사의 '업무 처리 능력(즉 *WIP 한도*)'을 감안하여 자신들의 요건 제시 속도를 조절할 것이고, 개발은 예상했던 일정으로 진행될 것이다. 따라서 특별히 일정 지연으로 인한 이슈 회의가 소집되는 일도 최소화할 수 있을 것이다. 고객사가 추가로 등록한 결함이나 요구사항에 대해서는 매일 진행되는 *일간 스크럼 미팅*을 통해, 개발자에게 내용을 설명하고, 현재 개발 진행 건수와 *WIP 한도*를 고려하여 개발 일정을 협의할 것이다.

그러면 *WIP 한도*는 어떤 기준으로 설정해야 하는 것인가? *WIP 한도*를 정할 수 있는 정해진 공식은 없다. *WIP 한도*를 설정하는 방식을 설명하면, 개발자의 업무 처리 역량에 따라, 현재 업무 단계의 *WIP 한도* 대비 더 많은 건수를 처리할 수 있다고 판단될 경우 *WIP 한도*를 높인다. 반대로 현재 *WIP 한도* 수준으로 업무 처리를 할 수 없다고 판단될 경우 *WIP 한도*를 낮춘다. 즉 정해진 공식이 아니라 실제 업무에 적용해 보면서 실증적으로(empirically) 설정해야 한다.

이를 좀 더 자세히 설명하면, *WIP 차트*에서 특정 업무 단계의 진행 건수가 나날이 증가하고 있을 경우, *WIP 한도*를 현재 진행 건수보다 조금 낮게 설정한다. 이 상태에서 며칠간 운영해 본 후 업무 처리 속도가 별로 개선되지 않는다면, 그보다 조금 더 낮은 수치로 설정해 본다. 업무 처리 속도가 실질적으로 개선될 때까지 이를 반복해 본다. *WIP 한도*를 만약 너무 낮게 설정하였다면, 해당 업무 단계의 처리 중인 건수가 감소와 증가를 반복하는 패턴을 보일 것이다. 이 경우 *WIP 한도*를 조금 올려서 일정 수준으로 처리 중인 건수가 유지되는지를 확인해야 한다. 업무 단계의 처리 중인 건수가 **증가하지도 감소하지도 않는 최적점을 찾는 것이 바로 WIP 한도를 설정하는 방법**이다.

*간반 보드*는 이렇게 SW 개발 업무 처리 흐름을 가시화하여, 현재의 업무 프로세스상의 문제를 진단할 수 있도록 한다. 그리고 업무 단계별 *WIP 한도*를 설정함으로써, 원활한 업무 흐름이 가능하도록 한다. 스프린트 계획에 따라 정상적으로 개발이 진행되고 있고, 고객사가 개발 진도상에 별다른 문제점을 느끼지 못한다면, 사실 이 *간반 보드*를 구성할 필요는 없다. 하지만 필자의 경험에 의하면, 마지막 스프린트에 도달할 즈음, 즉 프로젝트의 후반부에 도달하면, *사용자 스토리* 개발 외에 여러 가지 프로젝트 이벤트들이 발생한다.[110] 특히 규모가 크고, 많은 이해관계자들이 관여하는 프로젝트라면 더욱 그럴 가능성이 높다.

예를 들어, 실제 사용자를 대상으로 하여 *실사용자 테스트*를 진행하기도 하고, *사용자 스토리* 기능과 무관한 *성능(비기능) 테스트*도 진행한다. 여러 시스템과의 연계 기능과 데이터 송/수신 검증을 위한 *통합(연계) 테스트*도 진행한다. 또한 데이터의 정합성을 검증하기 위한 테스트를 별도로 진행하기도 한다. 최악의 경우에는 프로젝트 최종 오픈을 앞두고 마지막 2~3달 동안에 이러한 다양한 검증을 연달아 수행하면서, 여러 가지 결함과 추가 요구사항이 쏟아지기도 한다.

이러한 상황에서 *간반 보드*를 통해 업무 처리 현황을 관리하지 않는다면, 프로젝트는 그야말로 대혼란의 소용돌이에 휘말리게 될 것이다. 여러 가지 테스트 결과를 조치하기 위해, 매일 긴급 이슈 회의가 소집되고, 조

---

110) 통상 프로젝트 추진팀 외의 이해관계자 조직에서 요청하는 이벤트들이다.

치 요청을 받은 개발자들은 무엇이 더 중요한지 혼란스러울 것이다. 결국 별다른 원칙 없이 고객사 혹은 프로젝트 리더가 요청한 순서대로 조치를 진행할 것이다. 즉 개발자는 최초 스프린트 계획은 무시하고, 매일 긴급 개발 처리 건만 대응하게 된다. 개발사가 무엇을 처리 중이고 앞으로 어떤 일정으로 처리될 것인지에 대한 가시성이 없는 고객사는 개발 일정 지연에 대해 계속적으로 이슈를 제기할 것이다. 결국 프로젝트 오픈 일정은 연기되고, SW 품질 검증을 위한 여러 가지 이벤트를 또다시 잇달아 수행하면서, 프로젝트는 계속해서 혼돈 속으로 빠져든다.

이러한 **프로젝트 후반부의 대혼돈을 줄이기 위해서는, 반드시 *간반 보드*를 통해 개발 업무 처리 프로세스를 분석하고, *WIP* 한도를 조정하여 특정 업무 단계에 병목이 발생하지 않도록 해야 한다**. 즉 고객사의 요청에 따라 다양한 검증 이벤트를 수행하고, 그 결과로 처리해야 할 건들이 증가하더라도, 각 업무 단계별 *WIP* 한도를 넘기지 않도록 조치해야 한다. 이를 통해 개발사에 이 모든 처리 지연의 책임이 전가되는 상황을 방지해야 한다. *간반* 보드를 관리하고, 고객사와 개발사 간에 *WIP* 한도를 합의하는 순간, 이 *간반* 체계를 유지하는 책임은 이제 고객사와 개발사가 공동으로 지게 된다. 고객사는 이제부터 개발 일정 지연의 책임을 개발사에게만 전가하지 않을 것이고, *간반* 보드를 확인한 후 자신이 해야 할 일을 우선적으로 진행할 것이다. 개발 업무 흐름에 문제가 발생할 경우에는 개발사와 공동으로 해결하려고 할 것이다.

Agile 방법론에 대해 공부하거나 교육을 받은 일부 사람들은 *간반 보드*를 *타스크 보드*와 착각하기도 한다. 그들은 '간반 보드와 타스크 보드는 둘 다 어차피 업무 진행 현황판, 즉 대시보드인데, 그중 하나인 *타스크 보*

드만 관리하면 되는 것 아닌가? 복잡하게 *간반 보드*는 왜 추가로 관리하는지 모르겠어'라고 얘기하기도 한다. 하지만 *간반 보드*와 *타스크 보드*는 전혀 다른 것이며, 운영 목적 또한 완전히 다르다.

앞서 설명했지만 다시 한번 요약하면, **타스크 보드는 스프린트의 개발 계획과 진행 경과에 대한 현황판**이다. 즉, *타스크 보드*를 통해 이번 스프린트에서 어떤 *사용자 스토리*를 개발할 것이고, 어떤 *사용자 스토리*를 개발 중이고, 어떤 *사용자 스토리*를 개발 완료하였는지 확인할 수 있다. 그리고 *사용자 스토리* 개발을 위해 어떤 세부 타스크를 진행 중인지, *사용자 스토리* 개발 외의 어떤 타스크가 진행 중인지, 어떤 개발자가 어떤 타스크를 수행하고 있는지 등을 한눈에 파악할 수 있다. 즉 스프린트에 대한 진행 경과 보고 시 참고할 만한 내용이 모두 담겨 있다고 보면 된다.[111]

하지만 **간반 보드는 SW 개발 업무 프로세스를 진단하기 위한 도구**이다. 개발 일정이 지연되고 있는데, 도대체 무엇이 문제인지, 어떤 업무에서 병목이 발생하고 있는지 파악하기 어려울 때, 이러한 답답함을 해소하기 위해 주로 활용하는 도구이다. 앞에서 언급했듯이, 주로 프로젝트 후반부에 여러 가지 이벤트 혹은 마일스톤이 겹치면서, 고객사가 많은 결함과 추가 요건을 동시다발적으로 등록하기 시작하는 시점에 이를 적절히 관리하기 위해 활용하는 도구이다. 물론 *간반 보드*는 현상을 파악하고 분석하기 위한 도구이며, 업무 단계별 *WIP* 한도를 적용해야만 실질적으로 병목 현상을 개선할 수 있다. *간반 보드*를 통해 고객 업무 분석 단계에서부터, 설계, 코딩(개발), 단위 테스트, 3자 테스트, 사용자 테스트, 디버

---

111) 프로젝트 중 진행 경과 보고는 매주 진행하는 주간 보고를 포함하여, 중간 보고, 종료 보고가 있고, 각종 이해관계자에게 별도로 진행하는 보고도 있다.

깅, 재개발 등 단계별로 현재 몇 건이 처리되고 있는지 확인할 수 있다. 각 업무 단계별 처리 중인 건수를 매일 집계하여 일별 증감 추이를 파악할 수 있다. 이것이 일별 *WIP* 흐름도이며, 증가 추세에 있는 업무 단계를 식별할 수 있다. 이 증가 추세에 있는 업무 단계에 대해 적절한 *WIP* 한도를 설정함으로써, 해당 업무 단계에 처리 건수가 몰리는 것을 방지할 수 있다.[112] 이를 통해 SW 개발 업무 흐름의 속도를 높임으로써, 프로젝트가 혼돈의 상태로 빠지는 것을 방지할 수 있다.

즉 *타스크 보드*는 스프린트 시작과 동시에 계속해서 운영하여 '스프린트 현황판'의 역할을 하도록 해야 한다. 반면 *간반 보드*는 스프린트 개발 진도에 이슈가 발생하거나, 혹은 발생이 예상될 때 일시적으로 운영하면서 문제점을 찾아내고 개선하기 위해 활용한다. 이러한 용도에 맞게 적절한 시점에 적합한 도구를 활용하기 바란다.

테스트 주도 개발

테스트 주도 개발은 *XP 방법론*에서 활용되는 기법으로서, **사용자 스토리 기능 요건 구현을 위한 SW 코드 작성을 진행하기 전에, 사용자 스토리의 '합격 조건'에 대한 내용을 참고로 "테스트"를 위한 코드를 먼저 작성**하는 방법이다. 즉 이 기능을 합격(또는 통과)시키기 위한 조건을 먼저 확인한 후, 이를 검증(테스트)할 수 있는 프로시저(혹은 메서드)를 먼저 개발하는 것이다. 그리고 이 테스트를 통과할 때까지 코드를 작성하면 개발이

---

112) 증가 추세에 있는 업무 단계를 포함하여 모든 업무 단계에 *WIP* 한도를 설정해야 한다.

완료되는 것이다. 이렇게 작성한 코드는 이미 *단위* 테스트를 통과한 상태이므로, 별도로 *단위* 테스트를 수행할 필요가 없다.

이 *테스트 주도 개발*은 굳이 XP 방법론에서만 활용할 필요는 없다. 즉 스크럼 방법론을 기반으로 프로젝트를 수행한다고 하더라도 당연히 활용할 수 있다. 하지만 프로젝트에 적용을 시도하려고 하면 일단 개발자들의 반발에 부딪힐 수 있다. 개발자들은 *테스트 주도 개발*이 불편하고, SW 코드 품질 개선에 아무런 도움이 되지 않으며, 오히려 개발 기간만 늘어날 것이라고 항변할 것이다. 이 방법에 아직 익숙하지 않은 개발자라면 이러한 반응은 당연할 수 있다. 하지만 과거에 이를 시도해 본 개발자가 있다면 아마 적용에 적극 찬성할 것이다. 이미 지난 프로젝트에서 상당히 유용하다고 느꼈기 때문일 것이다. 계속해서 개발자의 반발이 심하다면, 일단 이번 스프린트에서만 시범적으로 적용해 본 후 결정하자고 설득할 것을 권고한다.[113]

*테스트 주도 개발*이 어색하다고 느끼는 개발자들은 SW 코드 작성을 사용자가 오퍼레이션 하는 순서대로 진행하는 것이 아니라, 마지막 결과물을 검증하는 부분부터 작성해야 하기 때문에 그렇게 느끼는 것이다. 이렇게 역순으로 프로그래밍하는 것은 어색하다고 느낄 수는 있으나, 사용자의 오퍼레이션 순서대로 코드를 작성할 경우에 비해 몇 가지 장점이 있다.

먼저, 사용자의 오퍼레이션 순서대로 코드 작성을 완료한 후에 *합격 조건*을 확인해 보니, 조건 일부를 누락하여 코드를 다시 수정해야 하는 일이 발생할 수 있다. 혹은 *합격 조건*을 전혀 고려하지 않고, 고객사의 요청 사항을 구두로만 확인한 후 개발자가 이해한 내용에 근거하여 코드를 작

---

113) 개발 일정에 쫓기지 않는 프로젝트 초기에 적용할 것을 권고한다.

성할 수 있다. 개발자는 개발을 완료한 것으로 생각하여, *3자 테스트* 단계로 넘겼으나, 테스터가 검증 시에는 *합격 조건*의 일부가 코드에 누락되어 있었다. 그래서 *3자 테스트* 결과는 실패였고, 개발자에게 재개발을 요청하였다. 필자의 경험에 의하면 이러한 경우가 상당수 발생하였으며, 이렇게 개발자가 일차로 개발을 완료한 후, *합격 조건* 반영을 위해 재작업을 하는 시간은 개발 지연의 주요한 원인이었다.

다음으로 일부 개발자(특히 역량이 뛰어난 개발자)는 고객사가 요구한 로직에 추가하여, 모든 경우의 수를 대비하여 다소 과도한 로직으로 코드를 작성하는 경우가 있다. 이 경우 복잡한 로직으로 이어지고, 이는 향후 변경을 어렵게 만드는 *안티패턴* 중 하나이다. 하지만 *합격 조건*에 대한 검증 로직을 먼저 작성한다면, 이 *합격 조건*의 검증만 통과하도록 코드를 작성할 것이다. 따라서 *합격 조건* 이외의 과도한 로직을 추가할 가능성은 낮아질 것이다.

기존에 *테스트 주도 개발*을 적용한 경험이 있는 개발자에 의하면, 실제 개발에 소요되는 시간은 미적용하였을 경우 대비 20% 정도 더 소요된다고 한다. 왜냐하면, 사용자 오퍼레이션의 역순으로 코드를 작성해야 하므로, 코드 작성 이전에 전체 구조에 대해 먼저 생각을 해야 한다. 작업 순서에 대한 계획을 먼저 세운 후, 선행 로직에 대한 상세한 고려 없이, 일단 *합격 조건*을 테스트하는 부분을 우선 작성해야 한다. 이 부분은 익숙해지지 않으면 상당히 어색할 수도 있고, 어렵다고 느껴질 수도 있다. 하지만 이와 같은 구조에 익숙해진 이후에는 **실제 코드 작성 속도는 크게 차이가 없을 것이며, 오히려 코드 작성 후에 자체 단위 테스트 혹은 3자 테스트를 하는 과정에서 실패가 발생할 가능성이 적어진다.** 왜냐하면 이미 합격 조건을 모두 통과하도록 코드를 작성하였기 때문이다. 따라서 **결함 조치를 위해 디버깅하고 코드를 다시 작성하는 시간을 줄일 수 있으므로, 전체 개발 시간을 오히려 단축할 수 있는 것**이다.

짝 프로그래밍

짝 프로그래밍이란 두 명이 짝을 지어 프로그래밍하는 기법이며, 테스트 주도 개발과 마찬가지로 *XP 방법론*에서 활용하는 SW 코드 품질 향상을 위한 방법 중 하나다. 이 역시 *XP 방법론*에서 적용할 수 있을 뿐만 아니라 스크럼 방법론 적용 시에 활용해도 무방하다. 짝 프로그래밍은 SW 코드의 품질을 사전에 높이기 위한 방법 중 하나이며,[114] 실제 프로젝트 현장에서 적용 시 가장 큰 반발이 예상되는 기법이다. 물론 개발자의 반발이 예상되며, 뿐만 아니라 고객사의 반발도 심할 것이다. 먼저 개발자의 경우, 자신의 작업을 다른 사람이 보고 있는 것이 일단 불편할 수 있다. 그리고 고객사의 경우, 그냥 직관적으로 생각했을 때 두 명의 개발자가 함께 동일한 작업을 해야 하니, 인건비가 두 배로 소요될 것이라고 생각하는 것이다.

SW 코드를 작성하는 작업은 고도의 정신 집중을 요구하는 업무이다. 아주 조그만 실수에도 버그가 발생할 수 있고, 개발 시에는 별 문제없이 보였지만, 개발 완료 후 테스트 시에 결함이 발견될 수도 있다. 결함의 원

---

114) SW 코드 품질을 '사전에' 높이는 방법은 코드를 작성하기 전에 활용하는 *테스트 주도 개발*, *짝 프로그래밍* 등이 있다. '사후에' 코드 품질을 높이는 방법은 코드를 작성한 후에 *안티패턴*을 찾아 수정하는 방법이 있다.

인을 찾는 디버깅 작업은 수 분/시간 이내로 비교적 짧게 끝날 수도 있지만, 길게는 수일이 소요되기도 한다. 이와 같은 불필요한 디버깅 작업을 줄이려면, 최초 SW 코드 작성 시에 고도로 집중한 상태에서 한 줄, 한 단어를 작성할 필요가 있다. 하지만 모든 인간이 그러하듯, 고도로 집중한 상태를 계속해서 유지하기는 사실상 불가능하다. 연구 결과에 의하면, **보통의 평균적인 성인이 하나의 타스크에 집중을 유지할 수 있는 시간은 15분에서 20분 정도**라고 한다.[115] 그래서 짝 프로그래밍은 한 사람이 20분 정도 코드 작성 작업을 한 후, 나머지 한 사람이 다시 20분 정도 작업하는 걸 반복한다.

　물론 한 사람이 SW 코드를 작성하는 동안, 다른 한 사람이 쉬고 있으라는 의미가 아니다. 상대방이 작성하는 코드에 대해 검토하고 자신의 의견을 얘기해 주어야 한다. 상대방이 작성한 로직보다는 다른 로직을 쓰는 것이 어떨지 아이디어를 내고, 작성에 오류가 있을 경우 이를 지적해 주는 등의 활동을 하는 것이다. 사실상 두 사람이 협의해서 SW 코드를 작성하는 것이다. 이때 한 사람이 개발 경험이 많다고 하여 다른 사람의 의견을 무시하는 등의 독단적인 행동을 해서는 안 된다. 혹은 조직 내 상하 관계에 의해 영향을 받아서도 안 된다. **두 사람은 경험과 직급에 무관하게 평등한 위치에서 협업을 통해 코드를 작성**해야 한다.

　예를 들어, 한 경험이 많은 개발자가 코드를 작성하는 도중, 비교적 경험이 적은 다른 개발자가 그렇게 작성하는 이유가 무엇인지, 왜 그 방법을 고집하는 것인지, 다른 방법을 쓰면 안 되는지에 대해 의문을 제기할

---

115) The Health Board 사이트의 Paul Cartmell이 작성(2023-05-24)한 "What Is Considered a Normal Attention Span?"이라는 기사를 참조하였다. 사이트 주소는 'https://www.thehealthboard.com/what-is-considered-a-normal-attention-span.htm'이다.

때, 단순히 경험이 적다는 이유로 상대방의 의견을 무시해서는 안 된다. 자신이 작성한 코드를 상대방이 이해할 수 있도록 충분히 설명하고, 다른 개발자가 권고한 안도 들어 본 후, 반드시 함께 의사결정을 해서 프로그램을 작성해야 한다. 만약 계속해서 독단적인 태도를 보이는 개발자가 있다면 상대 개발자는 스크럼 마스터 혹은 Agile 컨설턴트와 이 문제를 상의해야 한다.

혹은 동일한 기업의 동일한 부서 소속의 개발자 둘이 짝이 되어 프로그램 작업을 하는데, 한 명은 부장 직급의 개발자이고, 나머지 한 명은 대리 직급의 개발자라고 가정해 보자. 부장 개발자는 대리 개발자가 작성한 코드에 대해, 자신의 의견을 얘기하는 태도가 아닌, 지적하거나, 지시하는 태도를 보여 사실상 협업이 아닌 조직 상하 관계에 의해 개발을 진행하게 될 수도 있다. 아니면 부장 개발자는 10분간 코드 작업을 하는데, 대리 개발자는 50분간 코드 작업을 하고, 대리 개발자 작업 시 부장 개발자는 성실히 검토하지 않는 태도를 보일 수도 있다. 이렇게 진행할 경우, 전혀 *짝 프로그래밍*의 효과를 볼 수 없다. *짝 프로그래밍* **진행 시에는 직급과 무관하게 동등한 관계에서 서로 간의 코드 작업을 리뷰하고, 같은 시간을 번갈아 작업해야 한다.** 또한 상대방이 코드 리뷰를 성실하게 하지 않는 경우, 작업자는 이를 개선할 것을 요구하고, 계속해서 개선이 이루어지지 않을 경우, 스크럼 마스터 혹은 Agile 컨설턴트와 상의가 필요하다.

그리고 *짝 프로그래밍* 수행 시, 추가로 한 가지 주의할 사항이 있다. 혹자는 두 사람이 각자의 PC에서 서로 다른 코드 작업을 수행하면서, 한 사람이 다른 사람의 코드를 리뷰하는 것으로 착각하는 경우가 있다. 즉 각자 다른 프로그램을 작성하고, 코드 리뷰만 서로 해 주는 것으로 착각하는 것이다. 이 방법은 전혀 효과를 거두기 어렵다. 왜냐하면 두 사람이 같은 코드를 작성하고 있어야만, 그 코드를 정확히 이해하고, 서로 리뷰 혹은 조언을 해 줄 수 있다. 만약 다른 코드를 작성하고 있다면, 20분을 주기로 번갈아 서로 다른 코드를 보아야 하므로, 작업이 20분마다 중단될 수밖에 없다. 이것은 오히려 개발자에게 혼란을 줄 것이고, 서로의 코드가 머릿속에 복잡하게 얽히게 되어, 제대로 된 코드 리뷰를 하기도 어려울 뿐만 아니라, 작업의 효율성도 낮아지게 된다. 반드시 **하나의 PC에서 동일한 코드 작업을 두 사람이 번갈아 하도록 하자**.

*짝 프로그래밍*은 SW 코드 품질을 높여 코드 내의 버그를 줄이고, 이로 인해 테스트 시 발생하는 결함을 줄임으로써 디버깅과 코드 재작업 수행으로 인해 발생하는 비효율을 줄이고자 하는 것이 첫 번째 목적이다. 최초 코드 작성 시에 두 명의 개발자가 직접 *코드 리뷰*도 함께 병행함으로써, 코드 내에 *안티패턴*이 포함될 가능성도 줄일 수 있다. 따라서, 나중에 해야 하는 *기술적 채무*를 갖는 작업을 최소화할 수 있다. 이렇게 **짝 프로그래밍을 통해 SW 코드의 품질을 높이는 것은 결국 SW 개발 시간을 단축시킬 수 있는 방법**이 되는 것이다.

따라서 동일한 SW 개발 분량에 대해 *짝 프로그래밍* 적용 시 두 배의 인건비가 소요될 것이라는 고객사의 우려는 사실상 기우에 불과하다. 앞서 말했듯이 *짝 프로그래밍*은 결함 발생으로 인한 재작업 시간을 줄이고, 향후 *기술적 채무*를 갖는 작업을 위한 시간 투입을 최소화함으로써, 인건비의 추가 부담을 상당히 줄일 수 있다. 오히려 **아주 복잡한 로직의 적용이 필요한 난이도가 높은 프로그램이거나, 결함 발생의 결과가 매우 치명적인 SW의 경우는 반드시 이렇게 짝 프로그래밍을 적용하여 리스크를 줄일**

수 있을 것이다.[116]

고객의 요건 구현을 위해 복잡한 로직의 적용이 필요한 경우, 그 *사용자 스토리* 개발을 담당하는 개발자는 어차피 주변의 경험 많은 개발자들로부터 조언을 듣거나, 별도 회의를 요청하여 논의를 해야 할 것이다. 혼자만의 아이디어로 구현하는 것은 리스크가 있다고 생각하기 때문이다. 최소 두 사람이 같이 서로의 아이디어를 주고받다 보면 분명 혼자 아이디어를 낼 때보다 더 좋은 방법을 생각해 낼 수 있다. 더구나 다른 작업을 하던 중에 회의에 불려온 개발자로부터 아이디어를 듣는 것보다, 계속해서 같은 작업을 수행하고 있는 동료로부터 아이디어를 듣는 것이 훨씬 더 유용하고 효율적일 수 있다. 함께 작업 중인 그 동료도 동일한 고민을 계속 하고 있기 때문이다. 이런 것이 공동 작업, 즉 협업의 힘이다.

또한 결함 발생의 결과가 치명적일 수 있는 요건을 구현하는 경우를 생각해 보자. 예를 들어 실시간으로 데이터를 처리하여, 다른 시스템으로 데이터를 전송해야 하는 요건의 경우, 데이터를 수신하는 시스템은 이 데이터를 받지 못하면 업무 처리를 수행할 수 없어 작동을 멈추어야 한다. 이 시스템이 작동을 멈추면, 생산 라인이 중단되어 큰 금전적인 손해가 발생한다고 가정해 보자. 아마도 가장 역량이 뛰어나고 경험이 많은 개발자가 이 기능의 개발을 진행할 것이고, 개발을 완료하더라도 고객사는 불안한 마음에 여러 가지 방법으로 검증(테스트)을 하려고 할 것이다. 이런 경우, 최초 SW 코드 작성 시, *짝 프로그래밍*을 적용하여, 두 명의 개발자가 함께 로직을 검증해 가면서 개발을 진행한다면, 개발자 혼자 개발할

---

116) 예를 들어, 직접적으로 금전을 다루는 프로그램이나 결제 업무와 같은 경우, 결함 발생 시 그 결과가 매우 치명적일 것이다.

때보다는 아마 더 견고한 코드를 작성할 수 있을 것이다. 코드 작성 시에는 서로 세부 로직에 대해 논의해 가며 작성하느라 조금 더 많은 시간이 소요될 수는 있다. 하지만 이 개발 결과물은 아마 결함이 더 적을 것이고, 더 높은 성능(처리 속도 등)을 낼 수 있을 것이다. 다양한 테스트 시에도 좀 더 수월하게 통과할 수 있을 것이므로, 결과적으로 개발 기간도 오히려 단축할 수 있을 것이다.

*짝 프로그래밍*은 이러한 SW 코드의 품질을 개선할 수 있을 뿐만 아니라, 개발자 간의 자연스런 지식 공유와 공동의 역량 향상이 가능하다. 코드를 리뷰 중인 개발자는 이럴 경우는 이렇게 로직을 구현하는 것이 더 좋을 것 같다고 의견을 제시한다. 상대방 코드 작성자는 이 의견을 듣고 좋은 아이디어라고 생각되면, '이 로직은 다음에도 활용할 수 있겠구나'라는 생각을 하면서 자신의 지식으로 습득할 수 있게 된다. 아무리 경험이 많은 뛰어난 개발자라고 하더라도 통상 혼자 작업하는 SW 개발 업무의 특성상, 미처 생각하지 못했던 부분이 있을 것이고, 항상 배워야 할 부분이 있을 것이다. 다소 경험이 부족한 개발자의 경우는 코드 리뷰 과정에서 자연스럽게 개발 환경에서부터 코드 작성 팁, 그리고 디버깅 방법에 이르기까지 다양한 지식을 직접 업무를 수행하면서 얻을 수 있을 것이다.

하지만 개발사는 이 *짝 프로그래밍*을 단순히 신입 개발자의 OJT(on the job training) 수단으로 생각해서는 안 된다. 가능하면 개발 역량의 차이가 지나치게 많이 나지 않는 동료 간에 짝을 짓는 것이 바람직하다. 다소 경험이 많은 개발자 커플은 난이도가 상대적으로 높은 영역을 맡아 개발을 수행하고, 반대로 경험이 적은 개발자 커플은 복잡도나 중요도가 다소 낮은 영역을 맡아 개발하는 것이 좋을 것이다. 하지만 신입 개발자 간에 짝을 짓는 것은 가능한 한 피하기 바란다. 이 경우는 SW 코드의 품질을 보장하기 어렵기 때문이다.

또한 이 *짝 프로그래밍*은 개발자가 갑자기 근무를 못 하게 되는 경우와 같은 비상 상황에 대비해 자연스러운 업무 백업을 할 수 있게 한다. 두 사람이 같은 SW 코드 작업을 하므로, 한 개발자가 부득이한 사정으로 인해 업무에서 제외될 경우, 별도의 인수인계 절차 없이 나머지 한 명의 개발자가 해당 업무를 즉각 수행할 수 있다. 통상 SW 개발 프로젝트에서 개발자가 개인적인 사유로 며칠을 쉬게 되면 해당 업무의 개발은 중단되고, 관련 회의가 있더라도 참석할 수 없어, 업무 공백이 생길 수 있다. 하지만 *짝 프로그래밍*을 수행하고 있다면, 휴가를 간 개발자 대신 나머지 개발자가 계속하여 개발을 수행할 수도 있고, 관련 회의에도 참석할 수 있을 것이다. 물론 휴가를 갔다 온 개발자는 자신의 부재 동안 상대 개발자가 작업한 내용을 리뷰한 후 다시 *짝 프로그래밍*을 수행해야 한다.

이 *짝 프로그래밍*이 이와 같은 여러 장점에도 불구하고 어색하고 힘들다고 생각하는 사람들은 자신이 업무를 수행할 때를 한번 생각해 보길 바란다. 회사에서 통상 중요한 업무를 수행할 때, 혼자 수행하는 경우는 거의 없다. 필자는 컨설턴트이므로, 컨설턴트의 업무를 생각해 보면 더욱 그러하다. 수십억 규모의 프로젝트 제안서를 쓰는 경우를 생각해 보자. 처음에 고객사가 제시한 RFP(request for proposal) 자료부터 다 함께 모여서 고객사가 원하는 바에 대해서 서로 토론하면서 리뷰하기 시작한다. 함께 논의하여 목차를 만들고, 각 챕터에 어떤 내용이 들어가면 좋을지를 다 같이 협의한 다음, 결과 이미지가 머릿속에 그려지기 시작하면 각자 업무를 분장하여 자신이 담당한 부분을 작성한다. 작성 시에도 물론 작업은 혼자 하더라도 작성 방향이나 메시지에 대해 계속해서 *제안 리더*와 논의하면서 작성하고, 작성을 완료하면 *제안 리더*와 함께 1차 리뷰를 하고 필요시 수정을 한다. 초안 작성을 완료하면, 전체 제안 멤버가 모여서 서로 작성한 부분에 대해 리뷰하고 수정을 진행한다.

즉 이렇게 회사에서 중요한 문서를 하나 작성할 경우에도 수많은 사람들이 함께 모여서 머리를 맞대고 논의하고 아이디어를 함께 모아서 작업을 진행한다. 그러면 왜 SW 코드는 그렇게 작성할 필요가 없는가? SW 코드는 그만큼 중요하지 않은가? 전혀 그렇지 않다. 오히려 훨씬 중요하다. 왜냐하면 문서는 대개 의사결정자만을 대상으로 하지만, SW는 수백 또는 수천, 때로는 수만의 사용자를 대상으로 개발한다. SW를 개발하면, 사용자들은 그 SW를 활용하여 업무를 수행해야만 한다. SW의 오류가 발생하면 자신의 업무를 처리하지 못하고, 결함 조치를 완료할 때까지 기다린 후에 업무를 수행해야 한다. **SW는 조직의 업무 생산성을 좌지우지하는 아주 중요한 결과물**인 것이다. 그런데 문서는 공동 작업을 하면서, 이렇게 중요한 SW는 왜 정작 혼자 작성해야 하는가? 필자는 당연히 **SW 개발도 공동 작업을 해야 한다**고 주장하는 바이다. 그래야만 정상적인 품질을 보장할 수 있으며, 프로젝트 후반에 SW 품질 문제로 인한 이슈를 최소로 줄일 수 있을 것이다.

4. 프로젝트 종료 단계

스프린트 리뷰

스프린트 개발을 완료하면, 새로운 스프린트를 시작하기 전 프로젝트 멤버들이 다 함께 모여서, 이번에 진행한 스프린트에 대한 리뷰를 진행한다. *스프린트 리뷰*는 프로젝트 멤버들이 다 함께 모여서 이번 스프린트에서 진행했던 내용들을 되돌아보고, 잘못된 부분을 개선하고, 잘된 부분은 더욱 활성화하는 등의 교훈을 습득함으로써, 다음 스프린트에 이를 반영하고자 하는 것이다. 과거 Waterfall 방식으로 프로젝트를 진행할 때는 프로젝트 기간이 스프린트라는 단위로 구분되어 있지 않으므로, 이렇게 프로젝트 중간에 진행 경과에 대해 리뷰하는 개념이 존재하지 않았다. 하지만 Agile 방식의 프로젝트는 스프린트라는 단위로 구분되어 있으므로, 스프린트 종료 시에 이번 스프린트에서 진행했던 내용들을 되돌아보면서 이를 학습하여 다음 스프린트에는 이를 개선하고자 하는 것이다.

*스프린트 리뷰*는 회의 또는 워크숍 형식으로 진행하며, 스크럼 마스터가 리뷰를 주도한다. *제품 오너*와 개발자 등 스프린트 진행과 관련된 인

력은 모두 참여해야 한다. 주의할 점은 고객사 임원이나 개발사 임원이 참석하여 *스크럼 마스터*가 이들에게 보고하는 형식이 되어서는 안 된다는 것이다. Agile 방법론의 특성인 bottom-up 형태의 업무 수행에 따른 이점을 살리기 위해서는, *스크럼 마스터*가 미리 회의 자료를 만들어서 이를 보면서 진행하는 방식보다는, 편한 분위기에서 난상 토론 형태로 진행하는 것이 좋다고 생각한다.

 *스프린트 리뷰*를 시작하면 참석자 중 어느 누구라도 스프린트를 진행하면서 느낀 점이나 문제가 있다고 생각했던 부분, 개선이 필요하다고 생각했던 부분, 더 발전했으면 하는 부분에 대해 얘기하면 된다. 즉 이런 부분이 좋았으니 다음 스프린트에도 계속 진행하면 좋겠다는 내용도 괜찮다. 혹은 이번 스프린트에서 어떤 부분이 문제가 있었으니, 다음 스프린트에는 이 부분을 개선하면 좋겠는데 함께 논의했으면 한다는 내용도 괜찮다. 예를 들면 아래와 같은 의견들이 있을 수 있다.

스프린트 리뷰 의견 예시 1) *일간 스크럼 미팅* 시에 고객사 측에서는 *제품 오너*만 참석했는데, *제품 오너*가 혼자 *사용자 스토리*에 대한 의사결정을 하는 데 어려움이 있었다. 그래서 제품 오너가 업무 담당자들과 협의를 진행한 결과를 기다려야 했는데, 다음 스프린트에는 주요 업무 담당자까지 *일간 스크럼 미팅*에 참석했으면 좋겠다. 업무 담당자가 *일간 스크럼 미팅*에 참여한다면 *사용자 스토리*에 대한 의사결정을 앞당김으로써, 개발 일정도 단축시킬 수 있을 것이다.

스프린트 리뷰 의견 예시 2) 스프린트의 중간에 갑자기 고객사에서 *사용자 테스트*를 요구하여, 이에 대비하는 데 어려움이 있었다. 그리고 *사용자 테스트* 결과 너무 많은 결함과 추가 요구사항이 도출되어, 이에 제대로 대응하지 못하였고, 결국 개발 일정이 지연되었다. 다음 스프린트에는 고객사에서 *사용자 테스트*를 원할 경우, 스프린트 계획 수립, 즉 스프린트 초반에 이를 알려 주었으면 한다. 그리고 *사용자 테스트* 결과가 나온 시점부터는 개발자들의 리소스 현황을 감안하여 결함과 추가 요구사항을 등록하는 방법(예: *간반 보드*의 운영 등)을 도입하는 것을 제안한다.

이러한 제안이나 아이디어에 대해 누구 때문에 그런 일이 발생했다는 비난의 의견보다는 어떻게 개선하자는 건설적인 방향의 의견을 중심으로 회의가 진행되어야 한다. 고객사의 임원이 제안한다고 해서 이를 무조건 수용하려고 하거나, 개발자가 의견을 제시한다고 해서 이를 그냥 넘기려고 해서는 안 된다. 모두 동등한 프로젝트 팀원의 입장에서 서로의 의견을 존중하고, 제안한 의견에 대해 팀원들이 자유롭게 토론하고, 유용하다고 합의할 경우 반드시 다음 스프린트에 반영하려는 자세로 임하여야 한다. *스크럼 마스터*는 이때 나온 의견을 종합하여, 회의록으로 남기고 회의 종료 후 공유하도록 한다. 그리고 *스크럼 마스터*는 다음 스프린트 계획 수립 시에는 이 의견들을 잊지 말고 반영할 수 있도록 조율해야 한다.

또 하나 주의할 점은 아무도 자신의 의견을 얘기하려고 하지 않을 때, *스크럼 마스터*가 한 명씩 무조건 의견을 얘기하라고 강요하는 분위기를 조성해서는 안 된다. 즉 일간 스크럼 미팅 때와 마찬가지로 *스크럼 마스터*는 회의의 조력자이지, 본인이 회의의 주제를 제시하거나, 개발자에게 문제점을 지적하고 개선을 요구하는 등의 주도하려는 태도를 보여서는 안 된다. 그러한 분위기에서는 개발자는 또다시 수동적인 모드로 변경할 것이며, 자신의 차례가 오면 대답하겠다는 생각을 가지고, 회의가 끝나기만을 기다리는 비효율적인 상황이 될 것이다. 개발자는 프로젝트의 가장 중요한 리소스로서, 문제점과 개선 방향을 가장 깊이 알고 있을 가능성이 높으므로, 이들의 머릿속의 생각을 잘 이끌어 내는 것이 회의의 핵심이라는 것을 명심해야 한다.

통합 테스트

프로젝트를 종료하고 **SW를 사용자에게 오픈하기 전에 마지막으로 전체적인 주요 기능의 점검을 위해 진행하는 검증 절차**가 바로 '**통합 테스트**(integration test)'이다. *통합 테스트*는 핵심 업무 프로세스를 SW를 통해 수행하면서 타 시스템과의 업무 및 데이터의 송/수신 연계를 진행하여 본 후, 정상적으로 이루어지는지, 부족한 점은 없는지 등을 점검하기 위해 진행한다.

이 *통합 테스트*는 Agile 방식의 프로젝트라고 해서 과거 Waterfall 방식의 프로젝트에 비해 특별히 달라지는 것은 없다. 달라진 것이 있다면, 과거 Waterfall 방식의 프로젝트에서는 *통합 테스트*를 위한 시나리오를 별도로 구성하고, *테스트 케이스*도 작성해야 했다. 하지만 Agile 방식의 프로젝트에서는 *사용자 스토리*를 기본으로 활용하면 된다. *사용자 스토리* 자체가 이미 업무 프로세스를 기준으로 구성되어 있고, 사용자의 입장에서 무엇을 어떻게 처리하면 되는지, *합격 기준*은 무엇인지가 기술되어 있다. 따라서 *사용자 스토리* 자체가 주요 업무 프로세스가 흘러갈 수 있도록 되어 있으므로, 하나의 *테스트 시나리오*로써 활용할 수 있다. 또한 각

*사용자 스토리*는 테스트 케이스로 활용할 수 있을 것이다. 그리고 주요 업무 프로세스 흐름에 따라 *사용자 스토리*를 발췌하여 순서대로 구성하면 *통합 테스트 시나리오*가 되는 것이다.

그래서 Agile 방식의 프로젝트에서는 통합 테스트 시나리오와 테스트 케이스 작성을 위한 노력을 최소화할 수 있다. *제품 오너와 스크럼 마스터*가 상의하여 *사용자 스토리*에서 발췌하여 업무 처리 흐름에 따라 배치하기만 하면 된다. 과거 Waterfall 방식의 프로젝트에서 했던 것과 같이, 별도로 테스트팀을 구성하여, 2~3명의 고급 개발자 혹은 컨설턴트들이 1~2개월간 시간과 노력을 투자하여 별도로 작업할 필요가 없어진 것이다.

통합 테스트 시나리오를 작성하는 작업이 간편해진 것은 사실이나, 결과를 관리하는 것은 어떻게 해야 할까? 엑셀로 작성된 *테스트 시나리오와 테스트 케이스*에 점검자(tester)가 각자 담당 영역을 테스트하고 결과를 엑셀 파일에 작성한 후, 취합하여 관리해야 하는 것일까? 예전에는 테스트 결과를 이렇게 관리하였지만, 이제는 그렇게 귀찮은 작업을 할 필요가 없다. 이미 테스트를 관리할 수 있는 여러 가지 도구들이 나와 있는 상황이기 때문이다. JIRA의 이슈(테스트) 관리 기능이 대표적인 사례이고, SI 업체가 프로젝트 Wiki에 테스트 관리 기능을 구현하여 자체 개발하여 활용하는 경우도 있다.

어떤 경우이든, 이미 작성한 *사용자 스토리*를 발췌하여 각각을 *테스트 케이스* 페이지로 만들고, 이 *테스트 케이스*를 묶어서 *테스트 시나리오*로 구성할 수 있다. 각 *테스트 케이스*별로 테스트 결과를 등록할 수 있다. 즉 *테스트 케이스*에 대한 결과인 '성공' 혹은 '실패'를 선택할 수 있고, '실패'인 경우, 결함이나 추가 요구사항을 등록할 수 있다. 이렇게 결함이나 추가 요구사항을 등록하면, 해당 *사용자 스토리*를 구현한 개발자가 이를 접수하고, 디버깅과 재개발을 진행하여 조치 완료 후, *3자 테스트*로 넘길 수 있다. *3자 테스트* 담당자는 테스트 진행 후 결과를 등록하고, 성공 시 이를 등록한 담당자에게 최종 확인을 요청할 수 있다. 이렇게 테스트 결과를 등록하고 담당자를 지정하여 워크플로를 진행하며, 댓글을 통해 서로 커뮤니케이션하는 체계를 갖추고 있다. 이러한 각 결함과 추가 요구사항은 대시보드를 통해 전체 현황을 확인할 수도 있다. 즉 테스트를 실패한 *테스트 케이스*가 몇 건이고, 등록된 결함과 추가 요구사항은 몇 건인지 확인할 수 있다. 또한 이 중에 조치 완료된 것은 몇 건인지도 대시보드를 통해 조회할 수 있다. 이렇게 *테스트 관리 도구*를 활용할 것을 적극 권장하는 바이다.

이 *통합 테스트*의 수행은 고객사의 실무 담당자[117]들이 진행하는 것이 좋다. 실무 담당자는 자신의 업무 영역에 대해 요건을 직접 제시한 담당자로서, 업무를 가장 잘 파악하고 있으며, 개발자들과 지속적으로 커뮤니케이션을 해 왔으므로, 테스트도 원활히 수행할 수 있을 것이다. 또한 실무 담당자는 향후 사용자 교육을 수행해야 하므로, 계속해서 SW를 검증하고 활용하는 업무를 진행해야 한다. 따라서 *통합 테스트*도 이들 실무 담당자가 가장 적임자일 것으로 생각된다. 만약 프로젝트에 별도 투입된 테스터가 존재한다면, 이들이 할 수도 있으나, 이들이 테스트를 하더라도 결국은 고객사에서 다시 한번 검증하려고 할 것이다. 그래서 테스트 절차에 이들 테스터의 *3자 테스트* 단계를 포함하여 사용자(실무 담당자)가 최

---

117) 고객사의 실무 담당자는 프로젝트에서 특정 업무 영역을 담당하여 *사용자 스토리*를 작성하고, 개발자와 업무의 세부적인 구현 방안에 대해 커뮤니케이션하며, 추후 사용자 교육 등을 담당하는 인력을 의미한다.

종 확인하는 단계를 포함하면 될 것이다.

그리고 통합 *테스트*는 지금까지 앞선 스프린트에서 구현했던 주요한 *사용자 스토리*에 대한 검증을 하는 것이다. 이를 위해 고객사의 실무 담당자는 다시 한번 전체 실제 업무 흐름을 생각하면서 SW 기능을 검증할 것이다. 이전에 스프린트에서 진행한 테스트에서는 단위 업무에 대한 검증을 수행했다면, 이번 통합 *테스트*에서는 전체 업무에 대한 향후 to-be 이미지를 머릿속에 그리면서 테스트할 것이다. 필자의 경험에 의하면, 이 과정에서 고객사의 실무 담당자는 지금까지는 생각하지 못했던 추가 요구사항들을 쏟아내기 시작할 것이다. 그러면 스프린트 테스트에서는 없던 요건을 왜 프로젝트를 종료하는 시점에 와서 쏟아내는 것인지 개발사는 의아해한다.

하지만 이러한 현상은 어떻게 생각하면 당연할 수 있다. 왜냐하면, 이전까지는 개별 기능의 완성도 관점에서 SW를 검증해 왔다면, 이제는 전체 업무 흐름의 완성도를 검증하는 관점에서 SW를 테스트하기 때문이다. 이로 인해 아마도 단순한 기능 변경이 아닌, 상당히 많은 작업을 필요로 하는 요건들이 쏟아질 것이다. 업무 프로세스 흐름 자체를 수정하는 경우도 있을 것이고, 데이터의 항목이 아닌 구조를 변경하는 경우도 있을 것이다. 그리고 세부 기능이 아닌 메이저급의 기능을 추가하는 경우도 있을 수 있다.

개발사는 이렇게 쏟아지는 추가 요구사항들에 대해 매우 당황하며, 이를 어떻게 처리해야 할지 모를 수 있다. 기존 요건에 대한 결함 조치만으로도 이미 빠듯한 일정을 보내고 있는 와중에, 이 많은 굵직한 추가 요건들을 다 수용하기는 불가능하다고 생각한다. 고객사가 추가 요구사항에 대한 개발 일정을 개발사에 요청할 것이지만, 개발사는 이에 응답하기 어려울 것이다. 개발사는 결함 처리로 인해 바쁜 와중에, 추가 요건들을 검토할 시간과 여유가 없기 때문이다.

　이러한 **결함과 추가 요구사항이 쏟아지는 혼란스러운 상황은 앞서 언급했듯이** *간반 보드*를 **통해 관리해야 한다**. *간반 보드*를 통해 이러한 결함과 추가 요구사항으로 인해 어떤 업무 단계에서 병목이 발생하고 있는지를 가시화하여 보여 주어야 한다. 그리고 병목이 발생하고 있는 업무 단계에 개발자가 처리 가능한 수준으로 *WIP 한도*를 설정해야 한다. 이 *WIP 한도*를 설정하여, 이들 결함과 추가 요구사항이 처리되는 속도가 점차 빨라질 수 있도록 해야 한다. 만약 업무 처리 속도가 별로 차이가 없다면 *WIP 한도*를 다시 조정해야 할 것이다.

　*간반 보드*와 *WIP 한도*를 활용하는 방법과 절차를 간단히 설명하면, 우선 결함이나 추가 요구사항이 발생하면 실무 담당자가 이를 Wiki(혹은 JIRA)의 테스트 관리 시스템에 등록한다(결함 등록 단계). 개발자는 이를 확인하여 실제 결함이 맞는지, 재현은 되는지를 확인하고, 접수 처리한다(결함 접수 단계). 만약 결함이 아니라 추가 요구사항일 경우[118] 결함의 분류를 수정하고, 재현이 되지 않는 경우는 취소 처리한다(결함 취소 단계). 개발자가 취소하였으나, 등록자가 재확인 후 개발자가 잘못 판단했다고 생각할 경우 결함을 다시 등록할 수도 있다(결함 재등록 단계). 개발자가 접수한 결함에 대해 디버깅 진행 후 원인을 찾아 조치를 시작한다(결함 조치 단계). 개발자가 조치를 완료하고 자체 *단위 테스트*를 마친다(조치 완료 단계). 테스터가 *3자 테스트*를 실시하고 조치 결과를 입력한다. 만약 조

---

118) 추가 요구사항은 *사용자 스토리*에 기술된 내용 이외의 요건을 의미한다. 만약 *사용자 스토리*에 기술된 *합격 조건*에 따라 구현하지 않았을 경우는 결함으로 분류한다.

치가 안 되었다고 판단할 경우 이전 단계로 되돌릴 수 있다(3자 테스트 단계). 등록자가 최종 확인 후 재등록 혹은 완료 처리한다(결함 종료 단계).

결함이 발생하면 이와 같이 까다로운 단계를 거친다. 추가 요구사항에 대해서도 기본적으로 처리 절차는 동일하다. 결함 한 건, 한 건에 대해 이와 같이 여러 사람들의 시간과 노력을 투입해야 하므로, 결함에 대한 처리는 프로젝트에 있어서 부담이 큰 업무이다. 필자의 경험에 의하면, '결함 등록 단계'에 있는 건들이 상당수 누적되어 있었으며, 개발자는 이를 조금씩 처리하고 있었음에도 불구하고, 고객사 실무 담당자들이 계속하여 신규로 결함을 등록하여, '결함 등록 단계'의 수는 계속 누적되어 증가해 갔다.

이러한 상황을 정확히 인지하고 커뮤니케이션하기 위해 간반 보드를 구성하여 각 업무 단계별 진행 중인 건수를 파악해야 한다. 일별로 업무 단계별 진행 중인 건수를 집계하고, 그 흐름을 분석한다. 최소 일주일 이상 이러한 흐름을 파악한 다음, 진행 중인 건수가 증가하는 업무 단계를 파악한다. 앞의 예시에서는 '결함 등록 단계'일 것이다. 다른 단계는 조금씩 증가하고 감소하는 것을 반복하지만, '결함 등록 단계'의 경우 계속해서 조금씩 증가하는 흐름을 보인다. 이 경우 '결함 등록 단계'에 적절한 *WIP* 한도를 두어야 한다. 예를 들어, '결함 등록 단계'에 10건이 누적되면, 결함을 더 이상 등록하지 못하게 하는 것이다. 개발자가 1건을 접수 처리하여 9건이 되면, 고객사 실무 담당자가 추가로 1건의 결함을 등록할 수 있다. 이 과정에서 고객사 내부적으로 무엇을 우선적으로 등록할지에 대한 논의가 필요할 것이다.

그러면 '결함 등록 단계'가 10건이 되면, 고객사는 아무것도 하지 못하는 것인가? 그렇지 않다. 그 이후의 단계를 개발자가 신속히 처리할 수 있도록 지원해야 할 것이다. 예를 들어, 업무에 대한 정의가 필요한 것에 대해 신속한 의사결정을 하고, *3자 테스트* 완료 건에 대해 신속히 확인하여 종료 처리해야 한다. 고객사의 업무 정의 미흡으로 인해 결함을 다시 등록하는 경우를 최대한 줄여야 하기 때문이다. 필자의 경험에 의하면, 동일/유사한 결함이 다시 등록되는 비율은 1/3 이상이었다. 이 재등록 건만 줄이더라도 빠른 결함 처리가 가능할 것이다.

  이렇게 *간반 보드*와 *WIP 한도*를 이용하여 이러한 혼란스러운 상황을 통제해야만, 개발 지연과 고객사의 불만을 최소한으로 줄일 수 있을 것이다. 프로젝트에서 *통합 테스트* 이벤트 기간이 시작되면, 반드시 이 *간반 보드*를 구성하여, 업무 단계별 진행 건수의 추이를 파악하고, 적체 현상이 보이는 단계에서 *WIP 한도*를 두도록 하자. 물론 진행 건수가 증가하는 입무 단계뿐만 아니라, 다른 업무 단계에서도 현재 진행 건수 수준에서 *WIP 한도*를 설정해야 한다. 그렇지 않으면, 개발자가 '결함 등록 단계' 건수를 줄이기 위해 임의로 일단 접수 처리함으로써, '결함 등록 단계'의 건수는 줄어드나, 오히려 '결함 접수 단계'의 건수가 늘어날 수 있다. 그래서 모든 처리 단계에서 적절한 *WIP 한도*를 설정함으로써, 결함 처리 흐름의 속도를 증가시키는 것이 중요하다.

사용자 테스트

  *통합 테스트*를 완료하여 전체 기능에 대한 검증이 완료되면, 고객사는

통상 실사용자들을 대상으로 한 *사용자 테스트*를 실시할 것을 요청한다. 실제 사용자들이 최종적으로 자신이 사용할 SW에 대한 검증을 수행하는 것이다. 시스템 오픈에 따른 갑작스러운 업무 변화에 의한 사용자 저항, 그리고 업무에 지장을 초래하는 것을 최소화하기 위한 '사용자 변화 관리'를 위한 하나의 방법이라고도 볼 수 있다. *사용자 테스트*를 통해 전체적인 사용자의 피드백을 확인한 후, 원활한 업무 전환이 어렵다고 판단되는 경우에는 이러한 리스크를 줄이기 위한 *파일럿 오픈* 기간을 두기도 한다. 이 *파일럿 오픈*은 특정 부서나 사용자만을 대상으로 일정 기간을 운영하면서 SW 안정화를 꾀하는 것이다. 이것이 최종 그랜드 오픈을 위한 마지막 단계이다.

*사용자 테스트*는 사용자에게 사용법에 대한 교육을 선행한 후에 진행하거나, 교육과 함께 병행하는 경우도 있다. 따라서 이 *사용자 테스트*를 진행하는 주체는 업무에 대한 가장 많은 지식을 보유하고 있고, 사용자 입장에서 가장 이해도가 높은 고객사의 실무 담당자들이다. 이들은 이미 여러 번의 스프린트를 진행하면서 수행한 테스트와 통합 테스트까지 수행하면서 SW 기능에 대해서 많은 지식을 축적한 상태일 것이다. 그래서 이들 고객사 실무 담당자는 실사용자들에게 교육을 수행하고 *사용자 테스트*를 주도할 가장 적임자이다.

*사용자 테스트*를 하기 위해서는 우선 사용자 교육을 하기 위한 자료의 준비가 필요하다. 이 역시 *통합 테스트*와 마찬가지로 *사용자 스토리*를 기반으로 작성하면 된다. 파워포인트로 화면을 캡처하여 설명을 붙여 넣는 등 근사하게 만들 필요가 전혀 없다. 사용자 교육을 수행할 대상 부서 혹은 사용자와 관련된 업무에 해당하는 *사용자 스토리*만 발췌하면 될 것이

다. *사용자 스토리*에는 이미 누가 어떻게 업무를 처리해야 하는지에 대한 설명이 작성되어 있다. 필요하다면 *사용자 스토리*별로 해당 화면이나 기능에 접근하는 방법 정도를 추가하면 될 것이다. 그리고 실제 사용자가 처리하는 순서대로 *사용자 스토리*의 순서를 조정하면 작성을 완료한 것이다.

고객사 실무 담당자는 사용자 교육을 수행하면서 사용자들의 피드백을 잘 경청하여, 필요시 Wiki에 추가 요구사항으로 등록해야 한다. 아마 실 사용자들은 아직 SW에 대한 깊은 지식이 없는 상태이므로, 구체적인 의견을 내어 놓긴 어려울 수 있다. 하지만 업무 담당자별로 자신의 업무에 해당하는 영역에 대해서는 실무 담당자가 미처 생각하지 못했던 아주 세부적인 요건을 제시할 수도 있다. 고객사 실무 담당자는 이 의견을 일단 수렴한 후, *제품 오너*와 다른 실무 담당자와 논의를 진행하고, 이를 추가 요구사항으로 등록할지를 판단해야 할 것이다. 당장 반영하기 쉽지 않은 건에 대해서는 일단 백로그에 남겨 두고, 반영 가능한 건에 대해 등록하기를 권고한다. 프로젝트 기간과 개발 리소스는 한정되어 있기 때문이다. 백로그에 남겨진 건은 시스템 오픈 이후에 하나씩 진행하는 것으로 합의하기 바란다.

시스템 오픈 준비

*사용자 테스트*를 종료하면, 이제 본격적으로 시스템 오픈을 위한 준비를 진행한다. 이 시스템 오픈 준비는 '데이터 이관(data migration)' 준비,

'시스템 폐기(system decommission)' 계획 수립, 시스템 운영 준비 등의 업무를 포함한다. 이러한 시스템 오픈 준비는 사실상 Agile 방식의 프로젝트라고 해서 특별히 달라지는 것이 없다. 이러한 준비는 *제품 오너*와 *스크럼 마스터*가 주도하여 오픈 전 2~3달 시점부터 차근차근 준비해 가야 한다. 개발자가 특정 업무를 수행해야 한다면, *스크럼 미팅*에서 이러한 오픈 준비 타스크를 해야 함을 알리고, *타스크 보드*에도 이를 반영하여 이 정보를 공유해야 한다. 이 정보를 확인하고 고객사의 누군가는 자신의 아이디어나 의견을 얘기할 수도 있기 때문이다.

데이터 이관 준비는 오픈 대상 시스템에서 사용할 업무 데이터를 과거 시스템, 즉 현재 운영 중인 시스템으로부터 이관하는 것이다. *데이터 이관* 담당자는 우선 이관할 데이터에 대해 식별을 해야 하며, 이관 방법에 대해서도 검토를 해야 한다.[119] 또한 '맵핑(mapping) 정의서'라고 불리는 이전 대비 신규 데이터 구조에 대한 정의도 이루어져야 한다. 이러한 타스크는 신규 시스템의 데이터 구조를 잘 알고 있는 각 영역의 개발자가 직접 수행해야 하고 상당한 시간을 필요로 하므로, 수행 시 반드시 *타스크 보드*에 반영하여 고객사에 이를 진행하고 있음을 알려야 한다.

시스템 폐기 계획은 신규 시스템을 오픈함에 따라 과거 시스템을 폐기하는 계획을 수립하는 것이다. 신규 시스템이 모든 기능을 대체하기 전까지 과거 시스템과 함께 병행 운영하기도 한다. 신규 시스템의 기능 반영 일정과 데이터 이관까지 진행하는 일정을 고려하여 폐기 계획을 수립해야 한다. 일부 과거 시스템을 기준으로 데이터를 조회하고자 하는 사용자

---

119) *데이터 이관* 방법은 데이터 용량, 데이터 성격(기준정보, 트랜잭션 정보, 이력 정보 등) 등에 따라 다양한 기술적인 방법이 있을 수 있다. 예를 들면, 데이터를 통째로 복사하거나, ETL과 같은 도구를 활용하거나, 별도 데이터 쿼리를 작성하여 직접 조회 후 입력할 수도 있을 것이다.

의 니즈도 존재할 수 있으므로, 실무 담당자가 실사용자 부서, 시스템 운영 부서와 협의하여 폐기 일정을 수립하기 바란다.

시스템 운영 준비는 개발자가 시스템 운영자에게 업무와 SW 코드를 인수인계하고, 시스템 오픈 후 사용자들의 문의와 요구사항에 대응하는 '헬프 데스크(help desk)' 운영 등의 계획을 수립하는 것을 포함한다. 시스템 모니터링, 유지보수, 장애 대응 체계 등은 기존에 운영 중인 체계에 따르면 되므로, 인프라 운영팀 등 관련 부서와 사전 협의를 진행하면 될 것이다.

여기서 **Agile 방식의 SW 개발 프로젝트에 있어서 중요한 한 가지 목표**를 잊어서는 안 된다. 바로 **고객, 즉 사용자의 만족**이다. 즉 사용자들의 추가 변경 요건에 대해 과거 Waterfall 방식의 SW 개발 프로젝트를 수행했던 때와 같은 자세로 임해서는 안 된다. 통상 사용자들의 요청을 '서비스 요청(service request)'이라고 부르는데, 필자의 경험에 의하면, 이 *서비스 요청*의 처리 기간이 통상 일주일 이상 소요되었다. 길게는 한 달 이상 소요되는 경우도 있었으며, 이렇게 긴 처리 기간이 사용자들의 가장 큰 불만 중의 하나였다. 요즘 소비자가 서비스를 받기 위해 고객센터에 요청 후, 한 달을 기다리는 상황을 상상이나 할 수 있겠는가?

이제 **Agile 방식의 SW 개발 프로젝트를 수행한 이후에는 이 *서비스 요청*에 대한 대응 기간을 단축시켜야 한다.** Agile 방법론의 가장 큰 장점이 바로 사용자의 변경 요청에 신속하게 대응할 수 있는 것이다. Agile 방식으로 개발한 SW는 분명히 무엇인가 다르다는 것을 사용자들이 직접 느낄 수 있도록 해야 한다. 이 *서비스 요청*에 대한 대응 기간이 예전에 비해 별로 차이가 없다면 사용자들은 Agile 방식으로 개발한 SW도 예전에 비해 별다른 차이가 없다고 느낄 것이다. 이는 향후에 진행할 Agile 방식의 프로젝트에도 사용자들이 냉담한 반응을 보일 수 있다는 점에서 상당히 중요하다. 이로 인해 Agile 방식의 전사적인 확산에 먹구름이 드리울 수도 있기 때문이다.

사용자들의 SW 변경 요청에 대해 대응 시간이 느리다는 것은 SW 코드의 *안티패턴*으로 인해 변경에 시간이 오래 걸린다는 것을 의미한다. 즉 SW가 구조적으로 복잡하거나, 프로시저(혹은 메서드) 간에 긴밀히 연결되어 있거나, 한 프로시저 내에 지나치게 많은 로직이 포함되어 있는 등의 *안티패턴*으로 인해 디버깅 시간을 많이 필요로 하며, 이를 수정하기 위해 오랜 시간이 소요된다는 것을 의미한다. 이는 개발자들이 스프린트 기간의 SW 개발 중, 틈틈이 *기술적 채무*를 갚는 작업을 충실히 하지 않았다는 것을 의미한다. 아마 개발자들은 스프린트 기간 중 고객사의 변경 요청에 대해서도 신속히 대응하지 못했을 것이고, 이는 결국 고객사를 만족시키지 못했다는 것을 의미한다. 고객사를 만족시키지 못한 실패한 SW를 오픈했을 때, 결국 최종 사용자도 만족시키지 못하는 것은 당연한 것이다. 앞서 필자가 제시한 가이드에 따라 충실히 스프린트를 수행했다면, 이러한 결과는 발생하지 않았을 것이다.

시스템 오픈 시점에 또 하나의 가이드가 있다면, 바로 *간반 보드*의 적용이다. 아마 통합 테스트 시점부터 *간반 보드*를 운영해 오고 있을 가능성이 높지만, 시스템 오픈 직후에도 수많은 사용자의 문의나 요청사항이 발생할 수 있으므로, *간반 보드*를 운영할 필요성이 있다. 프로젝트 기간 동안 고객사 실무 담당자가 사용자의 의견을 아무리 열심히 수렴했다고 하더라도, 시스템을 오픈한 후에는 전혀 예상치 못한 상황이 전개될 수 있다. 특히나 시스템을 이용하는 대상 사용자가 많거나, 시스템 처리를 통해서만 업무를 처리할 수 있는 경우[120]에 수많은 사용자의 요구사항이 한 번에 마구 쏟아지거나, 긴급한 처리를 요하는 요구사항들이 단시간에 발생하기도 한다. 이러한 경우, 프로젝트 관리자들은 당황한 나머지 심리적 압박과 부담감을 느끼는 상태에서, 이를 제대로 관리하고 통제하지 못하는 상태로 시간을 보내게 된다.

이러한 경우 당황하지 말고 *간반 보드*를 활용해 볼 것을 추천한다. *간반 보드*를 통해 업무 단계를 세분화하고 각 업무 단계별로 진행 중인 건수를 집계한다. 업무 단계별 진행 중인 건수의 증가 추이를 분석한 후, 시스템 운영팀의 처리 역량을 고려하여 각 업무 단계별 *WIP 한도*를 적용한다. 그래서 시스템 운영팀장은 이 *간반 보드*를 활용하여 고객 요구사항을 관리하는 품질팀에 아래와 같이 커뮤니케이션할 수 있을 것이다.

> 현재 각 업무 단계별 진행 중인 건수는 *간반 보드*에 나와 있는 수치와 같고, 우리 시스템 운영팀이 처리 가능한 수준은 각 단계별로 표시되어 있는 *WIP 한도*입니다. 현재 시스템 운영팀이 보유한 리소스로는 이 *WIP 한도* 수준이 최대로 처리 가능한 건수입니다. 이 *WIP 한도*를 기준으로 하여 사용자가 요청한 건들 중 우선적으로 처리가 필요한 것들을 선별해 주기 바랍니다.

이와 같이 커뮤니케이션을 진행한 후에는 사용자들의 요청 건을 우선순위화하는 작업을 품질팀(혹은 실무 담당자로 구성된 TF)에 요청할 수 있다. 이제부터는 시스템 운영팀이 제시한 *WIP 한도* 이상으로 처리를 요

---

[120] 이렇게 비즈니스의 성패를 좌지우지할 수 있는 중요한 시스템을 '핵심 임무 시스템(mission critical system)'이라 부른다.

청하지 않을 것이고, 운영팀에게만 비난의 화살이 날아오지는 않을 것이다. 품질팀은 *WIP* 한도와 현재 진행 건수를 보면서 시스템 운영팀에게만 책임을 묻는 것이 아니라, 자신이 처리할 수 있는 일에 집중할 것이다.

이와 같이 *간반 보드*는 프로젝트를 진행 중일 경우에도 활용할 수 있을 뿐만 아니라, 서비스 운영 업무에서도 활용할 수 있는 유용한 도구이다. 업무 진행 현황을 가시화하고 병목 구간을 진단한 후, 이를 *WIP* 한도라는 시스템에 기반하여 처리할 수 있도록 함으로써, 원활한 업무 흐름이 이루어지도록 하는 것이다.

제5장

맺음말

지금껏 Agile 방식이 SW 개발 프로젝트에 적용되기 시작한 지 20년이 지난 지금까지도 계속해서 실패하는 이유가 무엇인지, 그리고 그 해법은 무엇인지에 대해 알아보았다. 그리고 Agile 방식의 SW 개발 프로젝트를 준비하는 단계에서부터 시작한 후 진행하여 종료하기까지의 가이드를 정리하여 보았다.

지금까지 보았듯이 Agile 방식을 적용하기란 결코 쉽지 않다. **기본적으로 추구하는 가치와 원칙부터 각 담당자들의 역할과 책임, 업무를 수행하는 방식, 활용하는 도구 등이 모두 과거와는 다르기 때문**이다. 단순히 예전에 쓰던 용어를 Agile에서 쓰는 용어로 바꾸고, 예전에 쓰던 도구를 Agile 도구로 바꾼다고 해서, Agile 방식으로 업무를 수행할 수 있는 것은 아니다. 프로젝트 진행 단계를 스프린트라는 용어로 바꾸고, 고객 요구사항 정의서를 사용자 스토리로 대체하고, 일간 진도 점검 미팅을 일간 스크럼 미팅으로 대체하고, 프로젝트 대시보드를 타스크 보드로 대체한다고 해서 일하는 방식이 자동으로 Agile 하게 바뀌지 않는다.

예를 들어, 필자가 경험한 프로젝트에서 *사용자 스토리*의 경우, 고객사는 단순히 *고객 요구사항 정의서*를 대체하는 것으로 생각하고, 초안을 작성하고 *사용자 스토리*별 개발 완료 일정을 제시 후 개발사에 이 일정대로 개발할 것을 요구하였다. 물론 고객사는 개발사의 상황에 따라 *사용자 스토리*별 일정을 조정하거나 현행화하지도 않았다. *제품 오너*는 일간 스크럼 미팅에 참여하지 않았으므로, 사용자 스토리에 대해 개발자와 자주 커뮤니케이션하지 못하였고, *사용자 스토리*를 지속적으로 구체화하거나 업데이트하지도 않았다.

이렇게 단순히 *고객 요구사항 정의서* 대신에 *사용자 스토리*를 활용하는 것도 물론 도움이 될 수는 있다. *사용자 스토리*는 그 전의 *고객 요구사항 정의서*와 달리 사용자 입장에서 누가, 언제, 어떻게 업무를 수행하는 것인지를 기술한 것으로, 그 자체로 업무에 대한 이해도를 높일 수 있는 의미가 있기 때문이다. 하지만 이는 *사용자 스토리*의 중요한 역할인 스프린트 계획서로서의 역할과 개발자와의 커뮤니케이션 촉진자의 역할까지는 수행할 수 없다. 스프린트를 진행하면서 *사용자 스토리*를 기반으로 지속적으로 개발자와 커뮤니케이션하면서 스프린트 계획을 현행화하지 않기 때문이다.

다음으로 필자가 경험한 프로젝트에서 *일간 스크럼 미팅*의 경우, 과거 Waterfall 방식으로 프로젝트를 수행하던 때와 같이 *프로젝트 관리자*에게 현황을 보고하는 방식으로, 즉 *일간 진도 점검 미팅*의 형식으로 진행하였다. 개발자는 강제로 이 미팅에 참여해야 했고, 스스로 자신의 타스크를 선택할 수 있는 권한은 없었다. 또한 이 미팅을 통해 어떠한 유용한 정보도 얻기 어려웠으며, 프로젝트 관리자를 제외하고는 귀중한 자신의 업무 시간을 낭비한다고 생각하였다. 이러한 방식으로는 *일간 스크럼 미팅*에서 *사용자 스토리*에 대한 커뮤니케이션을 하거나, 스프린트 계획을 업데이트하거나, *타스크 보드*에 개발자들의 실제 타스크 진행 현황을 반영하지 못하였다.

다음은 *타스크 보드*의 경우, 스프린트에서 진행할, 그리고 진행 중, 완료된 *사용자 스토리*의 현황만을 반영하였다. 이 *사용자 스토리*의 개발 현황만이 의미 있는 프로젝트 대시보드로 생각하였다. 하시만 이와 같은 *타스크 보드*로는 *사용자 스토리* 구현을 위해 필요한 타스크가 어떤 것들이 있는지, 누가 수행하고 있는지, 그 외 타스크는 어떤 것들이 진행되고 완료되었는지를 파악할 수 없었다. 즉 실제 스프린트에서 어떤 타스크들이 진행되고 있는지를 파악할 수 없었다. 결국 이러한 *타스크 보드*는 내부 개발자 간 커뮤니케이션이나 주간 보고에도 활용할 수 없었고, 별도의 WBS와 주간 보고를 통해 현재 개발 진행 현황을 파악하였다.

   이러한 방식으로 Agile 방법론을 적용한다면, 겉으로 보기에는 Agile 방법론을 적용하는 것처럼 보일 수 있으나, 실제로는 Agile 하게 SW 개발을 하지 않고 있는 것이다. 결국에 과거 Waterfall 방식으로 SW를 개발할 때와 거의 동일한 결과를 얻게 될 것이다. 그리고 프로젝트 팀원들은 Agile 방식의 SW 개발 프로젝트에 대한 부정적인 인식을 가질 것이고, 향후 진행할 유사한 프로젝트에서도 Agile 방법론에 대한 부정적인 생각을 가지고 업무를 수행할 것이다. 아니면 아예 예전 Waterfall 방식으로 돌아가자고 할지도 모른다.

Agile에 대한 잘못된 속설

 그러면 Agile 방법론은 실제로 작은 프로젝트에나 적합하지 대형 엔터프라이즈 SW를 개발하는 데에는 적합하지 않은 것일까? 그리고 Agile 방법론은 단순하기 때문에 쉽게 적용할 수 있고, 그 효과도 신속하게 확인할 수 있다고 하는데, 실제로는 적용하기 어렵게 느끼지는 이유는 무엇일까? 또한 Agile 방식은 전혀 새로운 SW를 창의적으로 개발하는 데 적합한 방식이고, 기존에 이미 활용 중인 업무용 SW를 다시(혹은 신규로) 개발하는 경우에는 적합하지 않은 방식인 것일까?

 이 외에도 Agile과 관련된 여러 가지 잘못된 속설들이 있다. 예를 들어, Agile 방식은 기업을 대상으로 하는 B2B용 SW 개발에는 적합하지만, B2C용(즉 일반 소비자를 대상으로 하는) SW를 개발하는 경우에는 적합하지 않다는 속설도 있다. 그리고 Agile 방식으로 SW 개발 프로젝트 수행 시, 각 프로젝트에서 선호하는 도구만을 선별하여 활용하면 되는 것이지, 적용에 어려움이 있을 것 같은 도구나 익숙하지 않은 생소한 도구까지 모두 활용하려고 할 필요는 없다는 얘기도 있다. 또한 Agile 방식의 SW 개발 프로젝트는 사전에 준비할 필요는 없고, 프로젝트 시작 후부터 필요한 타스크를 진행하면 된다는 속설도 있다. 이러한 속설들이 왜 존재하며, 무엇이 잘못되었는지 하나씩 살펴보기로 하겠다.

속설 1)
Agile 방법론은 작은 프로젝트에 적합하다

Agile 방식의 SW 개발 프로젝트는 소규모이면서 참여 인원도 적은 경우에 적합하다는 속설이 있다. 실제로 Agile 프로젝트를 진행하는 도중에 참여한 인원들이 자주 했던 말이다. IT 업계에 계신 분들이라면 아마 한 번쯤은 들었을 만한 얘기다. Agile 방식으로 SW 개발 프로젝트를 진행했으나, 매끄럽게 잘 진행되지 않는 프로젝트의 개발자들이 하는 대화를 한 번 들어 보자.

개발자 1: 김 과장님, 이번 프로젝트는 도대체 어떻게 돌아가는 건지 잘 모르겠네요. 너무 혼란스럽네요. Agile 방법론은 원래 이런 건가요? 고객 요구사항 분석 단계도 없으니 업무를 제대로 알 수도 없네요. 그리고 고객이 제시하는 추가 요건도 무조건 다 받아 줘야 하는 건가요? 이렇게 하면 프로젝트가 지연되는 건 당연한 거 아닌가요?

개발자 2: 제가 PM님께는 여러 번 얘기했는데, Agile 방법론은 우리 프로젝트에는 맞지 않는 거 같아요. 이렇게 규모가 큰 프로젝트는 예전처럼 Waterfall 방법론으로 하는 게 덜 혼란스러울 것 같다고요. 100명이 넘는 사람들이 참여하고, 100억이 넘게 투입되고, 2년이 걸리는 프로젝트에서 그렇게 고객의 변경 요건을 다 받아 주면서 진행할 수는 없어요. 변경 요건을 다 받아 주면 수행 기간이 당연히 늘어나고, 인건비도 한 달에 최소 20억은 추가되거든요. 그렇게 인건비 추가를 고객사에 요구하면, 그걸 승인해 주겠어요?

개발자 1: 그렇죠. 고객사는 자신들이 필요한 변경 요건을 제시하지만, 인건비는 개발사에 추가로 주지 않잖아요. 그러니까 우리 개발사는 그 변경 요건들을 받을 수가 없는 거죠.

개발자 2: 우리가 고객 변경 요건을 안 받아 준다고 하니, 고객사에서 우리 회사 대표님에게 연락해서 만나자고 한 것 같아요. 오늘 오후에 대표님하고 고객사하고 미팅이 있거든요.

개발자 1: 아무리 대표님이 오신다고 하더라도 별다른 방법이 있겠어요? 대표님은 고객 변경 요건 다 받아 주면서 개발 기간 내에 끝내라고 하겠죠 뭐. 우리 개발자만 힘들어지는 거죠.

개발자 2: Agile 방법론은 정말 비합리적인 것 같아요. 특히 우리 프로젝트와 같이 엔터프라이즈 SW를 개발하는 경우는 더욱더 그렇고요.

개발자 1: 네, 저도 동의합니다. 다음 프로젝트에는 Agile 방법론은 적용하지 말자고 얘기해야 할 것 같아요.

이 대화처럼 Agile 방식의 SW 개발 프로젝트에 참여했던 개발자들은 고객사의 변경 요건이 제대로 통제되지 않는 듯한 현재의 상황을 문제로 인식한다. 과거 Waterfall 방식에서는 고객 변경 요건을 엄격히 관리하고 통제했기 때문이다. 즉 Agile 방식이 추구하는 가치가 무엇인지 잘 모르는 상황에서, 단지 과거에 했던 방식과 달라졌기 때문에 Agile 방식이 뭔가 이상하다고 어렴풋이 생각하는 것이다.

그리고 이들 개발자들은 이렇게 규모가 큰 SW 개발 프로젝트일수록, 프로젝트 후반에 많은 고객 변경 요건이 쏟아져 나온다는 것을 이미 알고 있다. 왜냐하면 규모가 클수록 업무가 복잡하고 SW에 적용되는 로직도 복잡하므로, 고객사의 업무 담당자들은 프로젝트 후반부가 되어서야 비로소 전체적인 SW의 미래 모습을 이해하기 시작하고, 본격적으로 자신들의 요건을 제시하기 때문이다. 따라서 이렇게 규모가 큰 프로젝트일수록 고객 변경 요건이 많아지는 것은 당연한 것이다. 개발자의 입장에서는 이러한 대규모 프로젝트의 특성을 이해하고 있으므로, 오히려 정해진 기간과 비용 안에 개발을 완료하기 위해서는 변경에 대한 통제가 필요하다고 생각하는 것이다.

개발자들의 이러한 생각과는 달리, 실제로 Agile 방식은 규모가 큰 업무용 엔터프라이즈 SW 개발에 주로 적용되고 있다. 오히려 규모가 작은 SW 개발 프로젝트에서는 적용되는 경우가 별로 없는 듯하다. 왜냐하면 규모가 작은 SW 개발 프로젝트는 예전과 동일한 방식으로 진행하더라도 별다른 문제 없이 잘 끝나는 경우가 대부분이기 때문이다. 그리고 실제 작은 규모의 프로젝트는 굳이 의도하지 않더라도 Agile 방식과 유사하게 진행이 된다. 일단 프로젝트에 참여하는 인원수가 적으니, 한 사무실에 모여서 일을 할 수 있다. 팀원들은 매일(혹은 하루에도 여러 번) 팀원 간에 충분히 커뮤니케이션하고, 서로 간에 정보를 공유하면서 마치 일간 스크럼 미팅과 같이 진행한다. 개발자 수가 적으므로, 서로 간에 협업할 수 있는 좋은 분위기가 형성이 된다. 대상 사용자 수도 많지 않고, 문제가 되는 이슈도 많지 않으므로, 프로젝트 관리자는 모든 것을 충분히 통제할 수 있다. 따라서 *간반 보드*와 같은 도구를 적용할 필요성도 적다. 고객사의 업무 담당자들은 수시로 프로젝트 룸에 와서 자신의 요구사항을 전달하고 모두 이해할 때까지 충분히 설명할 수 있다. 이러한 Agile 적용에 자연스러운 분위기로 인해, 개발자들은 Agile 방식이 작은 프로젝트에 적합하다고 무의식적으로 생각하는 듯하다.

반대로 **규모가 큰 SW 개발 프로젝트일수록 Agile 방식을 적용하기 더 어려워진다. 따라서 오히려 더 필요하게 되고, 제대로 적용했을 때 더 높은 효과를 기대할 수 있다.** 규모가 큰 프로젝트일수록 팀원들은 한 장소에 모여서 일하기 어려워지고, 이들 간의 커뮤니케이션에 더욱 많은 시간과 비용이 소요된다. 그리고 많은 프로젝트 정보를 서로 공유하기 어려워지고, 협업이 어려운 분위기가 조성된다. 프로젝트 리더는 너무 많은 요건, 개발자, 이해관계자, 이슈로 인해 프로젝트를 관리하고 통제하기가 어려워진다. 고객사의 업무 담당자들도 프로젝트 초기에는 전체 시스템의 모습을 머릿속에 그리기 힘들어 요건을 구체화하기 어려워한다. 하지만 프로젝트 후반부로 갈수록 점점 전체 시스템 모습을 머릿속에 그릴 수 있고, 이러한 상황이 되어서야 더욱 많은 추가 변경 요건을 제기할 수 있다. 또한 이 SW를 이용하는 사용자 수도 많고, 다양한 방식의 검증으로 인해 한 번에 많은 결함과 추가 요건들이 쏟아질 가능성이 높아, 이를 *간반 보드*와 *WIP 한도* 등을 이용해 적절히 관리하기 위한 수단이 필요하다. 따라서 프로젝트 규모가 커질수록 Agile 방식의 적용 필요성은 더욱 높아지게 된다.

―
속설 2)
Agile 방법론은 단순하므로 적용하기 쉽다

Agile 방식으로 SW 개발 프로젝트를 진행하면, 그 전의 Waterfall 방식에 비해 분명 단순해지는 업무가 있다. 그중 하나가 바로 산출물 관리이다. Agile 프로젝트에서는 고객 요구사항 정의서, 요구사항 추적 매트릭스, 솔루션/애플리케이션/데이터/아키텍처 설계서 등의 수많은 산출물을 별도로 작성할 필요가 없다. 이 많은 산출물을 작성하는 데 상당한 개발자의 노력과 시간이 투입되나, 작성에 들인 노력에 비해 잘 활용되지 않기 때문이다. 또한 고객 요구사항이 변경될 때마다 현행화를 해야 하나, 이는 매우 번거로운 일이다. 그 대신에 Agile 방식에서는 고객사와 개발자 간의 원활한 커뮤니케이션을 위해 간략하게 필요한 내용만 담은 문서를 작성하면 된다. 또한 현행화를 하거나 버전 관리 등을 해야 할 의무도 없다. 그렇기 때문에 개발자의 부담이 상당히 줄어들고, 관리의 부담 또한 적어진다. 그리고 산출물을 관리하지 않는다고 해서 별로 손해 보는 일도 없다. 어차피 작성된 산출물은 출력되어 파일철에 정리된 이후에는 거의 활용되지 않기 때문이다.

그리고 고객 요구사항의 변경을 관리하는 업무가 Waterfall 방식에 비해 매우 단순하게 바뀌었다. Waterfall 방식으로 프로젝트를 수행할 경우에는, 고객 변경 요구사항에 대해 *변경 심의회*를 통한 심의 프로세스를 거쳐야 하며, 추가로 확정된 요건에 대해서는 리소스를 산정하여 변경 계약을 다시 체결해야만 했다. 또한 변경 요구사항의 버전을 관리하여 고객의 승인을 받아야 하고, 요구사항의 구현 여부에 대한 추적성을 관리해야 했다. 하지만 Agile 방법론에서는 사실상 이러한 업무들이 모두 사라진다. 즉 고객사가 요건을 변경하는 것은 당연한 것으로 인식되므로, 별도로 심의 프로세스를 거치거나, 버전 관리를 해야 하거나, 구현 추적성을 관리할 필요가 없어지는 것이다. 대신에 고객의 추가 요건에 대해서는 백로그로 *사용자 스토리*에 추가하고, 변경 요건에 대해서는 *사용자 스토리*를 지속적으로 업데이트를 해야 한다.

이렇게 기존 Waterfall 방식의 SW 개발 프로젝트에서 가장 복잡하고 번거롭던 두 가지 업무가 Agile 방식에서는 사라지다 보니, Agile 방식을 적용하는 것이 예전에 비해 비교적 단순하게 느껴지는 것이 사실이다. 그러다 보니, Agile 방식은 적용하기 쉬운 것이라 착각하고 별도로 적용을 위한 노력을 다소 소홀하게 하는 것이다. Agile 방식에서는 "기획/관리"와 "계약"을 중시하는 대신에 "자율성"과 "협업"을 기반으로 프로젝트를 수행해야 한다. 따라서 이 **자율성과 협업을 중심으로 프로젝트를 운영하기 위한 추가적인 노력을 해야 하나 이를 간과하고 Agile 방식을 적용하려고 하니 문제가 되는 것**이다.

즉 Waterfall과 Agile 두 방법론은 서로 운영 방식이 전혀 다르다. **Agile 방식으로 SW 개발 프로젝트를 수행할 시에는, 기획과 관리, 그리고 계약에 대한 업무 부담이 줄어드는 대신, 자율성과 협업 향상을 위한 노력은 추가로 필요**하다. 이 추가적인 노력을 해야 한다는 것을 인지하지 못하기 때문에 Agile 방법론은 단순하다고 생각한다. 하지만 자율성과 협업 향상을 위한 노력을 하지 않는 순간, Agile 방식을 적용하는 것은 실패로 끝날 것이다. 그리고 자율성과 협업 향상을 위한 노력들은 앞선 해법과 가이드에서 보았듯이 결코 단순하지 않다.

―
속설 3)
Agile은 전혀 새로운 SW를 창의적으로 개발하기 위한 방식이다

Agile 방식의 프로젝트는 자율성과 협업을 바탕으로 SW 개발을 수행한다. 치밀한 계획을 바탕으로 빈틈없이 관리를 필요로 하는 Waterfall 방식과는 다르다. 이러한 콘셉트의 차이로 인해 많은 사람들은 Agile 방법론은 새롭고 창의적인 SW를 개발하는 데 더 적합할 것 같다는 생각을 어렴풋이 가지게 된다. 또한 대기업의 업무용 SW를 Agile 방식으로 개발하는 프로젝트에서 성공적으로 완료한 경험이 부족하다 보니, 이러한 경우에 Agile 방법론을 적용하는 것에 대한 회의적인 시각 또한 가지고 있다. 아래 필자가 경험했던 Agile 프로젝트에서의 개발자 간의 대화를 들어 보자.

개발자 1: 이번 프로젝트가 Agile 방법론을 적용한다고 해서 기대가 많았는데, 예전에 비해서 뭐가 좋아진 건지 잘 모르겠네요. 고객 추가 요건은 끝도 없이 나오는데 전혀 통제하지도 않고, 예전하고 똑같이 매일 야근에다가 주말 근무 하는데도 오픈 일정은 계속 지연되잖아요.

개발자 2: Agile 방법론이라고 뭐 별수 있겠어요? 고객 요구사항은 다 받아 줘야 하니까, 일은 계속 줄어들지 않는 것이고, 그러니 야근과 주말 근무에다가 일정 지연이 발생하죠. 그러니까 Agile 방법론은 우리 프로젝트 같은 업무용 SW를 개발할 때는 적합하지 않은 것 같아요. 게임 SW와 같은 완전히 새로운 SW를 개발할 때나 적용이 가능한 방법론인 것 같아요. 게임은 완전히 새로운 창의적인 SW를 개발해야 하니까, 계속해서 고객한테 보여 주고 피드백을 받아서 다시 개발하기를 반복해야 하잖아요. Agile 방법론은 이런 SW를 개발할 때에 적합한 거죠.

개발자 1: 그러면 우리 프로젝트와 같은 업무용 SW를 개발할 때는 적용할 수 없다는 건가요? 왜 그렇죠? 업무용 SW도 고객에게 계속해서 보여 주고 피드백을 받아서 다시 개발하는 절차를 반복하면 좋은 것 아닌가요?

개발자 2: 물론 그렇게 계속 고객한테서 피드백을 받는 거는 나쁜 건 아니죠. 그런데 업무용 SW는 이미 정해진 업무를 수행하기 위한 SW를 개발하는 것이니까, 고객 피드백을 계속 받아 변경하는 것이 큰 의미가 없는 것 같아요. 변경해 보아야 별로 달라지는 것도 없는 것 같고요. 단지 이번에 새로운 솔루션으로 업그레이드해서 화면 레이아웃만 바뀌는 것 같아요.

개발자 1: 그러니까 우리 프로젝트는 Agile 방식보다는 오히려 Waterfall 방식을 적용하는 것이 더 나을 것이라는 생각이 드네요.

물론 이 개발자의 의견과 같이 게임용 SW와 같은 전혀 새로운 SW를 개발할 때, Agile 방법론은 분명 빛을 발할 수 있을 것이다. 처음부터 백지장 상태에서 전혀 새로운 것을 창조해야 하니, 이럴 경우 스프린트 방식으로 계속해서 SW에 대한 고객의 피드백을 반영하면서 추가 개발을 진행하는 것이 좋은 아이디어인 것은 분명하다. 하지만 Agile 방식이 이런 경우에만 적합한 방식인지에 대해서는 의문이다. 즉 업무용 SW와 같은 이미 구체화가 어느 정도 이루어진 SW의 경우에는 Agile 방식은 적합하지 않은 것인가?

업무용 SW는 이미 기존 업무와 시스템이 존재하고 있는 경우가 대부분이다. 하지만 이 업무용 SW를 개선하는 프로젝트의 경우라고 하더라도 처음에 어떤 방향성을 가지고 어떻게 개발할지에 대해 구체적인 아이디어를 가지고 있는 경우는 거의 없다. 각 업무 담당자는 아마 자신의 업무에서 어떤 부분을 개선했으면 좋겠다는 생각은 가지고 있을 것이다. 하지만 컨설턴트로서 필자의 경험에 의하면, 이 업무 담당자의 생각은 어렴풋한 개선 방향이고, 구체적인 개선 방법은 모르고 있는 경우가 대부분이다. 엔터프라이즈급 기업의 업무는 매우 복잡하고 세분화되어 있으며, 이 업무 기준을 변경할 경우 다른 업무들에 미치는 영향을 파악해야 한다. 하지만 관련된 모든 업무를 알고 있는 담당자는 없다. 따라서 업무 담당자가 구체적인 개선 아이디어를 가지고 있다는 것은 매우 어려운 일이다.

이들 업무 담당자는 프로젝트가 시작되고, 적용할 솔루션의 콘셉트와 여러 기능들을 확인하면서, 점차 자신의 생각을 구체화시켜 나간다. 즉 스프린트를 진행함에 따라 솔루션의 다른 기능들을 검토하면서 자신의 업무 처리에 대한 구체적인 방향성을 점차 가지게 되고, 이후에 진행하는 스프린트에서 다른 기능들이 추가되고 변경됨에 따라 자신의 업무 처리 기능도 함께 변경을 요구한다. 즉 **업무용 SW도 프로젝트의 후반부로 갈수록 계속해서 진화하는 것**이다. 그러니까, 게임용 SW와 같은 새로운 SW뿐만 아니라, 업무용 SW와 같이 기존에 존재하던 업무와 시스템이더라도 SW 기능이 계속해서 추가되고 변경되는 것은 당연한 것이다.

결론적으로 **어떤 SW를 개발하든 간에 Agile 방식을 적용하는 것은 좋은 대안**이다. 물론 어떤 경우에는 정해진 기능과 스펙에 따라 개발하는 SW가 있을 수 있다. 즉 변경이 거의 발생하지 않거나 아주 제한적으로 발생하는 SW이다. 예를 들어, 전자 제품에 포함되는 '임베디드(embedded) SW'와 같은 경우, 이미 정해진 제품 스펙이 있고, 이에 따라 정해진 기능을 개발해야 한다. 이런 경우에는 굳이 Agile 방식을 써야 할 이유는 없으며, 오히려 스펙에 맞추기 위한 철저한 관리가 필요하므로, Waterfall 방식을 적용하는 것이 더 적절할 수 있다. 이렇게 **개발할 SW의 특성을 고려하여 개발 방법론을 선정해야 한다.**

속설 4)
Agile 방식은 B2C용 SW 개발에는 적합하지 않다

B2C용 SW는 일반 소비자를 대상으로 하는 소프트웨어를 의미한다. B2C용 SW의 대표적인 유형이 전자 제품 안에 포함된 '임베디드 SW(embedded software)'이다. 예를 들어, TV, 냉장고, 에어컨, 세탁기 등의 가전제품 자체에 포함되어 있는 SW를 의미한다. 이와 같은 *임베디드 SW*는 앞에서 얘기했듯이, 정해진 제품의 스펙이 있고, 이 스펙에 맞추어 SW를 개발하면 되므로, Waterfall 방식이 오히려 더 적합하다. 제품에서 정해진 스펙에 따라 SW를 개발하도록 철저히 관리하면 되기 때문이다.

다음 B2C용 SW의 유형으로, 소비자가 직접 업무를 처리하는 '셀프 서비스형 SW(self-service software)'가 있다. 예를 들면, 인터넷 혹은 모바일 은행 애플리케이션 같은 경우이다. 이 애플리케이션은 소비자가 직접 은행 시스템에 접근하여 계좌를 조회하고 이체를 하며 통장을 개설하는 등 필요한 서비스를 직접 처리할 수 있다. 과거에는 은행의 업무 담당자가 처리했던 업무를 소비자가 직접 처리할 수 있게 된 것이다. 이와 같은 *셀프 서비스형 SW*의 경우는 업무용 SW와 사실상 동일한 특성을 가지고 있어서, 업무용 SW와 유사한 방식으로 개발하는 것이 더 효과가 높을 것이다. *제품 오너*는 *셀프 서비스형 SW*의 개발과 운영을 담당하는 부서에서 맡으면 될 것이고, 소비자 대상의 서비스 요건을 정의하는 *사용자 스토리* 역시 이 부서에서 작성하면 될 것이다.

하지만 업무용 SW의 경우는 B2B 서비스용, 즉 기업 고객의 사용자를 대상으로 한다. 이 경우에는 통상적으로 업무 혁신, IT 기획 등의 업무용 SW 개발을 담당하는 부서가 존재하고, 이들 부서에서 업무 요건을 제시하며 개발을 주관한다. 반면 *셀프 서비스형 SW*는 B2C 서비스용, 즉 일반 소비자를 대상으로 한다. 마찬가지로 뱅킹 서비스 부서와 같은 개발을 담당하는 부서가 존재하고, 이들이 업무 요건을 제시하며 개발을 주관한다. 따라서 업무용 SW와 *셀프 서비스형 SW*는 담당 부서만 다를 뿐이지 동일한 방식으로 개발이 가능한 것이다.

다음 B2C용 SW의 유형은 *셀프 서비스형 SW*이긴 하나, 대기업에서 개발한 것이 아닌 중소 기업이나 개인이 특정 목적을 위해 개발한 경우이다. 대표적인 것이 스마트폰 내의 수많은 애플리케이션들이다. 예를 들어, 영어 단어를 암기하기 위한 애플리케이션, 유명 식당을 찾아 예약을 하는 용도의 애플리케이션 등이 있다. 이런 애플리케이션은 중소 기업이나 개인이 특정 아이디어에 착안하여 소비자의 편의를 돕기 위한 용도로 만든 것이다. 이런 소규모 B2C SW는 사실상 짧은 시간 안에 소수의 인력이 개발하며, 통상 요건을 구체적으로 제시할 담당자도 없을 것이다. 따라서 Agile 혹은 Waterfall 방식과 같은 거창한 방법론을 적용할 필요 없이, 소수의 인력이 모든 내용을 함께 논의하고 공유하면서 사실상 Agile 하게 개발을 진행할 것이다.

결론적으로 **B2B용 SW**와 함께 **B2C용 셀프 서비스 *SW* 중 대규모**[121] 혹은 대상 사용자가 많은 경우가 Agile 방식의 적용 대상이라 보면 될 것이다. 전자 제품에 포함되는 *임베디드 SW*와 같이 구현해야 할 SW의 스펙이 명확한 경우는 Agile 방식의 적용 대상이 아니고, Waterfall 적용 대상이라고 보면 될 것이다. 소규모 혹은 대상 사용자가 적은 SW 개발 프로젝트의 경우는 어떤 방식으로 하든 간소화된 형식으로 진행해도 무방할 것이다.

속설 5)
Agile 방법론에서 각 프로젝트에 적합한 도구만을 선별하여 적용하면 된다

Agile 방법론의 세부 분류로는 스크럼(Scrum), XP(eXtreme Programming), 린(Lean), 간반(Kanban) 등이 있다. 이 각각은 사실 하나의 방법론으로서 발전해 오고 있다. 이러한 Agile의 가치와 원칙을 가진 방법론들을 총칭하여 Agile 방법론이라 부른다.[122]

이 중 가장 많이 활용하는 스크럼 방법론의 경우, *사용자 스토리*(혹은 *제품 백로그*), 일간 스크럼 미팅, 타스크 보드 등의 도구가 있다. *XP 방법론의 경우*, 테스트 주도 개발, 짝 프로그래밍, '*지속적 배포*(continuous integration)' 등의 도구(혹은 기법)가 있다. *린 방법론*은 사실 방법론이라 부르기보다는 '낭비를 제거하자'라는 콘셉트에 가까우며, 그래서 특별한

---

121) 투입 인원이 대략 수십 명 이상이고, 투자 금액이 대략 수십억 원 이상이며, 구현에 1년 이상이 소요되는 경우를 대규모 프로젝트로 생각하면 될 것이다.
122) 각 방법론에 대한 상세 내용은 별첨의 4장에서 7장을 참고하기 바란다.

도구가 없다. *간반 방법론의 경우, 간반 보드, 일별 WIP 흐름도, '누적 흐름도(cumulative flow diagram)', WIP 한도* 등의 도구가 있다. 그리고 스크럼 방법론과 XP 방법론은 공통적으로 스프린트, 스프린트 계획 미팅, 스프린트 리뷰 미팅 등의 도구가 있다.

SW 개발 프로젝트 수행 시, 이러한 많은 도구를 모두 활용할 필요가 없는 것은 당연하다. 즉 필요한 도구만 선별하여 활용하는 것은 원칙적으로는 옳은 방향이다. 하지만 필자의 경험에 의하면, 현재 국내의 IT 담당자들은 각 도구들을 어떤 상황에서 어떻게 활용해야 하는지에 대해 잘 모르고 있다. Agile 방법론의 가장 기본적인 도구라고 할 수 있는 *사용자 스토리, 일간 스크럼 미팅, 타스크 보드*와 같은 도구들도 잘 활용하지 못하는 경우가 대부분이다. 이러한 다양한 도구들을 선별해서 활용하려면 각 도구들의 특징, 용도, 목적에 대해 정확히 알고 있어야 하며, 정확히 알기 위해서는 성공적으로 활용했던 경험이 있어야 한다.

다시 얘기하면, **Agile 방법론 적용에 대한 이해도와 성숙도가 낮은 상황에서는 이러한 선별적인 도구의 활용은 불가능하다.** 여러 가지 방법론과 도구들을 활용해 보고, 그 목적과 특징을 정확히 파악해야 한다. 그 이후에, 즉 Agile 방법론을 적용하여 프로젝트를 수행하면서 여러 가지 도구들을 직접 활용해 본 이후에는, 각 도구의 목적과 특징을 감안하여 선별 적용을 해 보는 것이 가능할 것이다. 그리고 Agile 방식의 SW 개발 프로젝트를 여러 번 수행하면서 성숙도가 높은 상황에서는 스크럼, XP, 린, 간반 등 방법론에서 적시에 필요한 도구를 선별할 수도 있고, 방법론에 얽매이지 않고 이러한 도구를 상황에 맞게 변형하기도 하면서 적용하는 것도 가능할 것이다.

―
속설 6)
Agile 프로젝트는 미리 준비가 필요 없으며, 그냥 시작하면 된다

기존의 Waterfall 방식의 SW 개발 프로젝트는 기획과 관리, 통제 업무가 중심이었다. 그러다 보니, Waterfall 방식의 프로젝트는 시작 전에 많은 준비가 필요하였다. 예를 들어, 컨설턴트를 투입하여 현행 업무를 분석하고, 문제점을 찾아내고, 개선 방향을 수립한다. 이 개선 방향을 반영하여 미래 시스템에 대한 청사진을 설계하고, 이를 구현하기 위한 로드맵을 수립한다. 그리고 각 로드맵의 단계별로 소요 예산을 산정하고 이 결과를 바탕으로 사업 계획서를 마련하고 예산을 확보한다. 이러한 준비를 하기 위해서, 글로벌 경영 컨설팅 업체를 선정하여 고객사의 업무 담당자들과 함께 수개월에서 길게는 1년 정도의 시간을 투입하고, 최소 수억 원에서 수십억 원의 비용을 소요하게 된다.

그뿐만 아니라, SW 개발이 본격적으로 시작되면, 고객 요구사항을 분석하고 정의하는 작업을 첫 번째 단계로 진행한다. 이를 위해 고객사가 작성한 기존의 프로젝트 기획 자료, 사업 계획서 등을 분석하고, 각 업무 영역의 담당자와의 인터뷰도 진행한다. 기존에 기획 단계에서 컨설턴트가 분석했던 내용을 좀 더 상세화하는 작업이 될 것이다. 이 작업을 위해 모든 프로젝트 팀원이 참여해야 하며, 최소 수개월을 소요한다.

하지만 **Agile 방식의 SW 개발 프로젝트에서는 기획, 관리, 통제가 중심이 아니라, 자율성과 협업을 중심으로 업무를 수행**한다. 따라서 프로젝트 시작 전에 Waterfall 방식과 같은 거창하고 번거로운 기획 작업은 최소화한다. 즉 차세대 시스템 구축 프로젝트 기획을 위해 컨설팅 업체를 선정

하여 이들과 함께 수개월, 수억 원의 시간과 비용을 들여 그럴듯한 기획서를 작성할 필요가 없는 것이다.

그 대신에 **고객사의 *제품 오너*가 중심이 되어 각 영역의 업무 담당자들과 함께 우선 *사용자 스토리* 초안을 준비해야 하며, 이를 바탕으로 전체 스프린트 일정을 수립**해야 한다. 물론 이 결과를 기반으로 **사업 예산도 확보**해야 한다. *사용자 스토리*의 초안은 *제품 오너*가 중심이 되어, 업무 담당자들과 TF를 구성하여 협의하여 작성한다. 앞서 설명하였지만, 이 단계에서 나올 수 있는 아이디어는 한계가 있으므로, 과다한 노력을 들일 필요는 없다. 이후 스프린트를 진행하면서 계속 변경될 것이기 때문이다.

그리고 스프린트 일정은 1개월 단위의 스프린트를 몇 번 진행할 것인지,[123] 각 스프린트에서는 어떤 *사용자 스토리*를 구현할 것인지 정도를 포함한다. 그리고 스프린트에 몇 명의 개발자를 투입할 것인지를 결정하면, 대략적인 예산 규모를 산정할 수 있으므로, 사업 계획서를 마련하여 예산을 확보한다. 또한 이미 고객 요구사항인 *사용자 스토리* 초안이 준비되어 있으므로, 스프린트가 시작되면 곧바로 설계와 개발에 착수할 수 있다.

이와 같이 Agile 방식으로 SW를 개발할 경우, 프로젝트 시작 전에 *사용자 스토리*의 초안을 마련하는 것을 제외하고는 특별히 노력을 들여 준비할 사항은 없으며, 프로젝트 시작 후에도 개발을 위해 추가로 준비할 사항은 없다. 따라서 Agile 방식으로 프로젝트를 진행할 경우, 분명 과거에 비해 준비할 사항이 많이 줄어드는 것은 사실이나, 아무것도 준비할 필요가 없다는 말은 사실이 아니다. *사용자 스토리* 초안을 준비해야 하며, 이를 바탕으로 사업 계획을 수립하고 예산을 마련해야 한다. 이러한 준비가

---

123) XP 방법론으로 진행할 경우에는 주 단위로 스프린트를 진행한다.

완료되면 스프린트를 곧바로 시작할 수 있다.

    과거 필자가 경험한 Agile 방식의 SW 개발 프로젝트에서는 *사용자 스토리* 초안이 준비되지 않은 상태에서 프로젝트를 시작하였고, 이로 인해 프로젝트를 시작하자마자 일정 지연이 발생하였다. 그리고 이후의 일정 지연에 대한 책임은 *사용자 스토리*를 제때에 작성하지 않은 고객사가 아닌 개발사에 물었다. 이로 인해 프로젝트의 시작부터 개발사는 고객사에게 불만이 있었고 협업의 분위기가 조성되지 못하였다.

Agile 방식의 가치와
원칙에 대한 이해가 우선

많은 IT 업계의 SW 개발 담당자들은 Agile 방식을 프로젝트에 적용하는 데 실패한 경험과 함께, 이렇게 Agile 방식에 대한 잘못된 선입견(혹은 속설)도 가지고 있다. 이들은 Agile 방식에 대한 잘못된 선입견을 어떻게 해서 가지게 된 것일까? 필자는 이들 SW 개발 담당자들이 **Agile 방법론에 대한 근본적인 가치와 원칙에 대해 제대로 이해하지 못한 상태에서 Agile 방식의 프로젝트를 수행했기 때문**인 것으로 생각한다. 이로 인해 결국 SW 개발 프로젝트에 실패하였고, 그래서 Agile 방법론에 대한 더욱 좋지 않은 선입견을 가지게 된 것이다.

필자 역시도 사전에 그러한 지식을 가지지 못한 상태에서 Agile 방식의 SW 개발 프로젝트를 진행하였다. 어렴풋이 Agile 방법론에 대한 개념만 들은 상태에서, 스프린트, 사용자 스토리, 일간 스크럼 미팅, 태스크 보드 등의 도구들을 사용한다는 것 정도만을 인지하고 있었다. 이런 상태에서 Agile 방식의 프로젝트를 수행하였고, 그 결과 프로젝트에서 여러 가지 문제가 발생하였지만, 무엇이 문제인지도 알 수 없었다. 하지만 Agile 방법론에 대한 진지한 연구를 시작하면서 그 문제가 무엇인지 조금씩 알 수 있었다.

　Agile 방법론에 대한 연구를 하면서 가장 이해하기 어려운 것이 바로 Agile 방식이 추구하는 목적과 달성하고자 하는 가치, 그리고 지켜야 할 원칙이었다. 이 Agile 방법론의 목적과 가치, 원칙은 별다른 지식이 없는 상태에서 읽어 보면, 글자 그대로는 단순한 내용이고 어렵지 않다. 하지만 이를 어떻게 프로젝트에 적용하겠다는 것인지 잘 이해하기 어렵다. 이 목적, 가치, 원칙을 정확하게 이해하기 위해서는, 이를 마음속에 새기면서 Agile 방법론의 각종 도구들과 기법, 여러 담당자들의 역할과 책임에 대해 공부해야 한다. 그리고 자신의 프로젝트 경험에 비추어 이러한 내용들을 되새겨 적용해 본 이후에나 비로소 완전히 이해할 수 있다.

　앞서도 언급하였지만, **Agile 방법론이 추구하는 목적은 bottom-up 기반의 자율성과 협업을 중심으로 하여, 변경에 유연하면서도 고객이 만족할 수 있는 SW를 개발하고자 하는 것**이다. 반면, **Waterfall 방법론이 추구하는 목적은 top-down 기반의 계획과 관리, 통제를 중심으로 하여, 정해진 일정과 비용으로 SW를 개발하고자 하는 것**이다.[124]

　이와 같이 Agile과 Waterfall 방법론은 추구하는 가치와 목적이 전혀 다르다. 이를 모르는 상태에서 아무리 좋은 Agile의 도구를 활용한들 그 효과를 보기는 어려울 것이다. 예를 들어, *사용자 스토리*의 경우, 고객사가 스토리별 일정을 포함한 초안을 작성한 후에 개발사에 구현을 요청하고, 이를 구현하였는지 관리하는 용도로 활용한다면 어떨까? 즉 고객사는 *사용자 스토리*를 통해 요건 구현 계획을 수립하고, 이 계획에 따라 철저하게 관리해 나갈 것이다. 이는 Waterfall 방식의 가치와 목적에 따라

---

124)　Agile 방법론의 가치와 원칙의 상세 내용은 별첨 3의 내용을 참고하기 바란다.

업무를 수행하는 것이다. 결과적으로 *사용자 스토리*는 Agile 도구임에도 Waterfall 방식으로 업무를 수행하게 되는 것이다.

이렇게 Waterfall 방식으로 *사용자 스토리*를 활용하면, *사용자 스토리*가 가지고 있는 장점을 발휘하지 못한다. *사용자 스토리*는 스프린트의 계획서이자 고객사의 업무에 대해 개발자와 커뮤니케이션하는 수단이다. 이 소통을 통해 *사용자 스토리*를 함께 구체화하고 스프린트 계획도 업데이트해 나간다. 즉 ***사용자 스토리*는 개발자와 고객사가 함께 협업하여 만들어 가는 스프린트 계획서이자 업무 요건을 의사소통하기 위한 도구**인 것이다. 이렇게 지속적인 업데이트를 함으로써 실현 가능한 스프린트 계획을 만들어 갈 수 있으며, 개발자는 자신도 의사결정에 참여함으로써 책임감을 가지고 업무를 진행할 것이다. Waterfall 방식으로 *사용자 스토리*를 활용할 경우에는 이와 같은 장점을 발휘할 수 없을 것이다.

그러면 이렇게 가장 기본이 되는 Agile 방법론의 가치와 목적을 어떻게 SW 개발 담당자들에게 이해시킬 수 있을 것인가? SW 개발 담당자들이 필자와 같이 Agile 방법론에 대해 스스로 연구하고 깨달을 수 있다면 참 좋겠지만 현실은 그렇지 않다. 스스로 연구하는 사람들도 드물겠지만, 연구를 한다고 해서 이러한 Agile 방법론의 가치와 목적을 이해할 수 있을지도 의문이기 때문이다. 그보다는 좀 더 현실적인 방안이 없을까?

적어도 규모상으로는 국내 IT 기업을 대표하는 대형 SI 업체들은 우선 Agile 방법론에 대한 교육 커리큘럼을 수정할 필요가 있다. 툴킷(toolkit) 혹은 솔루션 형태로 구현해 놓은 Agile 도구에 대한 교육만으로는 Agile 방법론의 가치와 원칙에 대해 이해할 수 없을 것이다. 대규모 SW 개발을 전문으로 하는 **SI 업체는 Agile 방법론의 가치와 목적에 대해 별도 교육**

과목을 만들고, 이를 필수 과정으로 지정하여 우선적으로 수강하게 할 필요가 있다.

또한 글로벌 IT 컨설팅 업체들은 최고의 인적 파워를 보유하고 있고, 그들의 지식과 프로젝트 경험을 기반으로 IT 업계를 리드해 오고 있다.[125] 이들 IT 컨설팅 업체들 역시 Agile 방법론을 툴킷 형태로 내재화해 왔으며, 컨설턴트들이 이를 자유롭게 활용할 수 있도록 하고 있다. 이 *Agile 방법론 툴킷*은 각종 템플릿, 활용 예시 자료, 업무 절차, 역할 및 책임 등의 문서를 정리한 자료이며, 편리하게 필요한 문서들을 찾을 수 있도록 구성되어 있다. 필자가 컨설팅 업체에 근무할 당시에도 사내에 *Agile 방법론 툴킷*이 있었으며, 그 당시 대부분의 자료들을 읽으면서 이미 공부하였다. 당시에는 참 유용하다고 생각하였으나, 이를 실제 프로젝트에 적용하지는 못하였다. 지금에 와서 다시 생각해 보면, 필자는 그 자료들을 통해 Agile 방법론의 가치와 원칙에 대한 이해를 하지 못하였고, 그 상태에서는 어떠한 유용한 Agile 도구도 프로젝트에 활용할 수 없었던 것이었다.

필자와 같은 반쪽자리 Agile 전문가를 양산하지 않기 위해, **IT 컨설팅 업체들은 Agile 기반의 SW 개발 프로젝트에 참여한 경험이 있는 컨설턴트들을 선별하여, Agile 방법론의 가치와 원칙에 대한 집중 교육을 함으로써, 진정한 Agile 전문가로 양성할 필요가 있다.** 이들 Agile 전문가는 향후 SW 개발 프로젝트에 참여하여, Agile 방법론을 잘 적용할 수 있도록 고객사와 SI 업체를 리드하는 역할을 수행해야 한다.

이들 SI 업체와 IT 컨설팅 업체의 Agile 전문가들은 SW 개발 프로젝트

---

125) 이들 IT 컨설팅 업체들은 필자가 경험하였듯이 초대형 SW 개발 프로젝트에 참여할 기회가 많이 있었다. 대형 고객사들은 이들 IT 컨설턴트들이 프로젝트를 리드해 주기를 바라기 때문이다.

진행 시, 고객사와 개발자를 포함한 전체 팀원들을 대상으로 Agile의 가치와 원칙에 대해 우선적으로 교육을 실시해야 한다. 그리고 가능하다면 이들 Agile 전문가는 개발자와 고객사가 진행하는 *일간 스크럼 미팅* 등 주요 회의에 참여하여 Agile 방식으로 SW 개발이 잘 진행될 수 있도록 도움을 줄 필요가 있다. 특히 개발자 중 Agile 방법론에 대해 부정적인 시각을 가지고 있는 사람들을 목격한다면, 이들과 개별 면담을 할 필요가 있다. 이들 개발자로부터 Agile 방법론에 대해 부정적인 이유가 무엇인지를 파악하고, 어떤 부분이 잘못되었는지를 이들에게 직접 알려 줄 필요가 있다. 그리고 프로젝트의 리더급 인력들에 대해서도 별도로 Agile 방법론의 이해도 향상을 위한 교육을 할 필요가 있다. 이들 리더급 인력들이 만약 과거 Waterfall 방식으로 회귀하려고 한다면, 이를 막기 어려워지기 때문이다.

Agile 방식의 SW 개발 프로젝트에서 이렇게 Agile 방법론 적용에 도움을 주는 담당자들을 'Agile 코치'라고 부르기도 한다. **Agile 방식에 대한 이해도를 현재 Waterfall과 같은 수준으로 향상시키려면 이런 *Agile 코치*의 역할은 당분간 필수적으로 보인다.** 앞서 얘기했던 SI 업체와 IT 컨설팅 업체의 Agile 전문가들이 이 *Agile 코치*의 역할을 수행해야 할 것이다. Agile 방법론에 대해 잘 알고 있다고 자부하는 사람들과 필자가 대화해 보면, 그 이해 수준이 매우 낮은 것을 알 수 있었다. 고객사의 SW 개발 프로젝트의 리더들은 이러한 *Agile 코치* 인력 투입에 대해 금액적 부담을 느낄 수도 있겠지만, 이들이 프로젝트에서 해야 하는 역할은 상당히 중요하다. 만약 이들이 없을 경우 필자가 경험했던 것처럼 프로젝트가 실패로 귀결되는 것을 막기는 힘들 것이다(최소한 당분간은).

Agile의 시작부터 현재까지

Agile(정확히는 스크럼) 방법론은 '아주 새로운 제품 개발 게임(the new new product development game)'[126]이라는 제조업의 제품 개발 기간을 단축시키기 위한 방법에 대한 논문이 그 시발점이라고 볼 수 있다. 이 논문은 제품 수명이 짧아지는 트렌드에 부합하기 위해 제품 개발 기간을 단축시키고, 시장 변화에 유연하게 대응하기 위해 변화에 대한 유연성을 강화해야 한다고 주장하였다. 이를 위해서는, Waterfall이라 불리는 단계적 개발 방식[127]이 아닌, 이전 단계 완료 이전에 다음 단계를 시작함으로써 단계 간 중첩이 발생하는 방식이 유리하다는 것이었다. 이 아이디어는 럭비에서 착안하여 각 단계를 스크럼이라 불렀고, 럭비와 같이 자율성을 강화한 조직을 바탕으로 협업을 강조한 개발 방식이었다.

이러한 스크럼 개발 방식은 제품 개발에 적용되기보다는 SW의 개발 방법에 대한 대안으로서 검토되기 시작하였다. 그래서 1990년대는 RAD (rapid application development), XP(extreme programming), 스크럼

---

126) Hirotaka Takeuchi와 Ikujiro Nonaka가 1986년 1월에 HBR에 발표한 논문이다.
127) 단계적 개발 방식이란, 이전 단계가 종료되면 다음 단계가 시작되는 개발 방식을 의미한다.

(scrum)과 같이 이를 구체화한 SW 개발 방법론이 등장하기 시작하였다. 특히 2001년에는 이들 각 SW 개발 방법론의 창시자들이 다 함께 모여 '**애자일 선언서**(Agile Manifesto)'를 발표하였다. 이 *애자일 선언서*에는 이들 SW 개발 방법론들이 공통적으로 지향하는 가치와 원칙을 기술하였다. 이 이후에 SW 업계로부터 폭발적인 호응을 얻어 본격적으로 SW 개발 프로젝트에 적용되기 시작하였다.

국내 SW 업계 역시 조금 늦긴 했지만, 이 트렌드에 부합하여 2000년대 후반부터 도입을 검토하는 기업들이 늘어나기 시작하였다. 국내 도입 초반에는 'Agile과 Waterfall의 하이브리드'라는 모호한 이름의 방법론으로 적용을 시도하였으나, 당연히도 모두 실패하였다. 이 프로젝트는 사실상 Waterfall 방식의 프로젝트였기 때문이었다. 하지만 SI 업계에서는 이러한 실패를 발판 삼아 Agile 방법론에 대한 노하우를 점차 축적하여 툴킷 형태로 서비스를 제공하게 되었다. 지금은 대형 SI 프로젝트는 대부분이 *Agile 방법론 툴킷*을 적용하여 SW 개발을 진행해 오고 있다. 하지만 Agile 방법론을 통해 개선하고자 했던 기존의 문제들, 즉 개발 일정이 지연되고, SW 품질에 대해 고객의 불만이 높으며, 개발자의 과도한 업무로 인한 번아웃 등의 문제들은 여전히 개선되지 않고 있다.

이는 각종 용어나 활용 도구 등 **겉으로 보기에는 Agile 방법론을 표방하고 있으나, 실제로는 여전히 과거의 업무 방식인 Waterfall 방식으로 업무를 수행하고 있기 때문**이다. 이는 Agile 방법론의 가치와 원칙에 대한 명확한 이해 없이, 겉으로 보이는 Agile 도구에 대한 지식만을 이용해서 업무를 수행했기 때문이다. 다시 한번 요약하면, Agile 방법론의 가치와 원칙에 대한 이해를 높이기 위해서는, IT 업계의 교육 커리큘럼을 개선해야 할 뿐만 아니라, Agile 코치 역할을 수행할 수 있는 전문가 양성이 필요하며, 이들 Agile 전문가는 Agile 기반의 SW 개발 프로젝트에 투입되어 함께 업무를 수행하면서 실질적인 도움을 주어야 한다.

왜 반드시 Agile인가?

 Agile 방법론은 앞서 얘기했던 이유들로 인해 우리가 생각했던 만큼 빠른 속도로 SW 개발 업계에 정착되지 못하고 있다. Agile 방법론의 제대로 된 활용을 위해서는 아직도 해결해야 할 과제들이 남아 있다. 이 과제들은 지금까지 확인하였듯이 그리 만만한 것들이 아니었다. 그런데 과연 Agile 방법론이 그만한 노력을 들일 만한 가치가 있는 것일까? 혹시 아직까지 잘 확산되지 못하는 것을 보면 Agile 방법론이 대안이 아닌 것이 아닐까? 이 Agile 방법론은 새로운 것을 좋아하는 IT 업계 연구가들이 만들어 낸 또 하나의 "유행어" 정도가 아닐까? 이 질문에 대한 정답은 당연히 "그렇지 않다"이다. 그 이유는 첫 번째, Agile 방법론은 비즈니스와 IT의 큰 흐름 중 하나인 **"bottom-up"**이라는 트렌드에 부합한다. 두 번째, Agile 방법론은 모든 비즈니스와 IT의 방향성인 궁극적인 **"고객 만족"**을 추구한다는 것이다.

비즈니스와 IT의 bottom-up 트렌드에 부합

앞서 설명하였듯이 Waterfall 방식은 top-down 기반의 기획, 관리, 통제를 중심으로 프로젝트를 수행하나, Agile 방식은 bottom-up 기반의 자율성과 협업을 중심으로 프로젝트를 수행한다. 이 **bottom-up 기반으로 업무를 수행하는 트렌드는 현재 비즈니스와 IT의 전반적인 흐름**이기도 하다. 먼저 비즈니스 측면에서는, **기업의 전략적 방향을 수립할 때**, 최고 경영진의 무조건적인 지시와 방향성에 따르는 것이 아닌, **사내 임직원이나 외부의 투자자, 또는 소비자의 의견을 수렴하는 '크라우드 소싱(crowd sourcing)'이 하나의 큰 흐름**으로 자리 잡아 가고 있다.

*크라우드 소싱*은 외부의 소비자, 투자자 혹은 사내 임직원으로부터 사업의 아이디어를 얻거나, 투자를 받아 수익을 함께 공유하는 방식을 총칭하는 용어이다. 즉 과거에는 비즈니스에서 최고 경영진의 아이디어와 지시, 방향성을 기반으로 기업의 모든 임직원들이 이에 따라 일사불란하게 실행하는 top-down 방식의 업무 수행만을 고집해 왔다. 기업은 과거 군대로부터 가져온 계급 체계에 따라 상/하위 명령 구조에 의하여 움직여야만 했다. 하지만 이와 같은 계층적 조직은 시장의 빠른 변화에 신속하게 대응하기 어려운 약점이 있어, 선진 기업들은 점차 수평적 조직 구조로 바꾸려는 노력을 해 오고 있다. 최근에는 여기에서 한발 더 나아가, 직접 시장의 소비자의 의견을 수렴하여 기업의 전략 방향에 반영하거나, 이들 소비자와 가장 가까이서 업무를 수행하고 있는 사원들의 의견을 기업의 전략에 적극 반영하려는 시도를 하고 있는 것이다.

이와 같이 사업 전략을 수립할 때 bottom-up 방식을 추구할 뿐만 아니라, **사업을 운영할 때에도 이제는 일선 담당자에게 최대한 많은 권한을 부여하는 bottom-up 방식을 추구**한다. 과거에는 조직의 경영진이 모든 의사결정 권한을 다 보유하고 통제하는, 즉 top-down 방식을 추구했다. 일선(front-end)의 담당자들은 의사결정 재량이 없으므로 모든 일을 상부에 보고하고 승인을 받아서 업무를 처리해야 했다. 이로 인해 '주인-대리인 문제(principal-agent problem)'라고 불리는 문제가 발생하였다. 이 문제는 주인을 대리하는 담당자(대리인)가 주인에게 높은 평가를 받기 위해 실적을 과대 포장하거나, 시장에서 발생하는 정보를 주인에게 정확하게 전달하지 않는 것이다. 이로 인해 주인과 대리인 간의 정보의 불균형이 발생하여, 시장의 상황 변화에 대해 대응이 늦고, 도덕적 해이, 역선택의 문제 등이 발생하였다.

이러한 문제를 해결하기 위해, **일선에 있는 담당자(대리인)가 직접 의사결정을 할 수 있도록 하는 '권한 부여(empowerment)'가 최근 비즈니스 운영 전략의 트렌드로 회자**되고 있다. 물론 일선 담당자에게는 그 권한에 따른 보상과 책임도 함께 따른다. 즉 대리인에게 최대한의 권한과 책임을 부여하여 시장의 상황 변화에 신속히 대응하고, 주인 의식을 가지고 의사결정 함으로써, 자신의 이익을 높일 뿐만 아니라, 회사의 이익을 극대화하고자 하는 것이다. 이렇게 기업의 일선에 있는 담당자들이 각자 회사의 이익을 위해 최선을 다하여, 결국 전체 회사의 이익을 향상시키는 bottom-up 전략을 추구하는 것이다.

IT 업계에서도 SNS가 새로운 트렌드로 떠오르기 시작하던 2010년대 초반에 '엔터프라이즈 2.0'이라는 개념이 기업에 도입되기 시작하였다. 이 **기업형 SNS라고 할 수 있는 *엔터프라이즈 2.0*을 통해 사원들 간의 소통과**

협업을 강화하여 기업의 성과 향상을 추구하는 것이다. 즉 과거에는 경영진이 일방적으로 기획하여 사원들에게 top-down 방식으로 업무 지시를 하고, 이를 관리하고 통제하는 방식이었다고 한다면, 이 *엔터프라이즈 2.0*이라는 방식은 사원들 간의 자율적인 소통과 협업을 활성화해 업무의 성과를 향상시키는 bottom-up 방식으로 전환하려는 시도인 것이다.

이전에는 사내의 커뮤니케이션을 지원하기 위해 인트라넷에서 전사에 필요한 사항을 공지하는 게시판, 사원 간 업무적 소통을 위한 이메일, 개인 간의 의사소통을 위한 메신저 등을 운영하였다. 하지만 이제는 이 정도 수준의 사내 커뮤니케이션에서 더욱 나아가서, SNS라 불리는 '소셜 네트워크 플랫폼(social network platform)'을 기업에서도 적극 활용하여 임직원 간 소통과 협업을 강화하고, 이것이 결국 업무 성과로 이어진다는 것이다. *엔터프라이즈 2.0*은 구글 방식으로 검색 기능을 강화하여 업무에 필요한 자료를 원활하게 찾을 수 있도록 하고, 위키(Wiki)라 불리는 공동 문서 작성 방식을 통해 임직원이 협업을 기반으로 직접 지식을 생성하고 공유하도록 한다. 또한 링크드인(LinkedIn), 페이스북(Facebook), 트위터(Twitter) 등을 통해 임직원 간 직접 소통과 소셜 활동을 강화한다. 이와 같이 임직원들 간의 소통과 협업을 강화함으로써 bottom-up 방식으로 기업의 성과가 향상되기를 추구하는 것이다.

기업의 IT 분야에서 최근 bottom-up 방식을 추구하는 또 하나의 큰 흐름이 있다. 바로 '빅데이터 레이크(Big Data Lake)'라고 불리는 차세대 빅데이터 플랫폼이다.[128] 과거의 데이터 서비스 플랫폼인 '데이터 웨어하우스(Data Warehouse)'는 데이터를 수집하여 모델링(modeling)한 후 그 결

---

128) *빅데이터 레이크*는 '빅'을 생략하고 그냥 *데이터 레이크*라고도 불린다.

과 데이터를 서비스하는 방식이었다. 즉 기업의 모든 데이터를 관리하는 IT 부서가 주체가 되어, 이 IT 부서가 사용자에게 필요한 모든 서비스를 제공해야만 사용자가 이를 이용할 수 있는 top-down 방식이었다. 사용자는 IT 부서에서 제공하는 데이터 리포트를 단순히 조회해야 하며, 자신의 의도대로 분석하기에는 다소 한계가 있었다.[129] 물론 사용자는 자신이 필요로 하는 데이터를 SR(service request)을 통해 IT 부서에 요청할 수 있었으나, IT 부서가 처리하기까지 상당 기간이 소요되었다. 필자의 경험에 의하면 SR 처리는 평균 일주일 이상 소요되었고, 한 달 이상이 소요되는 경우도 종종 발생하였다. 때로는 아예 처리가 불가능한 경우도 있었다.

하지만 *빅데이터 레이크*는 전사의(일부 사외 데이터도 포함 가능) 모든 데이터를 일단 수집하고(모델링 결과 데이터도 포함), 활용이 가능한 상태로 적재해 놓으면, 사용자가 '데이터 카탈로그(data catalog)'라고 불리는 도구를 활용하여 필요한 데이터를 찾고, 본인이 직접 가공(모델링)하여 활용하는 방식이다.[130] 사용자가 직접 수집한 데이터를 모델링할 수 있으며, 자신이 모델링한 데이터에 설명을 덧붙여 전사의 다른 사용자들과 공유할 수도 있다. 그리고 전사에 흩어져 있는 업무 담당자가 자신이 담당하는 데이터에 직접 메타데이터를 추가하여 타 사용자가 이를 활용할 수 있도록 공유할 수 있다. 즉 데이터에 이름, 설명, 키워드(태그), 활용 예시 등을 붙여서 이 데이터가 언제 어떻게 만들어진 데이터이고, 어떻게 활용할 수 있다는 것을 보여 줄 수도 있다. 전사의 모든 사용자들이 회사에 흩어져 있는 데이터를 직접 찾아보고 이해하고 서로 공유하여 협업할 수 있

---

129) 사용자는 차원(dimension)이라 불리는 조회 조건을 활용하여 데이터(fact)를 분석할 수 있었다.
130) *데이터 레이크*와 *데이터 카탈로그*에 대한 세부적인 내용이 알고 싶은 독자는 필자의 책 '차세대 빅데이터 플랫폼 Data Lake', 'Data Catalog 만들기', 'Data Lake 플랫폼 아키텍처'를 참고하기 바란다.

는 기반이 마련된 것이다. 이 *빅데이터 레이크*와 *데이터 카탈로그*는 전사의 데이터를 각자의 업무에 활용할 수 있도록 돕는 협업 도구인 것이다.

다시 정리하면, *데이터 웨어하우스*는 IT 부서 주도로 필요 데이터를 수집, 모델링하여 사용자에게 서비스하는 top-down 방식의 플랫폼이다. 반면 *빅데이터 레이크*에서 IT 부서의 역할은 하둡(Hadoop)이라 불리는 커다란 저장소에 모든 데이터를 수집하여 활용할 수 있는 형태로 적재해 놓고, 이를 사용자들이 직접 활용할 수 있도록 *데이터 카탈로그*라는 도구를 사용자에게 제공하는 것이다. 즉 이 수집한 데이터에 대한 실질적인 활용은 모두 사용자가 직접 수행한다. 사용자는 *데이터 카탈로그*를 활용하여 데이터에 대한 메타데이터를 추가하고, 데이터를 가공하고, 이 가공한 데이터를 직접 리포트 도구에 연결하여 리포트도 생성한다. 사용자가 직접 생성한 데이터도 하둡에 저장하여 다른 사용자와 공유할 수도 있다. 그리고 사용자들은 각 데이터에 자신의 의견을 제시할 수 있고, 다른 사용자의 활용 패턴을 보고 자신이 이를 활용할 수도 있다. 즉 **사용자 간에 데이터를 기반으로 한 소통과 협업이 이루어질 수 있도록 하는 bottom-up 방식**인 것이다.

이렇게 대중으로부터 비즈니스 전략 방향에 대한 인사이트를 얻는 *크라우드 소싱*, 일선 담당자에게 많은 권한과 책임을 부여하는 *권한 부여*, 기업형 SNS를 통해 사내 소통과 협업을 강화하는 *엔터프라이즈 2.0*, 데이터를 기반으로 임직원 간 협업을 할 수 있도록 하는 *빅데이터 레이크*와 *데이터 카탈로그*, 이들은 모두 사원으로부터 혹은 사원 간의 소통과 협업을 추구하는 bottom-up 방식이라는 큰 흐름을 따르고 있다. 그리고 Agile 방법론 역시 자율성과 협업을 기반으로 SW를 개발하는 bottom-up 방식의 흐름을 따르고 있으므로, 비즈니스와 IT의 큰 흐름에 부합하는 것이다.

고객 만족을 추구

Agile 방식이 올바른 방향이라는 또 하나의 증거는 바로 '고객 만족'을 추구한다는 것이다. 비즈니스 마케팅에서도 가장 중요한 목표 중 하나가 바로 '고객 경험'이라 불리는 CX(customer experience)를 향상시키는 것이다. 즉 기업의 모든 업무 프로세스를 고객의 경험 측면에서 분석하고 개선하고자 한다. 고객이 자신이 필요로 하는 제품을 찾아보고, 제품에 대한 정보를 취득하고, 제품 구매를 위해 매장에 방문하고, 제품을 주문하고, 결제하고, 추후 서비스를 받기까지의 모든 과정에서 *고객 경험*을 향상시키는 것은 곧바로 매출 향상, 수익성 확대로 이어지기 때문이다. 그래서 비즈니스에서 *고객 만족*이라는 흐름은 피할 수 없다. 기업에서 추진하는 어떤 전략이든 *고객 만족*이라는 목표 달성에 도움이 되지 않는 것은 추진할 수 없을 것이다. 심지어 수익성 향상을 위한 원가 절감도 가격 경쟁력 강화를 통한 *고객 만족*으로 이어지기 위해 하는 것이라고 볼 수 있다.

과거 Waterfall 방식은 *고객 만족*의 측면에서 상당히 좋지 않은 오명을 가지고 있다. Waterfall 방식의 SW 개발 프로젝트 관리의 목적은 정해진 일정과 비용 내에서 프로젝트를 완료할 수 있도록 철저히 관리하고 통제하는 것이다. 이를 위해, 개발 일정과 비용에 가장 직접적인 영향을 주는 고객의 요구사항 변경에 대해 철저하게 관리한다. Waterfall 방법론 자체의 특성으로 인해 개발 완료 단계 이후에 고객이 SW 점검을 시작하고, 이때부터 본격적으로 요건 변경이 쏟아지기 시작한다. 프로젝트 관리자는 이 쏟아지는 변경 요건을 통제하기 위해 *변경 심의 위원회*라는 절차를 두고, 승인 건에 한해서 개발 필요 리소스를 산정하고 계약 변경을 진행한다. 따라서 이러한 번거롭고 까다로운 절차로 인해 고객의 요구사항을 충분히 반영할 수 없는 구조이다. 고객사는 이러한 과정에서 불만을 가지게 되고, 심각할 경우에는 고객사와 개발사 간의 법적 분쟁으로 치닫게 된다. 이러한 사례는 앞선 ERP 구축 실패 사례에서 충분히 확인할 수 있었을 것이다.

하지만 Agile 방식은 이 Waterfall 방식에 비해 기본적으로 고객(사용자) 친화적 방식을 추구한다. 고객의 요구사항은 *사용자 스토리*라는 이름으로, 사용자의 입장에서 언제, 어떤 목적으로, 어떻게 업무를 수행하는지에 대해 기술한다. 따라서 기본적으로 고객(사용자)의 입장에서 가장 만족스럽게 업무를 처리할 수 있도록 SW 기능 개발을 유도한다. 그리고 이 *사용자 스토리*는 *일간 스크럼 미팅*에서 고객사와 개발자 간에 끊임없이 논의하고, 그 결과를 지속적으로 업데이트한다. 즉 고객(사용자)의 입장을 계속해서 개발자에게 커뮤니케이션할 수 있는 체계가 갖추어져 있는 것이다. 그리고 *스프린트*가 종료될 때마다 고객은 결과물인 SW를 직접 확인하고 피드백을 제공하여, 요건을 추가하거나 변경한다. 고객 요구사항 추가와 변경에 대해서는 백로그(*사용자 스토리*)에 곧바로 기록되고, 어떠한 변경 심의 절차나 계약 변경도 필요 없다. 그래서 Agile 방식에서는 이렇게 변경이 용이할 수 있도록 SW 구조를 설계해야만 하는 것이다.[131] 이러

---

131) 앞서 설명했듯이, SW 변경이 용이한 구조는 지속적으로 *안티패턴*을 찾아 수정하는 작업, 즉 *기술적 채무*를 갚는 작업을 꾸준히 해야만 가능한 것이다.

한 방식으로 스프린트를 계속 반복하고, 결국 고객이 만족하는 시점이 되어서야 프로젝트를 완료할 수 있다. 이렇듯 **Agile 방식은 처음부터 끝까지 고객 만족을 위해 프로젝트를 수행하도록 구조화되어 있다.**

   비즈니스나 IT나 모두 고객 만족을 추구하는 방향성은 거스를 수 없는 흐름이며, 앞으로도 계속 이 방향으로 흘러갈 것이다. 따라서 분명 **Waterfall 방식보다는 Agile 방식이 이 방향에 맞는 거스를 수 없는 시대적 흐름**이며, 향후에도 이 Agile 방법론은 고객 만족이라는 지향점을 향해 계속해서 발전해 갈 것이다.

별첨

Agile 방법론 개요

Agile 방법론에 대해 생소한 독자들을 위해 간략하게 기본적인 내용을 위주로 설명하겠다. 별첨 내용만 읽어서는 Agile 방법론을 제대로 활용하기는 어려울 것이다. 별첨 내용을 숙지한 다음 본문에서 현재의 문제점과 원인, 그리고 세부적인 해법들을 읽고 이해해야만 필자가 의도한 대로 Agile 방법론을 제대로 활용할 수 있을 것이다. 프로젝트의 진행 순서대로 참고하기를 원할 경우에는 'Agile 적용 가이드' 챕터를 참고하면 된다.

우선 Agile 방법론이 언제 등장하여 어떻게 발전해 왔는지에 대해 간략하게 설명하고, Waterfall 방법론과 비교하여 어떤 특징들이 있는지 기술하겠다. 그리고 Agile이 지향하는 가치와 원칙에 대해 설명한 후, 개별 방법론인 스크럼(Scrum), XP(eXtreme Programming), 린(Lean), 간반(Kanban)에 대해 상세하게 기술하겠다.

1. Agile의 등장 배경

　Agile 방법론은 1986년 '하버드 비즈니스 리뷰(Harvard Business Review)'지에 실린 '아주 새로운 제품 개발 게임(the new new product development game)'이라는 논문을 통해 처음 태동했다고 볼 수 있다. 하지만 이 이전에 1957년부터 시작되었다고 알려진 '반복적이고 점차적인 SW 개발 방법론(Iterative and incremental software development methods)'이라 불리는 방법론이 시초라는 사람들도 있다. 또한 1974년에 '적응형 SW 개발(adaptive software development)'이라 불리는 방법론이 한 논문에 실리기도 하였다.

　하지만 HBR에 실린 '아주 새로운 제품 개발 게임'이라는 논문을 통해 Agile 방법론이라는 개념이 본격적으로 세계에 반향을 일으킨 것은 사실이다. 사실 이 논문은 Agile 방법론을 SW 개발 방법이 아닌, 제품 개발 방법으로 활용해야 한다고 주장하였다. 사실 그 당시 1986년에는 기업에서 SW 개발 프로젝트라는 것이 활성화되기 이전이었다고 볼 수 있다. 1990년대에 들어서야 기업에서 '경영 정보 시스템'이라고 불리는 MRP(material requirements planning)나 ERP(enterprise resource planning) 등의 솔루션을 도입하기 시작하면서 본격적으로 대규모 SW 개발 프로젝트를 하기 시작하였다.

이 논문의 내용은 지금의 Agile 방법론과는 조금 차이가 있지만, 기본적인 개념과 지향점은 별로 다르지 않다. 우선 제품 개발의 속도와 유연성을 향상시키기 위해, 럭비의 '스크럼'이란 개념을 도입하고자 하는 것이다. 여러 부서의 담당자로 구성된 프로젝트 팀을 만들어서, 단순히 경영진의 지시를 이행하는 것이 아닌, 자율성을 가지고 전략과 계획을 지속적으로 업데이트하면서 프로젝트를 수행하게 한다. 또한 제품 개발을 순차적으로 진행하는 것이 아니라, 전/후 단계를 겹쳐서 진행하도록 한다. 즉 이전 단계가 끝나기 전 다음 단계를 시작하는 것이다. 그리고 여러 부서의 담당자 간의 투명한 정보 공유와 협업을 통해 각 담당자가 프로젝트에서 진행한 내용을 학습한 후, 각자 부서에서 이를 전파하는 것이다.

그 이후 1990년대 들어서서 기업에서 본격적으로 대규모 SW 개발 프로젝트를 하기 시작하면서, 이러한 Agile 개념을 적용한 여러 가지 유형의 SW 개발 방법론들이 등장하기 시작하였다. RAD(rapid application development), UP(unified process), DSDM(dynamic systems development method), FDD(feature-driven development) 등과 함께, 우리에게 익숙한 스크럼(Scrum)과 XP(extreme programming)도 이 시기에 등장하였다. 또한 제조업에서도 이러한 Agile의 개념을 적용한 '린 관리(Lean management)' 방법론이 등장하였다.[132]

2000년대 들어서는 이러한 Agile 방법론의 전문가들이 모여서 '**Agile**

---

132) 독자들 대부분 들어 본 적이 있겠지만, *린 방법론*은 토요타의 TPS(Toyota Production System)라 불리는 생산 체계에 적용하면서 유명해진 방법이다.

SW 개발 선언서(Manifesto for Agile Software Development)'를 발표하게 된다. 이 선언서에는 **Agile 방식을 활용하여 SW 개발 시에 추구할 가치와 원칙을 포함**하고 있다. 이 내용은 이후 '3. Agile의 가치와 원칙' 챕터에서 상세하게 설명하도록 하겠다. 이 *Agile SW 개발 선언서*를 발표하면서 전 세계적으로 이러한 가치와 원칙을 가진 방법론을 통칭하여 Agile 방법론이라 부르게 되었다. 또한 이 이후에는 이 Agile의 가치와 원칙에 기반하여 각 방법론을 실제 프로젝트에 적용해 오면서 계속해서 발전을 거듭하고 있다. 그중 *스크럼*, *XP*, *린*에 기반한 *간반* 방법론이 가장 각광을 받으면서 SW 개발 프로젝트에 적극 적용되고 있으므로, 이 내용에 대해서는 이후 4~7챕터에서 상세히 설명하도록 하겠다.

2. Agile vs Waterfall

	Waterfall 방식	Agile 방식
프로젝트 진행 단계	• 분석 > 설계 > 개발 > 테스트에 이르는 순차적인 단계로 프로젝트를 진행	• 별도의 프로젝트 진행 단계가 없음 • 대신에 프로젝트 전체 기간을 1개월(혹은 1주) 단위의 스프린트로 나누어 반복적으로 진행
주요 의사결정 시점	• 최대한 앞당겨서 의사결정 함	• 최대한 마지막 시점에 의사결정 함
변경 관리 정책	• 고객 요구사항 확정(버전 1.0) 이후에는 변경 관리 프로세스를 통해 변경을 통제	• 고객 요구사항의 변경을 별도로 관리하지 않음
산출물 관리 정책	• 분석 > 설계 > 개발 > 테스트 단계별로 별도의 산출물을 반드시 작성하고, 고객의 승인을 거침 • 고객 요구사항 변경 발생 시, 관련된 모든 산출물을 변경해야 하고, 이를 추적 가능하도록 관리	• 별도의 정해진 산출물이 없음 • 필요 시 의사소통을 위한 문서만 작성하고, 승인과 버전 관리 불필요
방법론이 추구하는 가치와 목적	• 프로젝트에 대한 치밀한 계획을 수립하고, 이 계획에 따라 실행하기 위해 철저하게 관리하고 통제하여, 정해진 기간과 비용 내에 프로젝트를 완료하는 것	• 자율성과 협업을 기반으로 하여 고객이 만족하는 품질의 SW 결과물을 제공하는 것

그림 11. Waterfall vs Agile 방식 비교

다음은 Agile 방법론의 주요한 특징에 대해 Waterfall 방법론과 비교해서 설명하겠다('그림 11. Waterfall vs Agile 방식 비교' 참고). 가장 두드러진 특징은 **프로젝트를 진행하는 단계의 차이**이다. **Waterfall 방식의 경우, 분석 → 설계 → 개발 → 테스트에 이르는 순차적인 단계로 프로젝트를 진행**한다. 즉 프로젝트를 시작하면, 가장 먼저 고객 요구사항 분석 단계를 진행한다. 이 단계에서 고객은 자신이 필요한 요구사항을 정의하여 1

차적으로 확정한다. 그러면 이 확정된 요구사항을 가지고 개발사가 설계 단계를 진행한다. 설계가 완료되면 이 설계 내용을 바탕으로 개발 단계를 진행한다. 개발을 완료하고 테스트 단계에 이르러서야 고객사는 SW 결과물을 확인할 수 있다. 고객사는 이때부터 본격적인 SW 점검과 피드백을 할 수 있다.

하지만 **Agile 방식은 별도의 프로젝트 진행 단계가 없다. 대신에 프로젝트 전체 기간을 1개월 단위의 스프린트로 나누어 반복적으로 진행**한다.[133] 각 스프린트는 별도 단계의 구분이 없으며, 짧게 계획을 수립한 후 곧바로 개발을 진행한다. 스프린트에서 개발을 완료한 후에는 고객이 SW 결과물을 직접 확인하고 피드백을 할 수 있다. 즉 고객은 각 스프린트마다 SW 결과물을 확인 가능한 것이다.

다음은 **주요 의사결정 시점의 차이**이다. **Waterfall 방식의 경우, 최대한 앞당겨서 의사결정을 하려고 한다.** 앞부분에 의사결정을 하기 위해 상당한 노력을 쏟아 계획을 수립한다. 그리고 그 계획에 따라 실행하고 완료하기 위해 철저한 관리와 통제를 하는 방식이다. 먼저 프로젝트를 시작하기 전에, 기획을 위한 분석 작업을 상당 기간 수행 후 상세한 계획을 수립한다. 이 치밀한 계획에 따라 예산을 확보하고 프로젝트를 시작한다. 그리고 프로젝트를 시작 후, 상세한 진행 일정과 리소스 투입 계획, 즉 WBS(work breakdown structure)를 작성한다. 그리고 이 WBS의 일정에 따라 타스크를 진행하며, 프로젝트 관리자는 이 일정에 따라 개발이 진행될 수 있도록 철저히 관리한다. 다음으로 본격적으로 프로젝트를 진행하면, 가장 먼저 하는 것이 고객의 요구사항을 분석하고 일차적으로 확정하

---

133) 1개월은 스크럼 *방법론*으로 진행할 경우의 기간이며, *XP 방법론*으로 진행 시에는 1주 단위이다.

는 일이다. 그리고 이 확정된 요구사항에 따라 SW를 설계하고 개발한다. 다시 한번 정리하면, 프로젝트의 세부 일정과 고객의 요구사항을 최대한 앞당겨서 의사결정 하여 확정한 후에, 이 계획과 요건에 따라 프로젝트를 진행하고 완료할 수 있도록 철저히 관리하고 통제하는 것이 Waterfall 방식의 특징이다.

하지만 **Agile 방식의 경우, 최대한 마지막 시점에 의사결정을 하려고 한다**. 프로젝트의 기획 작업은 최소화하며, *사용자 스토리*의 초안을 준비한 상태로 프로젝트를 시작한다. 스프린트를 시작하면 모든 팀원이 모여 간략하게 계획을 세우고, 매일 *일간 스크럼 미팅*에서 이 계획을 지속적으로 업데이트한다. 즉 최초 수립한 계획은 스프린트 진행 상황에 따라 계속해서 의사결정을 하여 업데이트할 수 있는 것이다. 또한 고객 요구사항인 *사용자 스토리*는 확정(버전 1.0)이라는 개념이 없다. 스프린트 계획과 마찬가지로 *사용자 스토리*도 스프린트를 진행하면서 계속해서 새롭게 의사결정을 하고, 그에 따라 변경하고 업데이트하는 것이다. 그리고 그에 따라 SW 역시 변경을 반영해야 한다.

다음은 **변경 관리 정책의 차이**이다. **Waterfall 방식의 경우, 고객 요구사항 확정(버전 1.0) 이후에는 *변경 관리 프로세스*를 통해 변경을 통제**한다. 프로젝트 관리자는 고객 요구사항 버전 1.0 이후에 변경이 필요한 경우, 엄격한 *변경 관리 프로세스*를 통하도록 한다. 고객이 요구사항의 추가, 변경을 요청하면, *변경 심의 위원회*를 통해 심의하고, 이것이 확정되면 필요 리소스를 산정하고 변경 계약이 이루어진다. 무분별한 변경을 엄격히 통제함으로써, 프로젝트를 정해진 기간과 비용 내에 완료하고자 하는 것이다.

하지만 **Agile 방식의 경우, 고객 요구사항의 변경을 별도로 관리하지 않는다.** 즉 고객의 요구사항인 *사용자 스토리*를 계속해서 변경하는 것은 당연한 것이며, 별도로 변경 관리를 위한 절차가 없다. 그에 따라 SW 변경도 이루어져야 하며, 물론 SW 변경에 필요한 리소스를 산정하거나, 그에 따른 계약 변경도 진행하지 않는다. 하지만 SW 변경이 용이하도록, *안티패턴*을 찾아 *기술적 채무*를 갚는 작업을 지속적으로 수행해야 한다.

다음은 **산출물에 대한 관리 정책의 차이**이다. **Waterfall 방식의 경우, 분석 > 설계 > 개발 > 테스트 단계별로 별도의 산출물을 반드시 작성해야 하고, 고객의 승인(sign-off)을 거쳐야 한다. 또한 고객의 요구사항 변경 발생 시, 관련된 모든 산출물을 변경해야 하고, 이를 추적 가능하도록 관리해야 한다.** 분석 단계의 완료는 '고객 요구사항 분석서(또는 정의서)', '고객 요구사항 추적 매트릭스'[134]의 작성 완료를 의미하고, 설계 단계의 완료는 '시스템 설계서'[135]의 작성 완료를 의미한다. 테스트를 위해서도 별도의 *테스트 시나리오*, *테스트 케이스*를 작성해야 하며, 모든 산출물은 고객의 승인을 받아야만 한다. Waterfall 방식의 SW 개발 프로젝트는 시작부터 종료까지 끊임없는 문서 작업으로 개발자들의 귀중한 시간을 빼앗는다. 또한 프로젝트를 관리하는 PMO(project management office) 조직에는 이 산출물을 관리하는 관리자가 별도로 있어, 산출물의 품질을 점검하고 관리한다. 고객사 역시 매 단계마다 산출물을 확인하고 승인하지만, 산출물만 확인해서는 실제 SW 결과물이 어떻게 개발될지 가늠하기 어렵다.

---

134) *고객 요구사항 추적 매트릭스*는 고객의 요구사항을 설계하고, 개발하고, 테스트한 결과까지 각 요구사항별로 추적이 가능하도록 하는 문서를 의미한다.
135) *시스템 설계서*에는 '유스 케이스 다이어그램(Use Case Diagram)', '클래스 다이어그램(Class Diagram)', '시퀀스 다이어그램(Sequence Diagram)', '화면 설계서', '인프라 아키텍처 설계서' 등 다양한 종류가 있다.

반면 Agile 방식의 경우, 별도의 정해진 산출물이 없다. 즉 개발자가 산출물 문서 작업을 위해 시간을 낭비할 필요가 없다. 또한 별도의 산출물 관리자도 필요 없으며, 고객사는 산출물 대신 SW 개발 결과물을 보면서 점검하면 된다. 단 개발자 간, 혹은 개발자와 고객사 간 커뮤니케이션을 위해 작성하는 문서는 있을 수 있으나, 이는 별도 승인을 받거나, 버전 관리를 할 필요가 없다. *사용자 스토리*는 필수 문서이긴 하나, 고객사가 작성하는 문서이므로, 별도 승인 절차가 필요 없으며, 변경 관리 역시 불필요하다. 그리고 *사용자 스토리* 자체가 사용자 관점으로 작성되어 있어, 별다른 작업 없이 *테스트 시나리오*와 *테스트 케이스* 등 다양한 용도로 활용이 가능하다.

다음은 방법론이 추구하는 가치와 목적의 차이이다. Waterfall 방식의 경우, 프로젝트에 대한 치밀한 계획을 수립하고, 이 계획에 따라 실행하기 위해 철저하게 관리하고 통제하여, 정해진 기간과 비용 내에 프로젝트를 완료하는 것을 목적으로 한다. 프로젝트 시작 전에는 많은 기간과 비용을 들여 치밀한 계획을 수립하고 사업을 시작한다. 프로젝트를 시작하면, 프로젝트 실행 일정과 상세한 타스크 수행 계획, WBS를 작성하고, 이 WBS의 일정에 따라 프로젝트를 진행하도록 프로젝트 관리자가 철저히 관리한다. 그리고 다음으로 분석 단계에서는 고객 요구사항을 정의하고 일차적으로 확정한다. 이 확정된 요구사항에 따라 SW 설계와 개발을 진행하고, 요구사항 변경에 대해서는 철저하게 관리하고 통제한다. 즉 프로젝트의 모든 업무는 최초에 계획했던 기간과 비용 내에 프로젝트를 완료하기 위해 수행하는 것이다.

반면 Agile 방식의 경우에는, 자율성과 협업을 기반으로 하여 고객이 만

족하는 품질의 SW 결과물을 제공하는 것을 목적으로 한다. 스프린트를 시작하면 고객사와 개발사는 서로 협의하에 계획을 수립한다. 스프린트 계획 수립 후 개발자는 자신이 수행할 타스크를 직접 선택하고, *일간 스크럼 미팅*을 통해, 타스크 진행 상황을 서로 공유하면서 스프린트를 진행한다. 또한 개발자는 고객사의 *제품 오너*와 수시로 커뮤니케이션하면서 협의하에 계획을 수정하기도 하고, 구현에 필요한 *사용자 스토리*의 변경 사항을 의사결정 하기도 한다. 고객 요구사항이 변경되더라도 별도의 계약 수정 절차는 필요 없다. 서로 합의하에 요건 변경을 했기 때문이다. *스크럼 마스터*는 모든 과정이 자율적으로 진행될 수 있도록 지원하고, 원활한 협업이 이루어질 수 있도록 촉진하는 역할을 수행한다.

3. Agile의 가치와 원칙

'Agile SW 개발 선언서'[136]에는 Agile 방식의 SW 개발이 추구하는 4가지 가치와 12가지 원칙에 대해 기술되어 있다. **'가치'** 는 달성하고자 하는 지향점을 의미한다. 즉 Agile 방식의 SW 개발이 추구하는 지향점인 것이다. 그리고 **'원칙'** 은 Agile 방식의 SW 개발 업무를 수행할 때 반드시 지켜야 할 사항이다. 즉 이 12가지 원칙들을 지킴으로써, 4가지의 가치를 추구하고자 하는 것이다.

Agile 방식의 4가지 가치

먼저 Agile 방식의 SW 개발이 추구하는 4가지 가치를 과거 Waterfall 방식과 비교하여 제시하였다.

- **Individuals and interactions** over processes and tools

---

136) Manifesto for Agile Software Development, https://agilemanifesto.org/

: 프로세스와 도구보다는 각 개인 및 그들 간의 상호작용을 중요시한다는 것이다. 다시 말하자면, 개발자 간, 혹은 개발자와 고객사 간의 의사소통과 협업을 더 중요하게 생각한다. 도구를 활용하는 것도 중요하긴 하나, 개인 간의 소통이 더 중요하다. 또한 프로세스와 같은 정해진 절차에 따라 관리하고 통제하는 것을 추구하지 않는다. 담당자 간의 소통과 협의에 의해 의사결정을 진행하고 실행하는 것을 추구한다.

- **Working software** over comprehensive documentation

: 광범위한 문서화보다는 동작하는 SW가 중요하다. SW 개발 단계를 진행하면서 산출물을 모두 문서화하여 관리하는 것은 이를 작성해야 하는 개발자와 이를 관리해야 하는 관리자 모두에게 상당한 부담이 된다. 하지만 산출물 문서 작성 이후에는 현행화가 잘 이루어지지 않을 뿐만 아니라, 많은 시간과 비용을 투입하여 작성하였음에도 불구하고 잘 활용되지도 않는다. 또한 고객사는 산출물 문서만 확인해서는 자신의 요구사항이 제대로 구현되었는지 확인하기 어렵다. 그 대신 실제로 개발한 SW 결과물을 확인함으로써, 명확하게 자신의 요구사항 구현 여부를 확인할 수 있다. 따라서 산출물 문서화를 최소화하고, SW 결과물을 활용하여 고객과 직접 소통하는 것이 더 바람직하다.

- **Customer collaboration** over contract negotiation

: 고객사와 계약서로 협상하는 것보다는 고객사와 협업하는 것이 더 중요하다. 고객의 요건 구현을 위해 필요한 리소스를 산정하고, 그에 따라 계약을 체결하고, 고객이 추가 혹은 변경 요건을 제시할 경우에 그에 따른 리소스를 다시 산정하여, 계약서 변경을 위한 협상을 하는

것은 상당한 노력과 비용을 필요로 한다. 또한 이러한 엄격한 변경 관리 절차는 고객의 추가 변경 요건을 통제하기 위한 목적이므로, 고객의 요구사항을 적극 수용하기에도 한계가 있다. 즉 이 방식으로는 고객을 만족시키기 어렵다. 그리고 고객사와 개발사 간에 계약 변경 협상이 잘 이루어지지 않을 경우에는, 법적 분쟁에 휘말릴 위험도 있다. 이보다는 고객사와 개발사 간 모든 정보를 투명하게 공유하고 협업을 위해 노력하는 것이 더 바람직한 방향이다. 이 방식은 고객사를 더욱 만족시킬 수 있을 것이다.

- **Responding to change** over following a plan

: 계획에 따르는 것보다는 변경에 대응하는 것이 더 중요하다. 프로젝트 계획 수립을 위해서는 상당한 시간과 노력이 소요된다. 하지만 프로젝트가 진행되면서 어차피 계획은 계속적으로 변경될 수밖에 없다. 이러한 계획을 준수하기 위해 관리하고 통제하는 것도 큰 부담이다. 따라서 계획은 최소한으로 수립하고, 프로젝트 상황이 변함에 따라 지속적으로 변경을 업데이트하는 것이 더 바람직한 방법이다. 시간과 비용을 절감할 수 있고, 관리의 부담도 줄일 수 있을 뿐만 아니라, 변화에 더 유연하게 대응할 수 있기 때문이다.

이와 같은 Agile 방식의 SW 개발이 추구하는 4가지 가치는 Agile 방식이 궁극적으로 추구하는 목적이라고 할 수 있다. 간략하게 요약하긴 했지만, 본문을 읽어 본 독자라면 모두 충분히 이해할 수 있는 내용들이다. 이 4가지 Agile 가치 중 아직 명쾌하게 이해할 수 없는 것이 있다면, 해당 본문을 찾아서 다시 한번 읽어 볼 것을 권고하는 바이다.

Agile 방식의 12가지 원칙

다음은 Agile 방식으로 SW 개발 시 지켜야 할 12가지 원칙에 대해 살펴보자. 이 역시 *Agile SW 개발 선언서*에 포함되어 있는 내용이다.

- Customer satisfaction by early and continuous delivery of valuable software.
  : 첫 번째는 고객에게 조금이라도 이른 시점에, 그리고 계속적으로 SW 결과물을 제공함으로써, 고객을 만족시킬 수 있다는 것이다. Waterfall 방식의 경우, 분석, 설계, 개발 단계를 모두 완료해야만 고객에게 SW 결과물을 제공할 수 있다. 하지만 Agile 방식의 경우, 1개월 단위의 *스프린트* 여러 개로 구성되고, 각 *스프린트*의 개발 완료 시, 즉 매월 고객에게 SW 결과물을 제공할 수 있다. 즉 전체 프로젝트가 1년이 소요될 경우, Waterfall 방식이라면 프로젝트 시작 후 10개월 정도의 시점에 고객에게 SW 결과물을 제공할 수 있으나, Agile 방식의 경우는 프로젝트가 시작되면, 매월 고객에게 SW 결과물을 제공할 수 있다. Agile 방식은 훨씬 빠른 시점에, 그리고 계속적으로 고객에게 SW 결과물을 제공하여 피드백을 받을 수 있으므로, 고객이 만족할 수 있는 SW를 개발할 수 있다.
- Welcome changing requirements, even in late development.
  : 두 번째는 고객 요구사항 변경은 프로젝트의 후반이라고 하더라도 언제든 환영한다는 것이다. 고객 요구사항의 변경을 엄격하게 관리하고 통제하는 것은 프로젝트를 정해진 기간과 비용 내에 완료하기

위함이다. 하지만 고객은 자신의 요구사항을 충분히 반영하지 못한 채 SW 개발을 완료하게 될 것이다. 따라서, 별도의 요구사항 변경 관리 프로세스를 두지 않고, 언제든 요구사항의 변경이 가능하도록 해야 한다. 이 방법만이 유일하게 고객을 만족시킬 수 있는 방법이다. SW 개발 프로젝트에서 요구사항 변경이 프로젝트 후반에 더 많은 것은 당연한 것이다. 특히 규모가 큰 프로젝트일수록 더 그러한 경향이 있다. 이것은 고객의 잘못이 아니며, 어떤 뛰어난 역량을 가진 고객이든 모두 마찬가지이다. 따라서 이 변경을 오히려 고객에게 독려함으로써, 고객 만족을 이끌어 내야 한다. 단, 개발자는 이 변경 요건을 SW 변경에 반영해야 하므로, SW를 변경이 용이한 구조로 유지해야만 한다.

- **Deliver working software frequently(weeks rather than months).**

: 세 번째는 SW 결과물을 고객사에게 자주 제공하여 피드백을 받는 것이다. 가능하면 월 단위가 아닌 주 단위로 제공한다. Agile 방식의 가장 중요한 특징은 고객사에게 프로젝트의 초기부터 SW 결과물을 제공하는 것이다. 고객사가 *고객 요구사항 정의서*(또는 분석서), *시스템 설계서*와 같은 산출물을 보고 구현 결과물을 예측하는 것은 한계가 있다. 그보다는 실제 SW 결과물을 고객사가 직접 확인하고 검증해 봄으로써, 자신이 요청한 요건에 부합하는지를 점검하는 것이 가장 좋은 방법이다. *스크럼 방법론*의 경우, 스프린트 기간이 통상 1개월이므로 매월 고객사에게 SW를 제공하게 될 것이다. *XP 방법론*의 경우는 일주일 단위로 스프린트를 반복하기 때문에, 매주 동작하는 SW를 고객사에게 제공할 수 있다. SW 제공 주기가 짧을수록 고객의

피드백을 더 자주 받을 수 있으므로, SW의 품질은 더욱 향상될 것이고, 고객을 더욱 만족시킬 수 있을 것이다.

- **Close, daily cooperation between business people and developers.**

: 네 번째는 비즈니스(업무) 담당자와 개발자 간에 매일 긴밀한 협업을 하라는 것이다. 이를 위해 Agile 방식의 SW 개발 프로젝트를 시작하면, 매일 *일간 스크럼 미팅*을 진행해야 한다. 이 미팅에는 비즈니스(업무) 담당자인 *제품 오너*를 포함하여 *스크럼 마스터*와 개발자가 모두 참여한다. *제품 오너*와 개발자는 *사용자 스토리*의 내용에 대해 서로 논의하고, 내용 변경에 대해 합의하여 의사결정을 하며, 스프린트 계획을 합의하에 업데이트하기도 한다. *제품 오너*는 개발자에게 업무를 지시하거나 명령하는 계약서상의 갑을 관계가 아닌, 업무 내용과 개발 계획에 대해 서로 협의하고 협업하는 파트너 관계를 유지해야 한다.

- **Projects are built around motivated individuals, who should be trusted.**

: 다섯 번째는 프로젝트 팀원은 모두 충분히 동기 부여된 개인들로 구성하고, 이들이 업무를 잘 수행할 것을 신뢰해야 한다. Agile 방식의 SW 개발 프로젝트는 자율성과 협업을 기반으로 운영한다. 개발자는 자신이 수행할 타스크를 직접 선택하고, 개발자 간에 투명하게 정보를 공유하면서, 협업을 통해 업무를 수행해야 한다. 이렇게 자율적으로 업무를 수행하기 위해서는 충분히 동기 부여가 되어 있어야 하며, 업무를 잘 수행할 것이라는 신뢰가 있어야 한다. 그렇지 않다면, Agile 방식의 SW 개발을 정상적으로 수행할 수 없을 것이다. 즉 과거

Waterfall 방식의 프로젝트와 같이 피동적이고, 관리와 통제, 감시를 필요로 할 것이다.

- **Face-to-face conversation is the best form of communication(co-location).**

: 여섯 번째는 서로 얼굴을 마주 보면서 의사소통하는 대면 커뮤니케이션을 우선시하고, 동일 사무실에 위치하는 것이 좋다. 명확하고 간결한 커뮤니케이션을 하기 위해서는 직접 만나 얼굴을 보고 이야기하는 것이 좋다. 이를 통해 즉시 필요한 답변을 얻고, 의사결정이 이루어질 수 있으므로, 답변이나 의사결정을 기다릴 필요가 없어 귀중한 시간을 절약할 수 있다. 또한 자주 만나서 커뮤니케이션할수록 서로에 대한 신뢰감을 더욱 높일 수 있다. 이렇게 수시로 대면 커뮤니케이션을 하기 위해서는 동일 사무실 혹은 건물 내에 위치하는 것이 바람직하다. 상대방을 만나기 위해 오랜 시간을 이동해야 하는 곳에 위치하는 것은 불필요한 시간을 낭비할 수 있으며, 직접 만나는 빈도가 낮아질 수밖에 없다.

- **Working software is the primary measure of progress.**

: 일곱 번째는 SW 개발 진도를 측정하는 유일한 방법은 동작하는 SW 결과물을 직접 눈으로 확인하는 것이다. *고객 요구사항 정의서, 시스템 설계서* 등의 산출물 작성 결과를 점검하여, 개발 타스크의 진도를 확인하는 것은 한계가 있다. 고객사는 자신이 요구한 요건이 산출물의 어디에 어떻게 반영되었는지 확인하기가 어렵기 때문이다. 또한 산출물에 자신이 요청한 요건이 반영되었다고 하더라도, 실제 SW 개발 결과물에 이 내용이 반영될 것이라는 보장이 없다. 따라서 고객사

는 자신이 제시한 요건이 실제 SW에 반영되어 정상적으로 동작하는지를 점검하는 방법만이 유일하게 개발 진도를 확인할 수 있는 방법인 것이다.

- **Sustainable development, able to maintain a constant pace.**
: 여덟 번째는 일정한 페이스를 유지하여 지속 가능한 개발을 하는 것이다. 개발자의 야근과 주말 근무는 일상적인 일이 되어서는 안 된다. 개발자의 일상적인 초과 근무는 결국 개발자의 생산성을 저하시키고, 심지어는 건강이나 개인적인 사유(개발 업무에 대한 회의 등)로 프로젝트에서 중도 하차하는 일도 자주 발생한다. 이 경우는 이미 고객사 업무에 대한 지식을 가지고 있고, 개발 환경에 익숙해 생산성을 발휘 중인 귀중한 자원을 잃게 되는 것이다. 이로 인해 대체 인력을 찾아야 하고, 인수인계를 해야 하는 등의 불필요한 시간과 노력이 추가로 투입될 수밖에 없다. 또한 개발자의 야근이 잦다는 것은 이미 프로젝트에 문제가 발생했다는 증거이다. 계획했던 개발 일정 대비 지연이 발생했고, 이를 만회할 방법으로 고객사는 개발사에 야근을 통해 시간을 더 투입할 것을 요구하는 것이다. 따라서 이렇게 개발자들이 야근을 해야 하는 상황, 즉 개발 일정이 지연되는 상황을 애초에 만들지 말아야 한다. 이를 위해 개발자에게 과도한 업무가 몰릴 것으로 예상되는 경우, *간반 보드*를 통해 개발 업무 프로세스를 분석하여 병목 구간을 찾아내고, 이 병목 구간에 *WIP 한도*를 설정함으로써, 개발 페이스를 일정하게 유지하도록 해야 한다.

- **Continuous attention to technical excellence and good design.**
: 아홉 번째는 고객사와 프로젝트 리더는 기술적인 우수성과 훌륭한

설계를 유지하도록 지속적인 관심을 기울여야 한다는 것이다. 고객사는 오직 자신이 제시한 요구사항인 *사용자 스토리*의 구현에만 관심을 가지고 있어서는 안 된다. 물론 고객사의 입장에서는 이것이 가장 중요한 우선순위를 차지하겠지만, SW의 기술적인 완성도가 낮다면, 이 모든 SW 품질에 치명적인 영향을 줄 수 있다. 예를 들어, 고객 요건의 변경이 계속해서 이루어지면, SW 변경 역시 지속적으로 이루어져야 한다. 이에 SW는 변경이 용이한 구조를 유지해야 하므로, SW 코드상의 *안티패턴*을 찾는 노력을 지속적으로 해야 한다. 찾아낸 *안티패턴*은 변경이 용이하도록 단순화된 구조로 수정해야 한다. 이러한 작업을 *기술적 채무*를 갚는다고 얘기한다. 이 *기술적 채무*를 갚는 작업을 *스프린트* 중에 진행하기 위해서는, 고객사가 그 중요성을 인지하고 개발자가 그러한 작업을 할 수 있도록 지원해야 한다는 것이다. 만약 고객사가 *기술적 채무*를 갚는 작업의 중요성을 인지하지 못하고, 그 시간에 *사용자 스토리* 개발을 할 것을 요구한다면, 결국 시간이 갈수록 SW의 변경 작업은 어려워질 것이고, SW 품질 역시 하락하게 될 것이다.

- **Simplicity-the art of maximizing the amount of work not done-is essential.**

: 열 번째는 개발자 업무의 단순화를 위해 불필요한 업무를 최소화하는 것이다. 이는 *린 방법론*으로부터 나온 것으로, 개발자가 해야 할 업무 중 생산성을 저하시킬 수 있는 일은 과감하게 제외하거나 최소화해야 한다는 것이다. 예를 들면, 귀중한 개발자의 시간을 뺏는 과도한 문서 작업이나, 프로젝트 이벤트나 보고서 작성을 하는 데 개발

자를 참여시키거나, 다양한 이해관계자들이 요청하는 개발 업무와 무관한 각종 미팅에 개발자의 참여를 요구하는 것 등이 있을 수 있다. 이러한 비효율적인 타스크가 발생할 경우, 개발자는 *일간 스크럼 미팅*에서 이를 공유해야 하고, *스크럼 마스터*는 이러한 불필요한 업무에 개발자 참여를 최소화할 수 있는 방안을 찾아야 한다. 그래서 결국 개발자가 SW 개발에만 집중할 수 있도록 하는 것이다. 이를 통해 개발자의 생산성을 향상시키고, 불필요한 초과 근무를 최소화하며, 결국에는 개발 일정을 지킬 수 있을 것이다.

- Best architectures, requirements, and designs emerge from self-organizing teams.

: 열한 번째는 자율적으로 조직한 팀이 최고의 SW 요건과 아키텍처와 설계를 할 수 있다는 것이다. Agile 방식의 SW 개발 프로젝트는 자율성과 협업을 기반으로 모든 업무를 수행해야 한다. 이 원칙이 무너지는 순간, 다시 과거의 관리와 통제 중심의 프로젝트로 되돌아갈 것이다. 개발자는 자신이 직접 다음에 수행할 타스크를 선택하고, 진행 상황을 투명하게 공유하며, 자발적으로 팀에 기여하려고 노력한다. 만약 과거와 같이 프로젝트 관리자가 업무를 지시하고 점검하는 체계로 되돌아간다면, 다시 상세한 타스크 계획을 정의한 WBS가 필요할 것이고, 매일 업무 점검 회의를 진행할 것이다. 개발자는 관리자가 지시한 업무를 진행할 것이고, 투명하게 자신의 업무 진행 상황을 공유하기를 꺼려할 것이다. 고객사는 개발 진행 상황을 파악할 수 없어 불안해하며, 수시로 각종 이슈 미팅을 소집할 것이다. 이러한 미팅으로 인해 개발자들의 귀중한 시간을 빼앗기고, 개발자들은 초과

근무와 야근을 해야 할 것이다. 결국 개발자들의 생산성이 저하되고 개발 일정은 지연될 것이다. 즉 Agile 방식의 SW 개발이 추구하는 모든 가치와 원칙이 무너질 것이다. 고객이라고 하더라도 자신의 요건을 이행할 것을 지시해서는 안 되며, 개발팀의 자율성을 보장해야 한다.

- **Regularly, the team reflects on how to become more effective, and adjusts accordingly.**

: 열두 번째는 프로젝트 팀은 주기적으로 자신의 업무의 효과성에 대해 점검하고, 그에 따라 즉시 개선해야 한다는 것이다. 스프린트의 마지막에는 항상 이러한 학습을 위한 리뷰 미팅을 진행해야 한다. 다음 스프린트에는 잘못된 부분을 개선하여 더 잘하기 위해서이다. 즉 스프린트 리뷰 미팅에서 무엇이 잘못되었는지 혹은 아쉬웠는지, 더 잘할 수는 없었는지에 대해 서로 허심탄회하게 논의하고 더 좋은 방안을 고객사와 개발사가 다 함께 모여서 찾는 것이 중요하다. 이는 자신들의 업무에 대해 공동으로 학습하는 과정이며, 이 과정에서 혼자 고민하는 것보다 더 좋은 아이디어가 나올 수 있다. 그리고 다 함께 공감하는 과정에서 서로를 존중하고 배려하는 마음을 가지게 하여, 더욱더 성공적인 협업을 할 수 있도록 해 준다. Agile 방식의 SW 개발 프로젝트에 정해진 해답은 없다. 계속해서 더 좋은 방법을 찾아 노력해야만 Agile 프로젝트를 성공적으로 완료할 수 있다.

이러한 12가지의 원칙 역시 앞선 본문에서 모두 강조했던 내용들이었다. 원칙 중 일부가 다소 생소하게 느껴지는 독자가 있다면 본문에서 해당 내용을 찾아 다시 한번 정독하기 바란다. 다시 한번 강조하지만, Agile 방법론의 가치와 원칙을 잘 모르는 상태에서, 각 방법론의 용어를 쓰고 도구를 활용하는 것은 무의미하다. 단지 이 도구들을 활용한다고 해서 Agile 하게 업무를 수행할 수는 없을 것이기 때문이다. Agile의 가치와 원칙에 대한 교육 과정을 별도로 만들고, 프로젝트 팀원에게 이를 주지시키는 것도 필요하며, Agile 컨설턴트는 프로젝트 진행 중에 이 원칙과 가치가 지켜지는지에 대해 수시로 점검하고 개선해야 할 것이다.

4. 스크럼(Scrum) 방법론

　Agile 방법론 중 가장 기본이 되고, 가장 널리 활용이 되며, 많은 사람들에게 알려진 것이 바로 스크럼 방법론이다. 통상 Agile 방법론이라고 하면 이 스크럼 방법론을 의미하는 경우도 많다. '스크럼'이라는 용어는 앞서 설명하였지만, 럭비에서 사용하는 용어를 차용한 것이며, 자율적으로 구성한 팀이 협업하여 목표를 향해 전력을 다한다는 의미를 가지고 있다. 그러면 스크럼 방법론의 필수적인 구성요소들을 하나씩 설명하겠다.

사용자 스토리

　*사용자 스토리는 고객의 요구사항을 사용자의 관점에서 육하원칙으로 기술한 것이며, 스프린트 구현 계획까지 포함한 문서*이다. 즉 누가, 언제, 어디서, 어떻게, 왜, 무엇을 등의 정보를 포함한다. 거기에 요건에 대한 만족 기준이라고 할 수 있는 '합격 조건(acceptance criteria)' 정보도 포함한다. 그리고 언제 구현할 것인지에 대한 계획, 즉 몇 번째 스프린트에서 구

현할지를 포함한다. 또한 해당 *사용자 스토리*의 구현 난이도를 상, 중, 하 정도로 구분하여 표시한다('그림 10. 사용자 스토리 작성 예시' 참조).

*사용자 스토리*의 초안은 *제품 오너*를 중심으로 고객사의 업무 담당자가 각자 분담하여 작성해야 한다. 초안은 전체적인 구현 모습에 대한 이미지가 아직 머릿속에 그려지지 않은 상태일 것이므로, 현재 시점에서 가능한 선에서 기술한다. 아마 현재 운영 중인 SW의 기능을 중심으로 하여, 기존 문제점을 개선한 내용을 일부 포함한 정도일 것이다. 그리고 초안 작성 이후, 본격적으로 프로젝트를 시작하면 진행할 *일간 스크럼 미팅*을 통해 개발자와 함께 세부적인 내용을 검토하고 상세화하는 작업을 진행할 것이다. 이 미팅에서 *사용자 스토리*의 내용을 업데이트함에 따라 스프린트 계획을 수정하거나, 구현 난이도도 수정될 수 있을 것이다. 즉 원래 첫 번째 스프린트에서 구현할 예정이던 *사용자 스토리*를 두 번째 스프린트에서 구현하는 것으로 조정하거나, 구현 난이도가 '중'이었던 건을 '상'으로 조정할 수도 있을 것이다.

*사용자 스토리*는 전체 프로젝트의 백로그(구현할 대상 목록)이므로, 추가적인 고객 요건이 발생하면 *사용자 스토리*를 추가하거나, 기존 요건을 변경할 수도 있을 것이다. 스프린트를 계속적으로 진행하면서 고객사의 SW에 대한 이해도가 점차 높아질 것이므로, 이와 같은 추가와 변경은 당연한 것으로 생각해야 한다. 결국 *사용자 스토리*는 프로젝트를 종료할 때까지 계속적으로 업데이트하는 것으로 생각해야 한다.

스프린트 주기

스프린트 주기는 통상 1개월 이내로 정하는 것을 추천한다. 하지만 필자가 경험했던 바로는 Agile 방식에 대해 전혀 무지한 상태에서, 1개월은 제대로 개발이 진행되기도 전에 끝나 버리는 너무 짧은 기간이라고 느껴졌다. 1개월로 설정하려면 스크럼 방법론에 대한 팀원들의 충분한 이해가 선행되어야 할 것이다. 스크럼 방법론을 처음 시도하여 익숙하지 않은 상황이라면 시작은 1.5개월 정도로 설정하여 진행해 보고, 이후에 익숙해지면 기간을 점차 줄여 가는 것도 좋은 방법이다.

앞선 Agile 원칙에서도 확인할 수 있지만, 이 **스프린트 주기는 짧을수록 좋다**. 심지어 주 단위로 진행하는 것도 가능하다(XP 방법론의 경우). 이렇게 하면 고객이 좀 더 자주 SW 결과물을 직접 확인하고, 곧바로 피드백을 제공할 수 있으므로, 신속하게 고객의 추가 변경 요건을 반영할 수 있다. 이 기간이 길수록 고객이 한 번에 많은 추가 요건을 제시할 것이고, 개발팀의 대응은 더 힘들어질 수 있다.

스프린트 계획 수립

스프린트가 시작되면 가장 먼저 해야 할 일은 이번 스프린트를 진행할 계획을 수립하는 것이다. 물론 이전에 사업 계획 수립 시, 고객사 측에서 작성한 스프린트 계획 초안이 있을 것이다. 이 초안을 바탕으로 하여 고객사와 개발사가 함께 모여 실제로 진행할 스프린트 계획을 짧은 시간에 수립하는 것이다. 계획을 수립한다고 해서, 과거에 WBS를 작성하듯이, 세부 타스크를 도출하고, 각 타스크별로 시작 일자, 종료 일자, 담당자를 정하는 작업이 아니다. 이번 스프린트에서 진행할 *사용자 스토리*를 선별하고, 각 *사용자 스토리*를 구현하기 위한 세부 타스크를 도출하며, 이를 기반으로 난이도를 산정한다. 난이도 산정은 과거의 '기능 점수(function point)'와 같은 거창한 방식이 아닌 개발자들의 직관적인 감에 의해 신속하게 결정한다. 어차피 정확하지도 않을 것을 왜 굳이 작업해야 하는지 반문하는 사람들이 있을 것이다. 하지만 의외로 개발자들이 같은 기준으로 몇 번의 스프린트에서 이 작업을 진행하다 보면 정확도가 상당히 상승할 것이다. 그리고 이 난이도를 기준으로 *사용자 스토리*를 각 스프린트에 적절히 배치해야만, 정해진 개발자 자원 내에서 1개월 내에 작업을 완료할 수 있을 것이다. 어차피 계획은 계속 수정할 수 있기에 이 난이도 산정을 위해 너무 많은 시간을 투자하지 않기를 바란다.

여기서 주의할 점은 난이도가 '하'인 건의 비중을 30% 정도는 유지하는 것이다. 앞서 여러 번 설명했지만, 틈틈이 *안티패턴*을 찾아 개선하는 *기술적 채무*를 갚는 작업을 해야 하기 때문이다. 난이도가 중, 상인 건만 배치했을 경우 아마 스프린트 진행 중에 이러한 *기술적 채무*를 갚는 타스크는 진행하기 어려울 것이다. 개발자는 난이도가 상, 중인 건을 우선적으로 개발하고, 난이도가 낮은 건을 개발하면서 틈틈이 *기술적 채무*를 갚아 나가는 작업을 해야 할 것이다.

스프린트 계획은 모든 프로젝트 팀원, 즉 고객사 *제품 오너*, *스크럼 마스터*, 개발자가 모두 모여서 함께 수립해야 한다. 고객사의 *제품 오너*가 계획을 수립하면 이를 이행하는 것이 개발자의 역할이 아님을 명심하자.

계획부터 실행까지 모든 업무를 고객사와 개발사가 협의하고 투명하게 진행하는 것이 Agile의 원칙이다. *제품 오너*는 회의 진행 시, 자신의 요구 조건을 강요하는 태도를 보이면 안 된다. 개발자도 수동적으로 듣기만 하거나, 반대 의견이 있더라도 얘기하지 않으려는 태도를 보여서는 안 된다. 모두가 동등한 입장에서 적극적으로 의견을 개진하고 서로를 존중하는 태도로 회의에 임하기 바란다.

이 스프린트 계획 수립은 1일, 즉 8시간 내에 끝내는 것을 목표로 하는 것이 좋다. 만약 스프린트를 주 단위로 진행할 경우에는 2시간 정도를 목표로 하기를 권한다. 어차피 지금 수립한 계획도 *일간 스크럼 미팅*을 통해 계속해서 리뷰하면서 수정할 것이므로, 지나치게 꼼꼼하게 모든 것을 점검하고 명확히 할 필요는 없다. 계획은 단순하게 수립하고, *마지막 순간에 의사결정* 하는 것이 Agile의 원칙이다.

일간 스크럼 미팅

본격적으로 스프린트를 시작하면 매일 *일간 스크럼 미팅*을 진행해야 한다. **일간 스크럼 미팅은 스프린트의 진행 현황을 서로 공유하고, 스프린트 진행 계획을 점검하고 업데이트하는 회의**이다. 고객사의 *제품 오너*와 스크럼 마스터, 개발자가 모두 참여하며, 짧은 시간 동안(30분 내외 권고) 개발 진행 현황과 향후 계획, 그리고 진행상의 이슈에 대해 정보를 공유하고 논의한다. 각 개발자는 **"자발적으로"** 어제까지 진행했던 내용, 금일 진행할 사항, 진행상의 이슈 사항에 대해 이야기한다. 개발자는 자신이 진행할 타스크를 직접 선택하고, 이에 대해 다른 개발자의 의견을 들을 수도 있다. 즉 개발자가 *스크럼 마스터*에게 진행 현황을 보고하는 형식으로 진행해서는 안 된다. 개발자가 다른 팀원들과 진행 현황을 공유하고, 필요시 계획을 업데이트하는 것이 목적이다. 이 모든 내용은 *타스크 보드*에 반영하여 업데이트해야 한다.

이 미팅은 고객사의 *제품 오너*도 참여하므로(필요시 각 영역별 업무 담당자도 참여 가능) 개발자는 *사용자 스토리*에 대해 궁금한 사항을 문의하거나, 의사결정이 필요한 사항에 대해 논의할 수 있다. *제품 오너*와 개발자의 논의 중, 서로 합의하에 *사용자 스토리*의 구현 계획을 수정할 수도 있다. 예를 들어, *사용자 스토리*의 구현 난이도가 예상보다 높아 다음 스프린트에서 구현하는 것으로 변경하거나, 다음 스프린트에서 구현하기로 한 *사용자 스토리*가 이번 스프린트에서 구현할 *사용자 스토리*와 업무적 연관성이 높아 이번 스프린트에 구현하는 것으로 변경할 수도 있다. 이 모든 의사결정은 고객사의 *제품 오너*가 일방적으로 하는 것이 아닌 개발자와 합의하에 해야 하는 것을 명심해야 한다.

*스크럼 마스터*는 회의를 주도하려고 하기보다는, 중재자로서 지켜보는 자세로 참석하고, 개발자가 이슈 해결을 요청하는 등 필요로 할 때 지원하는 역할을 할 수 있다. 그리고 *타스크 보드*에 회의 내용을 반영하는 등 회의가 잘 진행되도록 촉진하는 역할을 수행해야 한다. 그리고 *일간 스크럼 미팅* 이후 진행되는 이슈 미팅, 추가 협의 미팅 등에 참여하여 진행되는 내용을 계속 확인하고 점검하는 역할도 수행해야 한다. 즉 개발자가 개발 업무를 잘 진행할 수 있도록 지원하는 역할을 하는 것이다. 단 개발자에게 업무를 지시하는 등 자율성을 해칠 수 있는 행동은 자제해야 한다.

타스크 보드

타스크 보드는 스프린트의 계획과 진행 현황을 한눈에 보여주는 현황판(dashboard)이다('그림 9. 타스크 보드 작성 예시' 참고). 즉 이 *타스크 보드*를 통해 이번 스프린트에서 구현되는 *사용자 스토리*가 무엇인지, 어떤 *사용자 스토리*가 개발을 진행 중이고 완료되었는지를 확인할 수 있다. 또한 각 *사용자 스토리*의 개발을 위해 어떤 타스크를 진행하고 있는지, *사용자 스토리* 개발 외의 타스크는 무엇이 있는지도 확인할 수 있다. 그리고 각 타스크는 누가 수행하고 있는지도 알 수 있으므로, 프로젝트의 각 팀원이 무슨 타스크를 진행하고 완료하였는지, 남아 있는 타스크가 무엇인지도 한눈에 확인할 수 있다.

*타스크 보드*의 세로 컬럼은 '개발 대기(to-do)', '개발 중(doing)', '개발 완료(done)'로 구분하여, 가장 좌측 컬럼의 대기 중인 타스크가 가장 우측 컬럼으로 옮겨지면 완료된 것으로 보면 된다. *타스크 보드*는 기본적으로 타스크를 나열하는 것이 원칙이나, *사용자 스토리*의 경우는 구현을 위해 여러 가지 타스크가 필요할 수 있으므로, 하위에 여러 타스크가 붙는 형태이다. 그 외 타스크는 개별 타스크를 붙이거나, 타스크의 분류가 가능하다면, 타스크 유형별로 개별 타스크를 붙이면 된다. 예를 들어, '인프라 아키텍트'라는 타스크 유형에 '신규 테스트 서버 셋업' 등의 개별 타스크를 붙이면 된다.

각 타스크에는 세부 정보로, 개발자명, 완료 예정일, 난이도 등의 정보를 표현할 수 있고, 개발자별로 타스크의 색깔을 구분한다면, 한 번에 누가 어떤 일을 하고 있는지를 파악하는 데 도움이 될 수도 있을 것이다. 그리고 타스크의 완료 시점은 반드시 고객사의 담당자가 타스크 수행 내용을 최종 확인한 시점이어야 한다. 따라서 고객사가 최종 확인한 후, 해당 타스크를 *개발 완료* 컬럼으로 옮길 수 있다. 필자의 경험에 의하면, 개발자가 타스크를 완료한 후 *개발 완료* 컬럼으로 옮겼지만, 고객사 담당자가 해당 타스크를 확인해 보니 보완할 부분이 있어 다시 *개발 중*으로 변경하는 경우가 많았다. 타스크는 이렇게 완전히 완료할 때까지 완료한 것이 아님을 명심하기 바란다.

그리고 *타스크 보드*는 주간 보고 내용을 대체할 수도 있다. 즉 매주 보고하는 한 주간의 프로젝트 진행 상황의 보고 내용을 *타스크 보드* 내용으로 대체할 수도 있다는 것이다. 프로젝트 관리 업무를 수행해 본 사람이라면, 매주 진행하는 주간 보고를 위한 준비가 상당한 부담인 것은 부인할 수 없을 것이다. 이 부담을 줄이기 위해서는, 별도로 주간 보고 내용을 각 개발자로부터 취합하여 정리할 필요가 없어야 한다. 즉 주간 보고 당일에 금일 오전에 *일간 스크럼 미팅*에서 업데이트한 최신의 *타스크 보드*를 주간 보고 내용으로 활용하는 것이다. 만약 여기서 추가 작업이 필요하다면, 일주일 전의 *타스크 보드*를 찾아 금일 것과 비교할 수 있도록 첨부하는 정도일 것이다. 이와 같이 *타스크 보드*를 활용하기 위해서는 매일 *타스크 보드*의 스냅샷을 남겨야 한다. 다른 이해관계자나 고객사의 임원이 진행 현황 자료를 요청할 때, 이 *타스크 보드*보다 더 최신의 자료는 없을 것이다. 이 *타스크 보드*는 개발자들이 직접 자신의 타스크 현황을 매일 업데이트한 자료이기 때문이다. 과거 주간 보고는 개발 진행 현황을 일주일 단위로 파악할 수 있었다. 그에 비하면 거의 실시간으로 파악할 수 있는 수준인 것이다. 그뿐만 아니라 훨씬 더 정확하고 구체적인 개발 현황을 보고할 수 있을 것이다.

스프린트 리뷰 미팅

*스프린트 리뷰 미팅*은 이번 스프린트를 통해 학습한 내용을 서로 공유하고 이를 차기 스프린트에 반영, 개선하기 위한 회의이다. 물론 이 *스프린트 리뷰 미팅*은 스프린트에서 진행해야 할 모든 타스크를 종료한 이후에 진행하는 것이다. 그래서 *스프린트 리뷰 미팅* 이전에 이번 스프린트에서 수행할 타스크를 모두 완료하고, SW 결과물을 고객에게 제공하여 피드백을 받아야 한다. 고객사의 피드백을 반영하기 위해, 일부 *사용자 스토리*를 업데이트할 내용이 있을 것이고, 일부는 *사용자 스토리*를 추가로 작성해야 할 것도 있을 것이다. 이 추가 타스크를 완료하기 위해 스프린트 기간을 연기하는 것은 바람직하지 않다. 만약 그래야 한다면, 스프린트 기간은 끝없이 연장될 것이다. 그래서 추가로 해야 할 타스크는 다음 스프린트로 넘기는 것이 바람직하다. 이번 스프린트가 만약 마지막 스프린트라면 당연히 추가 타스크를 완료하기 위해 기간을 추가로 잡아야 할 것이다.

고객의 SW 점검과 피드백이 완료되면, 마지막으로 프로젝트 전체 팀원들이 모여 스프린트 *리뷰 미팅*을 진행한다. 고객사의 *제품 오너*, 그리고 각 업무 담당자, 개발사의 *스크럼 마스터*와 개발자가 모두 모여 스프린트를 진행하면서 느꼈던 점, 개선할 점, 좋았던 점 등의 의견들을 자유롭게 서로 공유한다. 반나절 혹은 하루 일정의 워크숍 정도로 생각하면 될 것이다.

　*스크럼 마스터*가 미리 자료를 준비하여 이를 설명하는 형태의 회의는 지양해야 한다. 만약 이렇게 운영한다면 사실상 개발자가 자발적으로 참여하는 형태의 회의가 진행되기 어려울 것이다. 누구든 자유롭게 자신의 의견과 느낌을 얘기할 수 있어야 하고, 누군가를 비난하는 듯한 태도를 보여서는 안 된다. 또는 고객사가 개발사에 문제점을 지적하는 듯한 태도를 보이는 것도 지양해야 한다. 만약 고객사의 누군가가 자신의 위치를 이용하여 불만을 얘기하거나 지적하려 한다면, 자유롭게 의견을 얘기하는 분위기를 만들기 어려울 것이고, 어떤 신선한 아이디어도 나오기 어려울 것이다.

　예를 들어, 이번 *스프린트*에서 어떤 점이 생소했으나, 차츰 적응되면서 어떤 부분이 과거 Waterfall 방식에 비해 좋았던 것 같다는 의견도 괜찮다. 혹은 좋았던 점 중에 어떤 부분을 어떻게 보완하면 더 좋을 것 같은데, 다른 팀원들의 의견은 어떠한지 물어보는 것도 좋다. 혹은 어떤 점은 과거 Waterfall 방식과 동일한 것 같은데, 이를 개선할 방법은 무엇인지 의견을 구하는 것도 괜찮다. 혹은 Agile 방식의 XX 도구는 활용은 하고 있는데, 왜 하는 것인지, 어떤 목적인지를 물어보는 것도 좋다.

　누구든 차기 스프린트에 참고할 수도 있을 만한 사항을 얘기하고, 어떤 내용이든지 무시하려는 태도는 보여서는 안 된다. 서로를 존중하는 마음으로 진지하면서도 숨김없이 얘기하고, 서로 어느 정도 공감을 이룬 후에 다음 주제로 넘어가는 것이 중요하다. 단 이번 *스프린트*에 지연된 태스크에 대해 어떻게 따라잡을 수 있을 것인지와 같은 구체적인 프로젝트의 이슈를 얘기하는 것은 자제해야 한다. 해당 이슈를 유발한 담당자를 비난하는 분위기가 될 수 있기 때문이다. 또한 차기 스프린트 계획에 대해 얘기하는 것도 자제하는 것이 좋다. 스프린트 계획을 논의하는 미팅이 따로 존재하므로 그때 논의하면 되기 때문이다. *스크럼 마스터*는 *스프린트 리뷰 미팅*에서 나온 아이디어를 정리하면, 회의가 끝난 후 곧바로 공유하도록 하여, 차기 스프린트에 반영할 수 있는 분위기를 조성해야 한다. 단지 아이디어로 끝이 나서는 안 되며, 반드시 실행으로 이루어지도록 해야 할 것이다.

5. XP(eXtreme Programming) 방법론

XP 방법론은 스크럼 방법론 다음으로 많이 회자되고, 활용되는 Agile 방법론 중 하나이다. 스크럼 방법론에 비해 훨씬 빠른 주기로 스프린트를 진행하여, Agile 방법론의 장점을 가장 극한으로 활용하는 방식이다. 따라서 아직 Agile 방법론에 익숙하지 않은 기업이 곧바로 XP 방법론을 활용하기는 쉽지 않을 수 있다. 스크럼 방법론에 어느 정도 익숙해진 후라면, 스크럼 방법론으로 프로젝트를 진행하는 도중이라고 하더라도, XP 방법론으로 전환하거나 XP 방법론의 일부만 활용하는 것도 가능하다.

사용자 스토리

고객 요구사항을 사용자 스토리로 작성하여 활용하는 것은 스크럼 방법론과 동일하다. 하지만 사용자 스토리 초안 작성 시, 각 사용자 스토리를 스프린트에 분배하는 것은 사실상 어려울 수 있다. 왜냐하면, 스프린트를 주 단위로 진행하므로, 일정에 너무나 변수가 많기 때문이다. 초기 스프린트에 진행할 *사용자 스토리*를 미리 선별해 놓는 것 정도가 현실적인 대안일 것이다. 어느 정도 요건이 명확히 정해진 *사용자 스토리*를 초기 스프린트에 구현하는 것이 적절할 것이다.

스프린트 주기

스크럼 방법론이 한 달 단위라면, *XP 방법론*은 주 단위이다. 그러니까 스프린트 계획 수립, 개발, 고객 검토, 스프린트 리뷰 일정이 매주 반복된다. Agile 방법론에 익숙하지 않은 사람들은 주 단위로 이렇게 반복적으로 진행하는 것이 가능할 것인지 의문을 가질지도 모른다. 하지만 프로젝트의 후반부로 갈수록 이렇게 짧은 주기로 진행하는 것이 더 효과적일 수 있다. 왜냐하면, 오픈 일정은 다가오고, 고객사는 불안한 상황에서 좀 더 빨리 자신이 요청한 요건을 눈으로 확인하고 싶을 것이기 때문이다. 개발사 역시 자신들이 개발한 SW 결과물에 대해 신속하게 고객 피드백을 받을 수 있으므로 리스크가 상대적으로 낮을 것이다. 즉 이렇게 스프린트 주기가 짧아지면, 고객도 불안감을 줄일 수 있고, SW 품질 측면에서도 더욱 효과적일 것이다.

스프린트 계획 수립

스프린트가 시작되면, 가장 먼저 해야 할 일이 이번 스프린트의 계획을 수립하는 것이다. 즉 이번에 구현할 대상 *사용자 스토리*와 각 *사용자 스토리* 구현을 위해 진행할 타스크를 결정하는 것이다. 이 역시 스크럼 방법론과 동일하다. 하지만 스크럼 방법론은 스프린트 주기가 한 달 단위이고, 계획을 수립하는 데 8시간(하루) 정도를 할애한다. 반면 XP 방법론은 스프린트 주기가 일주일이므로, 2시간 정도를 할애하는 것이 좋다. 신속하게 계획을 수립하고 곧바로 개발에 돌입해야 한다. 5일 만에 스프린트를 완료해야 하기 때문이다.

일간 스크럼 미팅 및 타스크 보드

일간 스크럼 미팅 역시 *스크럼 방법론*과 동일하게 수행한다. 고객사 *제품 오너*와 *스크럼 마스터*, 개발자가 모두 모여 30분 이내로 완료하는 것을 목표로 한다. 각 개발자는 *타스크 보드*를 확인하면서, 각자 개발 진행 상황과 금일 진행할 계획, 진행상의 이슈를 공유한다. 그리고 추가 논의가 필요한 사항은 별도 미팅을 하는 것으로 하고, *일간 스크럼 미팅*은 신속히 종료한다. 계획의 수정이 필요한 사항은 *제품 오너*와 개발자의 협의하에 즉시 의사결정 하고 *타스크 보드*에도 반영한다.

프로젝트 팀원 위치

*스크럼 방법론*도 마찬가지겠지만, 프로젝트의 팀원들은 최대한 가까

이 위치하는 것이 좋다. 왜냐하면, 대면 커뮤니케이션을 선호하는 것이 Agile의 원칙 중 하나이기 때문이다. 상대방을 직접 만나서 의사소통을 하면, 가장 빠르고 정확하게 의도한 내용을 전달할 수 있다. 그리고 의사결정이 필요한 경우 기다릴 필요 없이 곧바로 결정하여 업무를 진행할 수 있다. 또한 상대방의 얼굴과 눈을 보면서 얘기하는 것은 점차 상대방과의 신뢰를 쌓아 갈 수 있는 방법이기도 하다. 그래서 업무적 커뮤니케이션이 잦아야 할 팀원들의 경우, 바로 옆 혹은 뒤에 위치시키고, 그 사이에는 파티션을 없애는 것이 좋다. 고개를 돌리면 곧바로 얘기할 수 있을 정도로 위치하면 가장 효율적이고 효과적으로 의사소통이 가능할 것이다.

그리고 프로젝트 팀원들이 가능하면 동일 사무실 내에 위치하여 팀원 간의 커뮤니케이션 내용이 전체 팀원에게 들리도록 하는 것이 가장 좋다. 팀원 둘 간의 커뮤니케이션이라고 하더라도, 분명 다른 팀원 중에 참고하면 도움이 될 수 있는 내용이 있을 것이기 때문이다. 또한 누군가 팀원들에게 전달하고자 하는 내용이 있을 경우, 많은 팀원들에게 별도로 회의를 요청하여 참석하도록 하는 것은 분명 비효율적이다. 누군가는 회의를 요청해야 하고, 회의실도 확인해야 하며, 회의록을 기록하고, 회의 참석 준비도 해야 하기 때문에, 미팅은 분명 시간적인 낭비가 발생하기 마련이다. 이보다는 필요시 즉시 커뮤니케이션하고, 자신의 업무에 참고하도록 하는 것이 최선이다.

결론적으로, 가장 효과적인 커뮤니케이션을 할 수 있는 방법은 최대한 근접한 거리에 위치하여(상대방의 말소리가 들릴 수 있는 위치), 필요한 사항을 대면으로 곧바로 얘기하고, 주변 사람들도 이 커뮤니케이션 내용을 들을 수 있도록 하는 것이다.

테스트 주도 개발(test-driven development)

'테스트 주도 개발'은 *XP 방법론*의 주요한 개발 기법 중 하나로, SW 코드 작성 시 테스트 부분을 먼저 작성한 후에 실제 SW 코드를 작성하는 방법이다. 일반적으로는 고객이 요구한 요건을 구현하기 위한 SW 코드를 먼저 작성한 후에, 이 코드를 점검하기 위해 단위 테스트를 수행한다. 하지만 *테스트 주도 개발*은 결과를 점검(테스트)하는 단위 테스트 부분을 우선 코드로 작성한다. 그다음 이 단위 테스트를 통과하기 위해 SW 코드를 개발하여, 일반적인 개발 순서의 역순으로 작성하는 것이다. 이 단위 테스트 로직에는 *사용자 스토리*의 '합격 기준' 내용이 포함되어 있을 것이다.

예를 들어, 사용자 로그인 기능이라고 한다면, 일반적으로 사용자가 ID와 패스워드를 입력하면, 입력한 ID와 패스워드가 사용자 데이터베이스의 데이터와 일치할 경우, 사용자의 메인 페이지로 이동할 수 있도록 할 것이다. 그 외의 경우에는 사용자의 입력에 오류가 있다는 메시지를 띄울 것이다. 여기서 *테스트 주도 개발*이 아닌 예전 방식이라면, 사용자가 ID와 패스워드를 입력하는 화면을 작성하고, 사용자의 입력 데이터인 ID, 패스워드를 각각 변수에 저장한 후, 사용자 데이터베이스에 접근하여, 이 입력 데이터가 데이터베이스에 존재하는지 확인하게 될 것이다. 확인 결과, 입력한 데이터가 존재한다면, 사용자 메인 페이지로 이동하고, 그렇지 않다면 실패 메시지를 띄울 것이다('그림 6. 테스트 주도 개발 예시: 로그인' 참조).

하지만 *테스트 주도 개발* 방법으로 개발한다면, 마지막의 사용자가 입력한 ID, 패스워드 데이터를 데이터베이스로부터 확인한 결과에 따라 메시지를 띄우는 부분부터 작성할 것이다. 즉 사용자가 입력한 ID, 패스워드가 데이터베이스에 존재한다면 메인 페이지로 이동하고, 그렇지 않다면 실패 메시지를 띄우는 부분부터 우선 작성하는 것이다. 다음으로 사용자 데이터를 조회하는 부분을 작성하고, 마지막으로 사용자 데이터를 입력받는 부분을 작성하여 최종 개발을 완료하는 것이다.

이렇게 일반적인 개발의 역순으로 작성하게 되면, 순서대로 작성할 경우에 비해, 재작업할 가능성이 낮아지고, 또한 효율적으로 작업할 가능성이 높다. 왜냐하면, 가장 먼저 작성하는 부분이 *합격 기준*에 따라 확인하는 부분이므로, 이 *합격 기준*을 일부 반영하지 않거나, 그 외 고객사가 제시하지 않은 불필요한 *합격 기준*을 만족시키기 위한 코드를 작성할 가능성이 낮아진다. 따라서 이 *합격 기준* 중 일부를 반영하지 않아, 앞부분의 로직을 재작성하는 경우는 거의 없을 것이다. 또한 개발자가 임의로 완벽한 코드를 작성하기 위해, 고객사가 제시하지 않은 *합격 기준*을 만족시키기 위해 코드를 작성하는 경우도 없을 것이다. 그리고 개발자는 항상 *합격 기준*을 염두에 두고 앞부분의 로직을 작성하게 될 것이므로, 개발 이후에 *단위 테스트*에 실패하는 경우도 발생하지 않을 것이다.

이 *테스트 주도 개발*은 개발자가 익숙하지 않은 경우, 순서대로 작성하는 것에 비해 개발 속도가 20~30% 정도 느리다고 한다. 하지만 *단위 테스트* 실패로 인해 재작업하는 경우가 없을 것이고, 불필요한 로직을 포함하기 위한 코드를 작성하는 경우가 없을 것이므로, 실제 개발 속도는 유사하거나 조금 빠르다고 한다. 그리고 개발자가 이 방식에 익숙해지면 개발 속도도 비슷하게 될 것이고, SW 품질 측면에서 우수하여 테스트 실패 확률도 낮아질 것이므로, 확실히 이전 방식에 비해서는 우수한 방식일 것이다.

따라서 *스크럼 방법론*을 적용 중이라고 하더라도 이 *테스트 주도 개발 기법*은 별도로 적용할 수 있으니, 반드시 적용을 시도해 보기를 바란다.

짝 프로그래밍(pair programming)

다음은 *XP 방법론*의 또 다른 개발 기법 중 하나인 *짝 프로그래밍*이다. *짝 프로그래밍*은 말 그대로 두 명씩 짝을 지어 프로그래밍하는 기법으로, *테스트 주도 개발 기법*과 마찬가지로 스크럼 방법론을 적용 중이라고 하더라도 활용이 가능하다. 이 기법은 인건비가 두 배가 소요될 것으로 예상하는 사람도 있지만, 이러한 비난을 감수하고도 이러한 기법을 적용하는 이유는, 개발 집중력과 SW 품질을 높이기 위함이다.

개발자 혼자 계속해서 SW 코딩 작업을 수행하다 보면, 분명 집중력이 낮아지는 시점이 온다. 인간의 집중력은 통상 15분에서 20분 정도 지속될 수 있다고 한다. 이 시점에서 개발자가 계속해서 작업할 경우에는 분명 실수가 발생할 수 있고 *안티패턴*이 포함될 수도 있다. 이렇게 생산성이 낮아지는 것을 방지하기 위해, 두 명이 번갈아 개발 작업을 진행하고자 하는 것이다. 일반적으로 회사에서 직원들이 여러 명 모여서 회의를 할 경우, 같은 화면을 보면서 서로 의견을 나누게 되면 분명 그 시간은 매우 집중하게 되고, 혼자 생각할 때 전혀 떠오르지 않았던 아이디어가 떠오르기도 한다. 하지만 모두 집중하여 회의를 30분 정도 진행한 후에는, 집중력이 낮아지는 듯한 경험도 다들 있을 것이다.

이렇게 우리가 중요한 문서 작업(임원 보고 등을 위해)을 공동으로 모여서 할 때와 같이, 개발도 두 명이 공동으로 작업을 해 보자고 하는 것이 이 *짝 프로그래밍*인 것이다. 그런데 이 *짝 프로그래밍*이 좀 특이한 것은 업무 시간 중 1~2시간을 모여서 작업하는 것이 아닌, 항상 두 명이 함께 작업한다는 것이다. 두 명이 같은 화면을 보면서 15~20분 정도를 번갈아 작업한다. 주의할 것은 각자 다른 코드를 가지고 작업하는 것이 아니라, 공동의 코드를 가지고 하는 작업이란 점이다. 즉 공동의 단일 결과물인 것이다.

하지만 두 명이 단일 결과물을 생성하다 보니, 분명 고객사나 개발사의 경영진이 *짝 프로그래밍*에 대해 회의적인 시각을 가지고 있는 것은 사실이다. 이때의 대응 논리는 다음과 같다. 혼자 작업 시, 8시간 중 집중해서 작업할 수 있는 시간은 많아야 3시간 정도일 것이다. 하지만 두 명이 공동 작업을 통해 이 집중 작업 시간을 한 명당 3시간씩, 두 배인 6시간 정도로 끌어올릴 수 있을 것이다. 또한 SW 코드의 품질은 분명 혼자 작업할 때보다 높을 것이므로, 결함 발생률도 낮을 것이고, *안티패턴*도 적게 포함되어 있을 것이므로, 디버깅과 재작업 시간도 적을 것이다. 그래서 결과적으로 SW의 생산성과 품질을 모두 높일 수 있는 방법인 것이다. 물론 *짝 프로그래밍*을 한다고 해서 *기술적 채무*를 갚는 작업을 할 필요가 없다는 의미는 아니다. 두 명이 작업을 하면서 함께 검토하더라도 처음 작업 시에는 분명 놓치는 부분이 있을 것이다. 따라서 *기술적 채무*를 갚는 작업은 *짝 프로그래밍*을 하더라도 반드시 필요하다.

그래서 분명 이 *짝 프로그래밍*을 시도하기 전에는 앞서 말한 효과에 대해 의심을 가질 것이나, 시도조차 해 보지 않는다면 그 효과를 결코 볼 수 없을 것이다. 과감히 시도해 보고 그 효과를 눈으로 본 다음 판단해 보길 바란다. 효과를 눈으로 확인한다면, 이 짝 프로그래밍을 도입하는 개발사와 프로젝트들이 왜 늘어나는지 알게 될 것이다.

지속적 배포(continuous integration)

*지속적 배포*는 말 그대로 지속적으로 개발한 SW 코드를 배포하는 기법이다. 이와 반대되는 말은 '간헐적(또는 주기적) 배포'일 것이다. **개발자들이 개발한 SW 코드를 지속적으로 배포함으로써, 고객사가 계속해서 업데이트된 SW 결과물을 확인할 수 있을 뿐만 아니라, 배포 과정을 효율적으로 진행하게 하는 것이 그 목적**이다. 이 *지속적 배포*를 시행하게 되면, 개발자들이 순차적으로 돌아가며 계속적으로 서버에 코드를 배포하게 된다. 즉 특정 시간을 정해 놓고 배포하는 것이 아닌, 업무 시간 중에 누군가가 계속해서 배포를 진행하는 것이다. 기존에는 SW 개발 단계를 완료한 후에 한 번에 모아서 배포하거나, 주 1~2회 등 특정 시간을 정해 놓고 주기적으로 배포하기도 하였다. 이 배포 주기가 길수록 개발자가 개발한 코드와 개발 서버 내의 코드 간의 차이가 클 것이므로, 배포 시에 코드 간의 충돌이 발생하는 등의 오류가 발생할 가능성이 높아진다.[137] 이 오류를 조치하기 위해 개발자는 코드 수정이 필요하고, 이로 인해 많은 시간이 소요될 수 있다.

이렇게 *간헐적(또는 주기적) 배포*가 이루어질 경우, 필자의 경험에 의

---

137) 개발자들은 통상 개발 서버 내의 최신 코드를 다운로드 받아, 자신의 PC(서버일 수도 있음)에서 개발 작업을 수행한다. 그래서 시간이 지나면서 점차 서버상의 코드와 자신의 PC상의 코드에 차이가 발생하게 된다.

하면, 배포에 최소 1시간에서 최대 4시간까지도 소요되는 경우를 자주 목격하였다. 이 배포 작업이 진행되는 동안 개발자들은 배포 오류를 수정하느라, 개발을 진행할 수도 없고, 서버도 다운된 상태로 유지되어, 고객사가 SW를 검증하는 것도 불가능하였다.[138] 따라서 고객사는 이 배포 시간이 늘어나는 것에 대한 상당한 불만이 있었다. 하지만 SI 업체는 이 배포 주기를 줄이려 하지 않고, 오히려 늘리려고 하였다. 배포를 진행하는 데 장시간이 소요되니 배포 횟수 자체를 줄이는 것이 좋지 않을까 하는 생각을 한 것이었다. 그리고 배포 후에는 항상 예상치 못한 추가 결함이 발생하였으므로, 이러한 추가 결함을 방지하려는 목적이었다.[139]

하지만 이와 같은 SI 업체의 생각과는 반대로 **배포 주기를 줄여야만, 배포 작업에 소요되는 시간을 최소화할 수 있다.** 배포 주기가 짧으면, 개발자가 개발한 코드와 개발 서버 내의 코드 간의 차이가 적을 것이므로, 배포 시에 오류가 발생할 가능성이 오히려 낮아진다. 따라서 개발자는 짧은 시간 내에 배포가 가능하다. 배포 작업 시간은 10~15분 정도를 목표로 하는 것이 좋다. 물론 이 시간 중에 개발 서버의 다운 타임은 15분 전체가 아니며, 아주 잠깐의 시간이거나 없을 수도 있다.

이렇게 *지속적 배포*를 하는 방법은 개발자가 번갈아 가면서 자신의 코드를 서버에 반영하는 것이다. 이 배포는 업무 시간 중에 계속해서 진행되므로, *지속적 배포*라고 부른다. 개발자의 배포 순서를 정하고, 순서대로 배포를 진행한다. 이때 배포 진행 중인 개발자를 모두가 알 수 있도록

---

138) 일부 코드만 수정되었을 경우, 서버 다운을 하지 않고 진행할 수도 있다. 하지만 일반적으로 프로젝트 진행 중에는 여러 개발자가 동시다발적으로 작업을 진행하기 때문에 이와 같은 경우는 별로 없다.
139) 필자가 경험한 프로젝트에서는 이러한 예상치 못한 추가 결함을 'side effect'라는 명칭으로 부르기도 하였다.

해야 하므로, 물리적으로 눈에 띄는 물건(예: 큰 인형 등)을 책상 위에 올려 두는 것이 좋다. 개발자의 배포가 완료되면, 다음 순서의 개발자에게 물건을 넘겨주고, 물건을 넘겨받은 개발자는 배포를 시작한다. 다른 사람들은 이 물건을 보고 누가 배포 작업을 진행 중인지 알 수 있다.

만약 개발자가 10명이고, 개발자 한 명당 평균 15분을 작업할 것이라 가정하자. 그러면 모든 개발자가 한 번씩 배포 작업을 진행하는 데 총 150분, 즉 2시간 30분이 소요될 것이다. 하루 업무 시간이 8시간이니, 하루에 세 번 전체 개발자의 배포가 이루어지는 셈이다. 그러면 개발자 한 명당 하루에 45분 정도를 배포 업무에 투입하면, *지속적 배포*를 진행할 수 있는 것이다. 이렇게 하여 최신의 개발 코드를 지속적으로 유지하고, 고객사도 최신의 SW를 계속해서 확인할 수 있게 될 것이다.

스프린트 리뷰 미팅

일주일간의 스프린트를 완료하면, 스크럼 방법론과 마찬가지로 *XP 방법론*에서도 *스프린트 리뷰 미팅*을 진행한다. 진행 방법은 *스크럼 방법론*과 마찬가지로 자율적이고 건설적인 분위기로 진행한다. 스프린트 리뷰 미팅은 개발자들이 반성하는 시간이 아님을 명심하자. 만약 개발자 반성 시간이 된다면, 고객사나 개발사 프로젝트 관리자의 태도에 문제가 있는 것이겠지만, 분명 프로젝트에 무엇인가 문제가 있다는 단서이기도 하다.

*XP 방법론*의 스프린트는 일주일 단위로 매우 짧은 기간이므로, 이 *스프린트 리뷰* 미팅도 2시간 이내로 끝내는 것을 목표로 한다. 그리고 고객

사 *제품 오너*를 포함하여 *스크럼 마스터*, 개발자 등 모든 프로젝트 팀원이 참여하는 것도 다시 한번 명심하도록 하자. 개발자는 개발 업무 시간이 부족하니, 고객사와 개발사 관리자들끼리 진행하자는 생각은 상당히 위험한 생각이다. Agile 방식의 SW 개발 프로젝트는 개발자가 중심이 되어 자율성과 협업을 기반으로 운영됨을 잊지 않도록 하자.

6. 린(Lean) SW 개발

린 SW 개발 방식은 스크럼이나 *XP 방법론*과는 달리 특정 방법론을 지칭하는 것이 아니며, 방법론이라고 하기보다는 오히려 하나의 개념에 가깝다. 마치 Agile 방법론이 "제품(product)"을 개발하기 위한 방법에서 출발한 것처럼,[140] *린 SW 개발* 방식도 마찬가지로 **"제품"을 생산하기 위한 방법에서 출발**하였다. 즉 '토요타 생산 방식(Toyota Production System: TPS)'에 적용한 '린 생산(lean production)'에서 출발한 개념이다. **린 생산 방식은 말 그대로 불필요한 군더더기를 없애는 매우 효율적인 생산 방식을 의미**한다. 이를 위해서는 제품의 '가치 흐름(value stream)'을 측정해야 하고, 가치에 기여하지 못하는 비효율을 찾아내어, 이를 제거해야 한다.

예를 들어, 생산 공정에서 제품이 물리적으로 흘러가는 위치와, 각 위치에서 소요되는 시간을 측정해 보자. 자재 창고에 원자재가 입고되고, 대기 후 생산 라인에 투입된다. 각 생산 공정 앞에서 대기 후 공정으로 투입되고, 공정 처리(가공 혹은 조립) 완료 후 다음 공정으로 투입된다. 검사

---

140) 앞서 얘기했던 '아주 새로운 제품 개발 게임(the new new product development game)'이라는 1986년에 발표된 논문이 스크럼 *방법론*의 시초라고 알려져 있다.

공정에서는 제품을 검사하고, 검사 결과 불량이 발생하면 수리 후 재투입하거나 폐기 처리한다. 제품의 최종 검사를 완료한 후에는 제품 창고에 입고한다. 이 흐름에서, 자재와 제품이 각 위치에 있을 때의 시간을 측정하고, 이를 제품의 가치에 기여하는 시간과 가치에 기여하지 못하는 시간으로 구분한다. 이 중 제품의 가치에 기여하지 못하는 부분은 창고에 대기 중인 시간, 그리고 생산 공정 앞에서 대기 중인 시간이다. 그리고 검사 불량이 발생하여 수리 대기, 수리 중, 폐기 처리하는 시간일 것이다.

그래서 이 제품의 가치에 기여하지 못하는 시간을 최소로 줄이는 것이 *린 생산* 방식이다. 예를 들어, 자재 창고에 대기 중인 시간을 줄이기 위해 재고 물량을 최소로 하고, 이를 위해 JIT(Just-In-Time) 방식을 도입하는 것이다. 그리고 검사 불량을 최소화하기 위해 각종 품질 강화 프로그램 (예: 6 시그마 활동 등)을 실행하는 것도 린 생산 방식을 실행하기 위한 기법 중 하나이다.

SW 개발에서도 이와 마찬가지로, *린* 방식을 적용할 수 있다. 예를 들어, 고객사가 *사용자 스토리*를 작성한 후, 개발자가 이를 확인하기까지 대기하는 시간이 있다. 그리고 개발자가 요건 분석을 진행하고, 고객사에 최종 확인을 요청하고 대기하는 시간이 있다. 고객사가 확인을 완료하면, 설계를 진행한다. 설계를 완료하면, 설계 내용이 맞는지 고객사에 확인을 요청하고, 고객사가 확인하기까지 대기 시간이 있다. 고객사 확인이 완료되면, 개발을 진행하고, *단위 테스트*까지 진행한 후, *3자 테스트*로 넘긴다. 테스터가 대기 중인 건을 확인하고 *3자 테스트*를 진행하고, 실패할 경우 다시 개발자 단위 테스트로 넘긴다. 성공하면 고객 확인을 위해 승인을 요청한다. 고객사는 승인 대기 중인 건을 확인하고, 요건이 완료되었다고 생각할 경우는 최종 승인하지만, 부족하다고 판단할 경우에는 다시 개발자에게 재개발을 요청할 수 있다('그림 12. 가치 흐름도 작성 예시: SW 개발 업무 프로세스' 참조).

그림 12. 가치 흐름도 작성 예시: SW 개발 업무 프로세스

이 중 SW 가치에 기여하지 못하는 시간은 요건 분석 대기 시간, 설계 대기 시간, 개발 대기 시간, *3자 테스트* 대기 시간, *3자 테스트* 실패 후 개발 대기 시간, 고객 승인 대기 시간, 고객 반려 후 개발 대기 시간 등이 있다. 그림을 보면, 전체 업무 소요시간이 총 13.5일이지만, 대기에 소요되는 시간을 다 합하면 총 15일인 것을 확인할 수 있다. 이렇듯 필자의 경험에 의하면, 전체 SW 개발 기간 중 이 대기에 소요되는 시간이 절반을 넘는다. 이 대기 시간을 줄일 수만 있다면, 전체 개발 기간을 단축할 수 있는 것이다. 이러한 대기 시간을 최소화하기 위한 노력을 하는 것이 *린 SW 개발* 방식이라고 할 수 있을 것이다.

SW 개발 과정상의 낭비 요소

*린 SW 개발*의 전문가인 Poppendiecks 부부는 'SW 개발의 7가지 낭비

요소(Seven Wastes of Software Development)'를 정의하였다.[141]

- **완료하지 못한 작업**(partially done work): 개발자가 개발 완료 후 *3자 테스트*에서 실패가 발생하거나, 고객사의 업무 담당자가 최종 확인하는 과정에서 반려될 경우, 다시 개발자가 이를 확인하여 디버깅과 재개발을 진행해야 한다. 이때 개발자가 대기하는 시간이 발생하고, 개발자가 디버깅과 재개발 작업을 수행한 후에도 다시 *3자 테스트* 단계에서 대기하는 시간, 고객사의 업무 담당자가 확인하는 과정에서 대기하는 시간이 발생한다. 필자의 경험에 의하면, 이러한 미완료 작업으로 인해, 상당한 대기 시간이 발생하였고, 이는 곧 개발 일정의 지연으로 이어졌다.

- **추가 프로세스**(extra processes): 개발자는 가장 중요한 본연의 업무인 SW 개발에만 집중할 수 있도록 해 주어야 한다. 하지만 SW 개발 프로젝트를 진행하다 보면, 특히 규모가 큰 프로젝트일수록, 고객사나 개발사의 임원이나 품질 부서의 요청으로 각종 보고 자료를 작성해야 하거나, 개발과 직접적인 관련이 없는 회의에 참석해야 하는 등 SW 개발 외의 업무를 수행해야 하는 경우가 많다. 또는 고객사로부터 자료 작성 요청을 받은 *스크럼 마스터*가 개발자에게 회의를 요청하여 개발자의 시간을 빼앗거나, 아예 일부 내용을 작성할 것을 요청하기도 한다. 이와 같이 각종 보고서 작성과 회의 참석으로 인해, 정작 SW 개발 업무에 집중할 수 있는 시간이 부족하다고 개발자가 프

---

141) 이 *SW 개발의 7가지 낭비* 요소는 Andrew Stellman & Jennifer Greene의 책 'Learning Agile'에서 발췌하였다.

로젝트 관리자에게 호소하는 경우를 자주 목격하였다. *스크럼 마스터*는 이와 같은 요청이 있을 경우, 본인이 직접 수행하거나, 기존 자료로 대체하는 등의 대응을 통해 불필요한 업무를 최소화해야 한다.

- **추가 기능**(extra features): 고객사의 입장에서는 자신이 요청한 *사용자 스토리*를 구현하기 위한 개발만을 진행하는 것이 불필요한 낭비를 하지 않는 가장 효율적인 방법일 것이다. 물론 고객(사용자)의 눈에 직접적으로 보이지 않는 백엔드(back-end) 영역의 개발이나, 서버 설치/셋업 등 *사용자 스토리* 개발과 직접적인 관련이 없는 개발 작업도 있을 수 있다.[142] 하지만 이와 같은 프로젝트 완료를 위해 필수적으로 개발해야 하는 것 외의 추가적인 작업은 낭비 요소이다. 예를 들어, *사용자 스토리*에 기술된 요건 외에 발생 가능한 모든 경우의 수에 대비하기 위해 지나치게 복잡한 로직을 포함하여, 고객사가 요청한 단순한 기능을 복잡한 기능으로 개발하는 경우가 있다. 혹은 개발자가 개인적인 기술적 욕심과 호기심으로 인해, 이러한 기술을 포함한 기능을 과다하게 개발하는 경우도 있다. 이러한 추가 기능은 분명 본 프로젝트에서 SW 가치에 기여하지 못하는 낭비 요소일 것이다.

- **타스크 바꾸기**(task switching): SW 개발 프로젝트를 수행하다 보면 한 번에 한 가지 업무만 수행하기가 쉽지 않다. 프로젝트 관리자는 개발자가 이미 SW 개발 타스크를 진행하고 있음을 알고 있지만, 중요한 보고나 이벤트가 발생하면 개의치 않고 업무 지원을 요청한다.

---

142) 통상 사용자가 직접 이용하는 화면이나 기능을 '프론트 엔드(front-end)' 영역이라고 하고, 그 외 서버 측의 기능이나 성능 향상과 관련된 영역을 '백엔드(back-end)'라고 한다.

프로젝트의 리더들은 팀원들이 당연히 멀티태스킹(multi-tasking)에 능해야 한다고 생각한다. SW 개발 프로젝트 진행 중에는 너무도 많은 업무들이 밀려 있고, 동시다발적으로 여러 이벤트가 발생하기 때문에, 이 멀티태스킹은 필수라고 생각하는 것이다. 하지만 이러한 멀티태스킹은 모두의 예상과는 다르게, 상당한 개발 생산성의 저하를 가져옴으로써, 프로젝트 타스크 수행에 오히려 방해가 된다. 개발자는 SW 개발 진행 도중에 회의 참석 시간이 되어 중도에 개발을 중단하고 회의에 참석한다. 회의 참석 이후에는 중단했던 개발을 다시 재개할 것이다. 이 과정에서 회의 전에는 회의 준비를 위해 개발에 집중하지 못하는 시간이 발생하게 된다. 또한 개발 중단 후 재개 시 이전에 작업한 내용을 다시 검토하고, 진행하려고 했던 작업을 다시 한번 생각하면서 불필요한 시간을 낭비할 것이다. 이렇게 낭비되는 시간을 모두 합치면 무시하지 못할 수준이 될 것이고, 이 역시 낭비 요소이다. 그리고 SW 개발 업무를 진행하는 도중에 전화나 이메일 등으로 인해 잠시 다른 업무를 할 경우에도 코드 품질에 좋지 않은 영향을 줄 것이다.[143] 가능한 한 지금 진행 중인 업무에만 집중하고, 다른 업무는 꼭 필요한 경우에만 진행하기 바란다.

- **대기**(waiting): 앞선 SW 개발 프로세스 예시에서 보았듯이, 프로세스를 진행하는 도중에 많은 대기 지점이 있다. 개발에 들어가기 전 고객이 설계 내용을 리뷰하기 위해 대기하는 지점, 개발과 단위 테스트 완료 후 3자 테스트를 위해 대기하는 지점, *3자 테스트 완료 후 고*

---

[143] 멀티태스킹은 두뇌 건강에 좋지 않은 영향을 준다는 많은 연구들이 있다. "Multitasking and How It Affects Your Brain Health"(https://www.lifespan.org/lifespan-living/multitasking-and-how-it-affects-your-brain-health) 등의 기사를 참고하기 바란다.

객 승인을 위해 대기하는 지점, 테스트에 실패하여 재개발을 위해 대기하는 지점 등이 있다. 필자의 경험에 의하면 이러한 대기 시간은 SW 개발 일정 지연에 가장 많은 영향을 준 요소 중 하나였다. 따라서 이러한 대기 시간을 줄이는 것은 전체 개발 기간 단축과 직접적인 연관이 있다.

- **이동**(motion): 앞서 *XP 방법론*에서 언급했듯이, 프로젝트 팀원들이 업무를 수행하는 위치는 생산성과 큰 연관이 있다. Agile 방식은 기본적으로 대면 커뮤니케이션을 선호하므로, 자주 소통이 필요한 팀원이 바로 옆에 있을 수 있다면 원활한 의사소통과 효율적인 업무 진행에 큰 효과가 있을 것이다. 자신의 자리에서 혹은 옆으로 고개를 돌리거나 뒤돌아서 얘기하는 것으로도 의사소통이 가능할 수 있으므로 아주 효율적인 커뮤니케이션이 가능하다. 의사소통을 위해 이동하는 데 걸리는 시간을 최소화할 수 있기 때문이다. 그렇지 않다면 별도 미팅을 잡기 위해 시간과 회의실을 확인하고, 회의 장소까지 이동하고, 회의록도 남겨야 하는 등의 추가 작업이 필요하다. 자주 의사소통하는 팀원 외 다른 프로젝트 팀원들도 동일 공간 내에 있다면, 팀원들 일부가 커뮤니케이션하는 내용을 듣고, 다른 팀원들은 자신의 업무에도 참조할 수 있을 것이다.

- **결함**(defects): SW 결함은 두말할 것 없이 가장 큰 낭비 요소 중 하나이다. *3자 테스트*나 고객 승인 과정에서 SW 결함이 발생하면, 일단 개발자에게 재개발 요청을 보낸 후 일정 기간 대기가 발생된다. 이후 개발자가 디버깅을 하고 원인을 찾아 코드를 수정하여 재개발을 완료하면, 다시 *3자 테스트*를 요청한다. *3자 테스트* 전까지 다시 대

기가 발생하고, *3자 테스트* 완료 후에도 고객 승인 전까지 대기가 발생한다. 또한 만약 SW 코드에 *안티패턴*이 포함되어 있다면 디버깅과 재개발에 더 많은 시간이 소요될 것이고, 재개발 후에 다시 또 다른 결함이 발생할 확률도 높아진다. 필자의 경험에 의하면, 기능 개발 건 중 결함이 발생할 확률은 절반 이상이었고, 결함 조치를 완료했으나 또 다른 결함이 발생하는 비율도 상당히 높았다. 물론 이 결함은 개발 기간 지연의 주요한 원인이 되었다. 이러한 결함을 원천 봉쇄하기 위해 *테스트 주도 개발*이나 *짝 프로그래밍* 등의 기법을 도입하는 것도 좋은 방법이다.

이 *SW 개발의 7가지 낭비 요소*는 토요타 TPS의 '7가지 제조 낭비 요소(Seven Wastes of Lean Manufacturing)'를 참조하여 도출하였다고 한다. *7가지 제조 낭비 요소*는 '과대 생산, 재고, 사람의 불필요한 움직임, 결함, 과대 처리, 대기, 제품/재료의 불필요한 이동'을 포함한다.[144] 이 *7가지 제조 낭비 요소*는 *SW 개발의 7가지 낭비 요소*와 상당히 유사함을 알 수 있다. 이러한 낭비 요소를 줄이는 것이 *린 SW 개발* 방식이며, 이미 Agile 방법론 내에 원칙이나 도구의 형태로 대부분 포함되어 있다.

---

144) Kanbanize의 '7 Wastes of Lean'을 참고하였다. (https://kanbanize.com/lean-management/value-waste/7-wastes-of-lean)

워크플로상의 3가지 낭비 유형

TPS에 따르면 워크플로의 흐름을 제약하는 3가지 낭비 유형이 있다. *린 SW 개발*을 위해서는 워크플로에서 이러한 유형의 낭비를 식별하여 제거하는 노력을 해야 한다.

- **무다**(Muda): **수행해 봐야 아무런 이익이 없는 불필요한 업무**를 의미한다. 예를 들어, 필자가 경험한 프로젝트에서 *사용자 테스트*를 진행한 후, 개발자는 결함 조치를 진행 중이었다. 고객사 *제품 오너*와 개발자는 협의하에 조치 계획을 수립하여 조치를 진행 중이었다. 하지만 고객사의 담당 임원은 이 계획을 알고 있으면서도, 계속해서 조치 진행 상황 회의를 개최하기를 원하였고, 개발자들은 귀중한 시간을 내어 회의에 참석하였다. 그러나 그 회의에서 어떠한 의사결정이나 협의도 진행되지 않았다. 단지 고객사 임원은 조치 진행 상황에 대한 얘기를 듣고, 신속한 조치를 요청하는 것이 전부였다. 이로 인해 개발자들은 회의에 참석하느라 개발 업무에 집중해야 할 시간을 낭비하였다. 이런 의미 없는 미팅은 아무런 이익이 없는 불필요한 *무다* 유형으로서 제거해야 한다.

- **무라**(Mura): **균등하지 않거나 불규칙을 초래하는 업무**를 의미한다. 예를 들어, 필자가 경험한 프로젝트에서 *사용자 스토리*에 대한 개발을 완료한 후, *단위 테스트*와 *3자 테스트*를 거쳐 고객 승인을 완료한 상태였다. 이후에 고객사 측에서 실제 사용자를 대상으로 전체 *사용자 스토리*에 대해 *사용자 테스트*를 또 한번 진행하자고 하였다. 개

발사는 거절할 수가 없어 *사용자 테스트*를 진행했고, 이로 인해 수많은 추가 요구사항이 한꺼번에 발생하였다. 결국 기존에 SW 개발을 진행 중인 건들은 개발을 멈춰야 했고, 추가 요건을 개발하기 위해 지금 진행 중인 스프린트 일정을 조정해야만 했다. 이렇게 계획에 없던 고객 요구사항을 한 번에 많이 제시하는 것은 불균등을 초래하여 전체 일정을 지연시키는 *무라* 유형으로서 제거해야 한다.

- **무리**(Muri): **비합리적이거나 불가능한 업무**를 의미한다. *무라* 유형에서 설명한 예시에서 이어 가면, *사용자 테스트* 후에 발생한 수많은 추가 요건에 대해 고객사는 상/중/하로 우선순위를 구분하였다. 이 중 상/중으로 구분한 50여 건에 대해서는 오픈 전에 완료할 것을 요청하였다. 당시 개발자 리소스를 활용해서는 50건을 한 달 내에 개발하는 것은 현실적으로 불가능했다. 고객사도 물론 이러한 개발사의 상황을 알고 있었다. 하지만 고객사는 자신들의 요청이 관철되지 않을 경우 오픈하지 않을 것이고, 결과에 대한 책임을 묻겠다고 했다. 이렇게 현재 상황에서 불가능한 요청을 하는 것은 *무리* 유형으로서 제거해야 한다.

이러한 *무다*, *무라*, *무리* 유형은 프로젝트 진행 시에는 낭비 요소라는 생각조차 하지 못하였다. 이제부터는 필자가 진행하는 프로젝트에서 이와 유사한 상황이 발생할 경우, 낭비 유형으로 인지하여 제거하려고 시도하겠지만, 고객사는 이를 낭비로 인정하지 않을 가능성이 농후하다. 따라서 Agile 방법론에 대한 교육 시 이러한 내용을 포함시키고, Agile 컨설턴트의 도움도 받아야만 할 것이다.

7. 간반(Kanban) 방법론

*간반 방법론*은 앞서 여러 번 언급했지만, SW 개발을 위한 방법론이 아니며, 업무 프로세스의 진단을 위한 방법론이라 볼 수 있다. 하지만 SW 개발 업무에도 적용할 수 있을 뿐만 아니라 어떤 업무에서도 적용할 수 있다. *간반 방법론* 역시 *린 방식*과 마찬가지로 제조 기업인 토요타의 생산 방식에서 유래되었다.[145] 토요타의 *간반* 방식은 '공정 내 재고(Work In Process: WIP)'를 일정 수준으로 유지하기 위해 정해진 수의 *간반* 카드를 운영하였다('그림 13. 제조업에서 "간반" 활용 예시' 참고). 그림을 보면 *간반* 카드를 제품에 붙여 놓고, 제품 출고 시 제품에 붙어 있던 *간반* 카드를 다시 공정으로 보낸다. 해당 공정에 신규로 투입된 제품에 되돌아온 *간반* 카드를 붙인다. 즉 정해진 *간반* 카드의 수만큼만 공정에 투입이 가능한 것이다. 이 방법과 동일한 방식을 SW 개발 업무에 적용하고자 하는 것이, 앞서 여러 번 언급했던 SW 개발 업무 단계별로 *WIP 한도*를 설정하는 것이었다.

---

145) 위키피디아의 'Kanban' 페이지(https://en.wikipedia.org/wiki/Kanban)를 참고하였다.

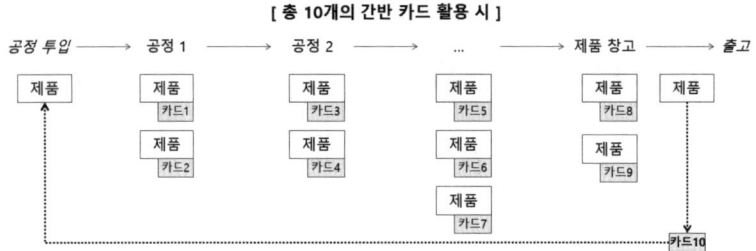

그림 13. 제조업에서 "간반" 활용 예시

간반의 4대 원칙

상세한 설명을 하기 전에 먼저 *간반*의 원칙(principles)과 핵심 방법(core practices)에 대해 알아보자. *간반* 방법론의 선구자라고 불리는 David J. Anderson은 'Kanban'이란 책에서 *간반*의 4대 원칙과 6대 핵심 방법에 대해 정의하였다.[146] 먼저 *간반*의 4대 원칙이다. 즉 *간반* 방법론을 적용할 때 반드시 지켜야 하는 사항이다.

- **지금 하고 있는 업무에서 출발하라**
  : *간반*은 SW 개발 업무에 적용할 수 있을 뿐만 아니라, 어떤 업무에도 적용할 수 있다. 현재 진행 중인 업무를 진단하고 개선하고자 할 때 적용할 수 있다.

---

146) Wrike의 'The core Kanban principles and practices'(https://www.wrike.com/kanban-guide/kanban-principles-practices/)를 참고하였다.

- **점진적으로 발전하는 변화를 추구하라**
  : *간반 방법론*은 현재 문제가 있는 병목 구간을 찾아내고, 최적의 *WIP 한도*를 찾아서 적용한 후, 병목 구간이 점차 개선되도록 하는 것이 핵심이다. *WIP 한도*를 설정하자마자 한 번에 개선이 이루어지는 것이 절대 아니다. *WIP 한도*를 설정한 후에 병목 구간이 점차 해소되면서 전체적으로 흐름의 속도가 개선되는 것이다.

- **현재의 프로세스, 역할, 책임 및 지위를 존중하라**
  : *간반 방법론*은 현재의 프로세스와 조직의 역할, 책임, 지위를 기준으로 문제를 분석한다. *간반 방법론*을 '프로세스 혁신(process innovation: PI)' 활동, 즉 현재 프로세스를 분석하여 문제점을 찾아내고, 개선된 프로세스를 설계하는 활동으로 착각하는 사람들이 있는데 그렇지 않다. *간반 방법론*은 현재 프로세스를 유지하면서 전체 흐름을 개선하는 방법을 찾는 것이다. 즉 향후 개선된 프로세스를 설계하는 활동이 아니다.

- **조직의 모든 수준에서 리더십 활동을 장려하라**
  : *간반 방법론*은 현재 프로세스를 수행하고 있는 모든 구성원이 다 함께 노력해야 개선 효과를 거둘 수 있다. 고객사의 *제품 오너*와 각 업무 담당자, 개발사의 *스크럼 마스터*, 품질 담당자, 개발자가 모두 정해진 *WIP 한도* 규칙을 지키고, 각자의 위치에서 최선을 다할 때 프로세스의 흐름이 개선될 수 있는 것이다.

간반의 6대 핵심 방법

다음은 *간반*의 6대 핵심 방법이다. 즉 *간반 방법론*을 적용하는 프로세스 혹은 절차라고 보면 될 것이다. 이 6가지 순서에 따라 *간반 방법론*을 적용하면 크게 어렵게 느껴지지 않을 것이다.

- **업무 흐름 가시화하기**(업무, 업무 흐름, 비즈니스 리스크)
  : 가장 먼저 해야 할 일은 *간반 보드*를 작성함으로써 업무 처리 흐름을 가시화하는 작업이다. 각 업무 처리 단계를 표시하고, 각 단계별로 진행 중인 건수를 일별로 측정하여 표기한다. 일주일 정도의 기간에 대해 측정한 건수를 활용하여 *일별 WIP 흐름도*[147]를 작성하고, 어떤 업무 처리 단계에서 WIP이 증가하고 있는지를 분석한다.
- **WIP**(Work In Progress) **제한하기**
  : *일별 WIP 흐름도*상에서 WIP이 증가하고 있는 업무 처리 단계가 병목 현상이 발생하는 지점이라고 보면 된다('그림 8. 일별 WIP 흐름도 예시' 참조). 이 병목 현상을 해소하기 위해서는 해당 단계의 WIP을 현재보다 낮은 수준으로 제한해야 한다. 우선 WIP이 증가하기 시작한 지점의 건수보다 조금 낮게 설정해 본다. 즉 예를 들어 5에서 10까지 증가하였다면, 4 정도로 설정하는 것을 의미한다. 이렇게 WIP을 제한한 상태에서 업무를 진행해 보고, *일별 WIP 흐름도*의 변화 추이를 살핀다. 물론 다른 업무 처리 단계의 *WIP 한도*도 함께 설정해야

---

147) *WIP 흐름도*는 'WIP 면적도(WIP area chart)'라고도 부르며, 누적으로 건수를 집계하여 그리는 경우에는 '누적 흐름도(cumulative flow diagram: CFD)'라고 부른다.

한다. WIP이 일정한 상태라면 현재 수준으로 설정하면 될 것이다.

- **업무 흐름 관리하기**

  : *WIP 한도*를 설정한 후에는 이에 맞추어 업무 흐름이 유지되도록 관리해야 한다. 즉 병목이 발생한 업무 처리 단계에서 *WIP 한도*를 넘지 않도록 관리가 필요하다. 예를 들면, 개발 대기 단계에서 병목 현상이 발견되어, 개발 대기 중인 항목이 현재 10건 정도 있는 상황에서, *WIP 한도*를 이보다 낮은 8건으로 설정하였다. 이때 고객이 *사용자 테스트*에서 추가 결함을 등록하면 개발 대기 중인 항목이 11건으로 오히려 증가하므로, 추가 결함을 등록할 수 없도록 관리해야 하며, 개발 대기 중인 항목이 7건이 될 때까지 기다려야 한다. 고객사에 이 상황에 대해 충분히 설명하여 *WIP 한도*를 넘지 않도록 추가 결함을 등록하지 말 것을 요청해야 한다. 만약 고객사가 등록할 결함이 여러 건이라면 어떤 건을 우선 등록할 것인지에 대해 고객사 내부적인 논의가 우선되어야 한다. 또한 고객사가 *WIP 한도*로 인해 추가 결함을 등록할 수 없는 경우, 다른 업무 처리 단계의 건수와 *WIP 한도*를 확인하여, *WIP 한도*에 도달하지 않은 건을 우선적으로 처리하도록 해야 한다. 즉 일부 업무 처리 단계가 *WIP 한도*에 도달하였다고 해서 고객사의 업무가 정지되는 것이 아님을 명확히 해야 한다.

- **정책을 명시화하기**

  : 이러한 *WIP 한도* 설정에 따른 업무 흐름 관리 정책을 명시화하여 관련된 모든 담당자들이 이를 인지하고 지킬 수 있도록 해야 한다. 각 업무 처리 단계에 대한 *WIP 한도* 정책과 함께 구체적인 업무 처리 방법을 가이드해야 한다. 각 담당자별로 업무 처리 방법을 명시하는 것

이 좋다. 예를 들어, 테스트 단계에서 테스터나 고객사가 결함을 등록할 때, 현재 개발 대기 중인 건이 *WIP* 한도보다 적을 때만 등록해야 한다고 명시한다. 그리고 현재 개발 대기 중인 건이 *WIP* 한도에 도달했을 경우, 고객사는 다른 업무 처리 단계의 진행 건수와 *WIP* 한도를 확인하여, 차이가 큰 건부터 처리하도록 명시해야 한다.

- **피드백 루프 실행하기**

: 현재의 *WIP* 한도를 가지고 전체 업무 흐름을 관리해 보자. 최소 일주일 정도 유지하면서 병목 현상이 해결되는지 확인해야 한다. 일별 *WIP* 흐름도를 계속해서 그리면서 추이를 살핀다. 병목 현상이 해결되는지, 혹은 병목 현상은 해결되었으나, 다른 업무 처리 단계의 WIP이 갑자기 증가하지 않았는지 등에 대한 분석이 필요하다. 병목 현상이 해결되지 않는 경우, *스크럼 마스터*는 고객사 제품 오너와 논의하여 *WIP* 한도를 조금 더 낮출지, 아니면 이 상태를 조금 더 유지하면서 지켜볼지에 대해 논의한다. 반대로 병목 현상이 빠르게 해결되었을 경우, *WIP* 한도를 오히려 조금 더 높일지에 대해서도 논의해 본다. 왜냐하면 업무 처리 여력이 조금 더 있을 경우에 이를 최대한으로 활용하는 것이 좋기 때문이다. 이렇게 업무 처리 흐름의 추이를 보면서 *WIP* 한도 정책 조정을 위한 피드백을 확인하고 반영하는 것이 필요하다.

- **협업하여 개선하고, 실험적으로 진화하기**

: *WIP* 한도를 설정하는 목적은 업무 흐름을 원활하게 하여 생산성을 높이기 위함이다. *WIP* 한도를 너무 높게 설정하면, 여전히 병목 현상이 생기면서 업무 흐름이 원활하지 않게 되고, 너무 낮게 설정하

면, 업무 처리 역량에 비해 업무가 적게 처리되어 리소스 낭비가 발생할 것이다. 따라서 각 업무 처리 단계에 대한 최적의 *WIP 한도*를 설정하는 것이 필요하다. 이를 위해서는 업무 처리 담당자들이 매일 일별 *WIP 흐름도*를 확인하면서 *WIP 한도*를 조정하는 협의를 진행하고, 그에 따라 서로 협업하여 업무 처리를 진행해야 한다. 고객사는 무조건 *WIP 한도*를 높이려고 하거나, 개발사는 어떻게 하든 *WIP 한도*를 낮추려고 하는 태도는 업무 흐름 개선에 전혀 도움이 되지 못한다. 고객사와 개발사는 열린 마음으로 협업하려는 자세를 가지고 최적점을 찾는 노력을 해야 할 것이다. 이렇게 해야만 실질적인 업무 처리 흐름의 속도를 높일 수 있다.

참고자료

Andrew Stellman & Jennifer Greene, "Learning Agile: Understanding Scrum, XP, Lean and Kanban", O'Reilly, 2015

Daron Horwitz, "CYA Culture And The Importance Of Admitting Mistakes", Forbes, https://www.forbes.com/sites/daronhorwitz/2016/02/28/cya-culture-and-the-importance-of-admitting-mistakes/?sh=24a5dd2414a6, 2016-02-28

Frederick Brooks, "The Mythical Man-Month", Addison-Wesley, 1975

George Spafford, Joachim Herschmann, "Hype Cycle for Agile and DevOps", Gartner, 2022

Josh Fruhlinger, Thomas Wailgum, "이제는 말할 수 있다… ERP 대표 실패 사례 15건", https://www.itworld.co.kr/tags/1034/CRM/133199, IT WORLD, 2019-10-10

Hirotaka Takeuchi and Ikujiro Nonaka, "The New New Product Development Game", Harvard Business Review, 1986

Ikujiro Nonaka, "The knowledge creating company", Harvard Business Review, 1991

Jennifer E. Davis, "Multitasking and How It Affects Your Brain Health", Lifespan, https://www.lifespan.org/lifespan-living/multitasking-and-how-it-affects-your-brain-health, 2023

Kanbanize, "7 Wastes of Lean", https://kanbanize.com/lean-management/value-waste/7-wastes-of-lean

Paul Cartmell, "What Is Considered a Normal Attention Span?", The Health Board, https://www.thehealthboard.com/what-is-considered-a-normal-attention-span.

htm, 2023-05-24

Ward Cunningham, "Manifesto for Agile Software Development", https://agilemanifesto.org/, 2001

Wikipedia, "Agile software development", https://en.wikipedia.org/wiki/Agile_software_development, 2023

Wikipedia, "Kanban", https://en.wikipedia.org/wiki/Kanban, 2023

Wikipedia, "Principal-agent problem", https://en.wikipedia.org/wiki/Principal%E2%80%93agent_problem, 2023

Wikipedia, "Toyota Production System", https://en.wikipedia.org/wiki/Toyota_Production_System, 2023

Wrike, "The core Kanban principles and practices", https://www.wrike.com/kanban-guide/kanban-principles-practices/

윤선웅, "차세대 빅데이터 플랫폼 Data Lake", 좋은땅, 2021

Agile 바로잡기

ⓒ 윤선웅, 2025

초판 1쇄 발행 2025년 4월 25일

지은이   윤선웅
펴낸이   이기봉
편집   좋은땅 편집팀
펴낸곳   도서출판 좋은땅
주소   서울특별시 마포구 양화로12길 26 지월드빌딩 (서교동 395-7)
전화   02)374-8616~7
팩스   02)374-8614
이메일   gworldbook@naver.com
홈페이지 www.g-world.co.kr

ISBN   979-11-388-4217-4 (93560)

- 가격은 뒤표지에 있습니다.
- 이 책은 저작권법에 의하여 보호를 받는 저작물이므로 무단 전재와 복제를 금합니다.
- 파본은 구입하신 서점에서 교환해 드립니다.